基礎から学ぶ

スポーツトレーニング理論 最新版

健康づくりをサポートする最新知見を徹底解説

監修　法政大学教授　伊藤マモル
協力　吉藤宗弘

日本文芸社

まえがき

トレーニングは〝最良の薬〟になる

法政大学教授 医学博士
伊藤マモル

本書を手にとってくださった方の中には、もしかしたら「トレーニング」や「運動」が面倒だと思っている人もいるのではないでしょうか？ 身体を動かすことの大切さがわかっているとはいえ、優先順位はいつも後ろに置かれてしまう。時間がない、苦しい、汗臭い、着替えが面倒、場所がない……などなど、ネガティブな言い訳にはきりがありません。そうなってしまうのは、トレーニングの本当の効果を知らないからなのかもしれません。正しい知識がなければ、やり方を間違えて効果を出せなかったり、難しく余計なことをしたりしてしまいがちです。

Exercise is medicine。これは、運動生理学や予防医学に携わる人の合言葉のようなものです。日本のことわざの「良薬は口に苦し」と同

本書を読み進める前に

コンディショニング理解度をチェック！

以下の質問が正しいかどうかを「はい」か「いいえ」で答えてください。
本書には、これらの答えとその知識を活かす方法が記されています。

問題		答え	詳細
Q1	太ももの筋肉は股関節から始まり、膝の上に付いている。	はい or いいえ	→P.024
Q2	肩の関節の可動域は、股関節よりも大きい。	はい or いいえ	→P.034
Q3	赤い筋肉と白い筋肉のうち、スタミナに関係するのは赤い筋肉である。	はい or いいえ	→P.042
Q4	パワーアップに欠かせない条件は「筋力」と「持久力」である。	はい or いいえ	→P.044
Q5	乳酸は疲労性物質なので、エネルギー源にはならない。	はい or いいえ	→P.130
Q6	睡眠時間が少ない人は太りやすい。	はい or いいえ	→P.140
Q7	足首を捻挫した時は冷湿布で一晩冷やしておくのが良い。	はい or いいえ	→P.162
Q8	救命救急処置をする際、人工呼吸は心臓マッサージより先に行なう。	はい or いいえ	→P.164
Q9	アスリートの体脂肪率は低ければ低いほど良い。	はい or いいえ	→P.236
Q10	スポーツでは、ポジティブ・シンキングばかりでは問題がある。	はい or いいえ	→P.266

※正解はP.286へ。

様に、トレーニングや運動は苦しくても、薬と同等またはそれ以上の効果があることを表しています。

健康管理のために、運動は欠かせません。私はよく「攻め」と「守り」の立場から、健康管理について説いています。「攻めの健康管理」は積極的に身体を鍛え、病気やケガに負けない身体をつくることであり、「守りの健康管理」は身体をメンテナンス（保守・点検）し、適切なケア（手入れ）を行なって、身体を最良の状態に保ち続けることです。夢や目標を実行に移す時、病気や寝たきりでは成し得ません。本書は、「健康になりたい」「健康について考えたい」人にとっても必携の本だといえます。

健康づくりやトレーニングについて書かれた本は数えきれないほどありますが、解説が曖昧だったり、難しい専門用語ばかりだったりする本は、なかなか読む気にはなれないものです。そこで本書では、運動生理学やスポーツ医学の科学的裏付けがある知識を、教科書的な堅苦しさや専門書的な知識の羅列を避けて、ポイントを絞りこみ、誰でもやさしく理解できる内容にまとめました。

本書は２０１７年に刊行し、好評をいただいたものを原本とし、情報の更新、追加などを行なった最新版です。身体の構造（第１章）に始まって、様々なトレーニングの種類（第２章）、運動中の生理的なメカニズム（第３章）、身体のケア（第４章）という構成にしました。さらに、食生活（第５章）の観点から健康を管理するための知識と、精神や心の働き（第６章）も具体的にまとめています。

健康を攻・守にわたってサポートするためのトレーニングに欠かせない知識と実践方法を、イラストや図表をふんだんに交えてわかりやすく解説することに努めました。本書はきっとトレーニングに対する誤解を解消し、健康な身体を手に入れるための強い味方になってくれることでしょう。

CONTENTS

本書の読み方……8

第1章 身体の基礎知識を学ぶ 9

1 解剖学を学ぶメリット……10
2 力学的基礎……14
3 骨と関節……16
4 筋の概略……18
5 神経と反射……20
6 脚の構造と機能1……22
7 脚の構造と機能2……24
8 脚の構造と機能3……26
9 体幹の構造と機能1……28
10 体幹の構造と機能2……30
11 頭部と頚部の構造と機能……32
12 腕の構造と機能……34
13 血液とホルモン……36

COLUMN

現代人は地に足の"ゆび"(足趾)が着いていない？ 足のゆびと転びやすさの関係…38

第2章 トレーニング理論を学ぶ 39

14 体力の概念と体力要素……40
15 筋力・筋持久力……42
16 パワー……44
17 心肺機能……46
18 柔軟性……48
19 測定の意義・障害を予防する……50
20 筋力の測定と評価……52
21 パワーの測定と評価……54
22 持久力の測定と評価……56
23 柔軟性の測定と評価……58
24 疲労の測定と評価……60
25 運動の原理・原則……62
26 ウォームアップとクールダウン……64
27 負荷手段とトレーニング器具……66
28 トレーニングの順序……68
29 筋力トレーニングの強度……70
30 トレーニングの目的別強度の目安……72
31 目的別プログラムの参考例……74

32 動作スピード …… 76
33 トレーニング頻度 …… 78
34 トレーニング計画の区分け …… 80
35 筋力トレーニングと姿勢 …… 82
36 トレーニングの記録 …… 84
37 胸の筋力トレーニング …… 86
38 背中の筋力トレーニング …… 88
39 腕・肩の筋力トレーニング …… 90
40 体幹の筋力トレーニング …… 92
41 静的な体幹の筋力トレーニング …… 94
42 大腿部の筋力トレーニング …… 96
43 下腿部の筋力トレーニング …… 98
44 ウォーキング …… 100
45 ジョギング …… 102
46 水中トレーニング …… 104
47 自転車 …… 106
48 踏み台昇降運動 …… 108
49 柔軟性向上のトレーニング（上半身） …… 110
50 柔軟性向上のトレーニング（下半身） …… 112
51 バランス感覚向上のトレーニング …… 114
52 敏捷性向上のトレーニング …… 116
53 プライオメトリクス …… 118
54 コーディネーショントレーニング …… 122

COLUMN

身体の不平等を解消！　左右差を考えてトレーニング …… 124

第3章 トレーニングと身体の仕組みを学ぶ 125

55 身体を動かすエネルギー源 …… 126
56 基礎代謝 …… 128
57 エネルギーの使われ方・軽い運動 …… 130
58 エネルギーの使われ方・激しい運動 …… 132
59 運動神経とは …… 134
60 筋の伸張反射 …… 136
61 トレーニングとホルモン …… 138
62 トレーニングと睡眠 …… 140
63 トレーニングと血液 …… 142
64 高地トレーニング …… 144
65 発育発達とトレーニング …… 146
66 加齢とトレーニング …… 148

67 女性とトレーニング……150
COLUMN
無重力環境下での生活は“寝たきり”と同じ？……152

第4章 トレーニングとコンディショニングの仕組みを学ぶ 153
68 スポーツによって起こるケガ……154
69 筋肉痛……156
70 外傷の応急処置……158
71 創傷の応急処置……160
72 アイシングと冷湿布……162
73 救急時の救命処置……164
74 スポーツ障害とは……168
75 スポーツ障害の発生メカニズム……170
76 足部と下腿部の外傷・障害……172
77 膝関節の外傷・障害……174
78 大腿部と股関節の外傷・障害……176
79 腰部の外傷・障害……178
80 肩関節の外傷・障害……180
81 肘関節と手関節の外傷・障害……182
82 頭部と頚部の外傷・障害……184
83 スポーツと感染症……186
84 コンディショニング・疲労……188
85 テーピング……190
86 ストレッチ……194
87 ダイナミックストレッチ……196
88 パートナーストレッチ……198
89 入浴・シャワー……200
90 サウナ・高温冷温交代浴……202
91 スパ・タラソテラピー・水中運動……204
92 オイルトリートメント・アロマオイル……206
93 電気刺激治療器……208
94 身体組成と体脂肪率……210
95 血液検査……212
COLUMN
着るだけでパフォーマンスアップ　最新テクノロジーで作られた「着圧ウェア」……214

第5章 トレーニングと栄養・食事の仕組みを学ぶ 215
96 メタボリックシンドロームと生活習慣病……216

97 健康づくりのための体重コントロール……218
98 五大栄養素をバランスよくとる……220
99 食欲のコントロール……222
100 健康づくりとサプリメント……224
101 機能性表示食品……226
102 加工食品と食品表示……228
103 元気を支える食事……230
104 喫煙と飲酒……232
105 競技力向上と食事……234
106 トレーニングと減量……236
107 トレーニングと増量……238
108 グリコーゲン補給と回復のための食事……240
109 熱中症と水分補給……242
110 スポーツドリンク……244
111 トレーニングのためのサプリメント……246
112 プロテインとアミノ酸……248
113 相対的エネルギー不足……250
≫COLUMN
満腹感を感じるのはお腹？ 頭？ 「甘いものは別腹」の正体……252

第6章 トレーニングとメンタルの仕組みを学ぶ 253
114 スポーツがもたらす心理的効果……254
115 知的アスリート……256
116 動機づけの分類……258
117 動機づけを高める方法……260
118 行動を獲得・維持する方法……262
119 集中力……264
120 防衛的悲観主義のススメ……266
121 チームワーク……268
122 傾聴の姿勢……270
123 緊張とリラックス……272
124 ストレス対処……274
125 イメージトレーニング……276
126 広い視野で見る……278
≫COLUMN
筋肉の潜在能力を開放するカギ？ 大声を出すとパフォーマンスがアップする秘密 280
スポーツトレーニング理論 検索用語集……281

本書の読み方

章インデックス

この本で解説しているジャンルを一覧できます。

文章解説

項目の基本となる解説です。文章中の赤い文字は、他のページでも解説している内容です。 #1➡P.014 がそのページを示しています。

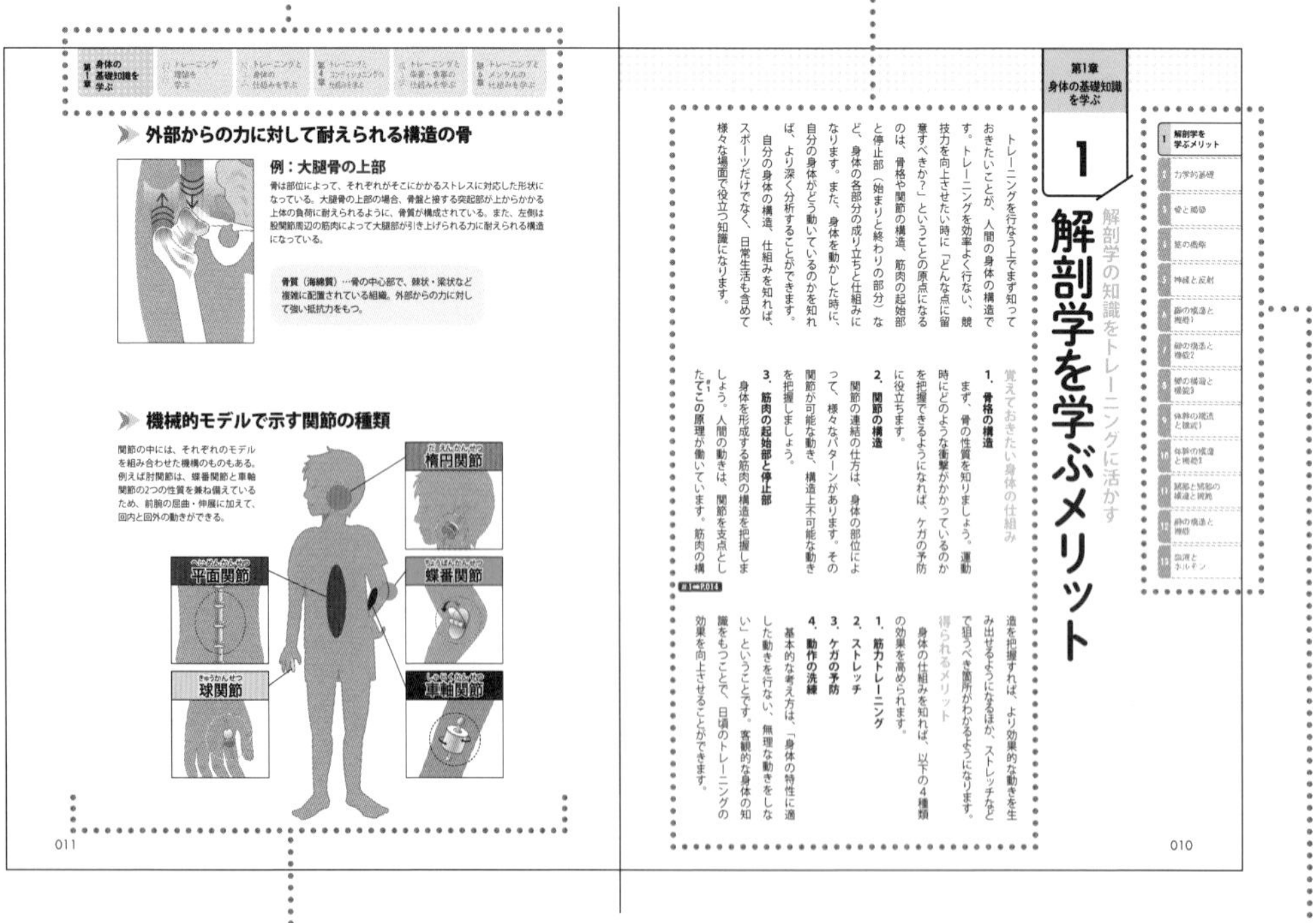
第1章
身体の基礎知識を学ぶ

1
解剖学を学ぶメリット
解剖学の知識をトレーニングに活かす

トレーニングを行なう上でまず知っておきたいことが、人間の身体の構造です。トレーニングを効率よく行ない、競技力を向上させたい時に「どんな点に留意すべきか？」ということの原点になるのは、骨格や関節の構造、筋肉の起始部と停止部（始まりと終わりの部分）など、身体の各部分の成り立ちと仕組みになります。また、身体を動かした時に、自分の身体がどう動いているのかを知れば、より深く分析することができます。

自分の身体の構造、仕組みを知れば、スポーツだけでなく、日常生活も含めて様々な場面で役立つ知識になります。

覚えておきたい身体の仕組み

1. 骨格の構造

まず、骨の性質を知りましょう。運動時にどのような衝撃がかかっているのかを把握できるようになれば、ケガの予防に役立ちます。

2. 関節の構造

関節の連結の仕方は、身体の部位によって、様々なパターンがあります。その関節が可能な動き、構造上不可能な動きを把握しましょう。

3. 筋肉の起始部と停止部

身体を形成する筋肉の構造を把握しましょう。人間の動きは、関節を支点としてこの原理が働いています。筋肉の構造を把握すれば、より効果的な動きを生み出せるようになるほか、ストレッチなどで狙うべき箇所がわかるようになります。

#1➡P.014

得られるメリット

身体の仕組みを知れば、以下の4種類の効果を高められます。

1. 筋力トレーニング
2. ストレッチ
3. ケガの予防
4. 動作の洗練

基本的な考え方は、「身体の特性に適した動きを行ない、無理な動きをしない」ということです。客観的な身体の知識をもつことで、日頃のトレーニングの効果を向上させることができます。

1 解剖学を学ぶメリット
2 力学的基礎
3 骨と筋肉
4 筋の機能
5 神経と反射
6 節の構造と機能1
7 節の構造と機能2
8 節の構造と機能3
9 体幹の構造と機能1
10 体幹の構造と機能2
11 肩部と頸部の構造と機能
12 節の構造と機能
13 血液とホルモン

010

第1章 身体の基礎知識を学ぶ
第2章 トレーニング理論を学ぶ
第3章 トレーニングと身体の仕組みを学ぶ
第4章 トレーニングとコンディショニングの仕組みを学ぶ
第5章 トレーニングと栄養・食事の仕組みを学ぶ
第6章 トレーニングとメンタルの仕組みを学ぶ

外部からの力に対して耐えられる構造の骨

例：大腿骨の上部

骨は部位によって、それぞれがそこにかかるストレスに対応した形状になっている。大腿骨の上部の場合、骨盤と接する突起部が上からかかる上体の負荷に耐えられるように、骨質が構成されている。また、左側は股関節周辺の筋肉によって大腿部が引き上げられる力に耐えられる構造になっている。

骨質（海綿質）…骨の中心部で、棘状・梁状など複雑に配置されている組織。外部からの力に対して強い抵抗力をもつ。

機械的モデルで示す関節の種類

関節の中には、それぞれのモデルを組み合わせた機構のものもある。例えば肘関節は、蝶番関節と車軸関節の2つの性質を兼ね備えているため、前腕の屈曲・伸展に加えて、回内と回外の動きができる。

011

ビジュアル解説

文章の内容やそれに関連する知識をイラストや写真、表などで解説しています。

項目インデックス

同じ章で解説している項目を一覧できます。この章ではほかにどんな内容があるのか、その内容は何番目にあるのかがひとめでわかります。

第1章

身体の基礎知識を学ぶ

1 解剖学を学ぶメリット
2 力学的基礎
3 骨と関節
4 筋の概略
5 神経と反射
6 脚の構造と機能1
7 脚の構造と機能2
8 脚の構造と機能3
9 体幹の構造と機能1
10 体幹の構造と機能2
11 頭部と頸部の構造と機能
12 腕の構造と機能
13 血液とホルモン

1 解剖学を学ぶメリット

解剖学の知識をトレーニングに活かす

トレーニングを行なう上でまず知っておきたいことが、人間の身体の構造です。トレーニングを効率よく行ない、競技力を向上させたい時に「どんな点に留意すべきか?」ということの原点になるのは、骨格や関節の構造、筋肉の起始部と停止部（始まりと終わりの部分）など、身体の各部分の成り立ちと仕組みになります。また、身体を動かした時に、自分の身体がどう動いているのかを知れば、より深く分析することができます。

自分の身体の構造、仕組みを知れば、スポーツだけでなく、日常生活も含めて様々な場面で役立つ知識になります。

覚えておきたい身体の仕組み

1．骨格の構造

まず、骨の性質を知りましょう。運動時にどのような衝撃がかかっているのかを把握できるようになれば、ケガの予防に役立ちます。

2．関節の構造

関節の連結の仕方は、身体の部位によって、様々なパターンがあります。その関節が可能な動き、構造上不可能な動きを把握しましょう。

3．筋肉の起始部と停止部

身体を形成する筋肉の構造を把握しましょう。人間の動きは、関節を支点とした**てこの原理**[#1]が働いています。筋肉の構造を把握すれば、より効果的な動きを生み出せるようになるほか、ストレッチなどで狙うべき箇所がわかるようになります。

#1➡P.014

得られるメリット

身体の仕組みを知れば、以下の4種類の効果を高められます。

1．筋力トレーニング
2．ストレッチ
3．ケガの予防
4．動作の洗練

基本的な考え方は、「身体の特性に適した動きを行ない、無理な動きをしない」ということです。客観的な身体の知識をもつことで、日頃のトレーニングの効果を向上させることができます。

外部からの力に対して耐えられる構造の骨

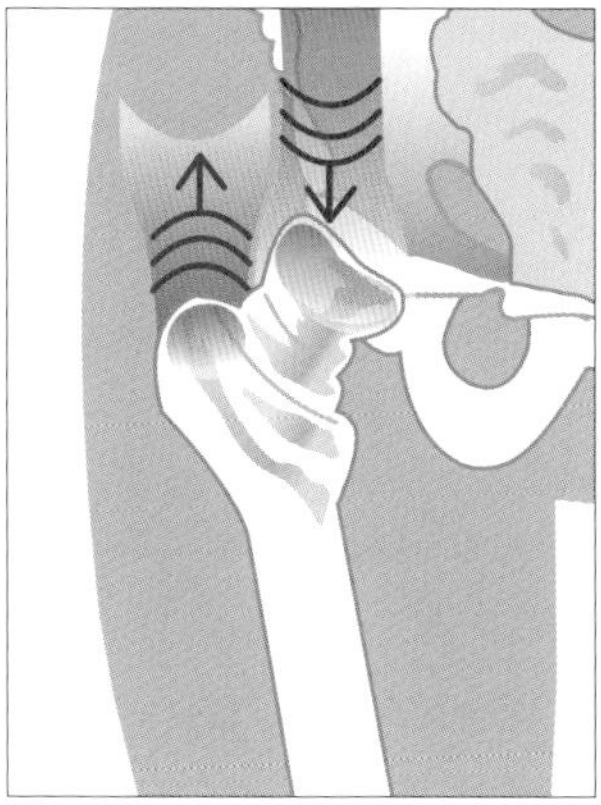

例：大腿骨の上部

骨は部位によって、それぞれがそこにかかるストレスに対応した形状になっている。大腿骨の上部の場合、骨盤と接する突起部が上からかかる上体の負荷に耐えられるように、骨質が構成されている。また、左側は股関節周辺の筋肉によって大腿部が引き上げられる力に耐えられる構造になっている。

骨質（海綿質）…骨の中心部で、棘状・梁状など複雑に配置されている組織。外部からの力に対して強い抵抗力をもつ。

機械的モデルで示す関節の種類

関節の中には、それぞれのモデルを組み合わせた機構のものもある。例えば肘関節は、蝶番関節と車軸関節の2つの性質を兼ね備えているため、前腕の屈曲・伸展に加えて、回内と回外の動きができる。

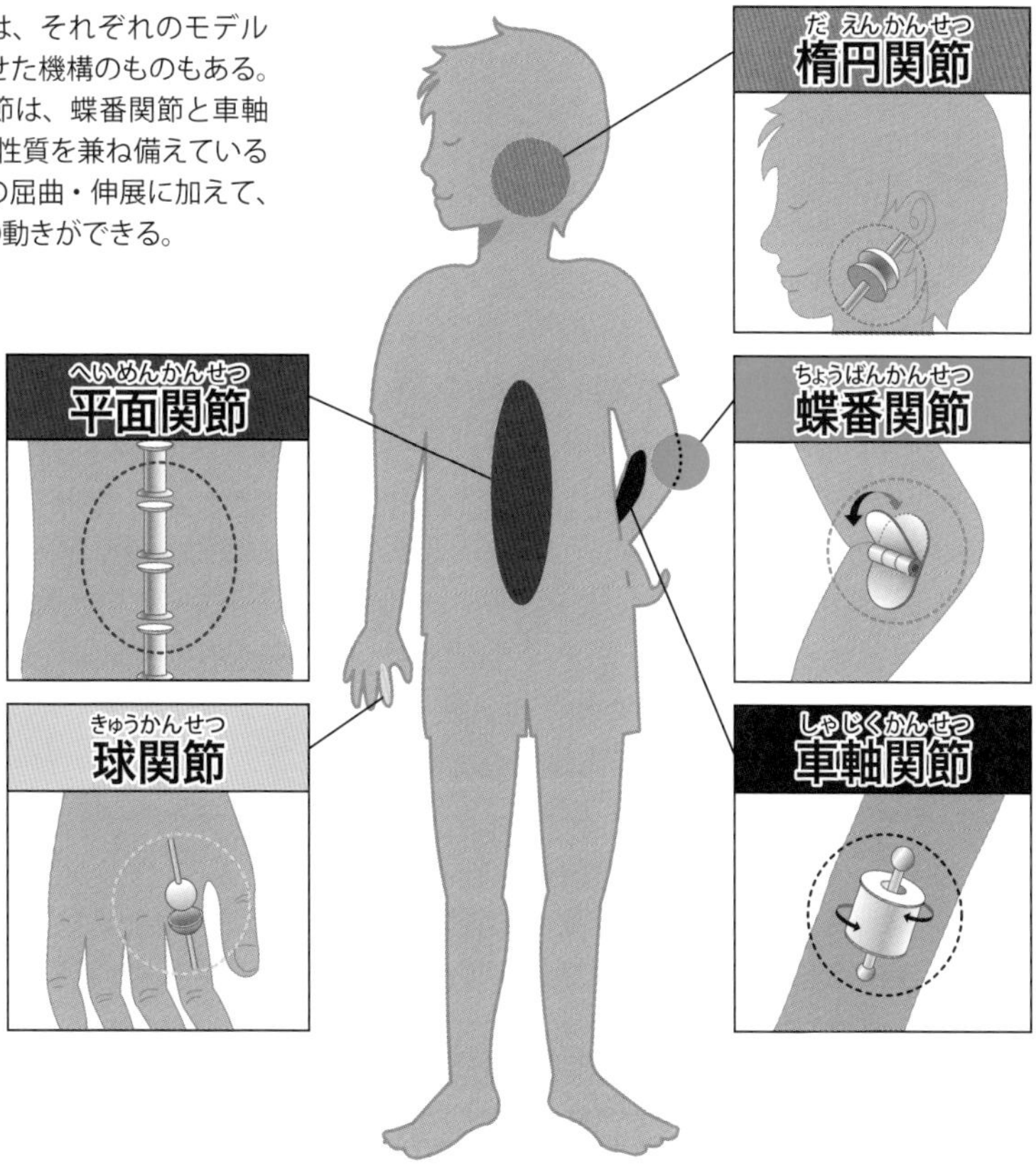

主な骨および骨格筋（前面）

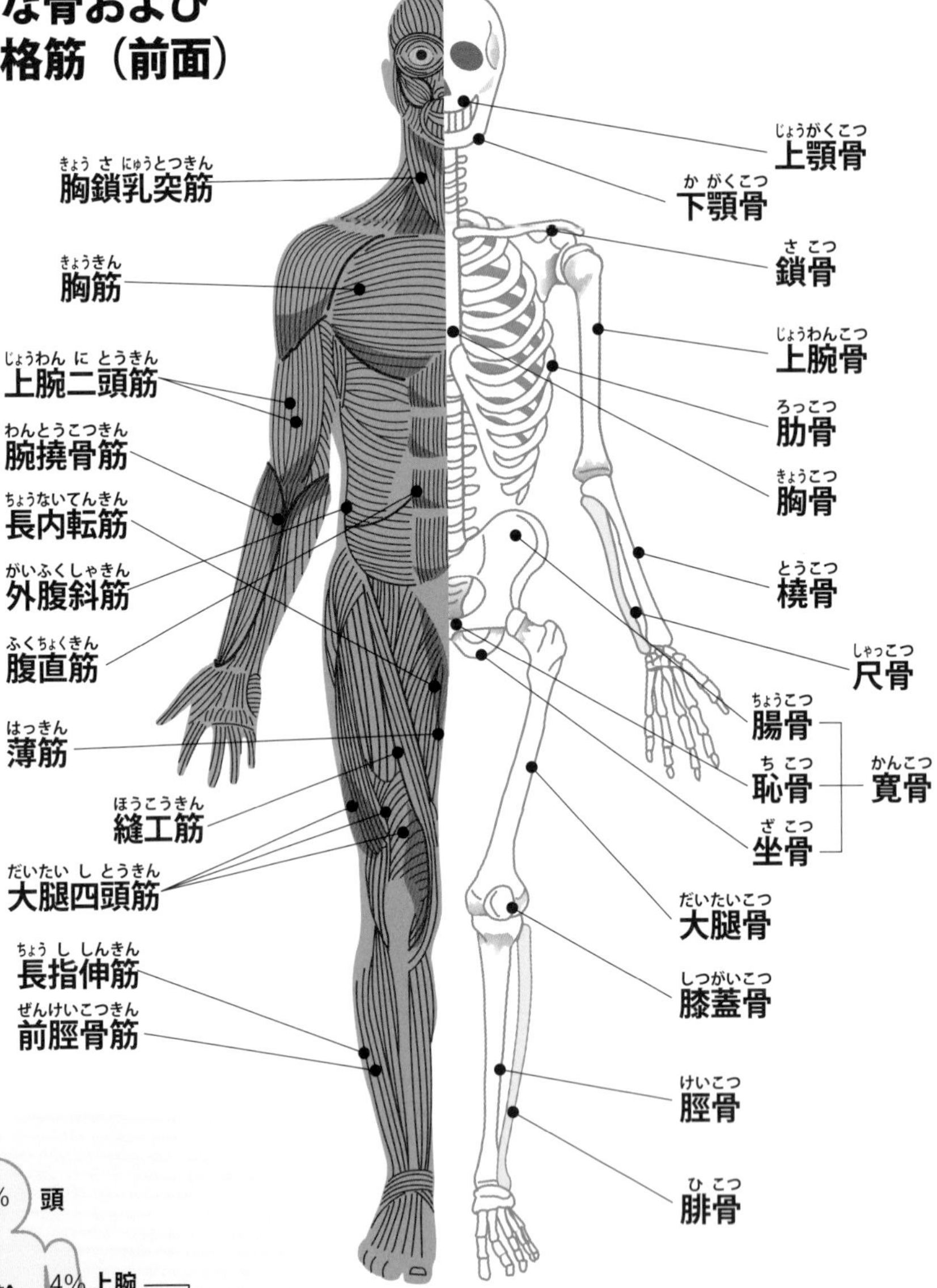

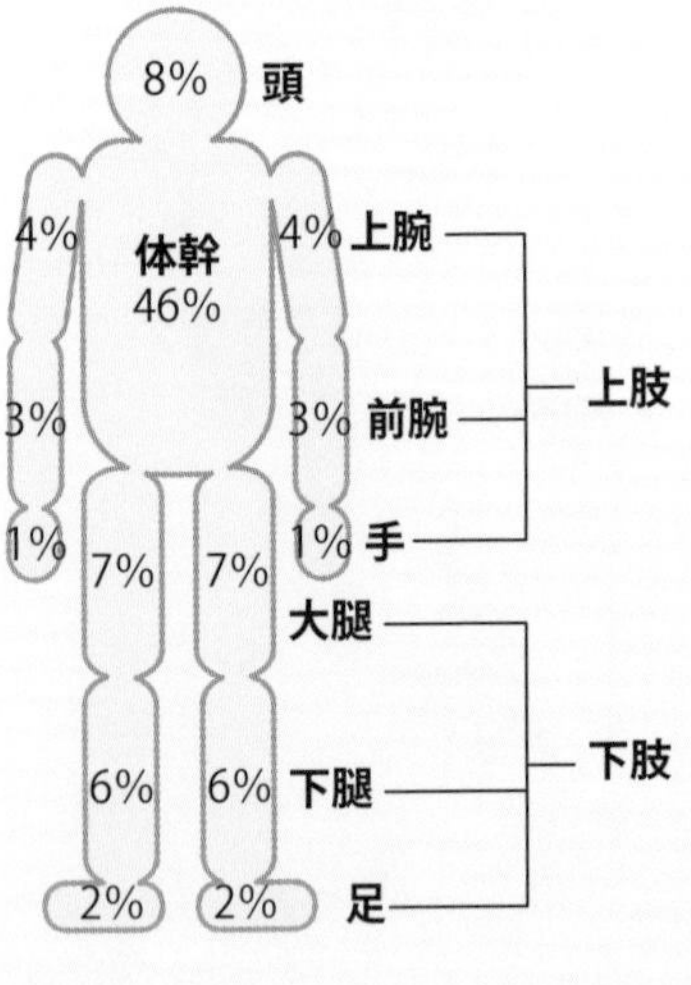

自重トレーニングの負荷（目安）の計算方法

スクワットやカーフレイズを自重でトレーニングする時、その負荷は体重が目安となる。腕立て伏せや上体おこしをする際の負荷は、左の図（身体の部位ごとの重量比）を参考にして計算することができる。あくまでも概算だが、例えば、体重60kgの人が上体起こしを行なう時は、該当の部位は{頭（8%）＋体幹（46%）＋左右の上肢（合計16%）}となり、負荷の目安は、{(60kg×0.08)＋(60kg×0.46)＋(60kg×0.16)}＝42kgとなる。

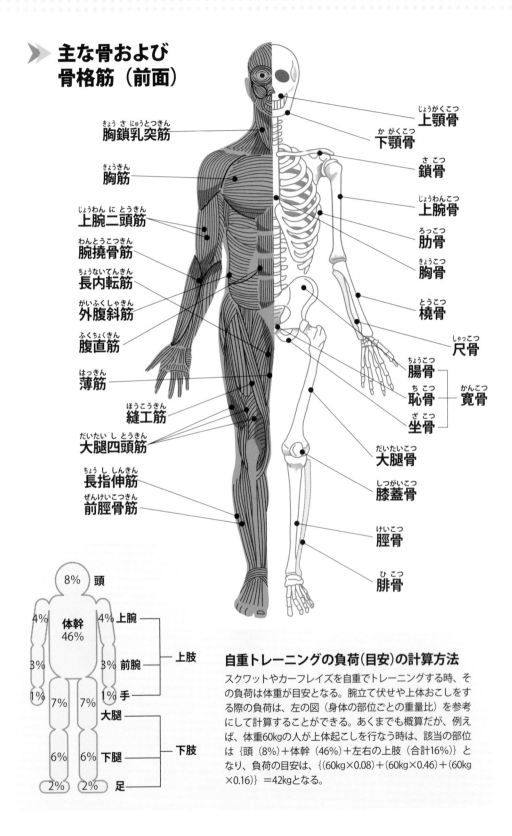

主な骨および骨格筋（背面）

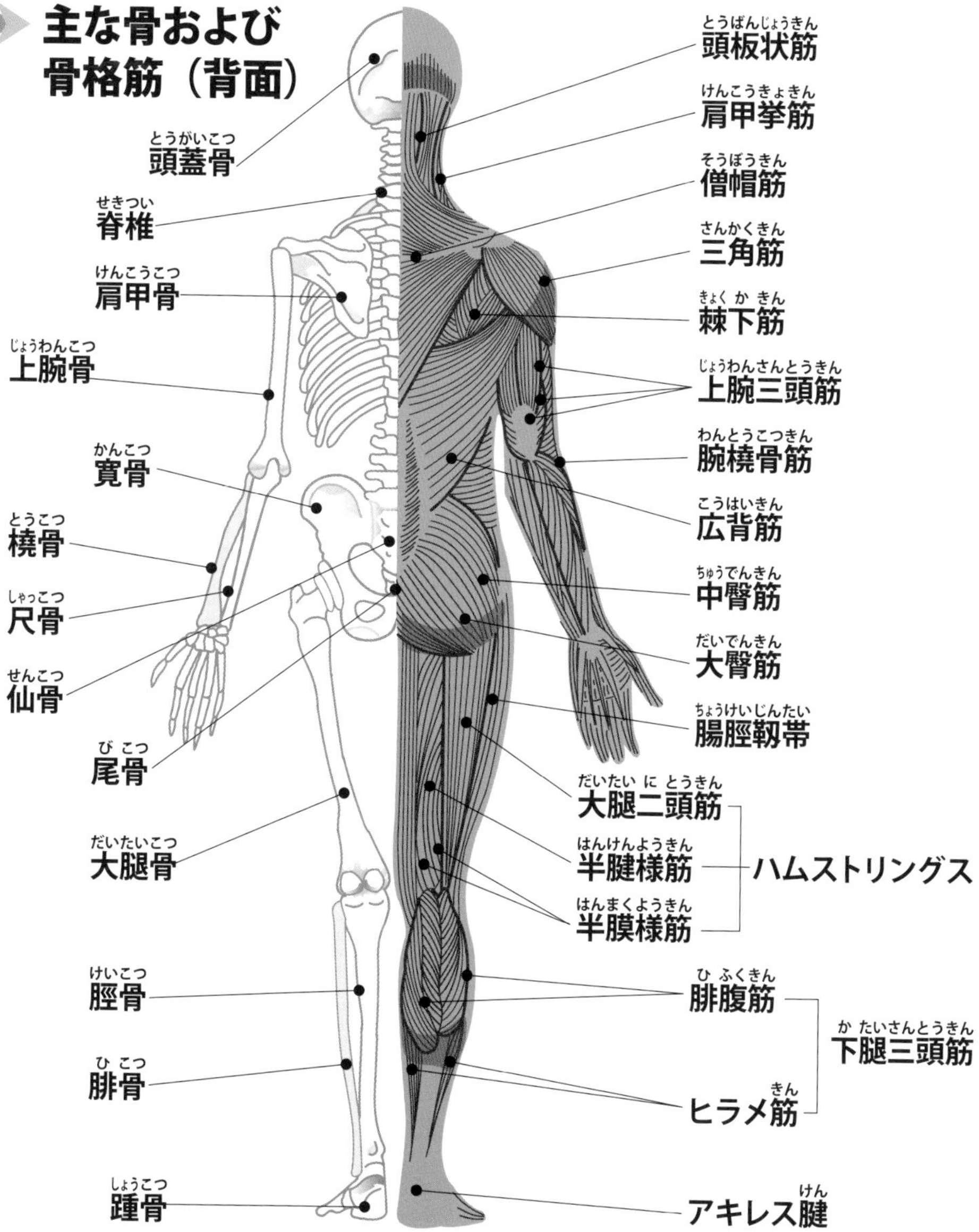

体脂肪や骨格筋量・率の計算方法

例：体重60kg、体脂肪率20%の人の場合

①体脂肪量を求める

体重 60(kg)×体脂肪率 20(%)÷100=12(kg)

②除脂肪体重を求める

体重 60(kg)−体脂肪量 12(kg)=48(kg)

③筋肉量を求める

除脂肪体重 48(kg)÷2=24(kg)

④筋肉率を求める

筋肉量 24(kg)÷体重 60(kg)=40(%)

※各部位の筋肉量を求めたい場合、右の図の重量比で計算する

2 力学的基礎

力の働きを求める計算式

人間の身体の動きには、筋肉と関節による「てこの原理」が働いています。具体的な身体の構造の前に、てこの原理の仕組みを知っておきましょう。

身体に見る「てこの原理」

左図のように作用点で生まれる力をM、支点から力点までの長さをℓ、力点にかける力をFとすると、その関係は「M＝ℓ×F」で表すことができます。同じ力でも（Fの数値が同じ）、支点から力点までの距離が長い（ℓの値が大きい）ほど、発揮される力は大きくなります（Mの値が大きくなる）。

しかし、人間の身体は、支点に対する力点・作用点の距離が等しい箇所はほとんどありません。そこで重要になるのが、支点からの距離（ℓ）です。ℓが大きければ、力点の力が小さくても作用点で大きな力を発揮できます。10kgの重りを支点からℓ＝1mの距離で載せた場合、反対側の重りが5kgであっても、ℓ＝2mあれば左右のバランスをとることができ、静止することになります。この関係は、「Fm×ℓm＝F×ℓ」の式で表すことができます。

腕の筋肉の場合

こうしたてこの原理は、身体の中の様々な部位で、いろいろな角度に働いています。Fmが斜め方向の場合はℓmが短くなるため、そのぶん強い筋力が必要になります。

例えば肘関節ならば、左図のようになります。ここで注目したいのが、筋肉の付着点に個人差があることです。Aの支点に近い位置に筋肉が付着している肘は、関節の可動範囲が大きい代わりに、ℓが短いために、大きな力を発揮しにくい構造といえます。Bはその逆で、支点から遠い位置に筋肉が付着しているので、可動範囲が狭い代わりに、力を発揮しやすい構造なのです。

人間はトレーニングで筋肉を強くできますが、筋肉の付着点を変えることはできません。こうした身体的構造の違いが、スポーツの個人差にも表れます。

1 解剖学を学ぶメリット
2 力学的基礎
3 骨と関節
4 筋の概略
5 神経と反射
6 脚の構造と機能1
7 脚の構造と機能2
8 脚の構造と機能3
9 体幹の構造と機能1
10 体幹の構造と機能2
11 頭部と頸部の構造と機能
12 腕の構造と機能
13 血液とホルモン

支点・力点・作用点からなるてこの原理

力点・作用点の、支点からの距離が等しい場合

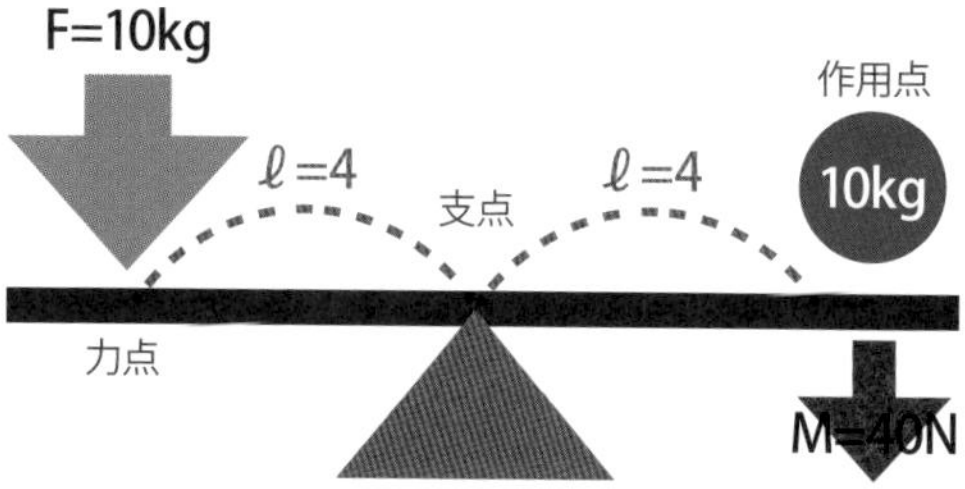

支点からの距離（ℓ）が等しい時、力点に働く力（F）と作用点に生まれる力（M）も等しくなる。左図の場合、作用点にある10kgの物体には40N（ニューロン、10kg×ℓ(4)）の重力が働いているので、M(40)=ℓ(4)×F(10)となる。

力点・作用点の、支点からの距離が異なる場合

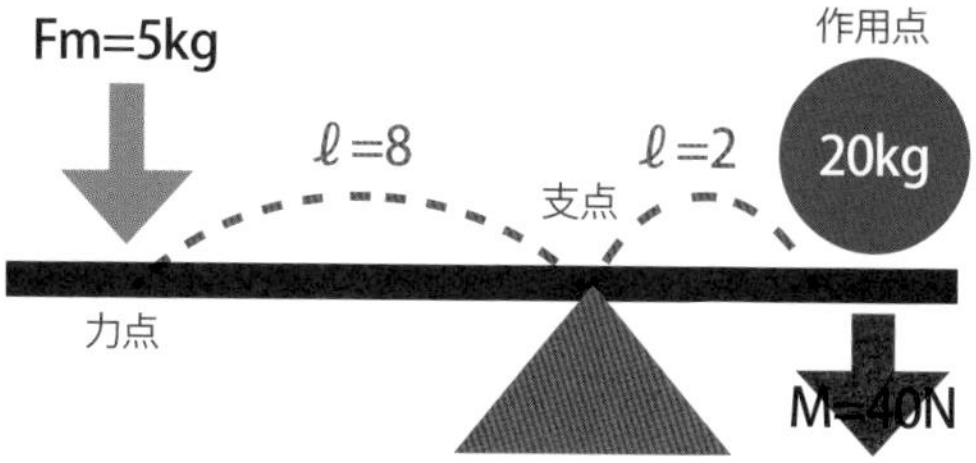

支点からの距離（ℓ）が異なる時は、距離が遠い方は少ない力で済む。左図は力点（Fm）と支点の距離（ℓ）が遠い場合。作用点（F）に20kgの物体が置いてあっても、力点には5kgの力を加えれば、F:40N(20kg×ℓ(2))=ℓ(8)×Fm(5)となり、釣り合う。

身体の部位で支点からの距離が異なる場合

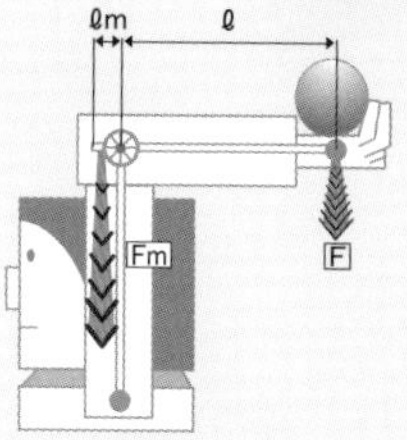

Fm：筋力　ℓm：関節軸から筋肉の付着点までの距離
F：ボールに作用する重力　ℓ：関節軸からボールの中心までの距離

ボールを支える肘関節を例にすると、肘関節が支点となり、上腕の筋肉が力点（Fm）、手のひらのボールが作用点（M）となる。この場合、支点から力点までの距離が短いので、ボールに作用する重力（F）を支えるには、上腕の筋肉はその重力よりも大きな力（Fm）を出す必要がある。

肘関節の筋肉の付着点が異なる場合

付着点が支点に近い

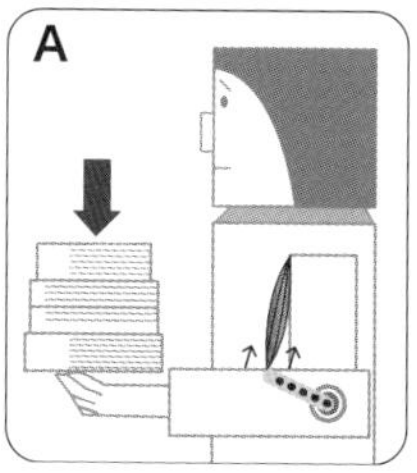

肘関節をモデルにした図。筋肉の付着点が関節（支点）に近い場合、右のBに比べて関節を大きく動かせるが、発揮できる力は小さい。

付着点が支点から遠い

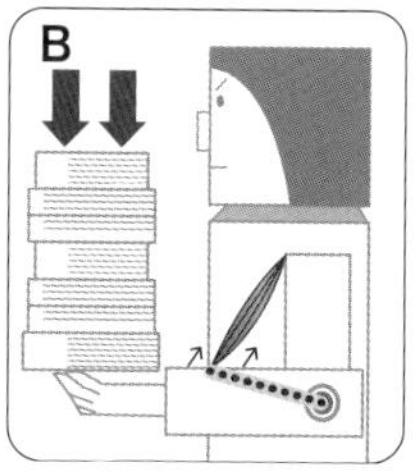

筋肉の付着点が関節（支点）から遠い場合は、左のAと比べて力を発揮しやすいぶん、筋肉の伸びしろが少ないので、関節の可動域が狭い。

3 骨と関節

身体のベースとなる組織

1 解剖学を学ぶメリット
2 力学的基礎
3 骨と関節
4 筋の概略
5 神経と反射
6 脚の構造と機能1
7 脚の構造と機能2
8 脚の構造と機能3
9 体幹の構造と機能1
10 体幹の構造と機能2
11 頭部と頸部の構造と機能
12 腕の構造と機能
13 血液とホルモン

骨の基本的な名称

身体の骨は主に3種類に分類されます。

1. 短骨《たんこつ》

手足の付け根にある手根骨、足根骨など、立方形の短い骨。

2. 長骨《ちょうこつ》

大腿骨や上腕骨など、長くて両端が膨らんだ骨。中央の細長い部分を骨幹部、両端を「骨端《こつたん》」と呼びます。

3. 扁平骨《へんぺいこつ》

頭蓋骨や肩甲骨など、平らな形状の骨。

骨の構造

骨は外からの圧力に対して強くつくられています。骨の周りは細かい骨質が密集することで硬く保たれ、外表を覆う骨膜も強固につくられています。

また、骨の端には関節軟骨という組織があります。これが骨と骨がぶつかることを防ぎ、衝撃を吸収しています。

骨がつくられる仕組み

骨がつくられる過程を「骨化《こっか》」と呼びます。骨化の仕組みは骨の種類によって異なります。

1. 直接的骨化（膜内骨化）

骨膜などの結合組織から直接骨化する形で、扁平骨はこの方法で骨化します。

2. 間接的骨化（軟骨内骨化）

胎児期に軟骨が発達し、それが成長につれて骨に変わる形です。短骨、長骨はこの方法で骨化します。また、骨の両端に見られるこの部分は、X線画像に「骨《こつ》端線《たんせん》」として写ります。

関節の仕組み

骨と骨が組み合っている可動部分が「関節」で、その**連結の形**[#1]には様々な形状があります。それぞれの構造を知って各関節の動きをイメージできれば、ケガへの対処もわかりやすくなります。

関節は周囲を覆う「関節包」と、骨の接触面を保護する「関節軟骨」からできています。その周囲を補強するのが「靭《じん》帯《たい》」です。靭帯は骨と骨が離れないように位置を固定するとともに、無理な方向に曲がらないように動きを限定する働きもあります。

#1→P.010

骨が成長する骨端線

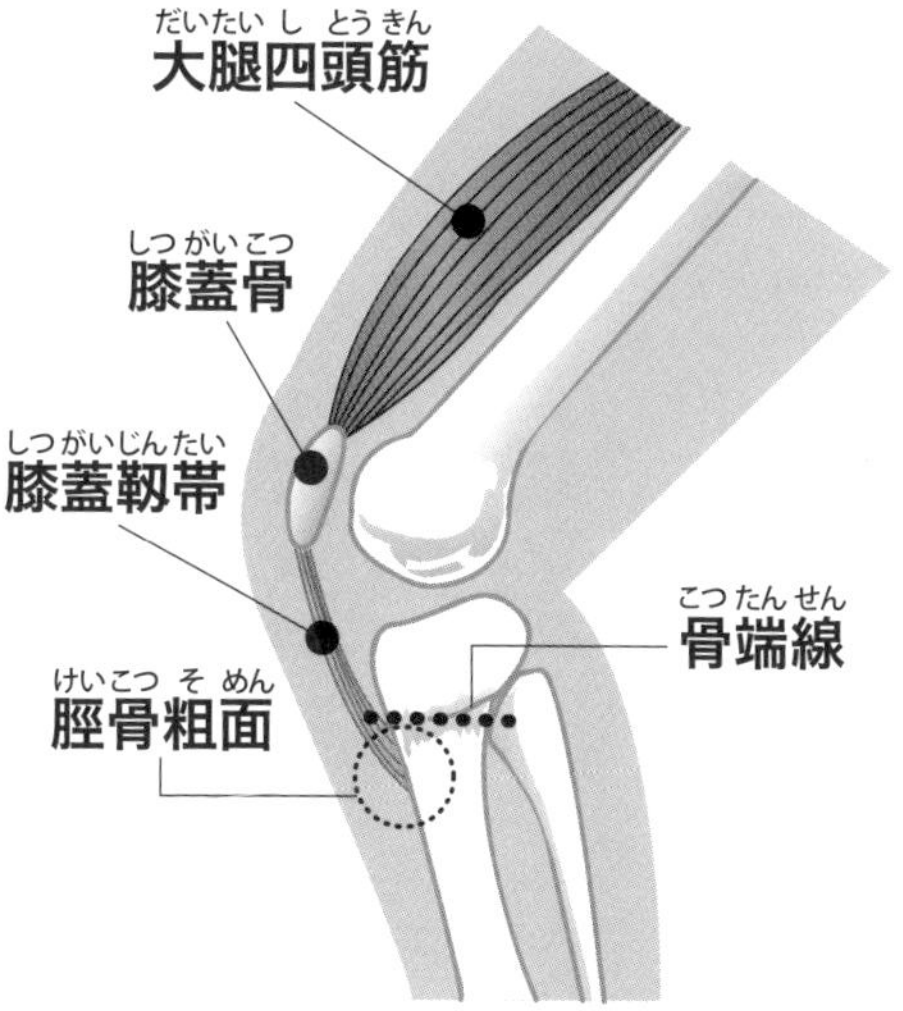

膝周辺の骨と関節を示した図。骨の端近くにあるのが「骨端線」で、成長期はここから骨がつくられていく。

骨化の様子

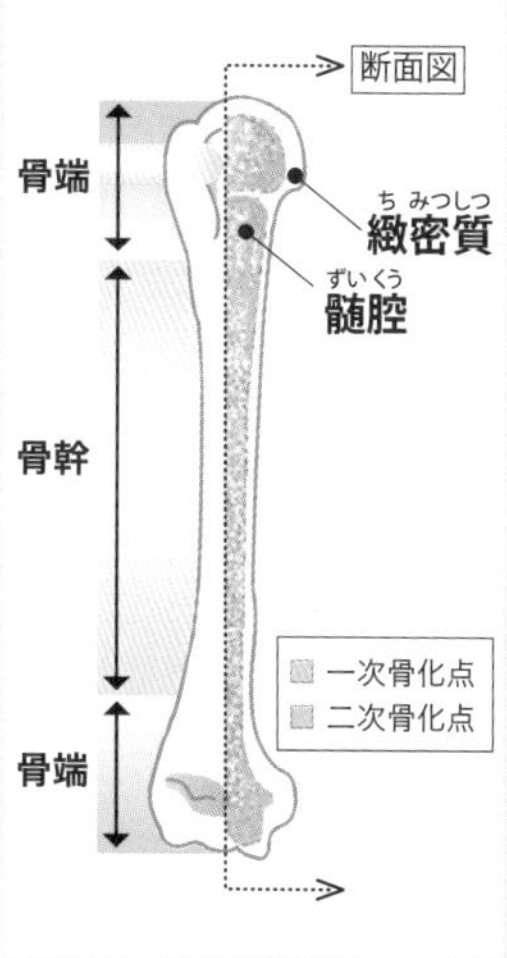

長骨の骨化の様子を示した図。骨端の軟骨内部から骨化が始まり、骨幹部と同化していく。骨化した軟骨の一部は、関節軟骨として残る。骨が発達する幼児期に骨へ適切な刺激を与えると軟骨が厚くなり、骨の障害予防になる。

関節の構造

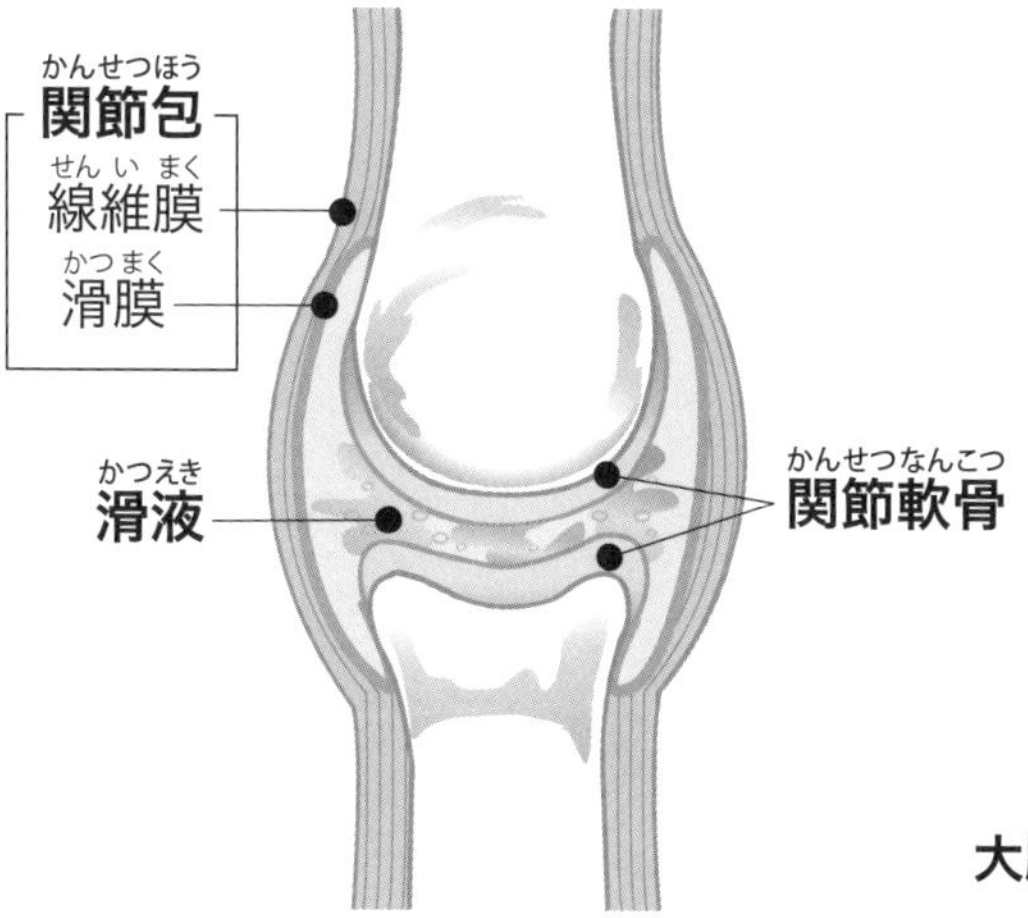

関節の周囲を覆う「関節包」の全体図。外側の「線維膜」と内側の「滑膜」に分けられ、滑膜では関節の潤滑油としての働きをする「滑液」が分泌される。

靭帯の構造

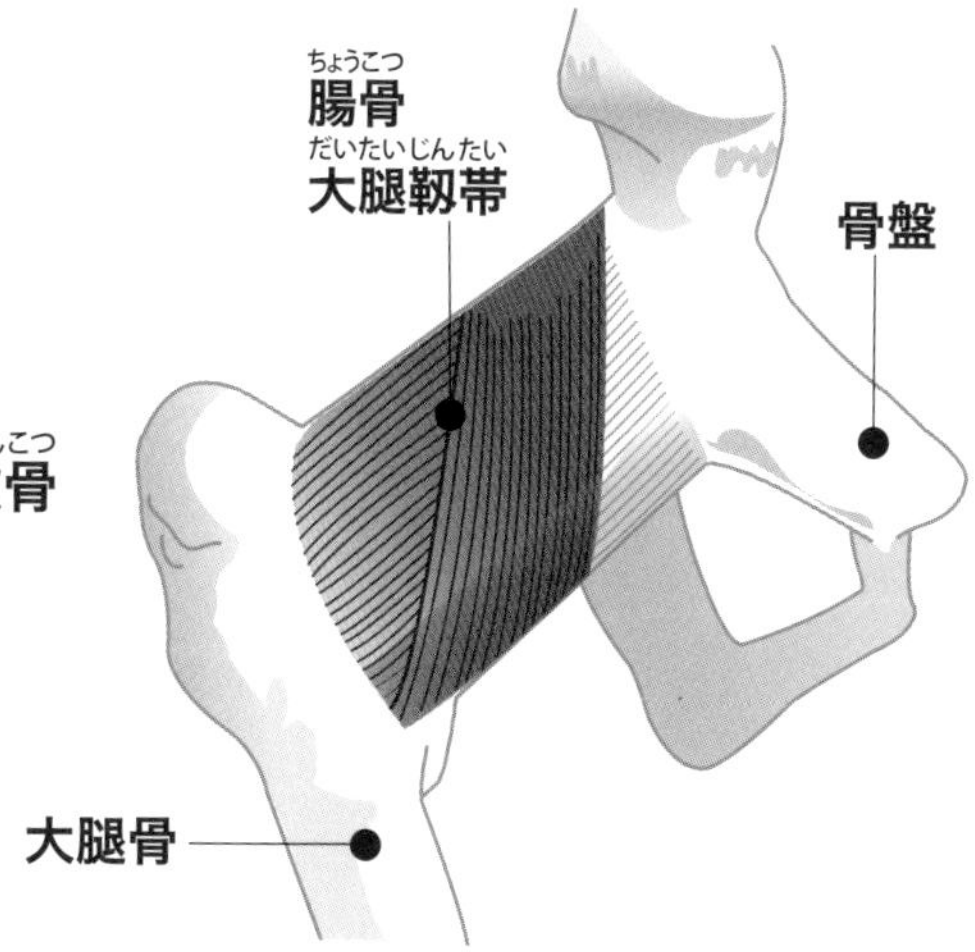

骨盤と大腿骨をつなぐ、股関節に付着する靭帯の図。股関節の前面についている「腸骨大腿靭帯」は、身体の中で最も強い靭帯にあたる。

4 筋の概略

筋肉の仕組みと働き

筋肉には、心臓をつくっている「心筋」、胃や腸の壁となって消化を助ける「平滑筋」、両端が腱で骨に結びついている「骨格筋」の3つがあります。このうち、人間が意思でコントロールできるのは骨格筋だけです。また、一般にスポーツでいう筋肉も骨格筋を指します。

骨格筋は「筋線維」の束が「筋膜」で覆われた構造になっています。筋線維は「筋原線維」の束であり、筋原線維は筋肉の最小単位である「ミオシンフィラメント」と「アクチンフィラメント」によってできています。筋肉の収縮は、アクチンがミオシンの間に滑り込む、スライディングアクションで起こります。

遅筋《ちきん》と速筋《そっきん》

筋線維には持久的な力を発揮する**遅筋**[#1]線維と、瞬発的な力を発揮する**速筋**[#1]線維があります。遅筋はタイプⅠ、速筋はタイプⅡと呼び、最近は速筋をさらに2つに分類し、遅筋の性質を併せもつものをタイプⅡaとしています。遅筋、速筋の割合は生まれつきの個人差が大きく、その割合を変えることは難しいとされています。そのため、自分の遅筋と速筋の割合を見極め、それに合った競技を選ぶことが重要といえるでしょう。

#1➡P.042

筋肉が力を発揮する仕組み

筋肉が力を発揮する仕組みは3つあります。縮みながら力を出す「コンセントリック収縮」、伸びながら力を出す「エキセントリック収縮」、動かずに力を出す「アイソメトリック収縮」です。ウエイトトレーニングでは、メインの動作がコンセントリック、重量を戻す動作がエキセントリックです。発揮される力はエキセントリックの方が強く、コンセントリックの40％増といわれています。

筋紡錘《きんぼうすい》とゴルジ腱器官《けんきかん》

筋肉をケガから守る機能に、筋紡錘とゴルジ腱器官（感覚受容器）があります。筋紡錘は筋線維と平行に並んでいて、筋肉が伸びすぎてケガをする前にストップをかけます（**伸張反射**[#1]）。これと同じ働きを腱で行なうのがゴルジ腱器官です。

#1➡P.136

1 解剖学を学ぶメリット
2 力学的基礎
3 骨と関節
4 筋の概略
5 神経と反射
6 脚の構造と機能1
7 脚の構造と機能2
8 脚の構造と機能3
9 体幹の構造と機能1
10 体幹の構造と機能2
11 頭部と頸部の構造と機能
12 腕の構造と機能
13 血液とホルモン

筋肉の内部構造

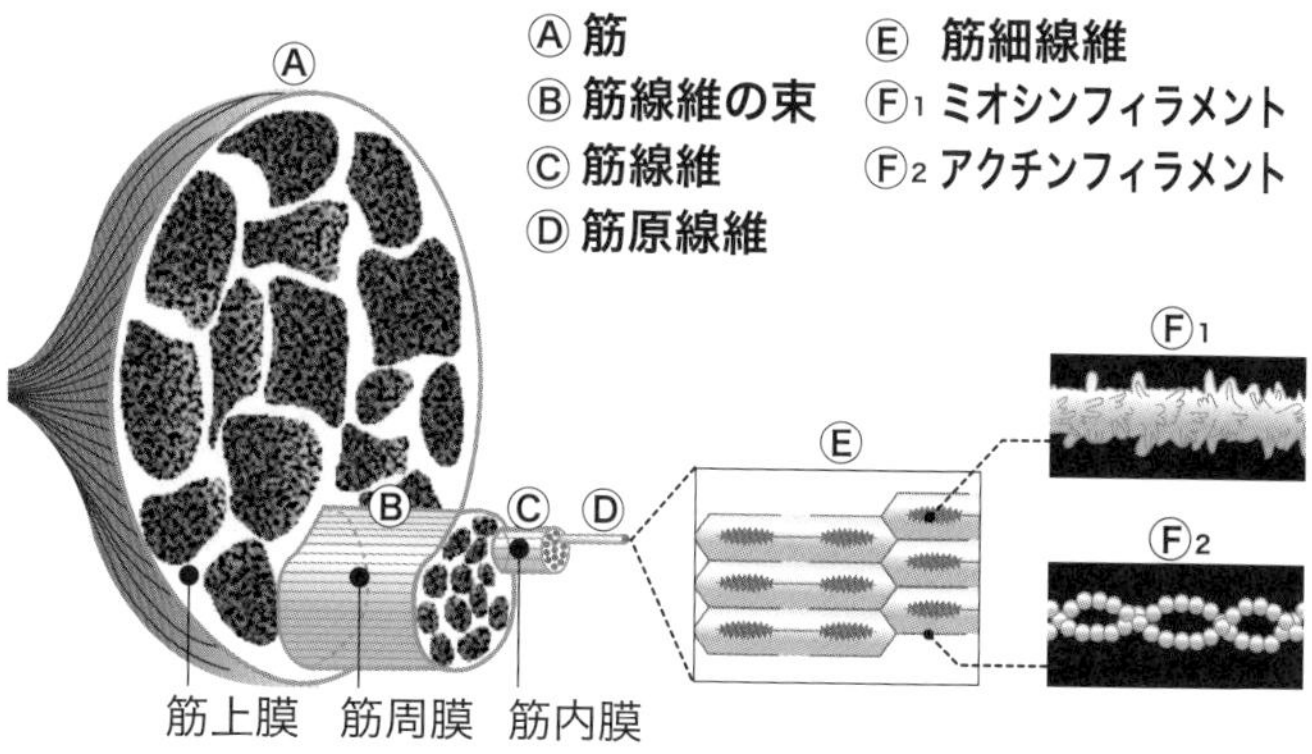

筋肉は図のように「筋」→「筋線維」→「筋細胞」→「筋原線維」→「筋細線維」と分解できる。筋原線維を構成する筋細織維は、「ミオシンフィラメント」と「アクチンフィラメント」によってできている。また、筋肉は「筋膜」で包まれている。筋肉を覆う「筋上膜」は、筋全体や筋群を包む丈夫な膜。「筋周膜」は筋線維を大小様々に束ねており、弾力性に優れる。また、血管や神経も取り込んでいる。「筋内膜」は筋細胞の周囲に存在し、筋細胞を結合させる働きをもつ。

筋肉が力を発揮する仕組み

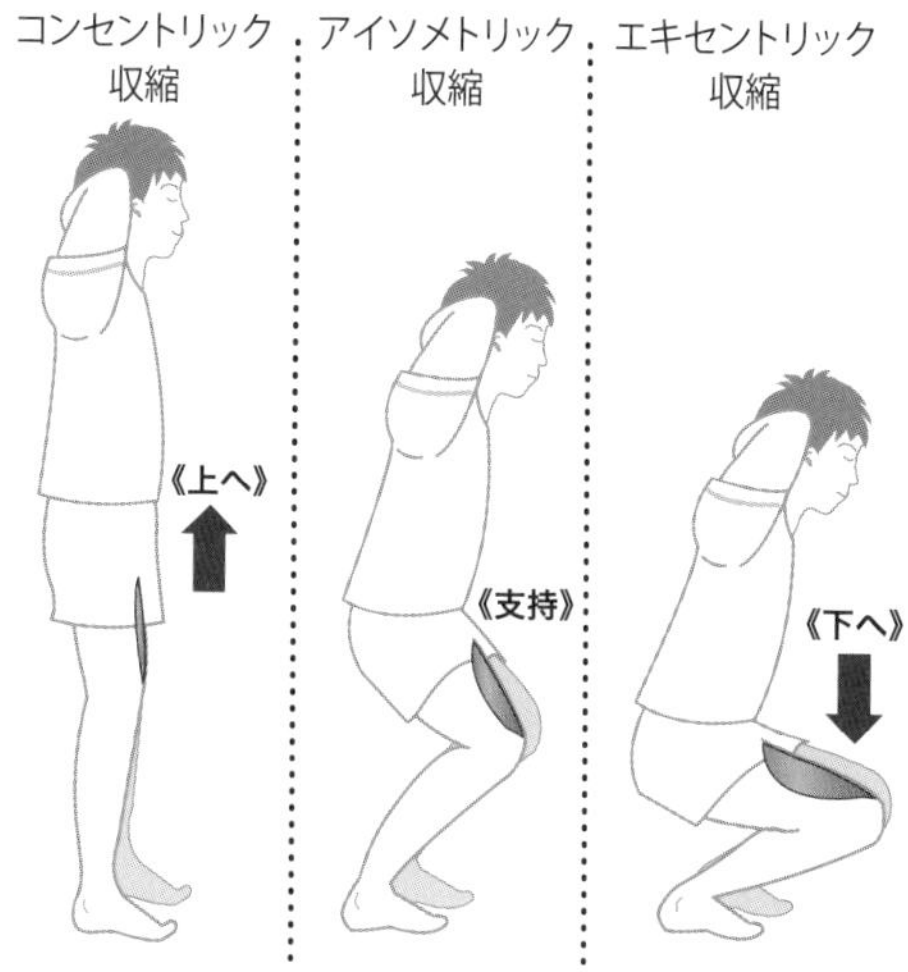

スクワット時の筋収縮

筋肉が力を発揮する3つの方法「コンセントリック収縮」「エキセントリック収縮」「アイソメトリック収縮」を、スクワット時の大腿部の伸筋群を例に解説する。縮みながら力を発揮するコンセントリック収縮は、身体を持ち上げる時に起こる。伸びながら力を発揮するエキセントリック収縮は、身体をおろす時に起こる。動かさずに力を出すアイソメトリック収縮は、動きを止めた支持状態時に起こる。

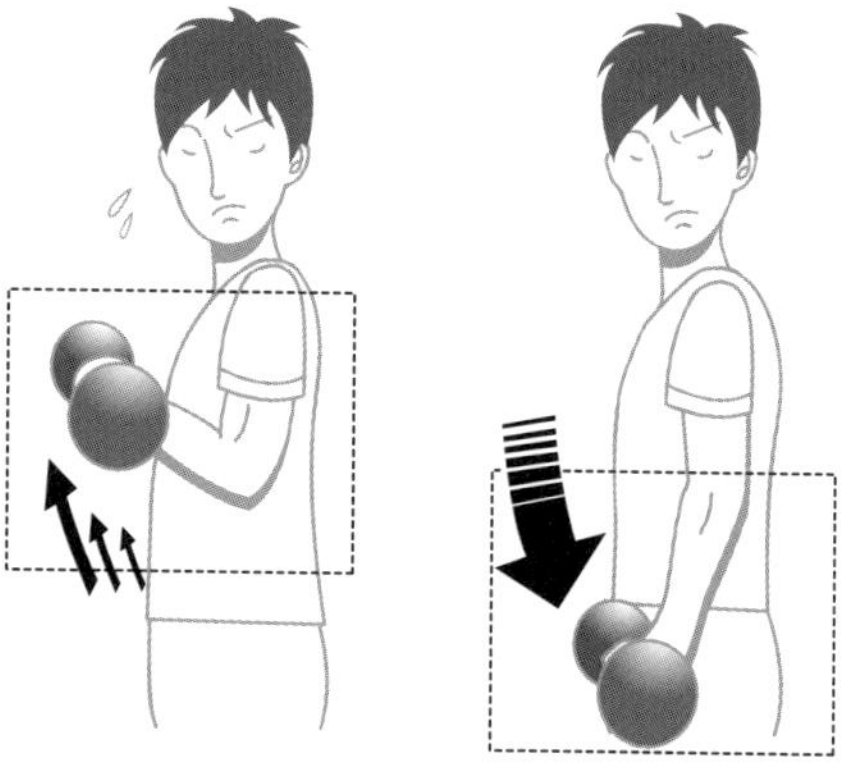

ウエイトトレーニング時の筋収縮

ウエイトを使ったトレーニングでは、腕の曲げ方で負荷が変わる。エキセントリック収縮の方がコンセントリック収縮より力が発揮できるので、上げる時より下げる時の方が楽になる。

5 神経と反射

情報を伝達し、身体を働かせるシステム

「神経」は、皮膚や目といった人間に備わったセンサー（感覚器官）が受け取った対外刺激や情報を、体内に伝達する役割を担っています。

神経のシステムは非常に複雑ですが、大きくは「input」と「output」に分けることができます。

まず、inputは感覚器官が得た刺激や情報を、神経が扱うことができる電気の情報に変える感覚システムのことを指します。その電気的な情報は、脳や脊髄で処理され、筋肉などに命令が伝えられます。この身体を働かせる運動システムが、outputです。

骨格筋を働かせる運動のほか、胃の消化を助けるために分泌腺からホルモンや唾液を分泌して臓器の働きを高めるような反応でも、同様のシステムが機能しています。

そして、outputには、脳を介するもの（**随意運動**または反射）と、脳を介さないもの（不随意運動または反射）の2つがあります。

#1→P.134

随意運動

感覚器官から送られる情報が大脳に伝わり、約140億個といわれる脳神経細胞が瞬時に処理を行い、その判断を命令として筋肉などに伝えます。このように、脳が意識的に判断して行なわれた身体の動きを、随意運動と呼びます。

左ページで紹介しているような、スポーツにおける動きの多くは、随意運動にあたるといえるでしょう。

不随意運動

一方、不随意運動は、無意識に起こる反応です。随意運動と異なり、inputされた情報は脳には送られず、脊髄の中で処理され、命令されます。脳を介さないぶん、随意運動よりも早く反応することが可能になります。

熱いものに触ってしまった場合、何かにぶつかりそうになった場合など、とっさの時に無意識に身体が反応することがあると思いますが、このような無条件反射が不随意運動なのです。

1 解剖学を学ぶメリット
2 力学的基礎
3 骨と関節
4 筋の概略
5 神経と反射
6 脚の構造と機能1
7 脚の構造と機能2
8 脚の構造と機能3
9 体幹の構造と機能1
10 体幹の構造と機能2
11 頭部と頸部の構造と機能
12 腕の構造と機能
13 血液とホルモン

随意反射の例

ピッチャーが投げた球を目でとらえると、その情報は脊髄から大脳に伝わる。そこで球の軌跡の予測などから「バットを振る」と判断。大脳から脊髄を通して運動神経に指令がいき、手、脚、肩などの筋肉が動かされる。

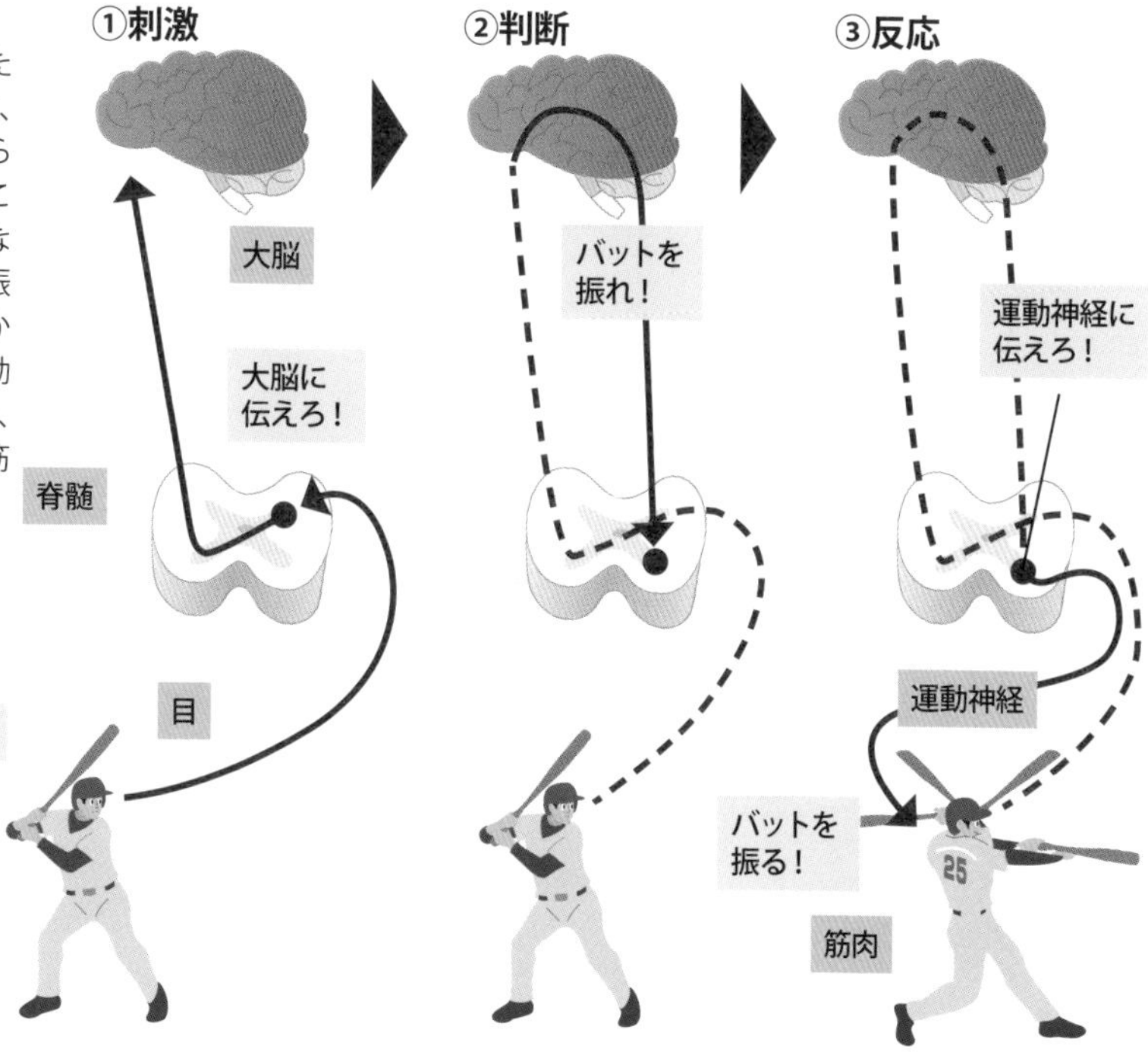

不随意反射の例

感覚器官である皮膚が、「熱い！」という刺激を脊髄に伝えると、脊髄は「すぐに手を離さないとやけどをする」と判断。この場合、大脳には伝えず、脊髄から命令が運動神経に送られ、手を離すという筋肉の収縮が起こる。

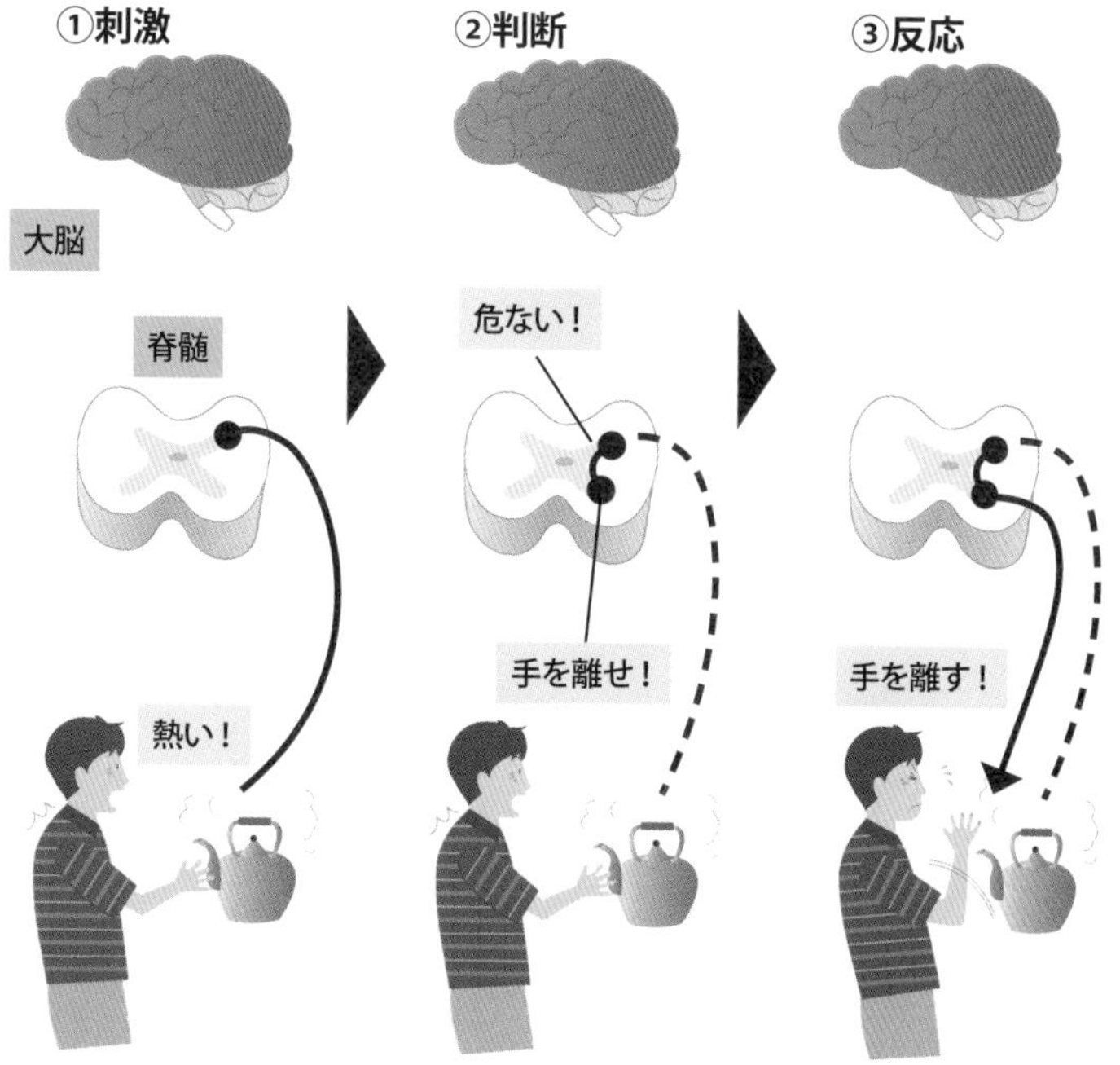

6

脚の仕組みと働き

脚の構造と機能1

1 解剖学を学ぶメリット
2 力学的基礎
3 骨と関節
4 筋の概略
5 神経と反射
6 脚の構造と機能1
7 脚の構造と機能2
8 脚の構造と機能3
9 体幹の構造と機能1
10 体幹の構造と機能2
11 頭部と頸部の構造と機能
12 腕の構造と機能
13 血液とホルモン

股関節《こかんせつ》の構造

脚を胴体と結んでいる部分が股関節です。股関節は**球関節**[#1]で、大腿骨が骨盤にはまり込む構造になっています。このため可動域が制限され、さらに関節を補強している腸骨大腿靭帯《ちょうこつだいたいじんたい》によって脚の後方への伸展が、恥骨《ちこつ》大腿靭帯によって外転（外へ開く動き）が制限されています。

#1➡P.010

大腿骨は骨盤に対して斜めの位置から入っているため、地面に対し垂直ではなく、やや外側に開いて立っています。

骨盤から起始する筋肉

1．骨盤外筋《こつばんがいきん》

大臀筋、中臀筋、小臀筋

これらの筋肉は臀部にある筋肉です。

大臀筋は脚の伸展や、外旋（身体の外側に向けて回す動き）で働き、立ち上がる動作や階段をのぼる際のキック力を生み出します。中臀筋と小臀筋は内転（身体に近づけて閉じる動き）以外の大腿部の動きに関係し、姿勢を安定させる働きも担っています。

2．大腿内転筋群《だいたいないてんきんぐん》

恥骨筋《ちこつきん》、薄筋《はっきん》、長内転筋《ちょうないてんきん》、大内転筋、短内転筋

これらは大腿部の内側にある筋肉で、主に大腿部を内転させる働きがあります。走る時に振り上げた脚を前に出す動きは、この大腿内転筋群が大きな役割を果たしています。

3．骨盤内筋《こつばんないきん》

腸骨筋、大腰筋、小腰筋

股関節を屈曲させる際に働くのが腸骨筋、大腰筋、小腰筋です。この3つの筋肉はまとめて「腸腰筋」と呼ばれています。腸腰筋は体幹を前屈させたり、脚を引き上げたりする動作で大きな役割を果たします。

腸腰筋はいわゆる「インナーマッスル（深層部にある筋肉）」で、様々なトレーニングの中で自然と鍛えることができる筋肉です。しかし筋力トレーニングを行なう際に、付着部に強い負荷がかかるため、障害防止の意味である程度トレーニングを行なうことが必要になります。

股関節と脚の骨格と筋肉の構造

《後》　《前》

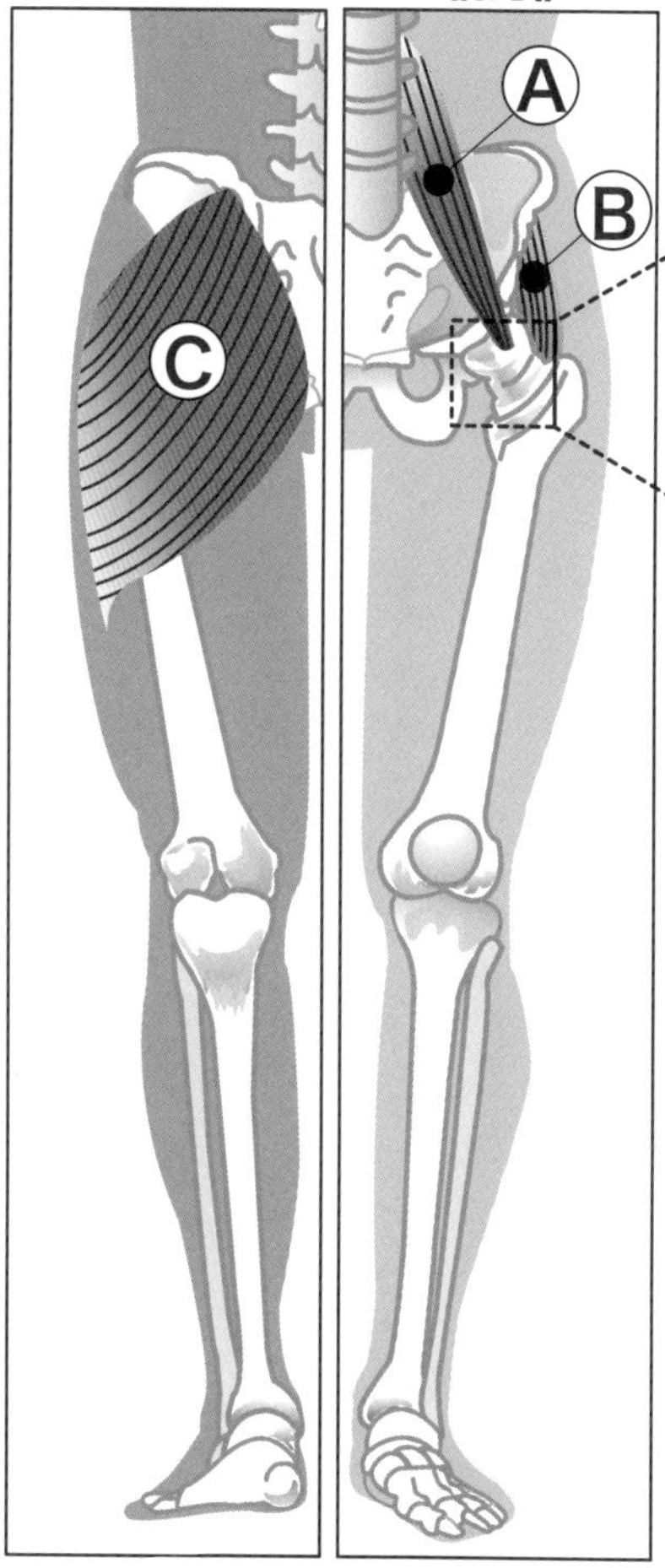

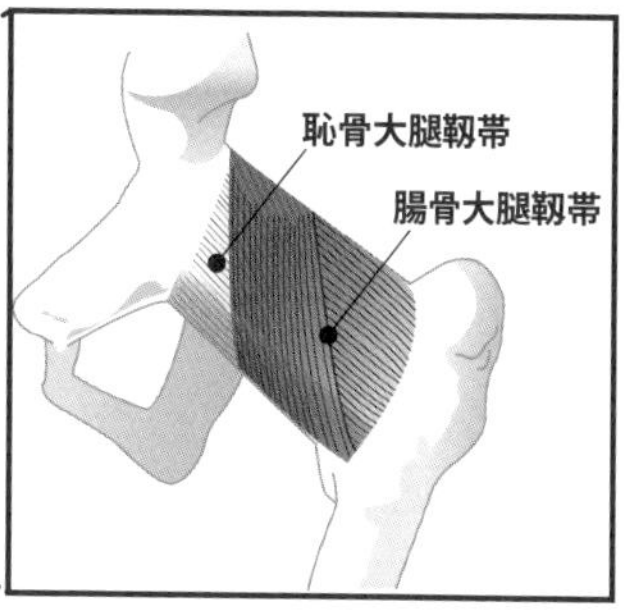

骨盤内筋

Ⓐ

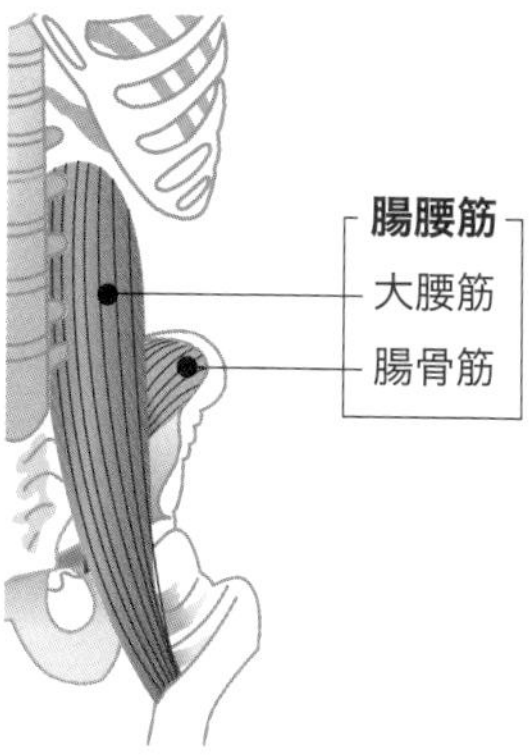

骨盤外筋

Ⓑ小臀筋

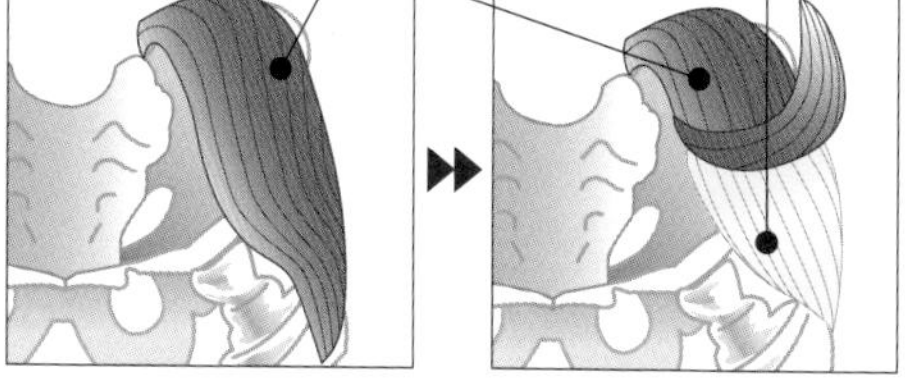

Ⓒ大臀筋

7 脚の構造と機能2

脚の仕組みと働き

膝関節の構造

膝関節は大腿骨が脛骨の上に乗った**蝶番関節**[#1]です。周りを半月板という軟骨が覆い、クッションの役割を果たしています。

膝関節では前十字靭帯が屈曲を、後十字靭帯が伸展を制限し、内側側副靭帯《ないそくそくふくじんたい》が下腿部の外への開きを、外側側副靭帯《がいそくそくふくじんたい》が内への動きを制限しています。左右の回旋運動は可動範囲に差があり、一般に内旋は30~35度、外旋は45~50度です。

#1➡P.010

膝関節の外傷

脚はケガの危険性が高い部位の１つで、突発的なケガである**スポーツ外傷**[#2]が発生しやすい部位です。膝の外傷で多いのは、前十字靭帯、内側側副靭帯、半月板の損傷です。前十字靭帯はジャンプからの着地時や、ねじる動きで痛めることが多く、内側側副靭帯や半月板は、膝関節を曲げた状態で強い負荷がかかることによって損傷します。

#2➡P.154

大腿部の筋肉

1．大腿四頭筋《だいたいしとうきん》

大腿直筋《だいたいちょっきん》、外側広筋《がいそくこうきん》、中間広筋《ちゅうかんこうきん》、内側広筋《ないそくこうきん》

大腿部の前面を構成する４つの大きな筋肉を「大腿四頭筋」と呼びます。どれも膝の伸展運動を担い、大腿直筋は股関節の屈曲運動にも関係します。大腿四頭筋は階段をのぼる・ボールを蹴るなど、脚を振り上げる時に大きな役割を果たす筋肉です。

2．ハムストリングス

半腱様筋《はんけんようきん》、半膜様筋《はんまくようきん》、大腿二頭筋《だいたいにとうきん》

大腿部の裏側にある半腱様筋、半膜様筋、大腿二頭筋の３つを総称して「ハムストリングス」と呼びます。いずれも膝の屈曲運動と、股関節の伸展運動を担っていて、ちょうど大腿四頭筋と逆の働きをしています。

膝の曲げすぎはケガのもと

左図のように、膝は深く曲げると負担がかかりやすい構造になっていて、酷使するとケガや**膝のスポーツ障害**[#3]のもとになります。重い負荷を持つ時や、着地や停止の動きをたくさん繰り返した時は、膝のケアを十分に行なってください。

#3➡P.174

大腿四頭筋《だいたいしとうきん》の構造

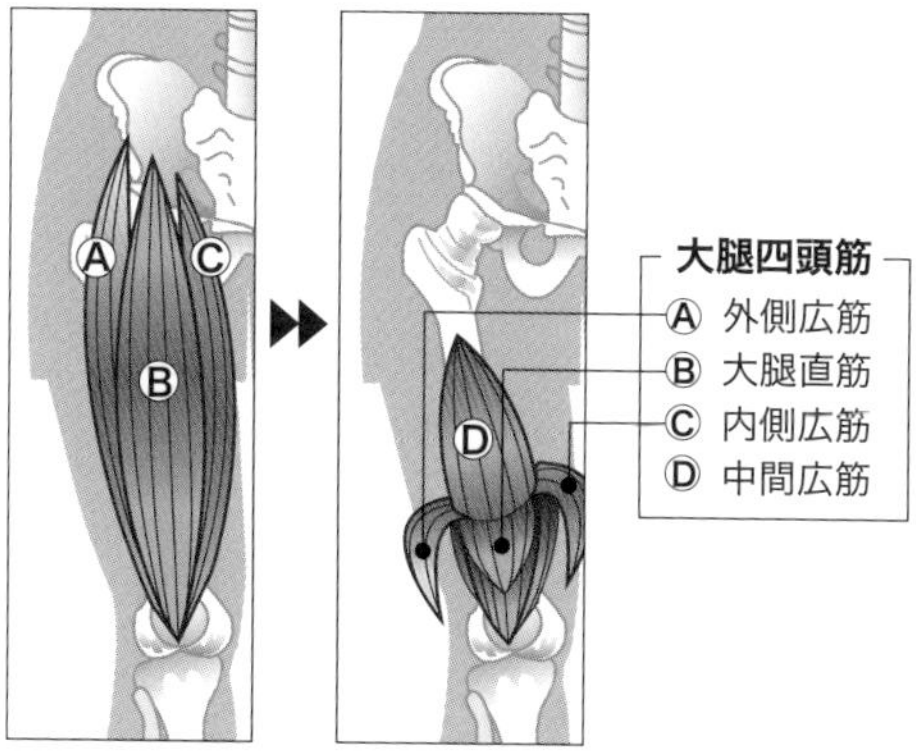

ハムストリングスの構造

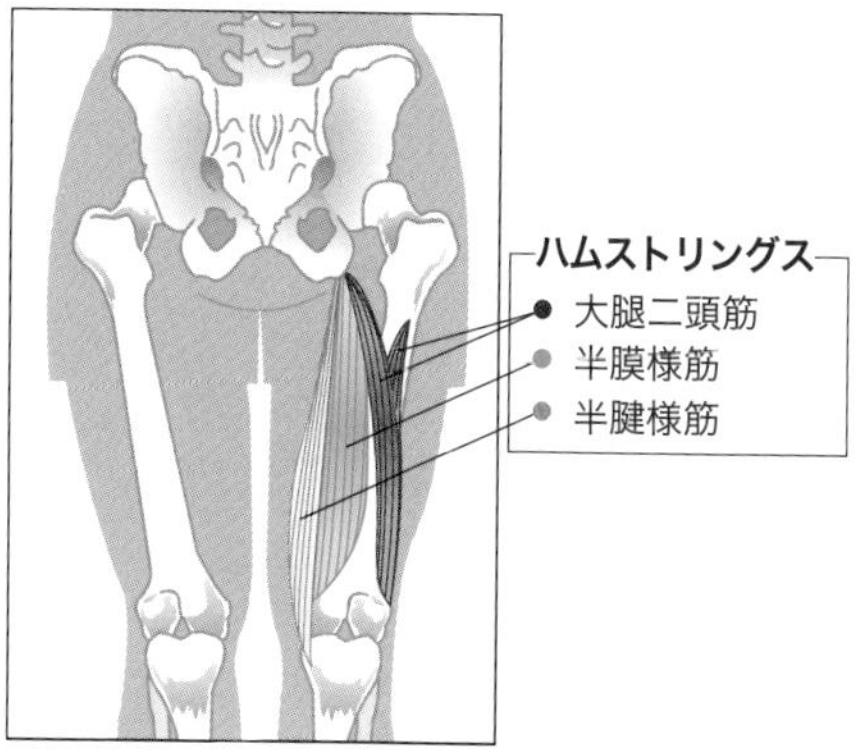

股関節と膝をつなぐ大腿直筋《だいたいちょっきん》

膝関節を曲げるにしたがって、膝蓋骨が大腿骨に押しつけられ、半月板の一部が圧迫されていく。さらに、脛骨結節が上方向に引っ張られる。この時、膝関節にかかる重量は、体重60kgの人の場合はじつに420kgにもなることがある。

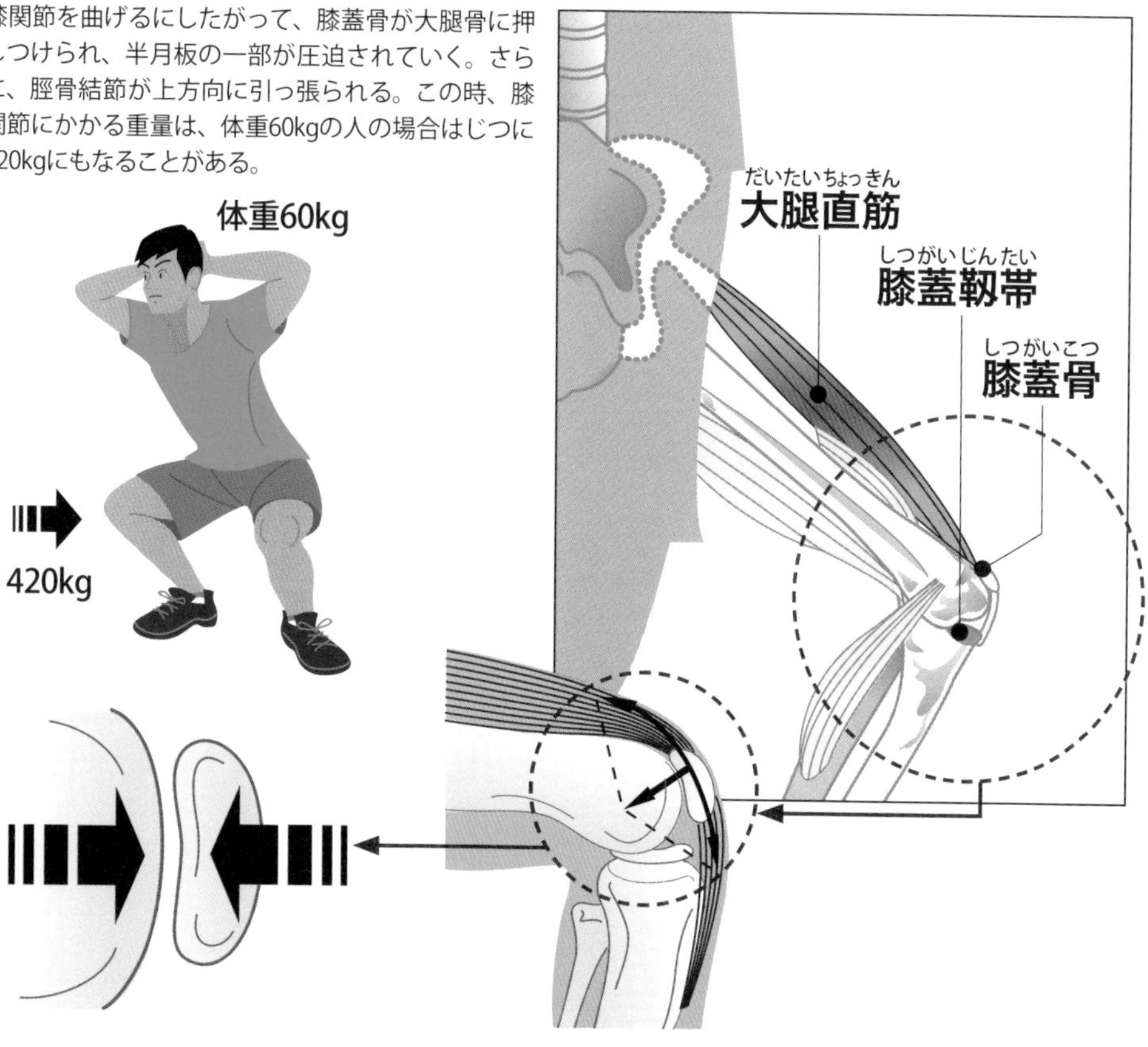

1 解剖学を学ぶメリット
2 力学的基礎
3 骨と関節
4 筋の概略
5 神経と反射
6 脚の構造と機能1
7 脚の構造と機能2
8 脚の構造と機能3
9 体幹の構造と機能1
10 体幹の構造と機能2
11 頭部と頸部の構造と機能
12 腕の構造と機能
13 血液とホルモン

8 脚の構造と機能3

脚の仕組みと働き

下腿部の筋肉

1. 下腿三頭筋《かたいさんとうきん》
腓腹筋《ひふくきん》、ヒラメ筋

ふくらはぎ部分を構成する筋肉として、腓腹筋とヒラメ筋があります。腓腹筋には内側頭・外側頭の大きな2つの束があり、この3つを総称して「下腿三頭筋」と呼んでいます。これらの筋肉は、走る・跳ぶ時に使います。

腓腹筋は大腿骨から、ヒラメ筋は腓骨《ひこつ》と脛骨《けいこつ》の上部から起始し、ともにアキレス腱につながっています。腓腹筋は膝関節と足首の距腿関節《きょたいかんせつ》（足関節）につながり、膝と足首の両方の動きに、ヒラメ筋は足首の屈曲のみに働いています。

2. 足首の筋肉
前脛骨筋《ぜんけいこつきん》、後脛骨筋《こうけいこつきん》、長母指伸筋《ちょうぼししんきん》、長母《ちょうぼ》指屈筋《しくっきん》、長指伸筋《ちょうししんきん》、長指屈筋《ちょうしくっきん》、短腓骨《たんひこつ》筋《きん》、長腓骨筋《ちょうひこつきん》

足首の伸展に働くのは腓骨と脛骨の前面にある前脛骨筋、長母指伸筋、長指伸筋です。外反（外側にねじれる動き）は短腓骨筋と長腓骨筋が、内反（内側にねじれる動き）は主に前脛骨筋、長母指屈筋、長指屈筋、後脛骨筋が関係します。

距腿関節《きょたいかんせつ》

狭義では足首の関節は、距腿関節（足関節）を指します。腓骨と脛骨が距骨の上に乗る螺旋関節です。

関節の内側は三角靭帯が張りつめた状態で外反を制限しています。関節の内側は後距腓靭帯、前距腓靭帯、踵腓靭帯の3つに覆われています。足関節の横の動きには差があり、内反の方が自由度が高いため、内反捻挫が多く起こります。

足裏のアーチ構造

体重や移動の衝撃を吸収するために、足の裏は弓のようなアーチ構造で、そのカーブには内側縦足弓、外側縦足弓、横足弓の3つがあり、それぞれ骨と筋肉、靭帯によって弓形が保たれています。強い衝撃や筋力のバランスが崩れることによって、腱が伸びて弓形を保てなくなったのが「偏平足」と呼ばれる症状です。

下腿三頭筋の構造

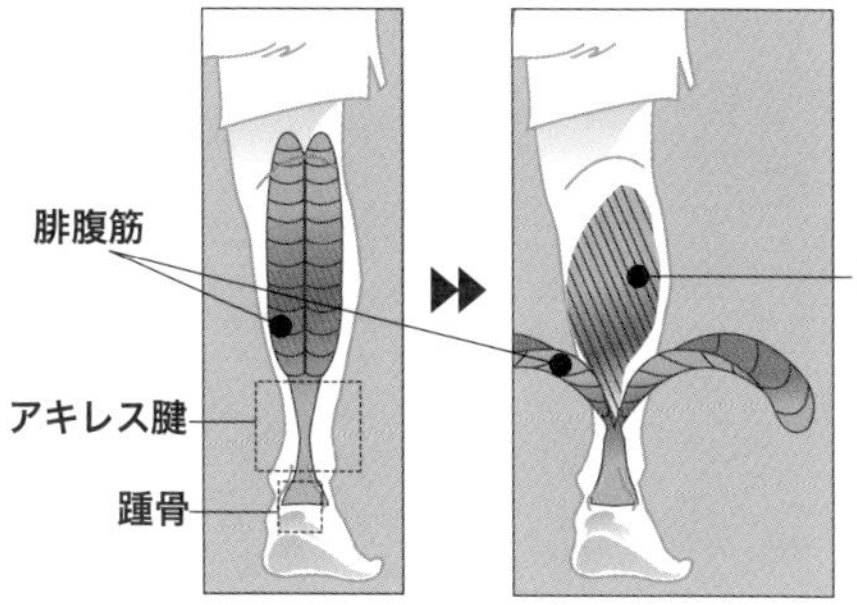

足首の筋肉の構造

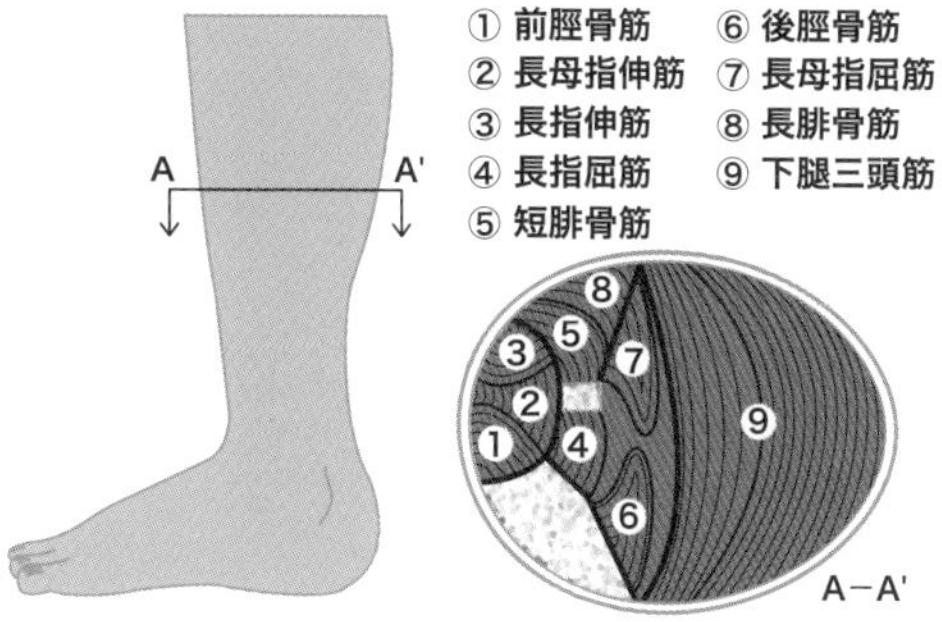

距腿関節の靭帯の構造と足裏のアーチ構造

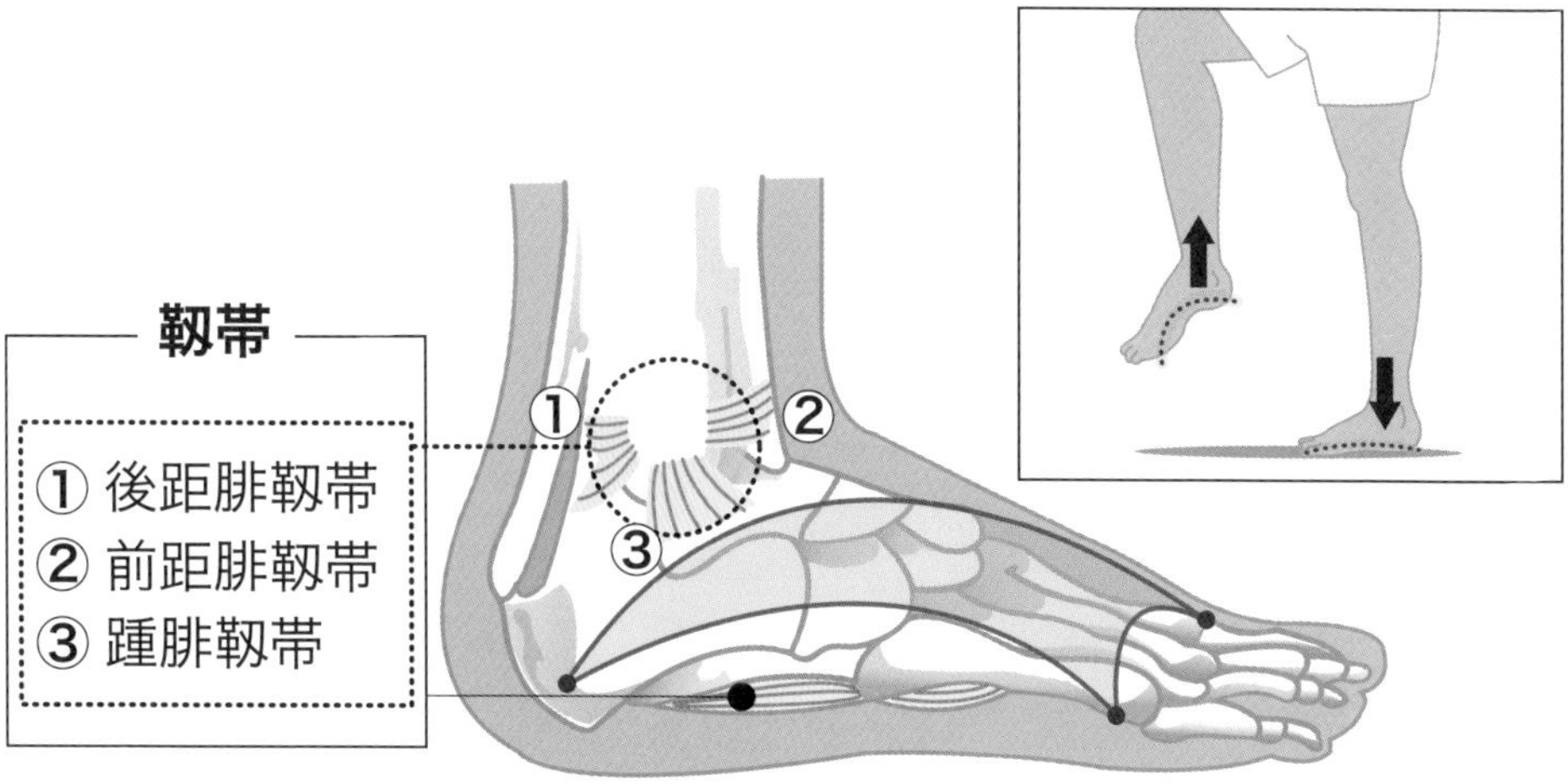

距腿関節の左右にはそれぞれ靭帯があり、外側には「後距腓靭帯」「前距腓靭帯」「踵腓靭帯」がある。なお、内側には「三角靭帯」があり、三角靭帯は常にピンと張りつめた状態なので、足首は外側にはほとんど曲がらない（外反）。反対に外側の靭帯は自由度が高く、足首を内側に曲げる（内反）。このことから、足首の捻挫は内反によって起こる。足裏には骨・筋肉・靭帯によって3種類のアーチ構造が保たれている。このアーチ構造によって、走行や着地時の衝撃を吸収している。このアーチ構造は、筋力のバランスが崩れたり、堅い路面を走って足に大きな衝撃を継続して与えたりすることで崩れてしまうことも。予防するには筋力を維持するトレーニングを行なうとともに、衝撃を吸収するシューズを使うことがすすめられる。

9 体幹の構造と機能1

体幹の仕組みと働き

脊椎の構造

脊椎の構造は、椎骨と衝撃を吸収する椎間板が交互に積み重なっています。脊椎は上から頸椎、胸椎、腰椎の3つに分けられ、頸椎は7個、胸椎は12個、腰椎は5個の椎骨からできています。

脊椎は頸椎と腰椎が前に、胸椎が後ろにカーブしています。このS字状の構造を「生理的弯曲」と呼びます。人間はこの生理的弯曲によって身体の重みやかかる力を分散し、直立姿勢を保っています。

脊髄神経

脊椎の中央部を走る脊柱管の中に脊髄があります。脊髄では脳が全身との感覚をやり取りしているとともに、**伸張反射**[#1]や屈曲反射（熱いものに触ると手足を縮める反応）を司っています。

脊髄神経は枝分かれし、椎骨が重なった隙間である椎間孔から全身へ出て行きます。その1つひとつの神経には、身体のどの部位を支配するかという役割が決められています。

脊髄は多構造になっていて、脊椎によって守られています。しかし、脊椎が骨折したり、腹筋や背筋など体幹を構成する筋群の筋力バランスを崩して歪んだ形になってしまったりなど、何らかの異常が生じて骨が神経に触れてしまうと、その神経が司る筋肉が麻痺するなどの症状が表れます。

#1➡P.136

体幹後面の筋

1. 広背筋《こうはいきん》

腕を引き下ろす動きや、腕の内旋や内転運動に関係します。

2. 僧帽筋《そうぼうきん》

肩甲骨の動きに関係する筋肉です。首から腰まで範囲が広く、上部・中部・下部でそれぞれ働きが異なります。

3. 脊柱《せきちゅう》起《き》立筋《りつきん》、肩甲挙筋《けんこうきょきん》、菱形筋《りょうけいきん》

脊柱起立筋は腸肋筋《ちょうろくきん》、最長筋、棘筋《きょくきん》の3つの総称で、脊椎を支える、深層にある筋肉です。肩甲挙筋は肩甲骨を引き上げる動き、菱形筋は脊椎と肩甲骨を結び、肩甲骨を内側上方に引き上げる役割を果たしています。

1 解剖学を学ぶメリット
2 力学的基礎
3 骨と関節
4 筋の概略
5 神経と反射
6 脚の構造と機能1
7 脚の構造と機能2
8 脚の構造と機能3
9 体幹の構造と機能1
10 体幹の構造と機能2
11 頭部と頸部の構造と機能
12 腕の構造と機能
13 血液とホルモン

脊椎の構造

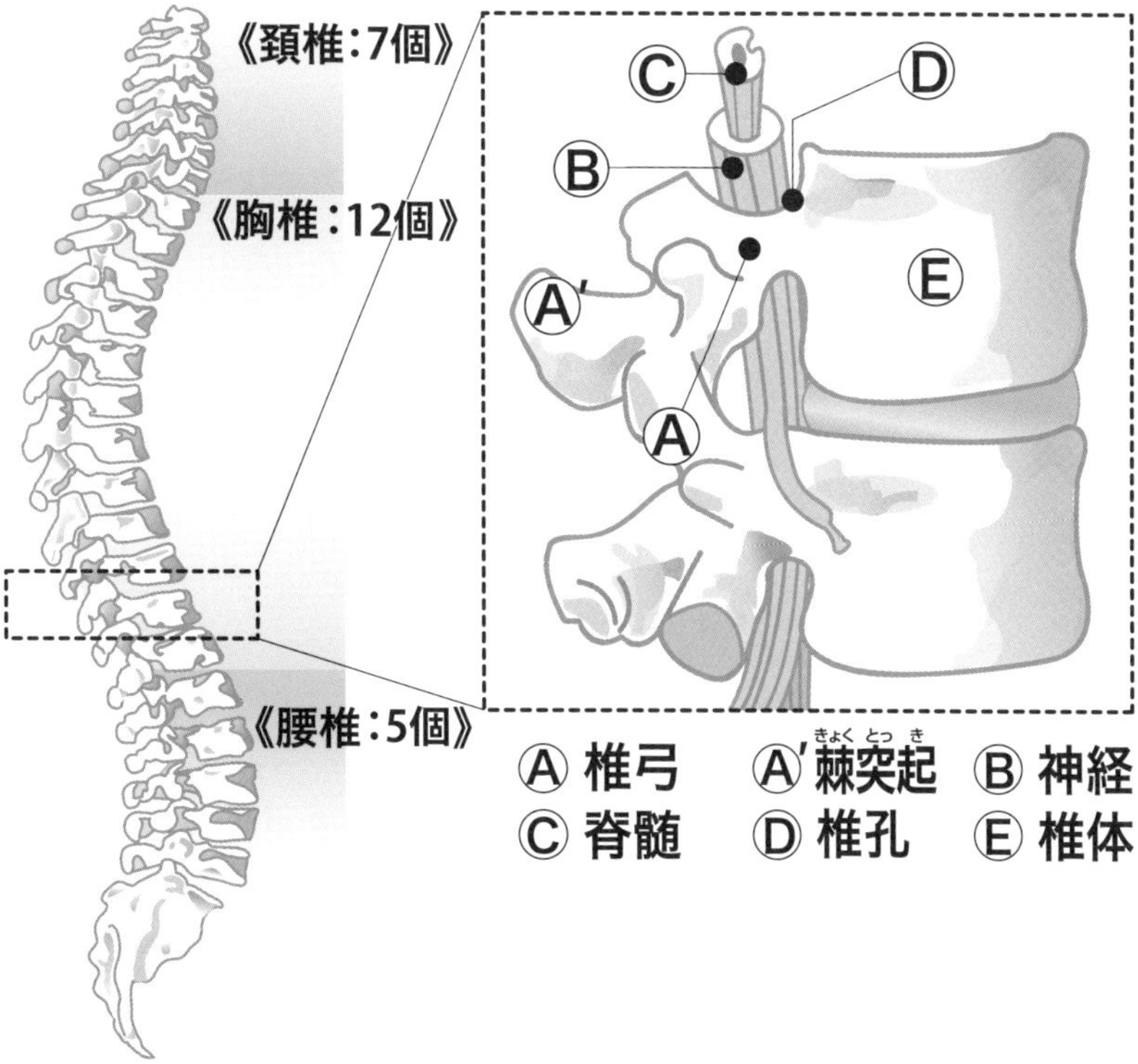
《頸椎：7個》
《胸椎：12個》
《腰椎：5個》
Ⓐ 椎弓
Ⓐ′ 棘《きょく》突《とっ》起《き》
Ⓑ 神経
Ⓒ 脊髄
Ⓓ 椎孔
Ⓔ 椎体

背筋の構造

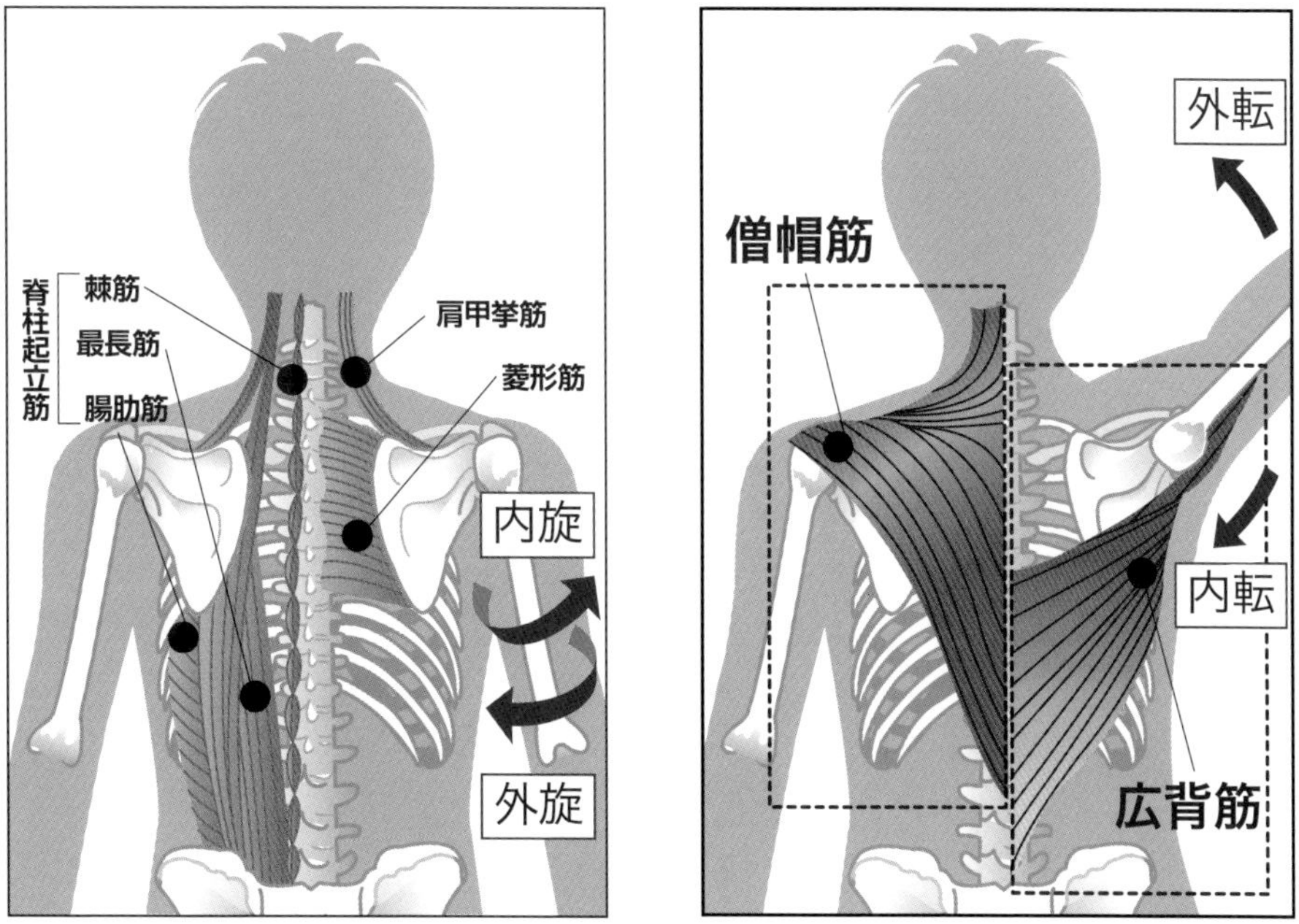
脊柱起立筋
棘筋
最長筋
腸肋筋
肩甲挙筋
菱形筋
内旋
外旋
僧帽筋
外転
内転
広背筋

10 体幹の構造と機能2

体幹の仕組みと働き

体幹前面の筋肉と構造

肋骨《ろっこつ》は左右12本ずつで構成されています。そのうち上から7本は胸骨に直接つながり、その下の3本は肋軟骨を介して胸骨に連結しています。さらにその下の2本は胸骨とはつながっていません。

胸筋群《きょうきんぐん》

大胸筋《だいきょうきん》、前鋸筋《ぜんきょきん》、烏口腕筋《うこうわんきん》、小胸筋《しょうきょうきん》

大胸筋は上腕の内旋、内転運動に関係する筋肉です。前鋸筋は肩甲骨を外に開く動きを行ないます。烏口腕筋と小胸筋は大きな運動はせず、肩甲骨を安定させる働きを担っています。

また、胸部の筋肉が果たしている大事な役割が呼吸です。呼吸に関係する筋肉は「呼吸筋」と呼ばれ、横隔膜や内肋間筋、外肋間筋がこれにあたります。

脊柱、肋骨、胸骨で囲まれた骨格を「胸郭」と呼びます。

腹筋群

腹筋は主に以下の4つに分けられます。

腹直筋《ふくちょくきん》

腹部の中央を構成する大きな筋肉です。胸郭と骨盤を近づける屈曲運動に作用します。**シットアップやトランクカール**[#1]を行なう時に働く筋肉です。

#1→P.092

外腹斜筋、内腹斜筋、腹横筋

この3つは深層にある筋肉で、外腹斜筋は腹直筋の外側を構成し、内腹斜筋はその下に位置します。外腹斜筋と内腹斜筋は腹直筋と連係して上体を屈曲させたり、ひねったりする動きに関係します。

腹横筋は腹部の深いところに位置し、腹圧を高める働きを担っています。

脊椎と腹筋・背筋の関係

脊椎への負担のかかり方は、左図のように上体の姿勢で変化します。また、腹筋と背筋の筋力に大きな差がある場合も、筋力の偏りで脊椎の負担が変化します。一般に腹筋が弱いと脊椎が背筋に引っ張られて腰にかかる重さが増加し、**腰痛**[#2]を引き起こす原因に。この場合、腹筋の筋力を上げることで腹圧を上げて腰にかかる重みを分散させ、背筋の負担を軽減することがすすめられます。

#2→P.178

1 解剖学を学ぶメリット
2 力学的基礎
3 骨と関節
4 筋の概略
5 神経と反射
6 脚の構造と機能1
7 脚の構造と機能2
8 脚の構造と機能3
9 体幹の構造と機能1
10 体幹の構造と機能2
11 頭部と頚部の構造と機能
12 腕の構造と機能
13 血液とホルモン

胸筋・腹筋の構造

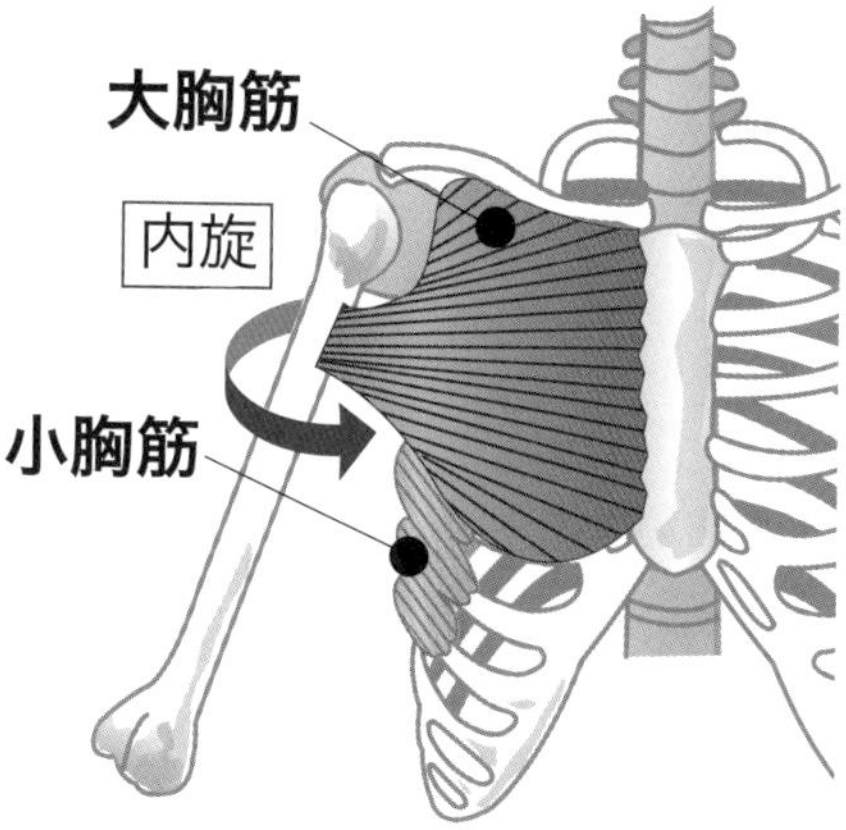

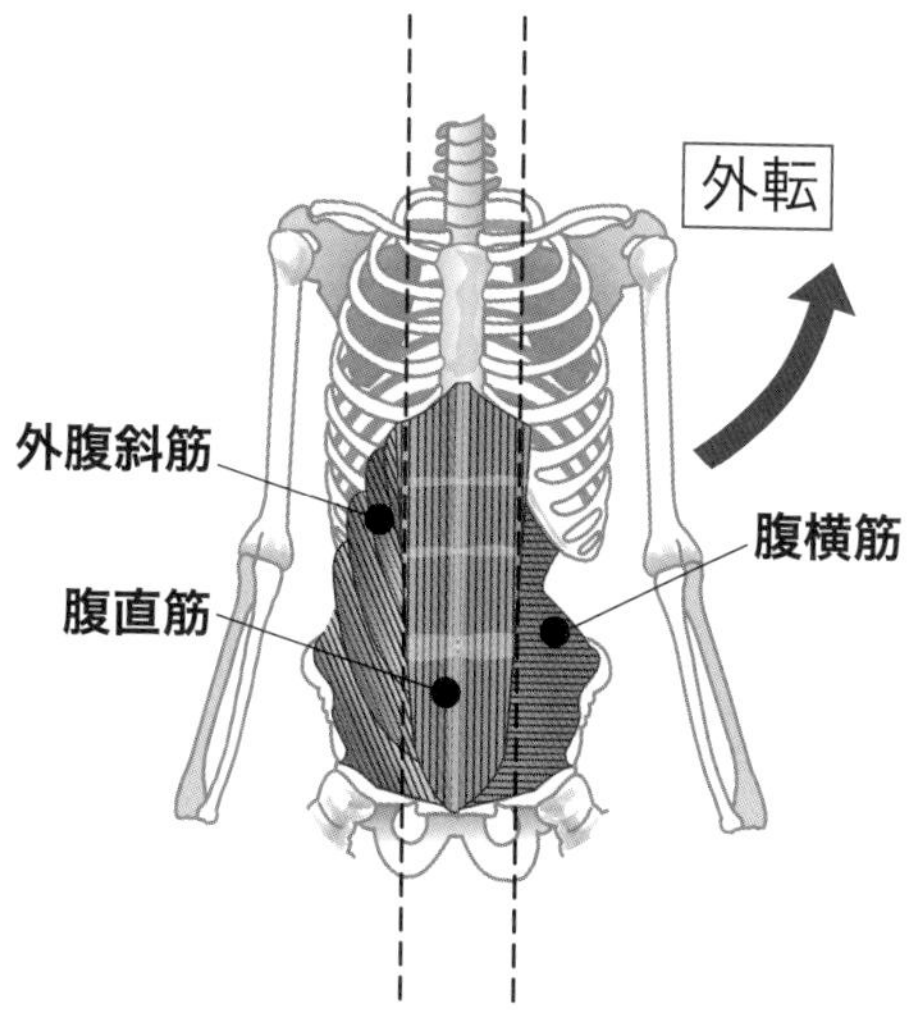

姿勢で変化する脊椎の負担

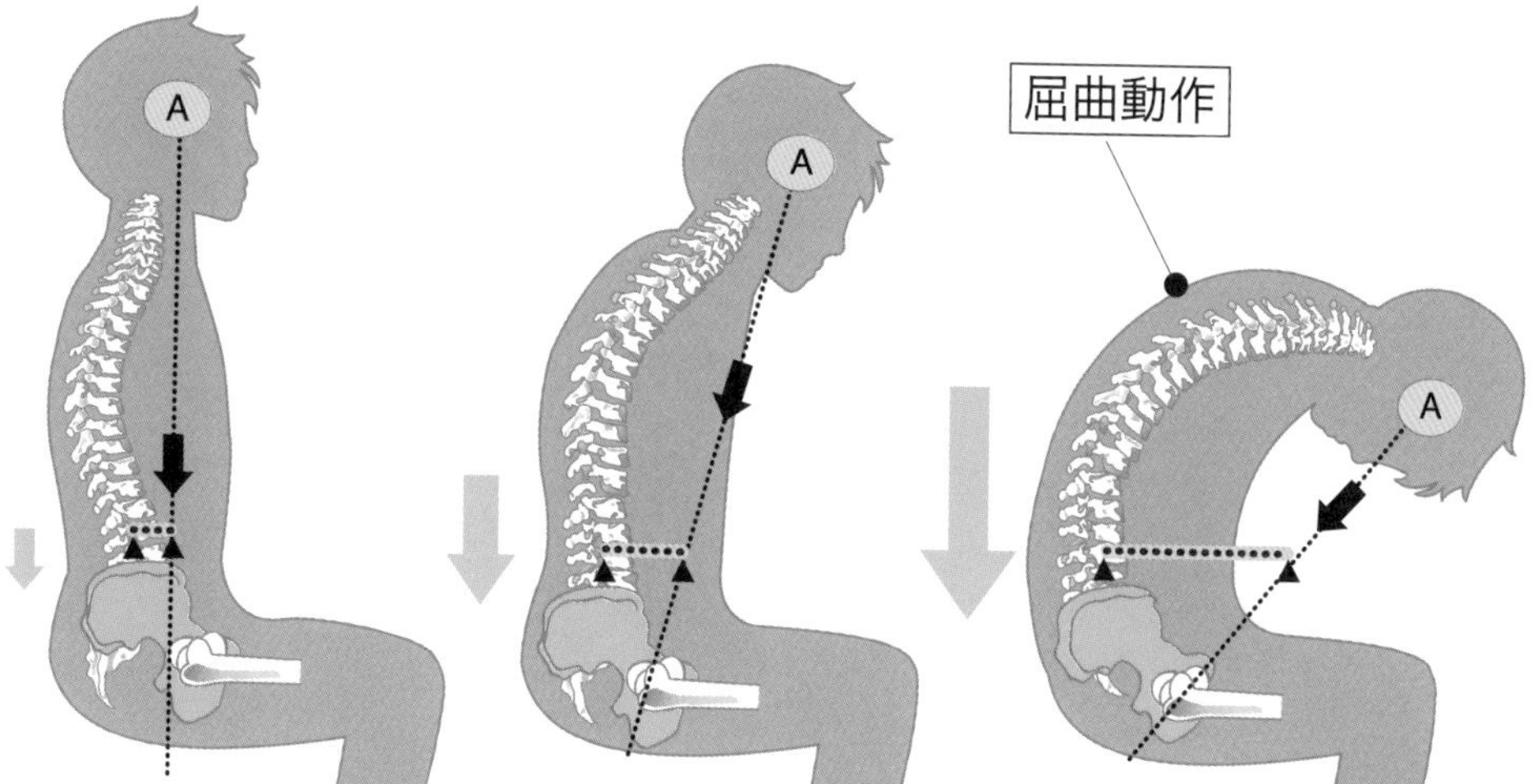

身体の重心となる「A」のラインは、脊椎の前方を通る。Aのラインには重力が働いている。上半身が起きている時はAのラインが脊椎に近いのに対して、上体がやや前方へ傾斜するにしたがって、Aのラインが脊椎から遠くなっていく。そのため、上半身が前傾するほど脊椎の負担が大きくなる。頭部の重さは、体重の1/13程度であるとの説もある。

11 頭部と頸部の構造と機能

頭部と頸部の仕組みと働き

頭部の骨である頭蓋骨《とうがいこつ》（一般的には「ずがいこつ」と読まれます）は、脳をおさめる5種7個の脳頭蓋骨（前頭骨《ぜんとうこつ》、後頭骨《こうとうこつ》、蝶形骨《ちょうけいこつ》、側頭骨《そくとうこつ》、頭頂骨《とうちょうこつ》）と、顔面を構成する10種16個の顔面頭蓋骨（下顎骨《かがくこつ》、舌骨《ぜっこつ》、篩骨《しこつ》、鋤骨《じょこつ》、頬骨《きょうこつ》、口《こう》蓋骨《がいこつ》、上顎骨《じょうがくこつ》、下鼻甲介《かびこうかい》、鼻骨《びこつ》、涙骨《るいこつ》）で形成されています。

特徴的なのは、下顎骨を除く骨が、「縫合《ほうごう》」という縁同士がぴったりと噛み合った構造になっていること。前頭骨と頭頂骨の間は「冠状縫合」、左右の頭頂骨を結びあわせているものは「矢状縫合」、頭頂骨と後頭骨の間は「ラムダ縫合」と呼びます。

また、頭部には骨と筋肉に囲まれた「頭蓋腔《とうがいくう》」と呼ばれる空間があり、この中に脳（成人男性は約１３５０ｇ、成人女性は約１２５０ｇ）がおさまっています。この頭蓋腔の下方からのびる脊椎骨に囲まれた脊柱管の中には、「脊髄」と呼ばれる中枢神経が通っています。

脊髄は、身体を動かすための指令を全身に伝える重要な神経であるため、頭部から腰部までの背骨の負傷は、重大な障害につながる可能性が高いといえ、注意が必要です。

頸部の構造

頸部は、7個の頸椎と8対の頸髄で構成されており、体重比で約1／13といわれる頭部を支える役割があります。

そのため、正常な頸椎は前弯しており、重い頭を支えやすい構造となっています。また、頸椎の間には椎間板があるため、屈曲、伸展、側屈、回旋など前後・左右に曲げたり、ひねったりする複合運動も可能です。

このように頸椎は複雑な動きが可能であるだけに、かかる負担も大きくなります。そのため、左図のように頸部は多くの筋肉で囲まれています。これらの筋肉には、寝ている時以外には絶えず負担がかかり続けることから、疲労が生じやすく、「肩こり」を訴える人が多い要因となっています。

1 解剖学を学ぶメリット
2 力学的基礎
3 骨と関節
4 筋の概略
5 神経と反射
6 脚の構造と機能1
7 脚の構造と機能2
8 脚の構造と機能3
9 体幹の構造と機能1
10 体幹の構造と機能2
11 頭部と頸部の構造と機能
12 腕の構造と機能
13 血液とホルモン

頭部の構造

頭蓋を構成する骨

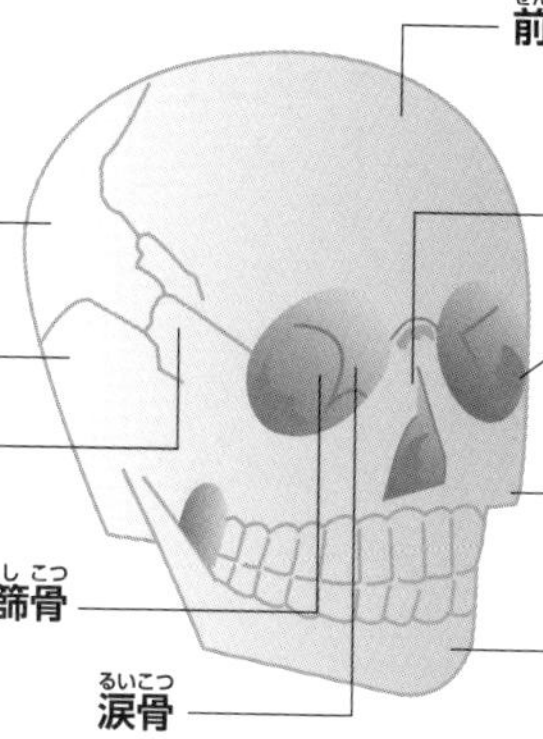

頭部にある体腔

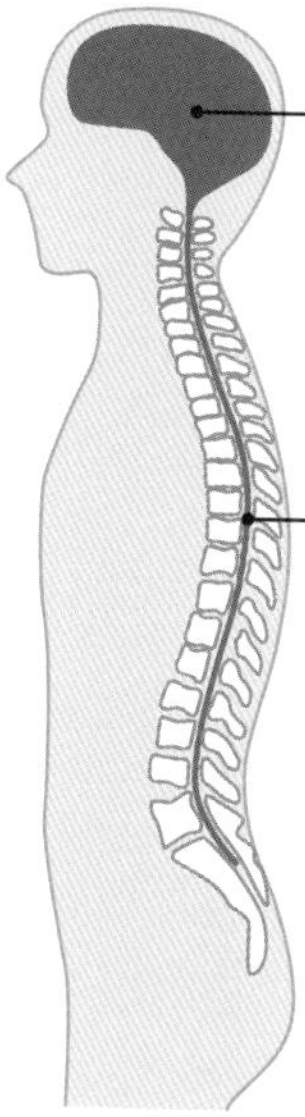

頚部の構造

頚部の筋肉

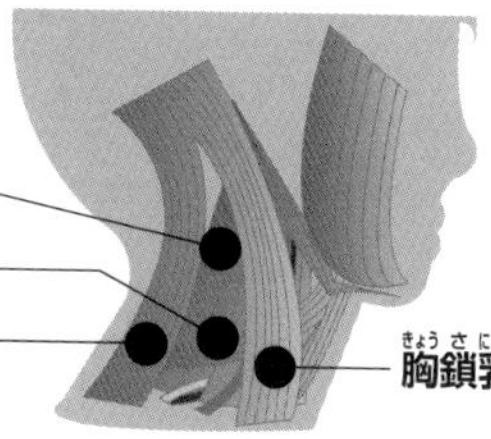

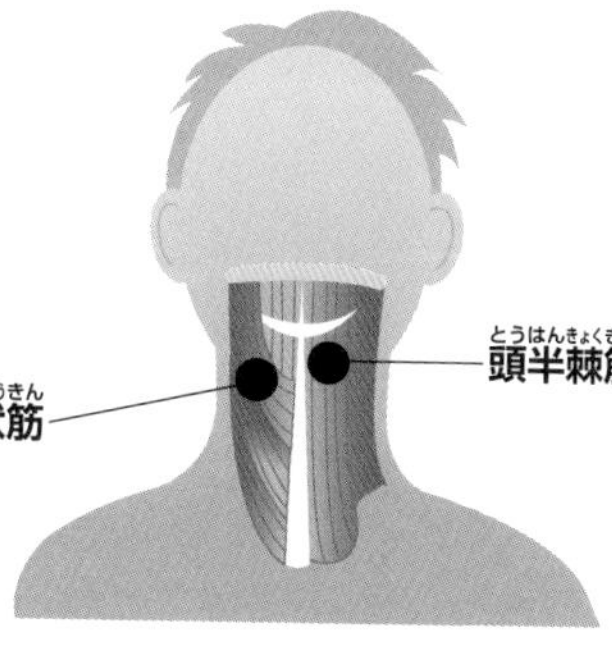

頚椎の構造

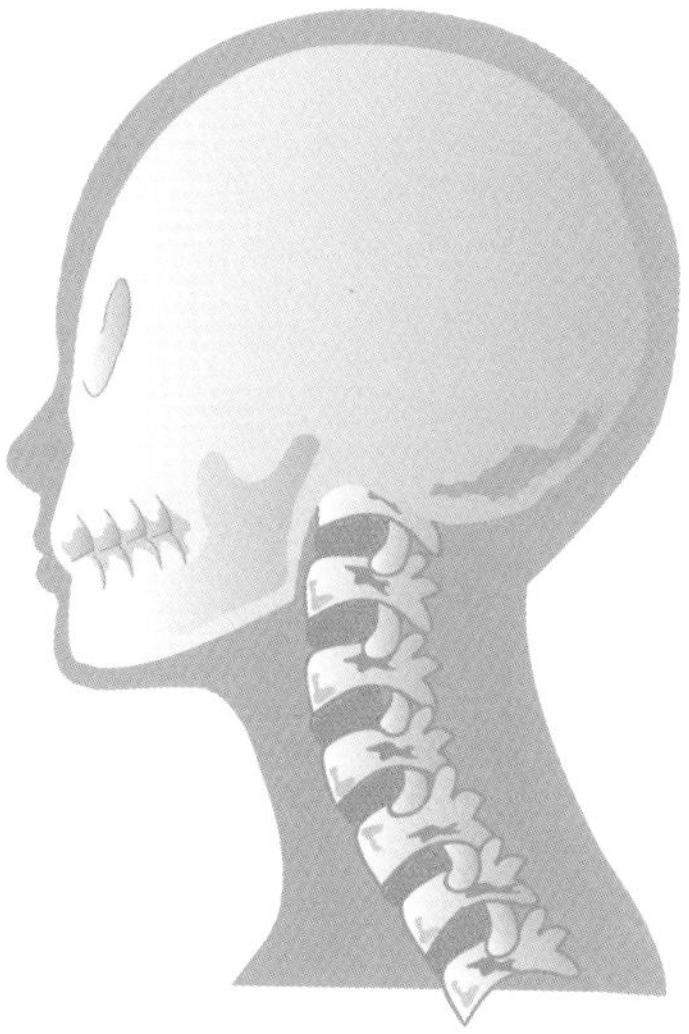

12 腕の構造と機能

腕の仕組みと働き

肩関節の構造

肩関節は肩甲骨と鎖骨でできたカップ状の面に、上腕骨が収まった**球関節**[#1]です。大腿骨が骨盤にしっかりはめ込まれている股関節とは異なり、上下・左右・前後とあらゆる方向へ動かすことができる構造になっています。ただ、可動範囲が非常に広いぶん、不安定で障害を起こしやすい構造でもあります。全身の関節の中でも、肩がとりわけ脱臼しやすいのはこのためです。

#1→P.010

肩周りの筋肉

回旋筋腱板《かいせんきんけんばん》（ローテーターカフ）

肩関節を安定させているのが、回旋筋腱板と呼ばれる棘上筋《きょくじょうきん》、肩胛下筋《けんこうかきん》、棘下《きょくか》筋《きん》、小円筋《しょうえんきん》です。これらはすべて肩甲骨に付着している、肩で大きな役割を果たす深層筋です。肩甲骨は**扁平骨**[#2]の一種で、はすべての面に筋肉が付着しています。

#2→P.016

三角筋

伸展、屈曲、外転、内転など、上腕のあらゆる動きに関係する重要な筋肉です。

肘関節の構造

肘関節は3つの骨で構成されています。上腕骨と橈骨は球関節、上腕骨と尺骨は**蝶番関節**[#1]、橈骨と尺骨は**車軸関節**[#1]です。

肘を動かす筋肉

上腕二頭筋《じょうわんにとうきん》

力こぶをつくっている筋肉です。肘関節の屈曲と前腕の回外（手のひらを前方に向ける動き）に作用します。

上腕筋《じょうわんきん》、腕橈骨筋《わんとうこつきん》

上腕筋は肘関節の屈曲に、腕橈骨筋は前腕の回外と屈曲に関係します。

上腕三頭筋《じょうわんさんとうきん》

上腕三頭筋は内側頭、外側頭、長頭の3つで構成され、肘の伸展を担っています。

手関節の構造

手首は**楕円関節**[#1]、指の付け根は**球状関節**[#1]、指の第一、第二関節は**蝶番関節**[#1]です。

手首は前腕部の約20の筋肉によって動かされています。手や指の伸展には総指《そうし》伸筋《しんきん》、橈側手根伸筋《とうそくしゅこんしんきん》、尺側手根伸筋《しゃくそくしゅこんしんきん》が、屈曲には浅指屈筋《せんしくっきん》、橈側手根屈筋《とうそくしゅこんくっきん》、尺側《しゃくそく》手根屈筋《しゅこんくっきん》が働きます。

1 解剖学を学ぶメリット
2 力学的基礎
3 骨と関節
4 筋の概略
5 神経と反射
6 脚の構造と機能1
7 脚の構造と機能2
8 脚の構造と機能3
9 体幹の構造と機能1
10 体幹の構造と機能2
11 頭部と頸部の構造と機能
12 腕の構造と機能
13 血液とホルモン

肩関節の構造

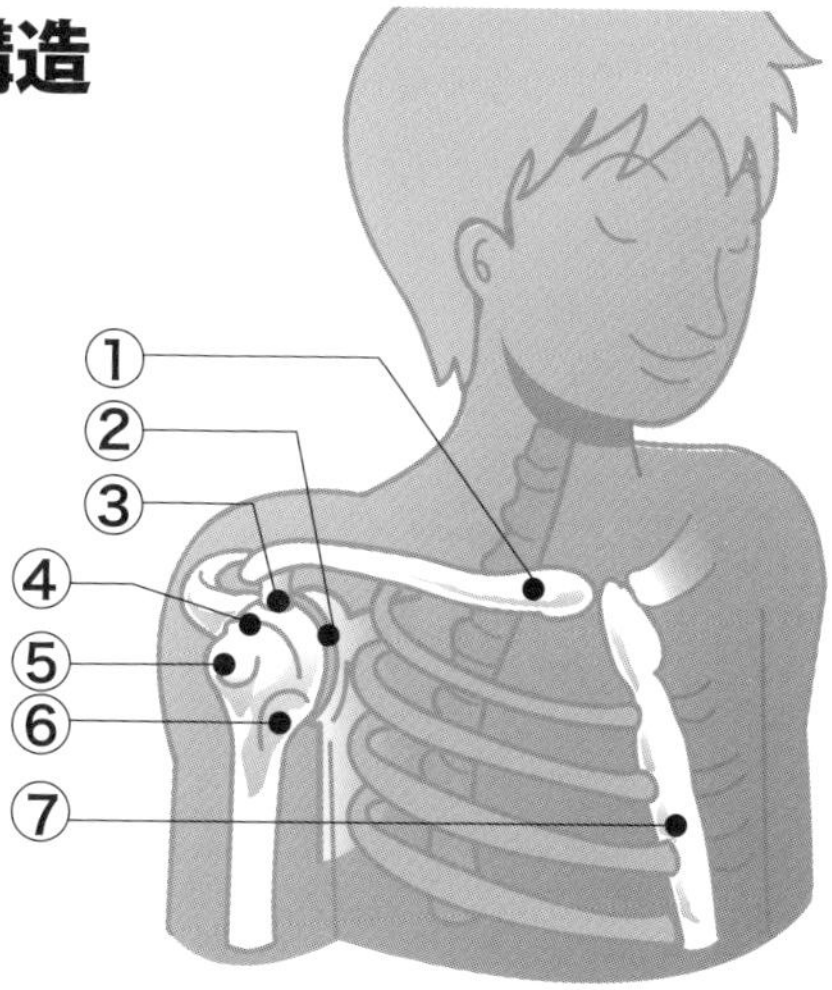

① 胸鎖関節
② 肩甲関節窩
③ 烏口突起
④ 上腕骨関節面
⑤ 上腕骨の大結節
⑥ 上腕骨の小結節
⑦ 胸骨

肩周辺の筋肉の構造

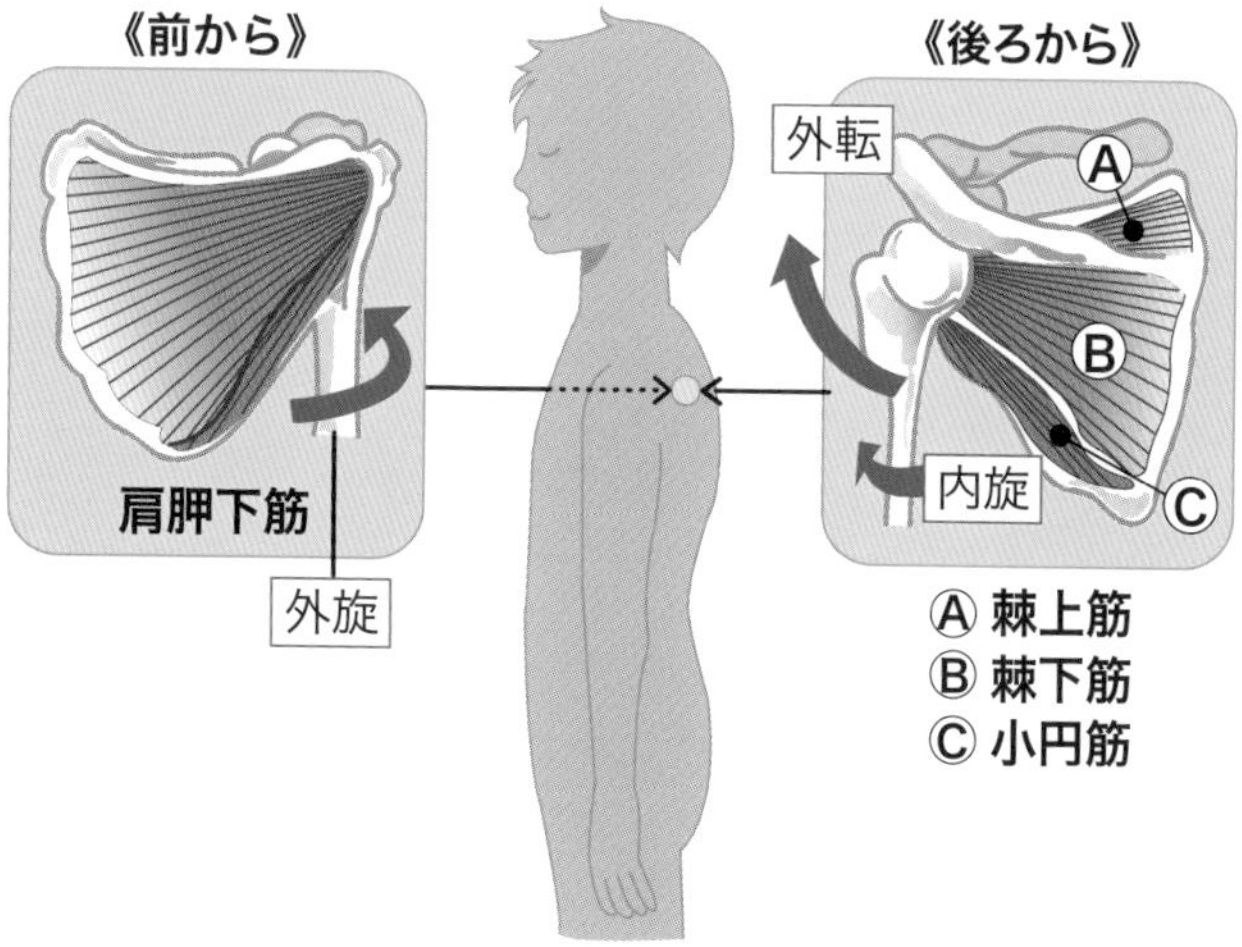

肘関節の構造

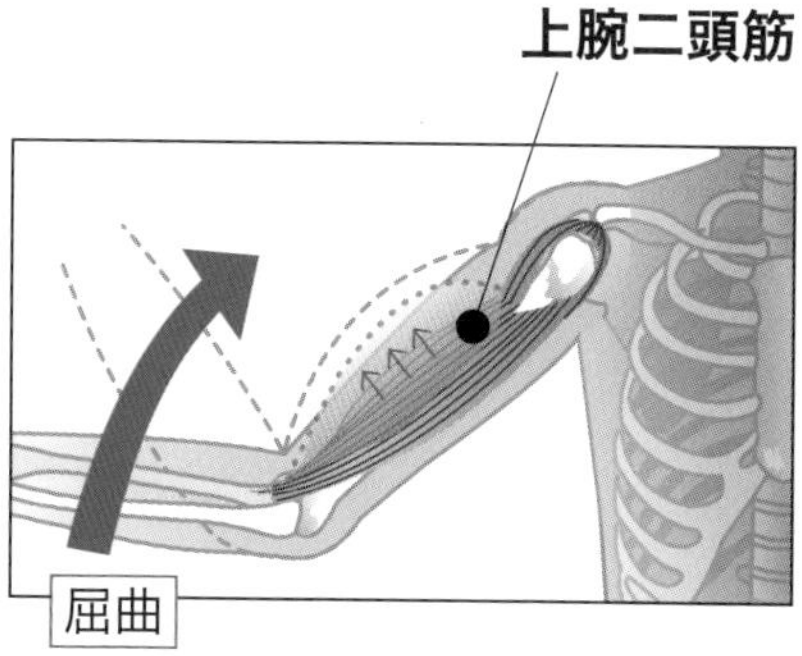

手関節の構造

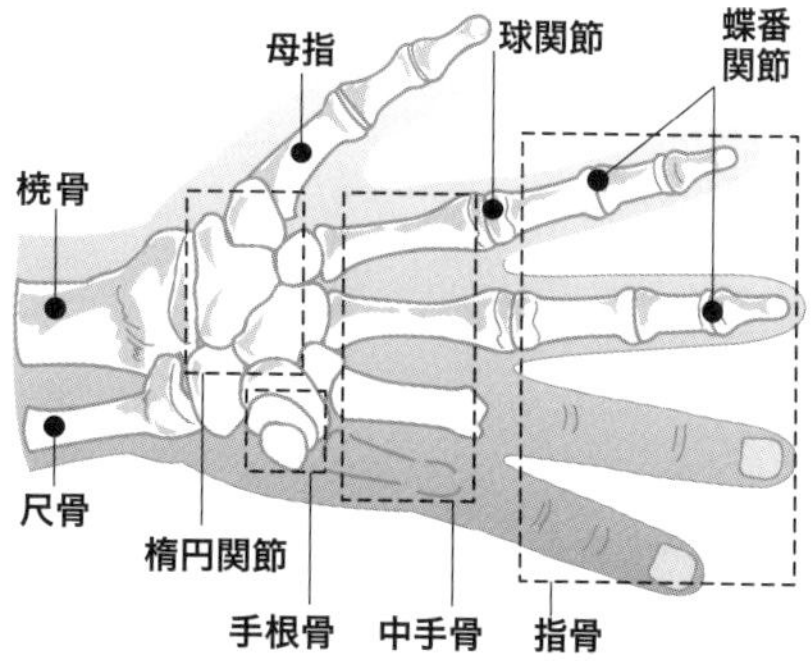

13 血液とホルモン

生命を維持するために必要不可欠

血液は全身に酸素と栄養を運ぶととともに、二酸化炭素や老廃物を回収する役目があり、生命を維持するために、必要不可欠なものです。

赤血球、白血球、血小板などの細胞成分と「血漿《けっしょう》」と呼ばれる液体成分で構成されています。それぞれの役割は、以下のとおりです。

赤血球

直径6～9μmの円盤状の細胞で、ヘモグロビンという鉄を含む色素をもっています。血液成分の約半分を占めており、身体のすみずみに酸素を運び、二酸化炭素を回収しています。

白血球

「顆粒球」「リンパ球」「単球」があり、いずれも無色です。顆粒球は殺菌物質を出し、リンパ球は病原体を攻撃する抗体をつくり、単球は細菌などの外敵の侵入を察知し、攻撃します。

血小板

出血した時、損傷部位に集まり、止血作業を行なってくれるのが血小板です。まず傷口をふさぐと、血液の固まりをつくり、血漿の中にある凝固因子と協調して止血します。通常は円形ですが、活動時に突起するのが特徴です。

血漿

約9割が水分で、栄養やホルモンを溶かしこみ、身体の必要な場所に運ぶ役割を担っています。また、その場所から老廃物を引き取っていきます。

ホルモン

血液などを通して全身に運ばれ、臓器や器官の働きを調節しているのが、「ホルモン」です。ホルモンを分泌する器官は「内分泌腺」と呼ばれ、視床下部、下垂体、松果体、甲状腺、副甲状腺、心臓、消化管、副腎、腎臓、膵臓があります。また、男性は精巣、女性は卵巣と胎盤もこれにあたります。

これらの内分泌線から出されている主なホルモンの種類と役割は左ページのとおり。いずれも身体の機能を調節し、生命のバランスを保つ働きを担います。

血液の成分

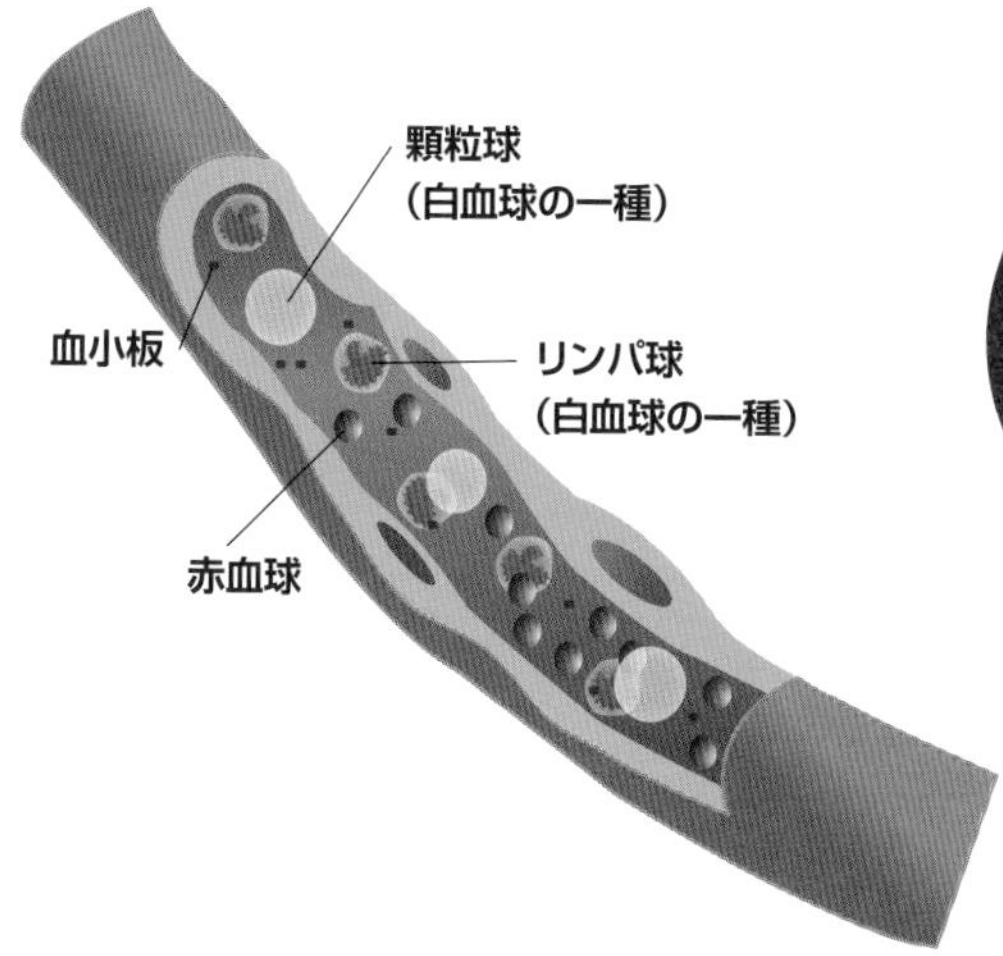

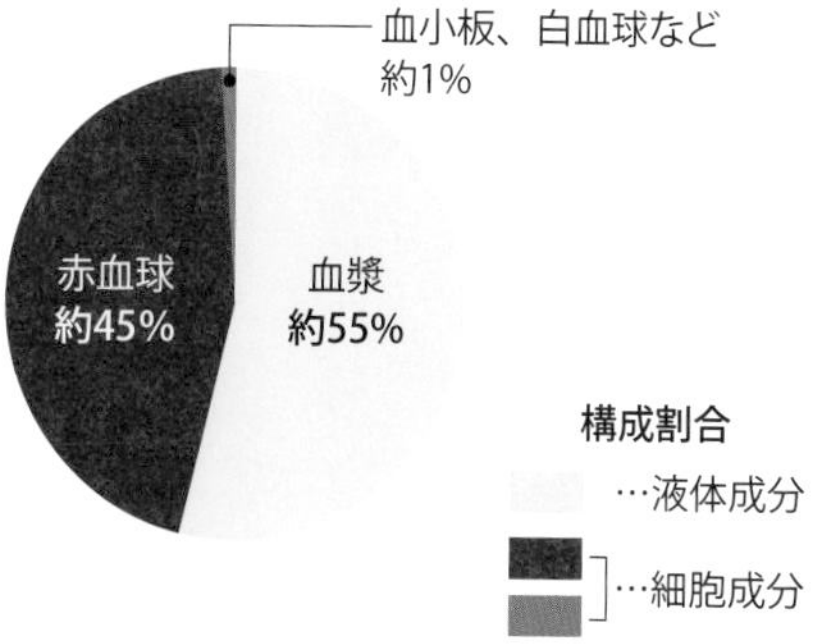

(からだと病気のしくみ図鑑，法研より作図)

主なホルモンの種類とその働き

名	働き	名	働き
甲状腺ホルモン	体温や心拍数を上げるなど、全身の細胞を活性化させる。	**セクレチン**	十二指腸から分泌。膵液の分泌を促進し、胃液の分泌を抑制。
カルシトニン	甲状腺から分泌。カルシウムを運び、骨の形成を促進させる。	**アルドステロン**	副腎皮質から分泌。腎臓から尿に排泄されるナトリウムを制限。
副甲状腺ホルモン	骨から血液に放出するなどして血液中カルシウム濃度を上昇。	**コルチゾール**	ストレスに反応し副腎皮質から分泌。血液中のブドウ糖を増やす。
エリスロポエチン	腎臓で生成。骨髄に作用し、赤血球をつくる働きを助ける。	**デヒドロエピアンドロステロン**	副腎皮質にある男性ホルモン。骨、筋肉、精子などの形成を促進。
心房性ナトリウム利尿ペプチド	心房から分泌。血管抵抗を下げるなどで心臓の負担を軽減。	**アドレナリン・ノンアドレナリン**	交感神経の緊張により分泌。心拍数、血圧の上昇などに作用。
グレリン	胃で産生。成長ホルモンや胃酸を分泌を促進し、食欲を刺激。	**インスリン**	膵臓から分泌。血液中の血糖値が上昇しすぎるのを抑える。
ガストリン	胃から分泌。胃酸、インスリンなどの分泌を促進させる。	**グルカゴン**	膵臓から分泌。肝臓内のグリコーゲンをブドウ糖にし、血糖値を上昇。
コレシストキニン	十二指腸などから分泌。胆のうを収縮させ、胆汁を分泌させる。	**性ホルモン**	外見における男女の性差を生み出す。詳しくはP.138-139参照。

COLUMN

現代人は地に足の"ゆび"(足趾《そくし》)が着いていない？ 足のゆびと転びやすさの関係

皆さんは、歩く時に足のゆびを意識したことはありますか？　多くの人が、タンスの角にぶつけないよう気をつける程度かもしれません。実は足のゆびは、転倒しやすさと大きな関係をもっているのです。

「現代人は地に足のゆびが着いていない」とは、文字どおり「足のゆびが地面に接地していない」という意味です。実際に、現代人の足の裏を測定した研究データがあります。それによると、足のゆびが地面にしっかりと着いている人は、100人のうち1人程度しかいなかったそうです。

では、足のゆびが地面に接地していないと、なぜ転びやすいのでしょうか？　それは、「つま先で地面をつかんでいない」からなのです。これは実際に試してみると実感できます。立っている状態で正面から身体を押された場合、倒れないようにつま先にぎゅっと力を入れて踏ん張ると思います。この時、つま先に力を入れなければ、踏ん張ることができずそのまま後方へ倒れてしまうでしょう。つま先は、身体のバランスを保つのに重要な役割を果たしているのです。

日頃から足のゆびで地面をつかむという動作をしていないと、つま先の筋力が衰えて、つま先が上がらなくなっていきます。すると、歩幅の狭いすり足のような歩き方になるのです。こうした歩き方をする人は、ちょっとした段差や障害物でもつまずきやすいので、転んでしまう危険性が高くなるのです。

予防策は、歩幅を広くすることを意識すること。歩幅を広くすると自然とつま先も上がるので、着地の時に足のゆびで地面をつかむようになります。

現代人の足のゆびが地に着かなくなった理由は、交通手段の発達で歩く距離が減ったこと、農作業など地面を踏みしめる機会が少なくなったことなど、様々な理由が考えられます。しかし、時代を問わず「歩く」という動作は、健康的な生活を送るためには欠かせません。また、年をとると、転倒が大きなケガにつながることもあります。心当たりがある人は今までの歩き方を見直し、つま先を意識して足の衰えを防ぎましょう。

第2章

トレーニング理論を学ぶ

14 体力の概念と体力要素

そもそも「体力」とは何か？

「体力」には筋力や柔軟性といった「身体的要素」と、やる気やストレスに対する抵抗力などの「精神的要素」があります。体力はこの2つを合わせた総合的な能力で成り立っているといえます。

そして体力を理解する上で重要なのが、「行動体力」と「防衛体力」という考え方です。

「行動体力」は行動を起こして作業するための活動能力です。例えば筋力や敏捷性、柔軟性、体格は「身体的要素の行動体力」に、意思、判断、意欲といった要素は「精神的要素の行動体力」ということができます。例えば体格は、目的の競技に適した身体サイズや体重の方が良い結果を残すことにつながります。また体脂肪が多すぎると、運動量の増加に比例して、腰や膝など下半身にケガを起こす引き金になります。

一方、「防衛体力」は基本的な生命活動を維持するための生存能力といえます。気温の変化に応じて体温調整する力や、病気に対する免疫力、ストレスに耐える力などがここに含まれます。防衛体力は目に見えにくい能力なので見落とされがちですが、健康維持という点において非常に重要な体力の概念です。行動体力の向上を目指しているスポーツ選手も、防衛体力が弱くて免疫力が低ければ、体調を崩すことになり、行動体力の発揮を妨げてしまいます。コンディションをぶれさせることなく、パフォーマンスを安定して発揮するという点でも、防衛体力という概念はとても重要です。

行動体力を鍛えれば、同時にほとんどの防衛体力も向上するといえます。つまり、スポーツやトレーニングを行なうことで身体能力をアップさせれば、同時に健康な身体を手に入れることができるのです。

日常的にスポーツをする習慣のない人にとっても、ストレスや病気の耐性を高める防衛体力の向上はとても重要です。防衛体力を鍛えるという目的でも、体力を向上させることをおすすめします。

14 体力の概念と体力要素
15 筋力・筋持久力
16 パワー
17 心肺機能
18 柔軟性
19 測定の意義・障害を予防する
20 筋力の測定と評価
21 パワーの測定と評価
22 持久力の測定と評価
23 柔軟性の測定と評価
24 疲労の測定と評価
25 運動の原理・原則
26 ウォームアップとクールダウン
27 負荷手段とトレーニング器具
28 トレーニングの順序
29 筋力トレーニングの強度
30 トレーニングの目的別強度の目安
31 目的別プログラムの参考例
32 動作スピード
33 トレーニング頻度
34 トレーニング計画の区分け

行動体力

行動を起こし、持続させて
コントロールする「活動能力」

身体的な行動体力の役割
・筋力　・敏捷性　・持久力
・平衡性　・柔軟性　など

精神的な行動体力の役割
・意思　・判断　・意欲

防衛体力

健康や基本的な
生命活動を維持する「生存能力」

身体的な防衛体力の役割
・体温調整　・免疫
・身体的ストレスに対する抵抗力　など

精神的な防衛体力の役割
・精神的ストレスに対する抵抗力　など

行動体力と防衛体力の関係

「防衛体力」が弱いと
病気などにかかりやすくなり
体調を整えにくい
→ 身体を満足に動かせなければ
「行動体力」も弱くなる

トレーニングによって
「行動体力」を高める
→ 身体能力が高まるとともに
「防衛体力」も向上する

「防衛体力」を高めればストレスに対する抵抗力が強くなり、病気になりにくくなるので、スポーツの習慣化は健康にとってプラスになる

15

筋力・筋持久力

筋肉の役割と能力

「筋力」とは、握力や背筋力など、筋肉が出せる力の大きさを示します。一方、筋持久力は腹筋運動など、筋肉が長い時間持続できる力、すなわち筋肉のスタミナを示します。

筋肉には瞬発的な運動で使用される「速筋」（白筋）と、持久的な運動で使用される「遅筋」（赤筋）があります。また、速筋にはⅡa型とⅡb型の2種類があります。Ⅱa型は、Ⅱb型と遅筋の中間的な性質をもち、「ピンク筋」とも呼ばれます。筋肉には、これらタイプの異なる筋線維が混じっています。

競技種目ごとに速筋と遅筋の必要性を見ると、重量挙げなら速筋の方が、マラソンなら遅筋の方が重要です。サッカーなど瞬発力と持久力の両方を必要とする競技では、速筋と遅筋の両方とも重要になります。なお、速筋が重要となる瞬発力を重視する競技でも、高いパフォーマンスを試合終了まで長続きさせるためには、遅筋の働きも重要になります。

速筋と遅筋の割合「筋線維組成」には個人差があるといわれています。これを変えるのは現実的には困難です。

筋肉が発達しやすい人や、長距離の持久走が苦手な人は速筋の割合が多いタイプ、短距離走のタイムが伸びにくい人は遅筋の割合が多いタイプの可能性があります。このように自分の得意な種目から、筋線維組成の割合の見当をつけることができます。

筋線維組成の割合を努力で変えることは困難ですが、トレーニングによってその機能を高めることは可能です。筋力は筋肉の太さに強く影響されるので、筋力アップには筋肉を太くすることが効果的です。

一方、筋持久力は筋肉に流れる血液や酸素の量によって決まります。筋持久力の向上には、長時間の運動を続けたり、インターバル・トレーニングや軽めの筋力トレーニングなどを行なったりして、筋肉の毛細血管の数を増やすことが重要です。

筋肉の断面図（骨格筋線維の構式図）

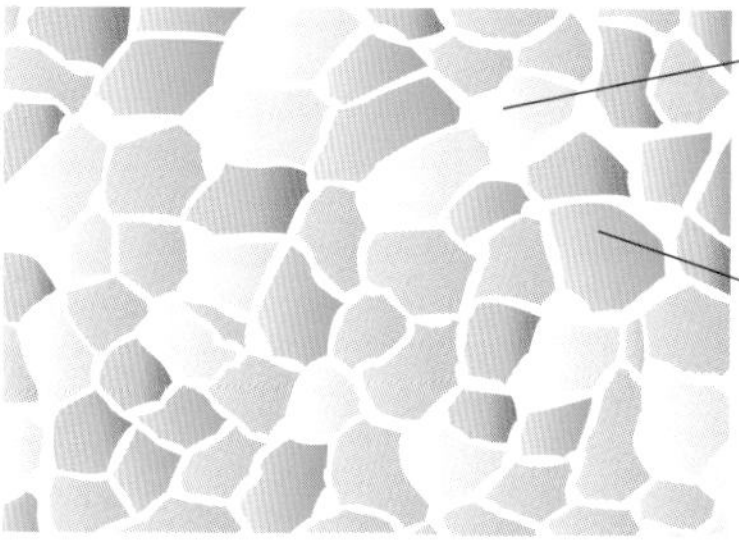

速筋（白筋）
グリコーゲンを使って筋力を発揮する筋肉
→瞬発的に力を発揮する
例：短距離走、砲丸投げ、垂直跳びなど

遅筋（赤筋）
酸素を使って筋持久力を発揮する筋肉
→持続的に力を発揮する
例：マラソン、水泳（長距離）、自転車、ボートなど

速筋と遅筋の脂肪酸燃焼率

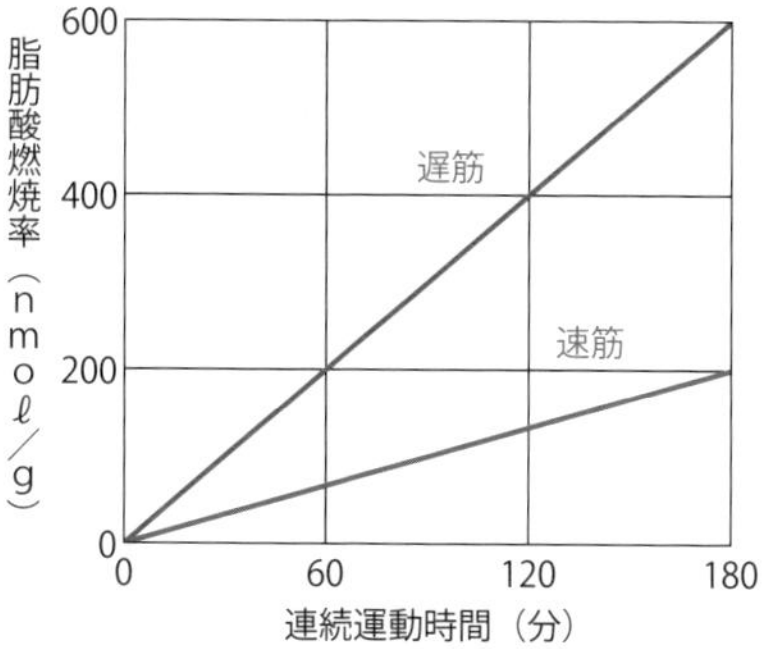

遅筋の方が速筋に比べて脂肪酸燃焼率が高い。つまり、よりエネルギーを多く使う遅筋の量が多ければそれだけ脂肪が燃えやすくなり、減量しやすいことになる。

筋力増加の仕組み

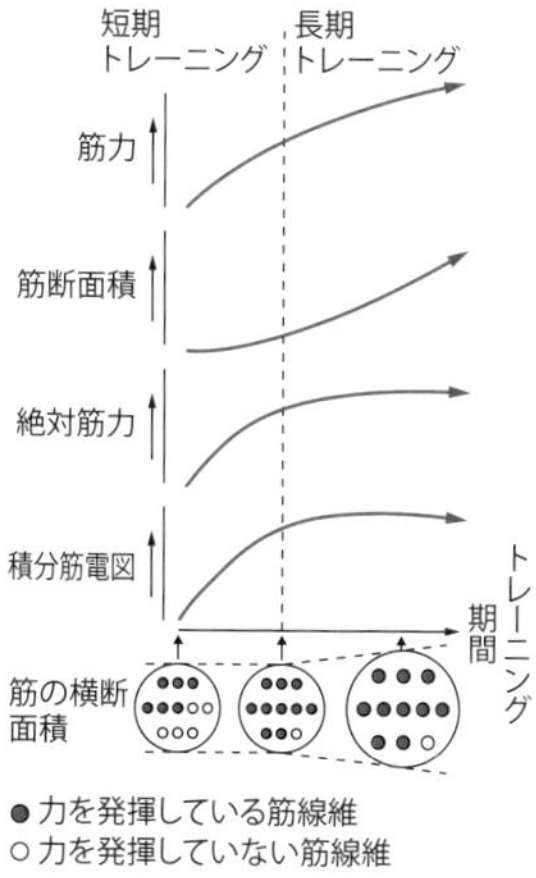

トレーニング初期の筋力増加は、収縮していなかった筋線維が働き出すことによる。単位断面積あたりの発揮筋力（＝絶対筋力）は増加するが、筋横断面積はそれほど増加しない。さらにトレーニングを続けると、骨格筋が肥大して筋力が増加する。

外側広筋における筋線維のタイプ別構成比率

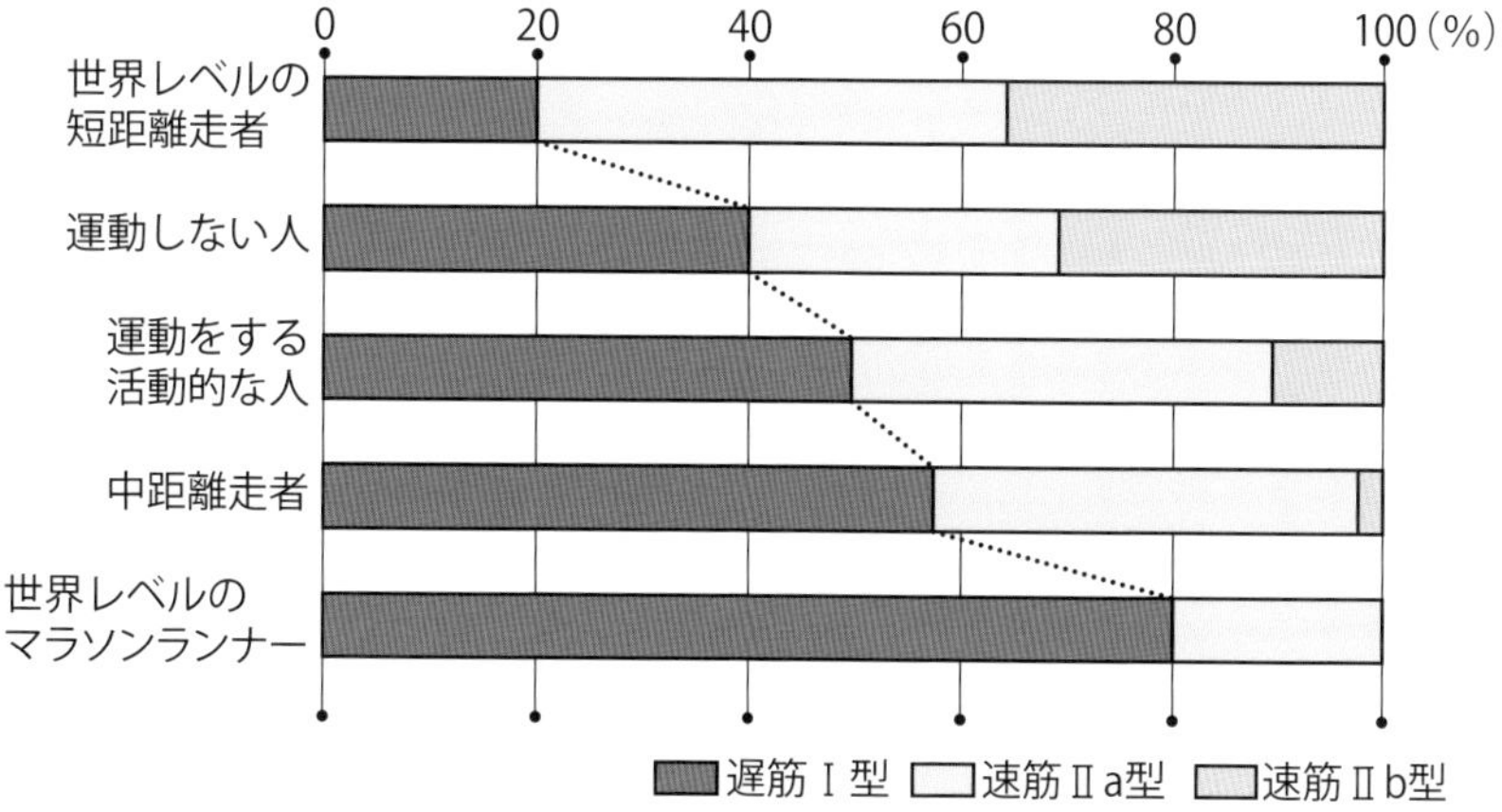

16 パワー

スポーツにおけるパワーの定義

パワーとは、「一瞬で大きな力を発揮する能力」のことを指します。パワーの大きさは、「筋力×筋収縮のスピード」で決まります。パワーはスポーツにおいてとても重要な要素です。

例えば、重いものをゆっくりと持ち上げても、それは筋力を発揮した結果であって、パワーとはいえません。重量10kgのものを0・1秒で持ち上げた場合と、10秒を要した場合では、必要とされる筋力は同じでも、運動の質としては前者の方が優れ、爆発力があります。

また重量500kgの車が壁に激突する場合、時速20kmで衝突するのと、時速100kmで衝突するのでは、衝撃の大きさが異なります。同様に、同じ強さの筋力をもつボクサーでも、腕を振るスピードによって、パンチの破壊力が異なります。いいかえれば、パワーはこうした物体に対して働きかける爆発力を表します。

「パワー＝筋力×（筋収縮の）スピード」の公式からもわかるように、パワーを増すには、筋力アップだけでなく、スピードアップも重要です。筋肉の収縮力が速ければ、そのぶんパワーが増すことになります。

筋肉の収縮スピードを上げるには、筋肉の「縮む力」を鍛えることになります。すなわち、パワーを向上させるには、筋力アップと、筋肉の縮む速度を上げることがポイントになるわけです。

より速く走り、より高く跳ぶためには、パワーを向上させるトレーニングが不可欠です。パワー向上を目的に筋力トレーニングを行なう場合は、**動作スピード**[#1]が重要です。常に最高速度で負荷を挙上する必要がある反面、関節の負担も大きいので正しい知識が必要です。

このほか、パワーを向上させるためのトレーニングとしては、**プライオメトリクス**[#2]が広く知られています。プライオメトリクスは筋肉の収縮力を鍛えることで、パワーを大きく向上させる効果があります。

#1➡P.076
#2➡P.118

パワーは筋力とスピードで決まる

パワーの定義は自動車で例えるとわかりやすい。同じ車でも時速20kmと100kmでは、衝突した時の衝撃は大きく違う。このように、同じ物体でも移動するスピードが速いほど、大きなパワーを発生させることが可能。

パワーを求める公式

パワー
＝
筋力
×
スピード

筋肉が発揮する力、「**筋力**」(→**P.042**)
※筋力を上げるには筋肉の肥大化が必要で、筋肉の重さを増すことでパワーが上がる

筋肉が伸び縮みするスピード、「**筋収縮**」

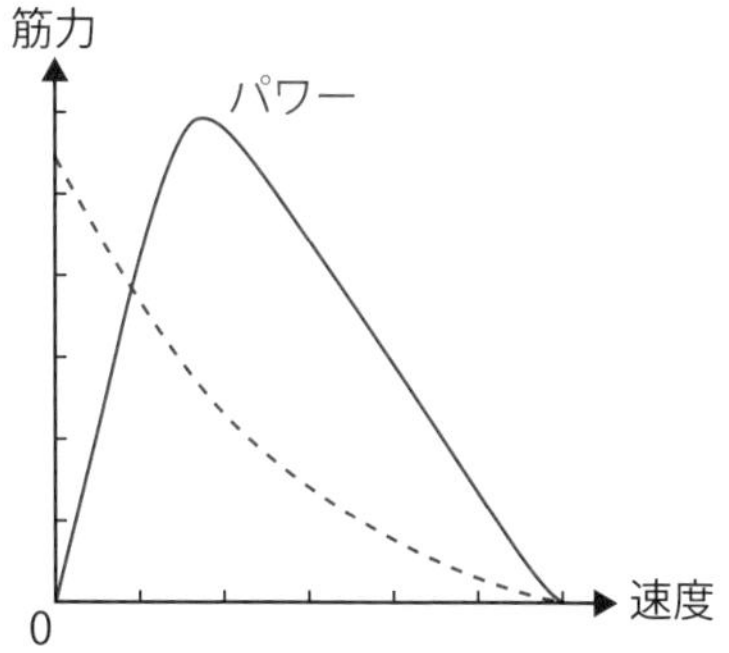

筋力と速度の関係

筋力は筋肉の「太さ」に比例し、筋の収縮速度は「長さ」に比例する。しかし、筋力トレーニングで筋肉を太くすることはできても、長くすることはできない。速度をアップさせてパワーアップを図るには、筋肉を太くして筋力をアップさせることが必要。これにより、速度もアップさせることができる。

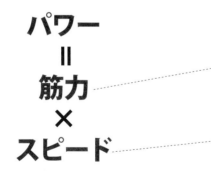

17 心肺機能

血液を送り出して全身に酸素を供給

心肺機能とは、「筋肉に酸素を送り込む機能」といえます。この能力が全身の持久力、スタミナを決定づける大きな要因になります。

心肺機能の評価方法は「最大酸素摂取量」の測定が代表的です。最大酸素摂取量は、体内に酸素を取り込む「肺の働き」、血液を全身に送る「心臓の働き」、心臓から送られた血液から酸素を取り込む「筋肉の働き」の3つによって決定されるため、筋肉にどれだけの酸素を送り込めるかでスタミナが決まるわけです。

肺、心臓、筋肉の3つの中で、心肺機能の最も大きなポイントとなるのは、心臓の働きです。「心肺機能＝血液を循環させる機能」だけではありませんが、そのまま心臓の機能といいかえることができるでしょう。心臓の機能が高まると、1回の拍動で送り出す血液の量（1回拍出量）が増え、より多くの酸素を筋肉に届けることができます。

スポーツで鍛えられて、血液循環の働きが強化された心臓が「スポーツ心臓」です。スポーツ心臓は、血液を送り出す機能が高まっただけでなく、心臓の筋肉が厚くなったり、質量が大きくなったりするなど、形状の変化も見られます。

鍛えられたマラソン選手は、安静状態の心拍が1分間に30前後といわれています。この場合、心拍数が少ないことは異常ではなく、心臓の機能が高まった証拠です。

一流選手でなくとも、熱心にスポーツに励めば、スポーツ心臓になる可能性があります。また、持久系競技でなくとも、ウエイトリフティングなどの瞬発系競技でも、心筋が厚くなってスポーツ心臓になる場合があります。

ちなみに、食事の直後に激しい運動をしない方がよいのは、筋肉へ流される血液の量が減るためです。食事後は身体が胃の働きを高めるため、血液が胃に集まります。その結果、全身の筋肉に血液が行き渡らなくなり、筋肉の機能が低下してしまうのです。

筋力トレーニングと姿勢 35
トレーニングの記録 36
胸の筋力トレーニング 37
背中の筋力トレーニング 38
腕・肩の筋力トレーニング 39
体幹の筋力トレーニング 40
静的な体幹の筋力トレーニング 41
大腿部の筋力トレーニング 42
下腿部の筋力トレーニング 43
ウォーキング 44
ジョギング 45
水中トレーニング 46
自転車 47
踏み台昇降運動 48
柔軟性向上のトレーニング(上半身) 49
柔軟性向上のトレーニング(下半身) 50
バランス感覚向上のトレーニング 51
敏捷性向上のトレーニング 52
プライオメトリクス 53
コーディネーショントレーニング 54

心臓内と全身の血液の流れ

体循環

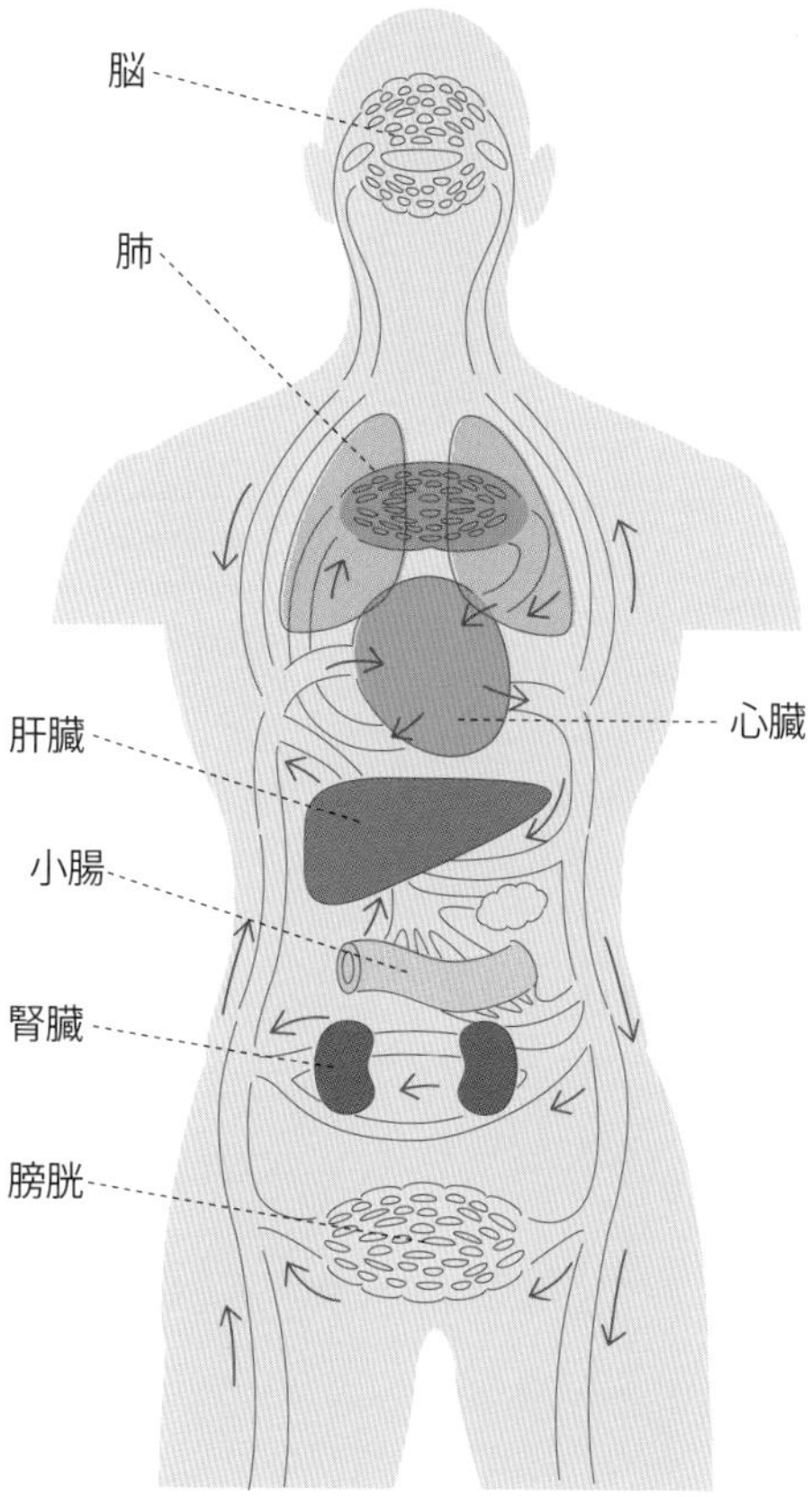

肺循環

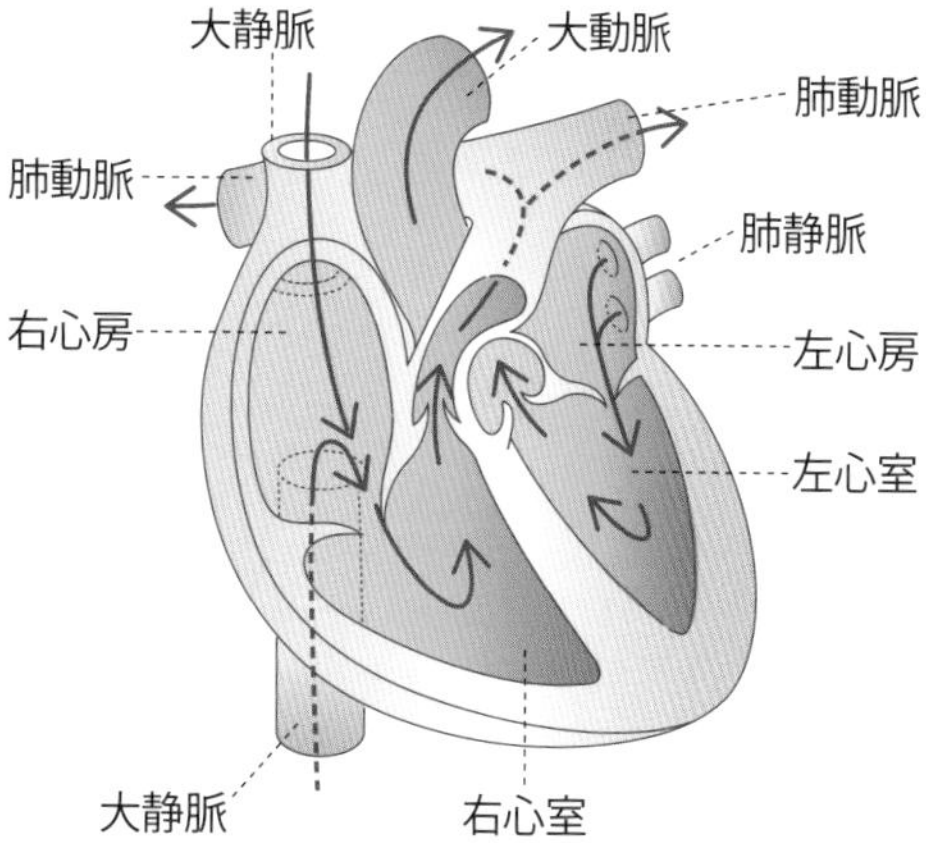

心臓の中を通る血液は、大静脈から入ってきて右心房→右心室を通り、肺動脈を通って肺へ送られる。血液は肺で二酸化炭素を酸素に交換され、肺静脈から左心房→左心室を通り、大動脈から全身へ送られる。心臓→肺動脈→肺→肺静脈→心臓の流れを「肺循環」と呼び、心臓→大動脈→全身の臓器・筋肉→大静脈→心臓の流れを「体循環」と呼ぶ。

一般的な心臓とスポーツ心臓の違い

一般的な心臓の心電図イメージ

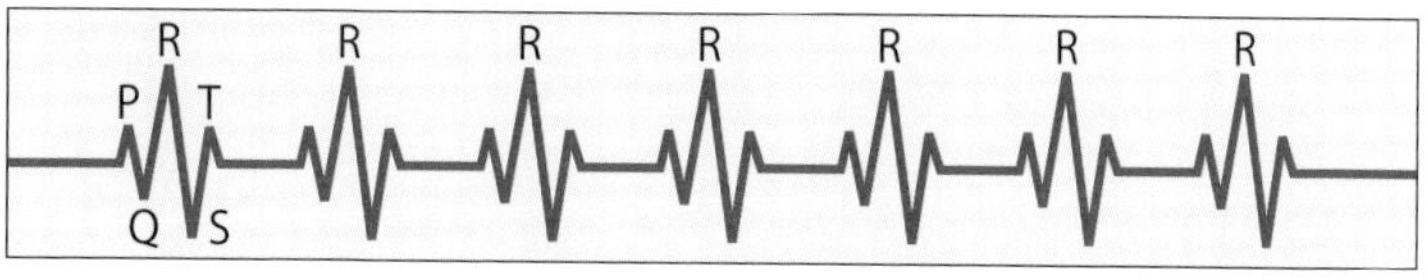

スポーツ心臓の心電図イメージ

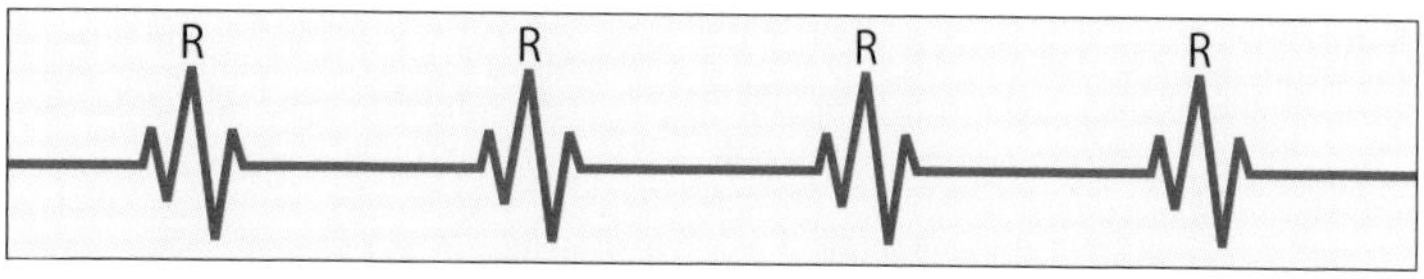

心肺能力が高いスポーツ選手の心臓は、一般人に比べて血液循環の性能が高く、少ない拍動（R波）で十分な量の血液を送り出せる。そのため、平常時の心拍のR-R間隔が長くなる。

18

柔軟性

「身体が柔らかい」ということ

身体の柔軟性は「関節の可動域(Range of Motion＝ＲＯＭ)」と、その範囲内で筋肉と腱をどれだけ伸ばせるかという「筋肉と腱の伸長性」によって決まります。どちらもストレッチ[#1]を行なうことで改善できます。特にスポーツでは、その競技に応じた適度な柔軟性が必要です。柔軟性が高ければ、不意に起こる衝撃を吸収してくれたり、関節の可動範囲をある程度超えて生じる、捻挫や肉離れなどを未然に防いでくれたりするなど、ケガを予防する効果を期待できます。

#1➡P.194

また、関節の可動域が広ければ、手足の動きに加速度が加わり、より速いボールを投げたり、より強いキックを放ったりするなど、より高いパフォーマンスを発揮することが可能になるといえます。体操やバレエなどの芸術的スポーツでは、柔軟な身体は演技を美しく見せる上で欠かせない要素となっています。

しかし、関節可動域が過剰に広いと、ケガの原因にもなります。それだけ関節が不安定ともいえるので、つまり、転倒や衝突の影響で関節が可動域を超えてしまい、捻挫や骨折を引き起こす危険性が高まります。骨格や筋肉は人体を支える「支持機能」もあわせもつため、関節の可動域が通常よりも広い人は、筋力トレーニングで関節の安定性を高め、ケガを回避する身体をつくる必要があります。

人それぞれによって骨格の状態が異なるため、関節の可動域には個人差があります。生まれもった関節の可動域が狭い場合、例えば１８０度の開脚を目指して熱心にストレッチを積んだとしても、関節の構造上、可動性が構造的に制限を受けるわけですから、目標に到達することは難しいでしょう。それを強引なストレッチで引き伸ばそうとすれば、可動域の限界を超えてしまい、関節を保護する機能を壊してしまう危険があります。

ストレッチは柔軟性の改善に非常に有効であるものの、その範囲には限界があります。ストレッチを行なう時は、決して無理をしないことが大切です。

14 体力の概念と体力要素
15 筋力・筋持久力
16 パワー
17 心肺機能
18 柔軟性
19 測定の意義・障害を予防する
20 筋力の測定と評価
21 パワーの測定と評価
22 持久力の測定と評価
23 柔軟性の測定と評価
24 疲労の測定と評価
25 運動の原理・原則
26 ウォームアップとクールダウン
27 負荷手段とトレーニング器具
28 トレーニングの順序
29 筋力トレーニングの強度
30 トレーニングの目的別強度の目安
31 目的別プログラムの参考例
32 動作スピード
33 トレーニング頻度
34 トレーニング計画の区分け

関節の可動域による動きの違い

関節の可動域が小さい場合

手を離れる前のボールの移動距離が短く、加速度がつかないため、ボールを遠くへ投げることができない。

関節の可動域が大きい場合

手を離れる前のボールの移動距離が長く、ボールに加速度をつけて遠くへ投げられる。

ケガの予防には適度な柔軟性が理想

低すぎる ← 柔軟性が → 高すぎる

低すぎる：ちょっとした動きでケガをしやすいので、ストレッチで柔軟性を高める

高すぎる：関節が必要以上に稼働してケガをしないよう、筋力トレーニングで安定性を高める

19

測定の意義・障害を予防する

身体能力を知る意義

トレーニングを始めるにあたっては、まず筋力や柔軟性などを測定し、身体の状態を把握することが重要です。

測定には８つのメリットがあります。

1. 現状把握

現時点での身体の状態を、客観的に知ることができます。

2. 長所と短所の確認

今の自分に足りないもの、人よりも優れているものを知ることで、短所を補い、長所を伸ばすトレーニングメニューを組むことが可能になります。

3. 効果の確認

トレーニングの結果、得られた効果を把握することができます。またリハビリテーションの場合は、回復状態を知ることができます。

4. 動機づけ

トレーニングの効果を確認することで、**モチベーション**[#1]の向上が期待できます。

#1➡P.258

5. 体調の管理と監視

測定数値の変化から、身体の状態を客観的に把握することが可能になります。

6. トレーニングの質を高める

効果の高い適切な負荷を決めるには、測定が不可欠です。また測定を継続することで、トレーニング方法の誤りに気づいたり、より効果の高いやり方に修正したりするきっかけが生まれます。

7. 傷害予防

適切な強度、負荷でトレーニングをすることで、ケガを予防することができます。

8. 才能の発掘

測定を通して、まだ発揮されていない潜在能力が見つかる可能性があります。

一度に複数の測定を行なう場合は、身体への負担が低いものから順に行ない、疲労を避けましょう。なお、これらの測定を行なう場合、本来なら医師のメディカルチェックを受けた上で、心身に異常がなければ、運動指導の専門家の指示を仰いで行なうことが理想です。

14 体力の概念と体力要素
15 筋力・筋持久力
16 パワー
17 心肺機能
18 柔軟性
19 測定の意義・障害を予防する
20 筋力の測定と評価
21 パワーの測定と評価
22 持久力の測定と評価
23 柔軟性の測定と評価
24 疲労の測定と評価
25 運動の原理・原則
26 ウォームアップとクールダウン
27 負荷手段とトレーニング器具
28 トレーニングの順序
29 筋力トレーニングの強度
30 トレーニングの目的別強度の目安
31 目的別プログラムの参考例
32 動作スピード
33 トレーニング頻度
34 トレーニング計画の区分け

「測定」の8つのメリット

現状把握	長所と短所の確認	効果の確認	動機づけ
体調の管理と監視	トレーニングの質を高める	傷害予防	才能の発掘

測定器具の一例

長座位体前屈計

身体の柔軟性を測る器具。背中を壁につけて長座し、反動をつけたり、膝を曲げたりせずに前屈した長さを測定する。

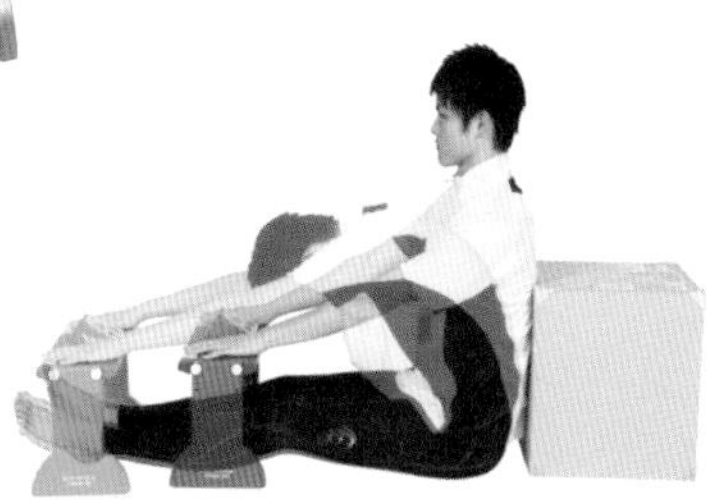

握力計

握力を測定する器具。すべての指でしっかり握れるようにグリップ幅を調整し、直立した姿勢で測る。体側につけたり、振り下げたりしないように。

高度な測定機器

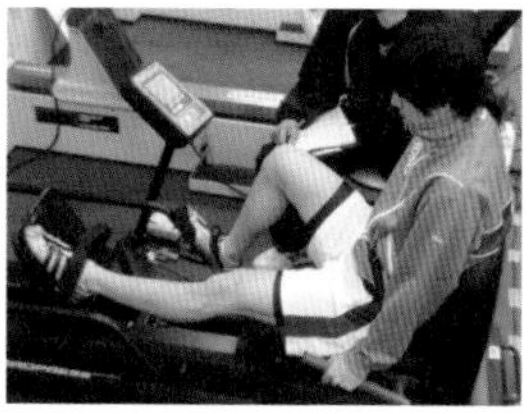

キックフォース

下肢の伸展パワーを測定する機器。

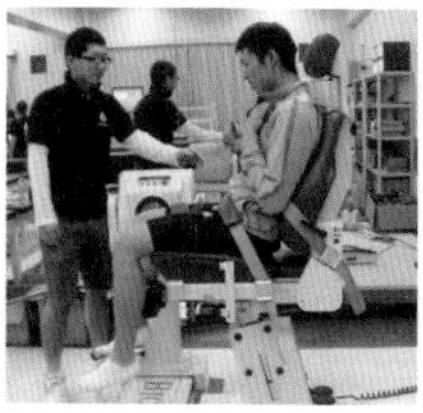

バイオデックス

等速性の伸展筋力や屈曲筋力を測定する機器。

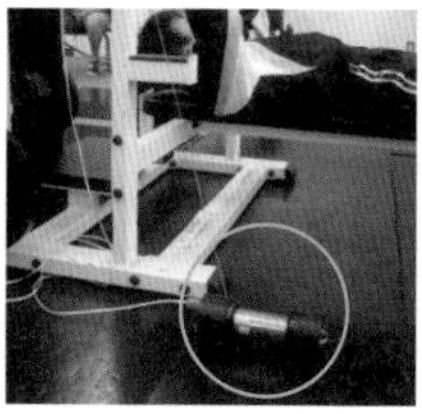

フィットロダイン

挙上スピードやパワーを測定する機器。

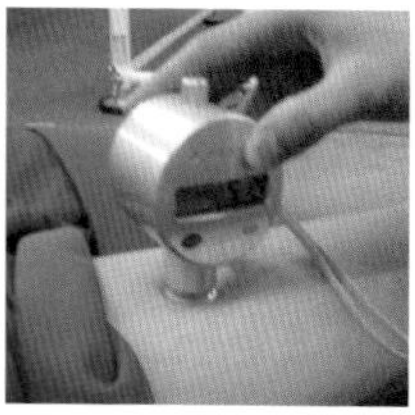

筋硬度計

筋の硬さを測定する機器。

これらの器具は、正確な測定数値を得ることができるが、高価なものもあり、一般的なジムには備わっていないことが多い。普段はP.052〜061で紹介している簡単にできる測定方法を活用しよう。

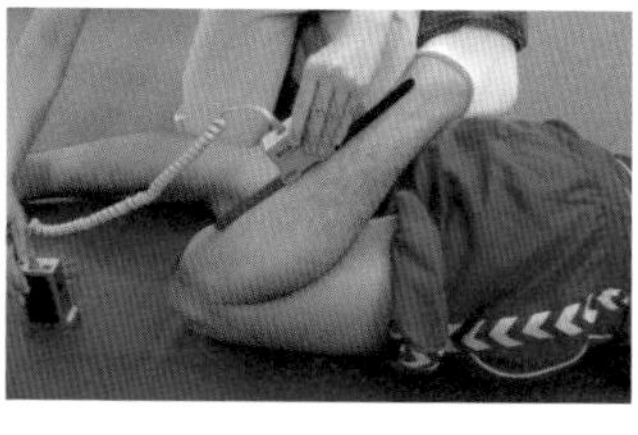

関節可動域測定器

様々な関節の関節角度を正確に測定する機器。

20 筋力の測定と評価

身体の各部位の筋力を知る方法

筋力の測定には専門の機器を使うことが理想的です。しかし、そうした機器は専門の研究機関にしか導入されていないことが多く、非常に高価な機器が多いことから、一般のスポーツ愛好者が使用するのは難しい状況です。

そこで全身の主な筋力として「脚力」「背筋力」「腹筋力」「握力」について、それぞれ身近にできる簡単な測定方法を紹介します。

脚力の測定

立ち上がりテスト

自分自身の体重を支えるのに、十分な脚力があるかを確認するテストです。

膝の高さのイスに座り、片脚を伸ばした状態で、もう一方の脚だけで立ち上がります。ふらつかずに立ち上がることができれば、合格です。

レッグカール

スポーツジムに必ずといっていいほど設置されているマシンです。**レッグカール**[#1]で持ち上げられる重さから脚力を評価します。

#1➡P.096

握力の測定

体育館やスポーツジムに置かれている**握力計**[#2]を使用しましょう。握力は前腕だけでなく、全身の筋力が反映される筋力といわれていました。この数値が落ちたら、全身の筋力が低下しているサインともいうことができます。

#2➡P.050

背筋力の測定

背筋力計の代用としてスポーツジムなどに置かれている**ラットプルダウン**[#3]を使用して、持ち上がった重量から評価します。バーを引く際は背中の筋肉を意識してください。後方に体重をかけたり、腕の力を使って持ち上げたりしては、正確な数値を知ることはできません。

腹筋力の測定

腹筋力の測定は専門の機械が必要になるため、それを使うことが難しい場合は左図の上体起こしで代用します。ゆっくりと引き起こすことができるかどうかで評価することができます。

#3➡P.088

14 体力の概念と体力要素
15 筋力・筋持久力
16 パワー
17 心肺機能
18 柔軟性
19 測定の意義・障害を予防する
20 筋力の測定と評価
21 パワーの測定と評価
22 持久力の測定と評価
23 柔軟性の測定と評価
24 疲労の測定と評価
25 運動の原理・原則
26 ウォームアップとクールダウン
27 負荷手段とトレーニング器具
28 トレーニングの順序
29 筋力トレーニングの強度
30 トレーニングの目的別強度の目安
31 目的別プログラムの参考例
32 動作スピード
33 トレーニング頻度
34 トレーニング計画の区分け

筋力トレーニングと姿勢 35
トレーニングの記録 36
胸の筋力トレーニング 37
背中の筋力トレーニング 38
腕・肩の筋力トレーニング 39
体幹の筋力トレーニング 40
静的な体幹の筋力トレーニング 41
大腿部の筋力トレーニング 42
下腿部の筋力トレーニング 43
ウォーキング 44
ジョギング 45
水中トレーニング 46
自転車 47
踏み台昇降運動 48
柔軟性向上のトレーニング(上半身) 49
柔軟性向上のトレーニング(下半身) 50
バランス感覚向上のトレーニング 51
敏捷性向上のトレーニング 52
プライオメトリクス 53
コーディネーショントレーニング 54

筋力の測定方法

脚力の測定（立ち上がりテスト）

国際武道大学の山本利春教授らが考案・普及させている、体重支持指数（WBI）との相関が高い簡便法としてのテスト法。

レッグカールによる脚力の測定

脚の筋肉にかけた負荷を挙上させて、筋力を測定する機器。

ラットプルダウンによる背筋力の測定

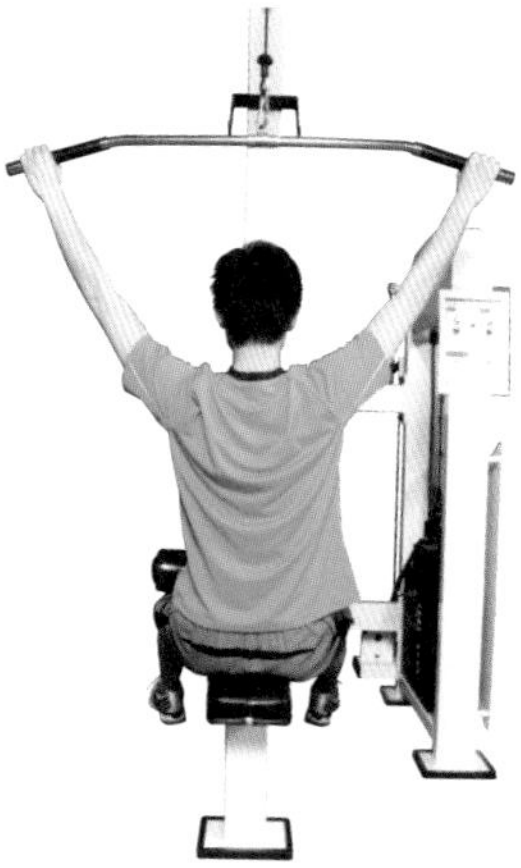

ウエイトを持ち上げることで、背筋力を測定する機器。

腹筋力の測定

仰向けの状態から、ゆっくりと静かに上体を引き起こす。なお、反動や勢いをつけずに起き上がることができれば、腹筋力があるといえる。

21 パワーの測定と評価

身体が繰り出す実際のパフォーマンス

パワー[#1]の測定には、筋力だけでなく動作スピードも求める必要があるため、本来は専門の機器を使って行なうことが理想的です。しかしパワーを必要とする動作を行ない、その数値を見ることで評価することができます。

以下は身近にできるパワー測定の代表的な5種目です。いずれも測定を行なう際は疲労の影響が出ないように、テスト前に激しい運動やトレーニングを行なわないようにしてください。

#1➡P.044

垂直跳び

垂直跳びは助走の有無によって数値に大きな差が出ます。測定は助走あり／なしのどちらでもかまいませんが、跳躍の方法を統一して毎回同じ条件で行なう必要があります。助走なしの跳躍が一般的ですが、取り組んでいるスポーツに近い状態のジャンプを行ない、それを測定する方法が実践的といえます。

立ち幅跳び

片脚／両脚、助走あり／なしのいずれでもかまいません。垂直跳びと同じく、測定ごとに跳び方に差が出ないように注意して行ないましょう。

10mダッシュ

静止状態から自体重をどれだけ速く動かし、トップスピードに移行できるかを見る種目です。距離は必ずしも10mである必要はありません。しかし、距離が短すぎるとタイムに誤差が出やすく、長すぎるとパワー測定としての精度を下げてしまいます。

ハンドボール投げ

中高校生のスポーツテストに採用されています。砲丸投げとともに、腕だけでなく全身のパワーを反映する代表的な種目です。

パンチ力測定ゲーム

ゲームセンターなどにあるパンチ力測定ゲームも、パワーの測定に活用することができます。筋力と動作スピードによって威力が決まるパンチ力は、パワーを象徴する動きといっていいでしょう。

14 体力の概念と体力要素
15 筋力・筋持久力
16 パワー
17 心肺機能
18 柔軟性
19 測定の意義・障害を予防する
20 筋力の測定と評価
21 パワーの測定と評価
22 持久力の測定と評価
23 柔軟性の測定と評価
24 疲労の測定と評価
25 運動の原理・原則
26 ウォームアップとクールダウン
27 負荷手段とトレーニング器具
28 トレーニングの順序
29 筋力トレーニングの強度
30 トレーニングの目的別強度の目安
31 目的別プログラムの参考例
32 動作スピード
33 トレーニング頻度
34 トレーニング計画の区分け

パワーの測定方法

垂直跳び〈測定できる内容：脚のパワー〉

写真は助走なしでジャンプして、目盛りが書かれたボードをタッチする方法。この方法では詳細な数値がわかる。

10mダッシュ〈測定できる内容：全身のパワー〉

静止状態から一気に加速することが測定のポイント。

ハンドボール投げ〈測定できる内容：腕のパワー（投てき力）〉

助走をつけず、その場からボールを遠投する測定方法。

パンチ力測定ゲーム〈測定できる内容：腕のパワー（打撃力）〉

ゲームセンターのマシンで測定した数値は、あくまで目安とすること。

22 持久力の測定と評価

パフォーマンスを長時間発揮する能力

持久力の測定で正確さを求めるならば、筋力やパワーと同じく、専門の機器を使って運動中の心拍数や血中乳酸値などを調べる必要があります。それらに比べて精度は落ちますが、ここでは比較的身近にできる測定方法を紹介します。

自転車エルゴメーター

最近はほとんどのスポーツジムに設置されているので、利用しやすい機器です。強度と時間（もしくは距離）を設定し、最大心拍数を測定しましょう。体力測定モードで体重や性別、年齢を入力できる機種ならば、より精度が上がります。運動後の心拍数が早く下がるほど、全身持久力が高いといえます。

踏み台昇降運動

30～40㎝程度の段差があればできるので、家の中でも手軽に行なえる方法です。1秒で昇り、1秒で降りる動きを繰り返して、1分間に30回のペースで、3分間昇降運動を行ない、終了直後から一定の間隔で安静時心拍数を計るのが一般的なやり方です。

持久走

1500ｍ、3000ｍなど一定の距離を設定して走り、タイムを計測します。決して無理をせずに、続けられるペースで走ってください。「12分間走」などタイムを先に設定し、その間に走った距離で持久力を評価する方法もあります。

シャトルラン

徐々に間隔が短くなる電子音に合わせて、20ｍ間隔で平行に引かれた線を越えるかタッチする動作を繰り返します。電子音のペースについていけなくなるまで続け、往復回数で評価します。

電柱の利用（独自の工夫例）

持久力の測定は、「一定距離をどれだけの時間で走れるか」もしくは「時間内にどれだけの距離を走れるか」の条件設定によって行なうことができます。これを応用すれば、電柱とストップウォッチを使って、「10本目に到達するまで何分かかるか？」「5分間で何本ぶん進めるか？」という方法でも評価できます。

14 体力の概念と体力要素
15 筋力・筋持久力
16 パワー
17 心肺機能
18 柔軟性
19 測定の意義・障害を予防する
20 筋力の測定と評価
21 パワーの測定と評価
22 持久力の測定と評価
23 柔軟性の測定と評価
24 疲労の測定と評価
25 運動の原理・原則
26 ウォームアップとクールダウン
27 負荷手段とトレーニング器具
28 トレーニングの順序
29 筋力トレーニングの強度
30 トレーニングの目的別強度の目安
31 目的別プログラムの参考例
32 動作スピード
33 トレーニング頻度
34 トレーニング計画の区分け

筋力トレーニングと姿勢 35
トレーニングの記録 36
胸の筋力トレーニング 37
背中の筋力トレーニング 38
腕・肩の筋力トレーニング 39
体幹の筋力トレーニング 40
静的な体幹の筋力トレーニング 41
大腿部の筋力トレーニング 42
下腿部の筋力トレーニング 43
ウォーキング 44
ジョギング 45
水中トレーニング 46
自転車 47
踏み台昇降運動 48
柔軟性向上のトレーニング(上半身) 49
柔軟性向上のトレーニング(下半身) 50
バランス感覚向上のトレーニング 51
敏捷性向上のトレーニング 52
プライオメトリクス 53
コーディネーショントレーニング 54

持久力の測定方法

電柱を利用したテスト

電柱をチェックポイントとして利用し、電柱を通過する時のタイムを測定する。

自転車エルゴメーター

運動で増加した心拍数が平常時の数値に早く戻るほど、持久力が高いと評価するマシンが多い。

踏み台昇降運動

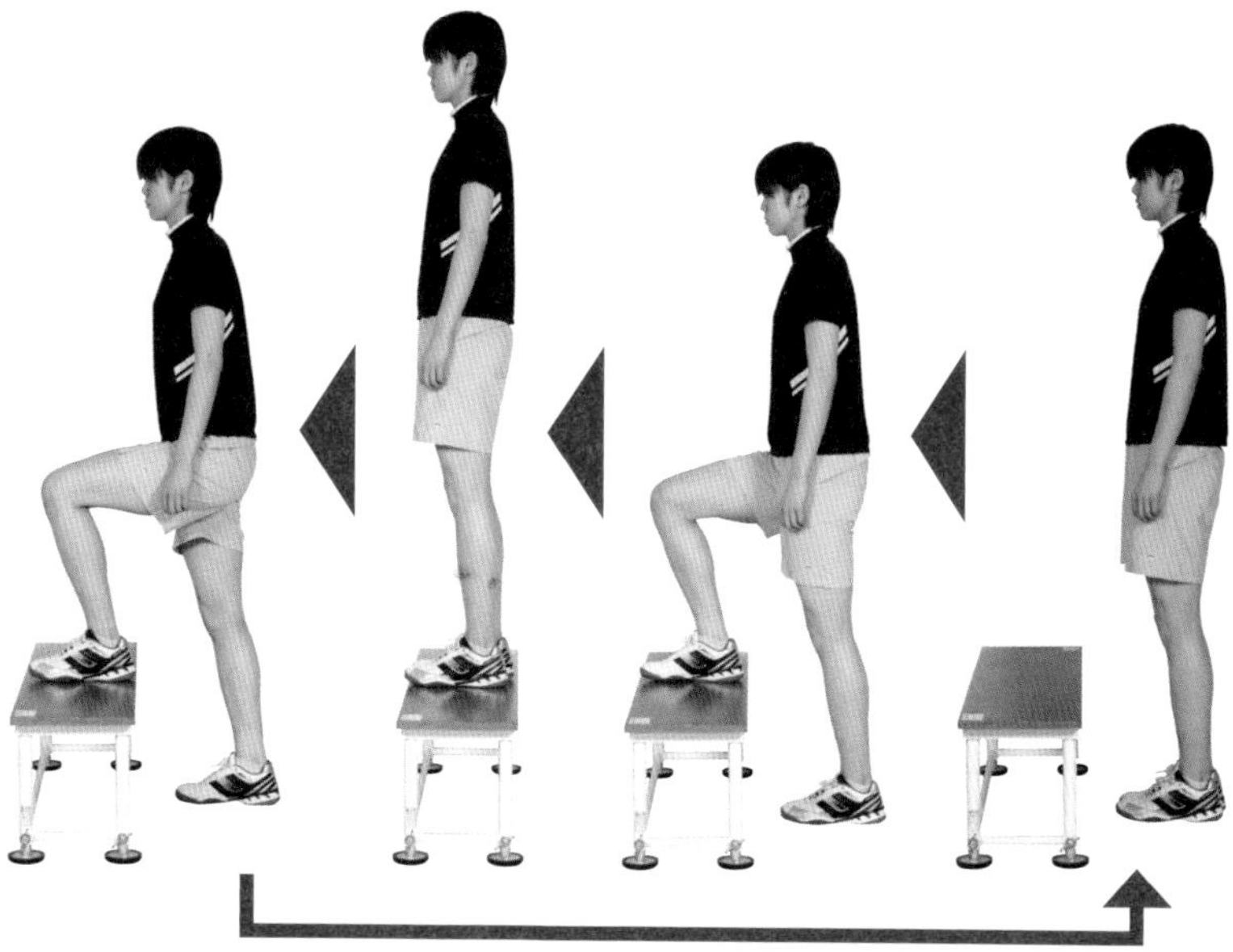

1秒かけて昇り、1秒かけて降りる。つまり2秒で1回昇り降りするので、1分あたり30回の昇降運動となる。

23 柔軟性の測定と評価

個人差の大きい関節の柔らかさを知る

柔軟性[#1]の測定には、立位体前屈や長座位体前屈が用いられるのが一般的です。しかし、これらの測定は、手脚の長さといった体格の個人差に影響を受けやすく、測定の指針が定まらないという欠点がありました。

そこで、ここでは体格の影響を受けにくい方法の中から、特に重要な膝、腰、肩の柔軟性の測定方法を紹介します。

なお、柔軟性は他者と比較する必要はありません。柔軟性は骨格の個人差が大きく影響します。他者との違いを見るのではなく、個人における左右差や、トレーニング導入前後の効果を評価するための目安として位置づけてください。

#1➡P.048

ハムストリングスの柔軟性

SLRテスト

両脚を伸ばし、仰向けに寝た状態から、膝を曲げないように片脚を持ち上げます。どちらかの膝が曲がったり、腰が浮いたりするまでの角度を測ります。持ち上がる角度が小さいほど脚の裏側の筋肉が硬く、腰痛や肉離れの危険性が高いことになります。

大腿四頭筋の柔軟性

踵臀間《しょうでんかん》距離測定法

うつ伏せに寝た状態から片膝を曲げ、踵が尻に着くかどうかを評価します。着かない場合は、踵と尻までの距離、もしくは角度を測ります。「指が何本入るか」を目安にしてもいいでしょう。

このテストでは大腿部前面の筋肉の柔軟性がわかります。この筋肉が硬いと、膝を痛める可能性が高くなります。

肩の柔軟性

指椎間《しついかん》距離測定法

腕を首の後ろから背中に回し、親指を背骨の出っ張り（第7頸椎）から下に何cmまで下げられるかをチェックします。

また、背中で手を組めるかどうかを見るテストも、肩の柔軟性や左右差を確認する簡単な目安となります。

14 体力の概念と体力要素
15 筋力・筋持久力
16 パワー
17 心肺機能
18 柔軟性
19 測定の意義・障害を予防する
20 筋力の測定と評価
21 パワーの測定と評価
22 持久力の測定と評価
23 柔軟性の測定と評価
24 疲労の測定と評価
25 運動の原理・原則
26 ウォームアップとクールダウン
27 負荷手段とトレーニング器具
28 トレーニングの順序
29 筋力トレーニングの強度
30 トレーニングの目的別強度の目安
31 目的別プログラムの参考例
32 動作スピード
33 トレーニング頻度
34 トレーニング計画の区分け

筋力トレーニングと姿勢 35
トレーニングの記録 36
胸の筋力トレーニング 37
背中の筋力トレーニング 38
腕・肩の筋力トレーニング 39
体幹の筋力トレーニング 40
静的な体幹の筋力トレーニング 41
大腿部の筋力トレーニング 42
下腿部の筋力トレーニング 43
ウォーキング 44
ジョギング 45
水中トレーニング 46
自転車 47
踏み台昇降運動 48
柔軟性向上のトレーニング(上半身) 49
柔軟性向上のトレーニング(下半身) 50
バランス感覚向上のトレーニング 51
敏捷性向上のトレーニング 52
プライオメトリクス 53
コーディネーショントレーニング 54

柔軟性の測定方法

※国際武道大学・山本利春教授が標準化したフィールドテスト

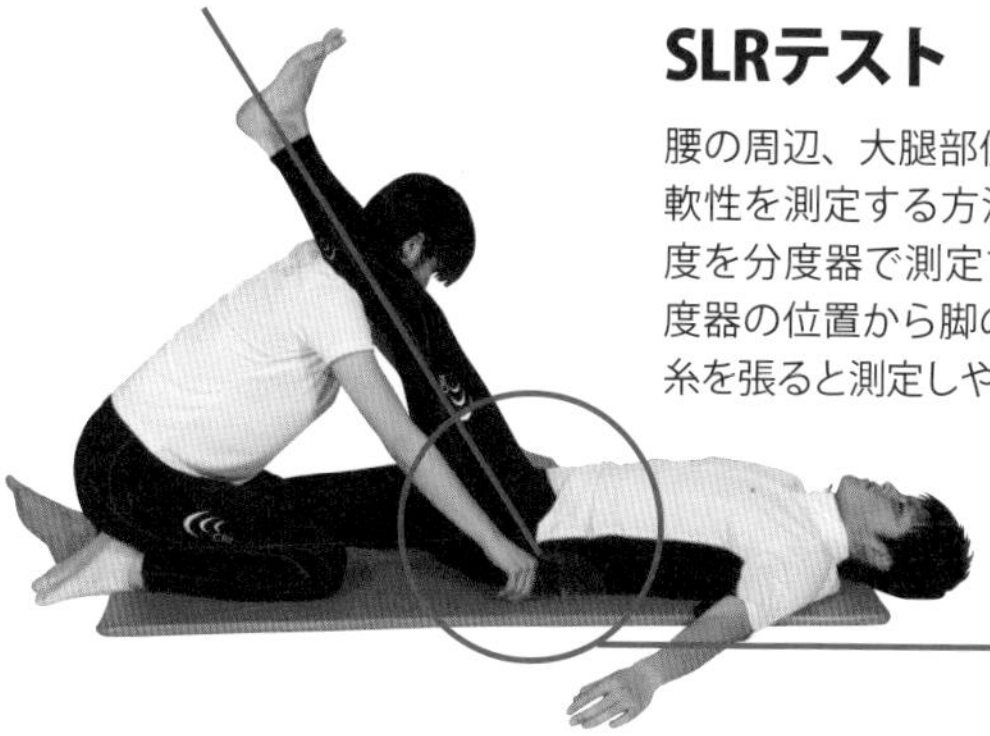

SLRテスト

腰の周辺、大腿部側面と股関節の柔軟性を測定する方法。上げた脚の角度を分度器で測定する。この時、分度器の位置から脚の角度に合わせて糸を張ると測定しやすい。

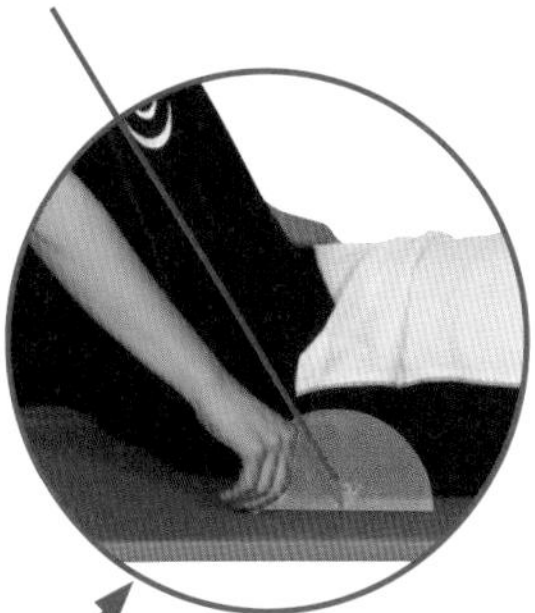

踵臀間距離測定法

大腿部の前面の筋を測定する方法。SLRテストと同様、曲げた膝に分度器を置いて、そこから脚の角度に合わせて張った糸の角度を測定する。

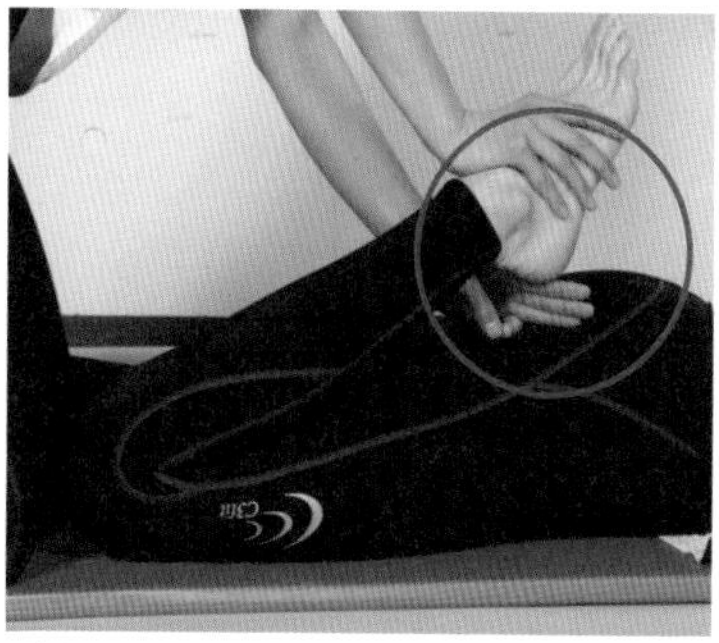

踵と尻の間に指が何本入るかで測定する方法もある。3本以下なら標準的な柔軟性をもっているといえる。

指椎間距離測定法

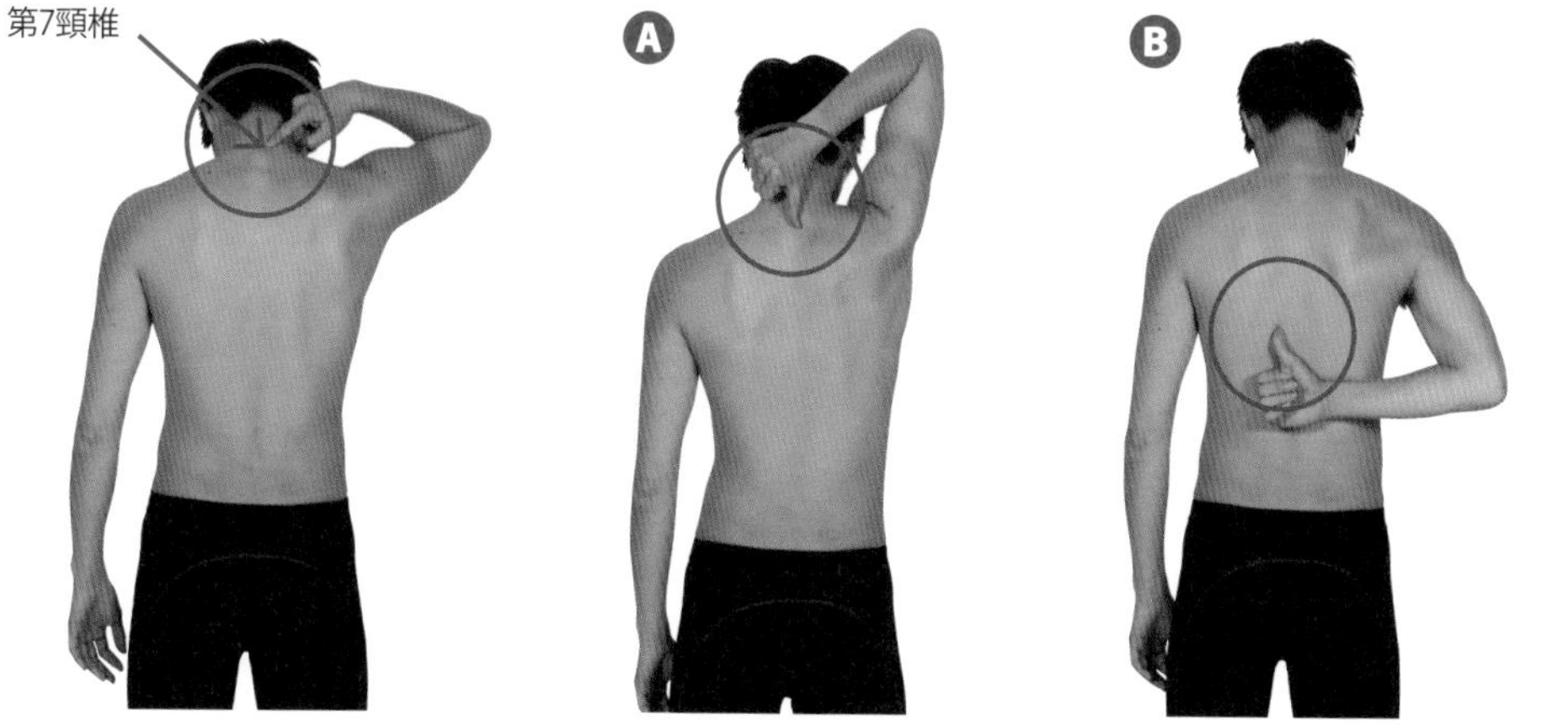

Ⓐ：親指が第7頸椎から下に8cm以上、Ⓑ：親指が第7頸椎まで15cm以内に届けば、標準的な柔軟性をもっているといえる。

24 疲労の測定と評価

パフォーマンスの低下を防ぐために

日本疲労学会によると、「疲労」は「過度の肉体的および精神的活動、または疾病によって生じた独特の不快感と休養の願望を伴う身体の活動能力の減退状態」と定義されています。

スポーツにおける疲労には、高い強度での運動継続によって筋の収縮性が低下する「筋疲労」が挙げられます。筋疲労を起こすと、筋の最大張力や最大短縮速度の低下などがみられ、本来のパフォーマンスが発揮できません。

そのため、疲労の度合いを正しく把握することが必要ですが、疲労は感覚によるところも多く、非常に難しいといえます。疲労の自覚症状の度合いと、様々な測定で得られる数値が一致する指標を見いだすことが理想的です。

筋疲労の測定

「筋電図」「筋音図」「血中乳酸濃度」「局所酸素動態」「自律神経計測」などが知られています。筋電図と筋音図は、筋肉が収縮する時に起こる変化を計測するものですが、測定結果の分析が難しく、筋疲労の度合いを正確に表すところまでにいたっていません。

血中乳酸濃度は血液中の乳酸値、局所酸素動態は筋組織内の酸素化ヘモグロビンやミオグロビン量を計測することで直接的な指標を得られますが、被験者への負担や高価な計測機器が必要になるという問題もあります。

自律神経計測は、安静の時は遅くなり、運動時や緊張時は速くなる心拍の変動を測定します。短時間で簡単に計測できますが、現状は評価が一定ではないので、今後の研究が期待されます。

疲労の自覚症状の測定

疲労の度合いを自覚するために、疲労感を直感的に数値で答える方法もあります。全く疲労感がない状態を「0」として、歩いて帰れないほど疲労している最悪の状態を「5」または「10」として、記録をしていきます。その場限りではなく、なるべく同じタイミングで長期的に記録することが望ましいでしょう。

筋力トレーニングと姿勢 35
トレーニングの記録 36
胸の筋力トレーニング 37
背中の筋力トレーニング 38
腕・肩の筋力トレーニング 39
体幹の筋力トレーニング 40
静的な体幹の筋力トレーニング 41
大腿部の筋力トレーニング 42
下腿部の筋力トレーニング 43
ウォーキング 44
ジョギング 45
水中トレーニング 46
自転車 47
踏み台昇降運動 48
柔軟性向上のトレーニング（上半身） 49
柔軟性向上のトレーニング（下半身） 50
バランス感覚向上のトレーニング 51
敏捷性向上のトレーニング 52
プライオメトリクス 53
コーディネーショントレーニング 54

筋電図の測定イメージ

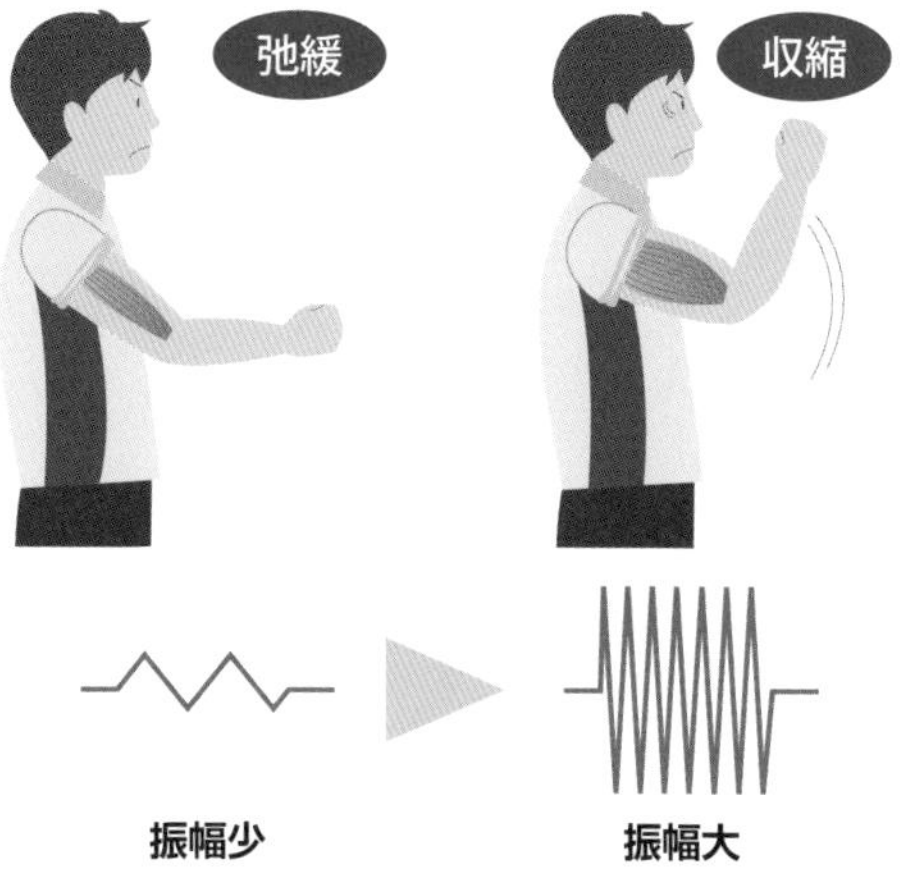

筋肉が収縮する際に発生する活動電位を計測。筋肉を収縮させると電位の振れ幅は大きくなる。

筋音図の測定イメージ

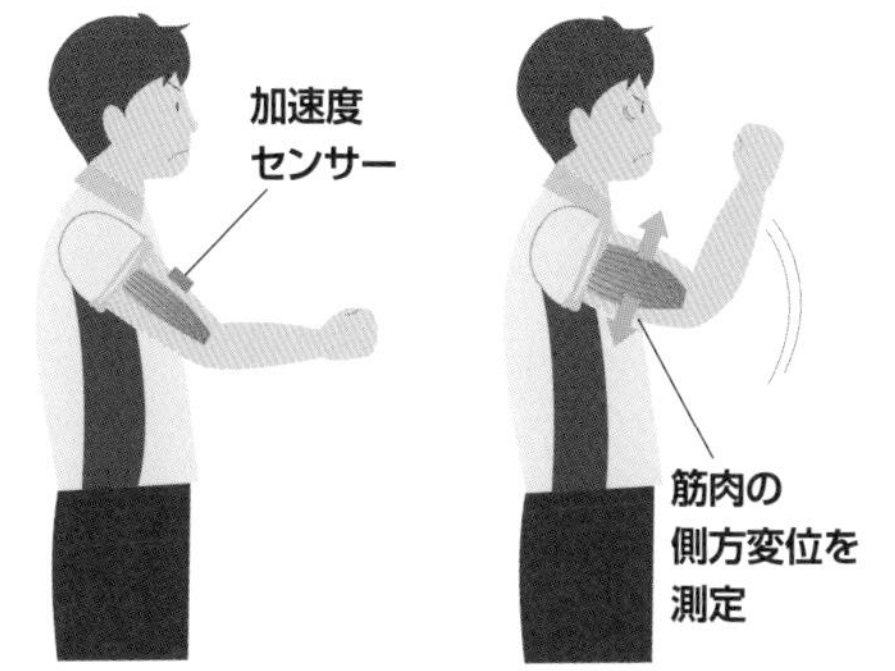

筋肉を収縮させると側方へ拡大する。その際に体表面の生じる微細な振動を加速度センサーなどで計測。

オーバートレーニングについて

運動の実施で生じた疲労が、十分に回復過程がとられずに、積み重なることで起きる慢性疲労状態を「オーバートレーニング症候群」と呼ぶ。初期は原因不明の成績低下、さらに進むと全身倦怠感、体重減少などがみられ、最悪の場合、精神異常をきたすことがある。予防のためには日頃から体重変動や疲労感などを注意深くチェックし、休養を含めた適切なトレーニング計画を立てることが大切だ。

●こんな時は要注意

- □ 病院に行くか迷う膝や腰の痛みがあったり、筋肉の張りやこわばり感が抜けない
- □ ジョギングのような低レベル、低負荷のトレーニングをきつく感じる
- □ 安静にしているのに疲れを感じる
- □ 練習をしているのに記録が落ちている
- □ (※)起床直後の脈拍がいつもよりも±10%以上変化している
- □ よく風邪を引くようになった
- □ 立ちくらみがひんぱんに起こる
- □ 落ち込んだ気分が抜けない
- □ 集中力の欠如
- □ 睡眠の時間が短かったり、良質な睡眠がとれない

※起床時の心拍数を測定するメリット

心拍数は自律神経系の影響を受ける。一般に疲労は自律神経を乱すため、平常時の心拍数と異なる場合は、疲労や不調の目安になるという説がある。スポーツ障害予防の観点から、一定のタイミングで平常時の心拍数を把握しておくことは重要。理想的なのは、起床時の脈拍数（目が覚めたら横になったままの姿勢で測る）を把握し、±10%以上の変化があった日の練習では無理を避けるといった考え方がある。

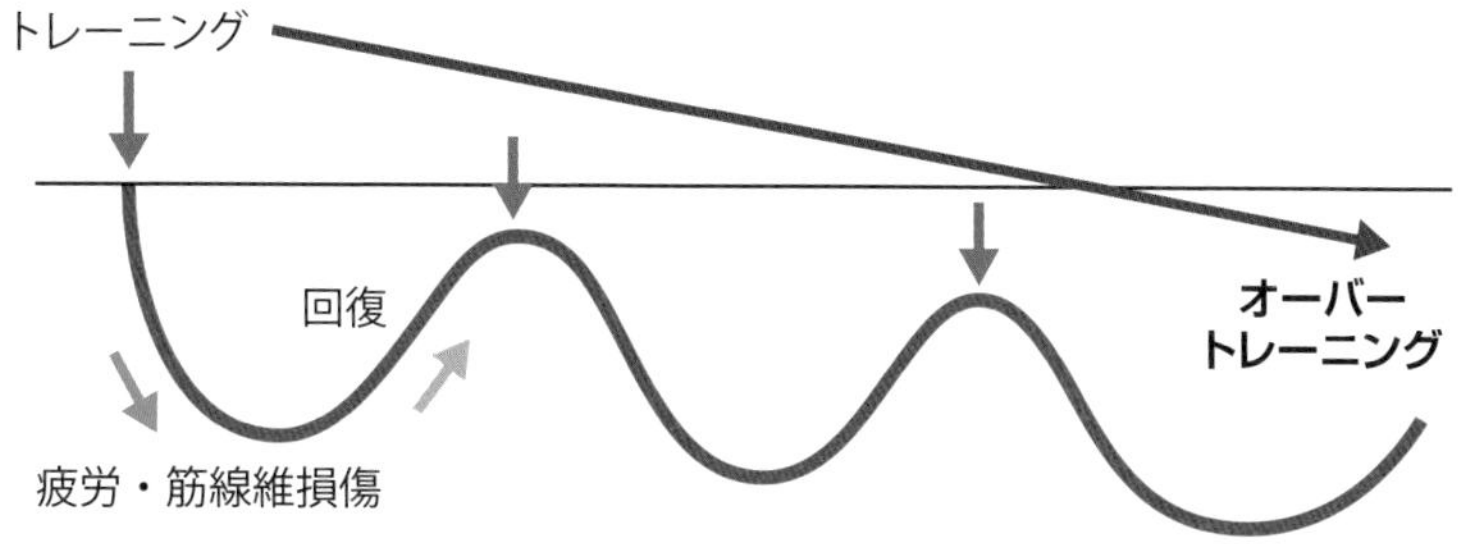

25

運動の原理・原則

「運動」という行為の意味とねらいを知る

トレーニングは、やみくもに行なっても意味がありません。効率よくトレーニングの効果を得るためには、人間の身体の性質を踏まえた「運動の原理・原則」を知っておく必要があります。

トレーニングの原理

そもそもトレーニングとは、外からの強い刺激に適応するために身体が強化される習性を利用したものです。つまり、日常生活でかかる以上の負荷を身体に与えることが前提となります。これを「オーバーロードの原理」といいます。

また、重量挙げの選手が持久走を行なってもなかなか成績アップには結びつかないように、負荷のかけ方は目的に沿ったものでなければなりません（特異性）。トレーニングをやめてしまうと身体が元に戻っていくことや（可逆性）、年齢に応じた訓練法を選択することも（適時性）、トレーニング効果を左右する大きな要素となります。

効果を高める5つの原則

さらにトレーニング効果を高めるためには、以下の5つの原則を知っておく必要があります。①全身をバランスよく鍛え（全面性）、②自らの積極的な意思によって取り組み（意識性）、③身体の強化に応じて負荷を増していき（漸進性）、④個々の特性やプレースタイル、ポジションに応じた訓練を行ない（個別性）、⑤コツコツと繰り返して行なうこと（反復性）です。トレーニングの際には、これらの原則を念頭に置いてください。

効果が表れるまでの期間

トレーニングの種類によって、効果が表れるまでの時間に差があります。一般的には4〜12週間で効果が表れるといわれています。研究機関でもトレーニング効果を測定する時は、トレーニング後4〜12週が目安となっています。

しかし、パワーアップのための**筋力トレーニング**[#1]はこれよりも遅く、8〜12週間後に変化が表れます。筋力トレーニングは結果を焦らず、じっくりと取り組みましょう。

#1→P.082

14 体力の概念と体力要素
15 筋力・筋持久力
16 パワー
17 心肺機能
18 柔軟性
19 測定の意義・障害を予防する
20 筋力の測定と評価
21 パワーの測定と評価
22 持久力の測定と評価
23 柔軟性の測定と評価
24 疲労の測定と評価
25 運動の原理・原則
26 ウォームアップとクールダウン
27 負荷手段とトレーニング器具
28 トレーニングの順序
29 筋力トレーニングの強度
30 トレーニングの目的別強度の目安
31 目的別プログラムの参考例
32 動作スピード
33 トレーニング頻度
34 トレーニング計画の区分け

筋力トレーニングと姿勢 35
トレーニングの記録 36
胸の筋力トレーニング 37
背中の筋力トレーニング 38
腕・肩の筋力トレーニング 39
体幹の筋力トレーニング 40
静的な体幹の筋力トレーニング 41
大腿部の筋力トレーニング 42
下腿部の筋力トレーニング 43
ウォーキング 44
ジョギング 45
水中トレーニング 46
自転車 47
踏み台昇降運動 48
柔軟性向上のトレーニング（上半身） 49
柔軟性向上のトレーニング（下半身） 50
バランス感覚向上のトレーニング 51
敏捷性向上のトレーニング 52
プライオメトリクス 53
コーディネーショントレーニング 54

運動する際の基本となる原理

トレーニングの原理

トレーニングは運動の原理にある「過負荷（オーバーロード）」によって効果が表れる。その際、可逆性・特異性・適時性の3点を常に意識しながら行なうことが重要。

効率のいいトレーニングのポイント

トレーニングの原則

全面性　意識性　漸進性　個別性　反復性

トレーニングの効果が表れるまでのおよその期間

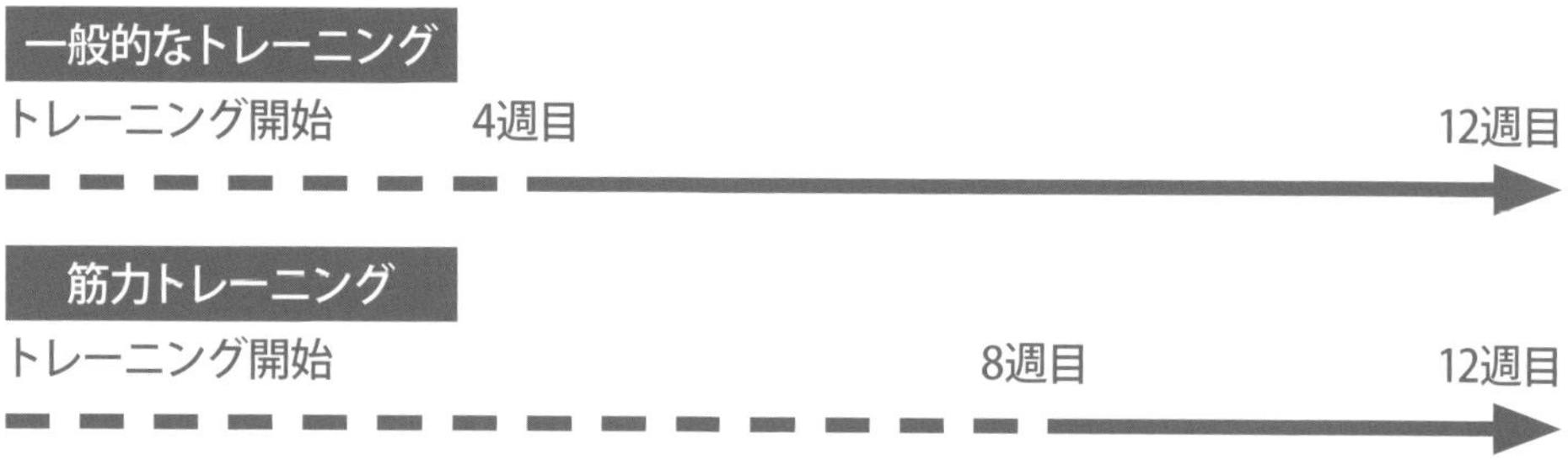

26

ウォームアップとクールダウン

高いパフォーマンスを発揮するための準備と後始末

本番で高いパフォーマンスを発揮するため、そして傷害予防のためにも、運動前のウォームアップは必要不可欠です。また、運動後の疲労を素早く除去するクールダウンも極めて重要です。

ウォームアップの効果

ウォームアップで体温が上昇すると、筋肉や腱の温度が上がり、柔軟性、弾性が高まります。これによって筋収縮速度が高まり、よりパワーが発揮されるとともに、筋肉の断裂や関節の捻挫などの傷害を予防することができます。さらにウォームアップには、神経の伝達速度や反射時間の短縮、過度な緊張を取り除いて集中力を高める効果もあります。

最初は3～5分程度の軽いジョギングからスタートし、ストレッチで関節の動きをなめらかにした後、徐々にジャンプやダッシュなどを織り交ぜ、最後に目的競技に応じた技術練習を行なうのが一般的な方法です。

本番前のスタティックストレッチは要注意！

ゆっくりと静止して筋肉を伸ばす「**スタティックストレッチ**」[#1]は、長めをしっかり行うと**副交感神経**[#2]を優位にし、一時的に最大筋力や反応時間を低下させてしまうことが確認されています。競技直前のウォームアップとしてストレッチを行なう場合は、「**ダイナミックストレッチ**」[#3]やアクティブな運動を行なうようにしましょう。

クールダウンの効果

運動後はただ安静にするよりも、軽い運動をしながら身体を元の状態に戻していく「クールダウン」を行なうことで、疲労回復が促進され、疲労物質をより早く除去することができます（アクティブレスト）。

クールダウンでは身体に負担をかけないように、つらくない程度の軽いジョギングや、ストレッチを20～30分行ないましょう。また、マッサージや**入浴**[#4]を取り入れることも効果的です。

#1➡P.194
#2➡P.202
#3➡P.196
#4➡P.200

14 体力の概念と体力要素
15 筋力・筋持久力
16 パワー
17 心肺機能
18 柔軟性
19 測定の意義・障害を予防する
20 筋力の測定と評価
21 パワーの測定と評価
22 持久力の測定と評価
23 柔軟性の測定と評価
24 疲労の測定と評価
25 運動の原理・原則
26 ウォームアップとクールダウン
27 負荷手段とトレーニング器具
28 トレーニングの順序
29 筋力トレーニングの強度
30 トレーニングの目的別強度の目安
31 目的別プログラムの参考例
32 動作スピード
33 トレーニング頻度
34 トレーニング計画の区分け

ウォームアップの効果

軽いジョギングからスタート。ストレッチで関節可動域を広げた後、ジャンプやダッシュを織り交ぜながら、競技に応じた練習へ。

垂直跳びの記録に及ぼすウォームアップ時間の影響

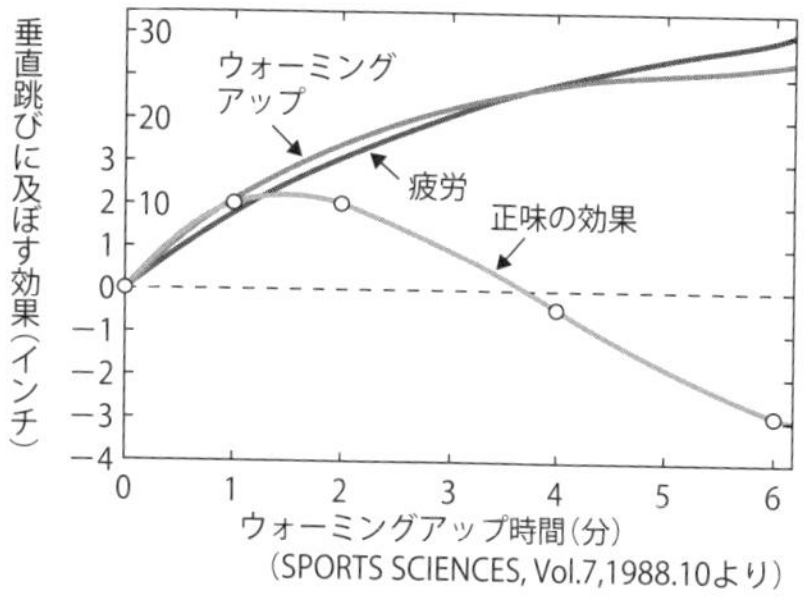

（SPORTS SCIENCES, Vol.7,1988.10より）

ウォームアップの時間が長いほど、記録が伸びている。

クールダウンの効果

軽いジョギングやストレッチを行なうことで疲労物質を除去する。

クールダウンによる血中乳酸除去率の変化

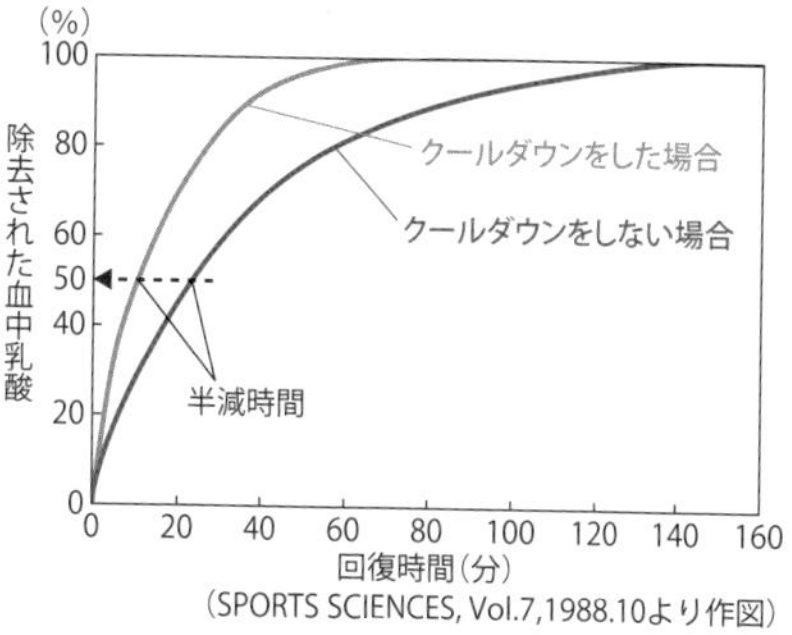

（SPORTS SCIENCES, Vol.7,1988.10より作図）

クールダウンを行なった場合は、血中乳酸が倍の速度で半減した。

ウォームアップ〜クールダウンの手順

ウォームアップ

軽いジョギングやウォーキング、体操
→ 傷害予防のための関節可動域を広げるスタティックストレッチ
→ スポーツや目的に合わせたダイナミックストレッチ
→ スポーツや目的に合わせたアクティブなウォームアップ
→ 主運動、各種スポーツ、パフォーマンスなど
→ クールダウン（入浴やシャワー、パートナーストレッチなど）

27 負荷手段とトレーニング器具

筋力をつけるにはどんな方法がある？

筋力トレーニングの負荷の方法には、主に以下の5つがあります。それぞれの長所・短所を踏まえて、競技や目的に応じたトレーニングを行ないましょう。

トレーニングマシン

ジムなどに設置されているトレーニングマシンは、負荷が落下する危険が少ないため安全性が高く、補助もほとんど必要としないことから初心者に適しています。重力がかかる縦方向だけでなく、横や斜めへの動きを鍛えられる点も長所です。しかし、動きの方向がマシンによって決められているため動きの自由度が低く、競技種目に近い姿勢をとることができません。

フリーウエイト

バーベル、ダンベルを「フリーウエイト」と呼びます。小さな部位から全身まで、様々なバリエーションのトレーニングを行なうことが可能です。全身で負荷を支えた状態で行なうことが多いため、マシンよりも広い筋肉をバランスよく鍛えられます。短所はフォームの習得が難しいことや、不安定な負荷を持ち上げる場合には危険が伴うことなどです。

弾性体（ゴムバンド・チューブ）

ゴムを用いたトレーニングは様々な動きに負荷をかけることが可能で、競技の姿勢に合わせたトレーニングを行うことができます。

アイソメトリック[#1]

両手を胸の前で組んで押し合う（引き合う）、壁などの動かないものを押すなど、筋肉の長さを変えないトレーニングです。確実に効果を上げるには全力で5～6秒前後行なうことが必要です。簡単で、トレーニング後の疲労が少ないというメリットがありますが、行なった角度から±20度の範囲しか筋力アップが得られないという研究結果があり、広い動きに応用するのが難しい方法です。

自体重負荷

腕立て伏せ、上体起こし、スクワットなど、自分自身の体重を負荷にする方法です。器材が不要で手軽な方法です。

#1➡P.018

14 体力の概念と体力要素
15 筋力・筋持久力
16 パワー
17 心肺機能
18 柔軟性
19 測定の意義・障害を予防する
20 筋力の測定と評価
21 パワーの測定と評価
22 持久力の測定と評価
23 柔軟性の測定と評価
24 疲労の測定と評価
25 運動の原理・原則
26 ウォームアップとクールダウン
27 負荷手段とトレーニング器具
28 トレーニングの順序
29 筋力トレーニングの強度
30 トレーニングの目的別強度の目安
31 目的別プログラムの参考例
32 動作スピード
33 トレーニング頻度
34 トレーニング計画の区分け

筋力トレーニングと姿勢 35
トレーニングの記録 36
胸の筋力トレーニング 37
背中の筋力トレーニング 38
腕・肩の筋力トレーニング 39
体幹の筋力トレーニング 40
静的な体幹の筋力トレーニング 41
大腿部の筋力トレーニング 42
下腿部の筋力トレーニング 43
ウォーキング 44
ジョギング 45
水中トレーニング 46
自転車 47
踏み台昇降運動 48
柔軟性向上のトレーニング（上半身） 49
柔軟性向上のトレーニング（下半身） 50
バランス感覚向上のトレーニング 51
敏捷性向上のトレーニング 52
プライオメトリクス 53
コーディネーショントレーニング 54

トレーニングマシン

ベンチプレス

一般的なジムに設置されているトレーニングマシンは安全性が高く、初心者が使用するのに適しているが、動きの自由度が低いという短所もある。

長所 安全性が高い
初心者向き

短所 動きの自由度が低い

フリーウエイト

ダンベル

バーベル

長所 バリエーションが豊富
バランスよく鍛えられる

短所 フォームの習得が困難
危険性が高い

フリーウエイトは筋肉をバランスよく鍛えられるが、フォームの習得が困難なので、上級者向きの方法。

弾性体

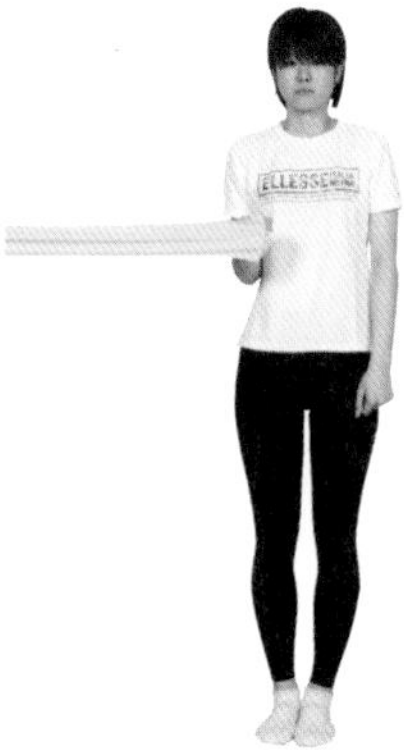

長所 様々な動きに
負荷をかけられる

短所 負荷が小さい

ゴムバンドなどの弾性体は、様々な動きに負荷をかけられるが、基本的に負荷は小さなものになる。

自体重負荷

長所 場所を選ばず行なえる

短所 誤った姿勢で行うと効果が薄れたり、
痛みの原因になったりすることがある

自分の身体の重さを利用するので、道具がいらないトレーニング。動作スピードを遅くすることで、負荷を高めることも可能（→P.076）。

28

筋力トレーニングを効果的に行なうために

トレーニングの順序

筋力トレーニングは、メニューの後半になるほど疲労の影響を受けやすくなります。そこで多くの種目をできるだけ効果的に行なうために、各種目をどういった順序で行なうかという「トレーニングの順序」にも注意する必要があります。

以下の7つは、トレーニングの順序を決めるにあたってのポイントです。これを考慮しながら順序を組み立てましょう。

1．大きな筋肉を優先

胸・背中・大腿部などの大きな筋肉は、肩・腕・ふくらはぎ・足首・腹などの小さな筋肉よりもエネルギーを必要とします。大きな筋肉の種目は、疲労の少ない段階で行ないましょう。

2．多関節種目を優先

多くの関節を動員する種目ほど疲労が大きくなります。多くの関節を使うスクワットなどを先に行ない、**カーフレイズ**#1など単関節の種目を後にしましょう。

#1➡P.098

3．難しい種目を優先

パワークリーン、スクワット、デッドリフトなど、正しいフォームで行なうことが難しく、高度な技術を要する種目は疲労する前に行ないます。

4．筋力・パワー系種目を優先

筋力やパワー系の種目は、爆発的な筋力発揮や、各筋肉の協調した動きが必要になります。全身がフレッシュな状態で行ないましょう。

5．効果を上げたい種目を優先

疲労の影響を受けないトレーニング前半ほど効果が期待できます。重要度の高いトレーニングを先に行ないましょう。

6．姿勢支持筋の種目は後半に

バックエクステンション#2など体幹部の筋肉を部分的に使う運動を先に行なうと、ほかの種目で姿勢維持が難しくなります。

#2➡P.088

7．同じ部位を連続しない

同じ筋肉を連続して使うと疲労が早まります。上半身と下半身、押す動作と引く動作、伸ばす動作と曲げる動作など、違う筋肉を順番に使いましょう。特にトレーニングを1セットごとに行なう「**サーキット方式**#3」の場合は注意です。

#3➡P.074

14 体力の概念と体力要素
15 筋力・筋持久力
16 パワー
17 心肺機能
18 柔軟性
19 測定の意義・障害を予防する
20 筋力の測定と評価
21 パワーの測定と評価
22 持久力の測定と評価
23 柔軟性の測定と評価
24 疲労の測定と評価
25 運動の原理・原則
26 ウォームアップとクールダウン
27 負荷手段とトレーニング器具
28 トレーニングの順序
29 筋力トレーニングの強度
30 トレーニングの目的別強度の目安
31 目的別プログラムの参考例
32 動作スピード
33 トレーニング頻度
34 トレーニング計画の区分け

順序を決める7つのポイント

1 大きな筋肉を優先

2 多関節種目を優先

3 難しい種目を優先

4 筋力・パワー系種目を優先

5 効果を上げたい種目を優先

6 姿勢支持筋の種目は後半に

7 同じ部位を連続しない

スクワット

デッドリフト

スクワット、デッドリフトなど、正しい姿勢で行なうことが難しく、大きな筋肉を使用する筋力・パワー系の種目は先に行なう。

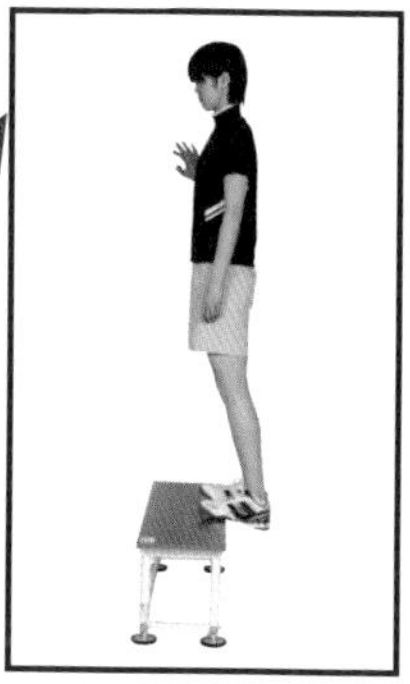

カーフレイズ

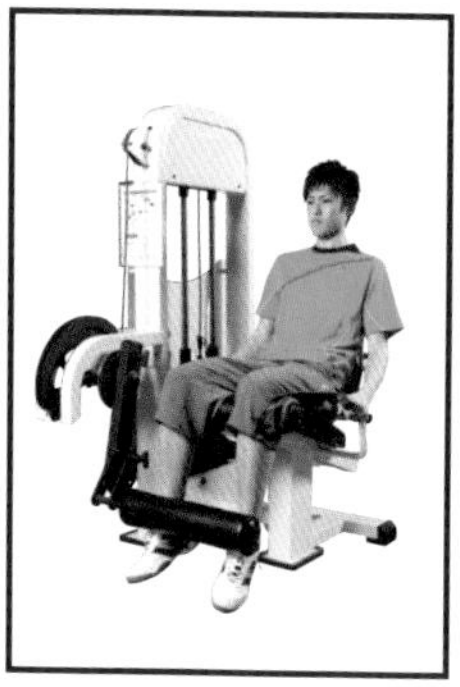

レッグエクステンション

多関節を使用するスクワット、デッドリフトなどは先に、カーフレイズ、レッグエクステンションなど単関節の種目は後に行なう。

バックエクステンション

体幹部の筋肉を部分的に使用するトレーニング(バックエクステンションなど)を先に行なうと、ほかの種目での姿勢維持が困難に。

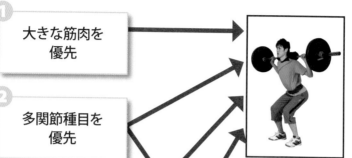

29 筋力トレーニングの強度

正しいトレーニングを行なうための3つの負荷設定

筋力トレーニングの負荷を設定する方法は、「重量」「回数」「主観的強度」に基づく3種類があります。この3つの指標を、トレーニングの目的や行なう種目の特性に合わせて使い分けましょう。

1. パーセント法（重量による設定）

最大筋力の向上や、筋肥大を目的とする「少回数・高重量」のトレーニングに用いられます。トレーニング効果が期待できる負荷の重量を求めるために、まず全力で1回持ち上げられる重さ（最大挙上重量）を測定します（1RM）。この1RM（Repetition Maximum）を100%として、これに対する割合を負荷とするのが「パーセント法」です。

1RMの測定はケガの危険性を伴うため、1RMより軽い負荷で最大反復回数から推定する方法がおすすめです。左表のように、2回の反復が可能な重量は1RMの95%、3回ならば93%、4回ならば90%となります。

測定の際は、安全な反復回数5～10回程度と思われる負荷を用いて、反復が困難になった時点で、フォームを崩す前に終了しましょう。

2. RM法（回数による設定）

筋持久力アップのための「低重量・多回数」のトレーニングを行なう場合や、自体重を用いた腕立て伏せや腹筋運動に用いる方法です。具体的には、ある運動の反復が一定時間内で限界に達した回数を1RMとして、その2分の1や3分の1の回数を負荷とします。

3. 主観的強度による設定

例えば腕立て伏せが1回もできない場合、腕を曲げる角度によって「かなりきつい」「きつい」「軽い」など、主観的な感じ方によって、運動の強度を設定します。

また、チューブトレーニングの負荷はゴムの太さや弾力性によって決まり、強度は細かく数値化されていません。引っ張る距離によっても強度が異なりますので、この場合も主観的な感覚からトレーニングの目安を設定しましょう。

14 体力の概念と体力要素
15 筋力・筋持久力
16 パワー
17 心肺機能
18 柔軟性
19 測定の意義・障害を予防する
20 筋力の測定と評価
21 パワーの測定と評価
22 持久力の測定と評価
23 柔軟性の測定と評価
24 疲労の測定と評価
25 運動の原理・原則
26 ウォームアップとクールダウン
27 負荷手段とトレーニング器具
28 トレーニングの順序
29 筋力トレーニングの強度
30 トレーニングの目的別強度の目安
31 目的別プログラムの参考例
32 動作スピード
33 トレーニング頻度
34 トレーニング計画の区分け

筋力トレーニングと姿勢 35
トレーニングの記録 36
胸の筋力トレーニング 37
背中の筋力トレーニング 38
腕・肩の筋力トレーニング 39
体幹の筋力トレーニング 40
静的な体幹の筋力トレーニング 41
大腿部の筋力トレーニング 42
下腿部の筋力トレーニング 43
ウォーキング 44
ジョギング 45
水中トレーニング 46
自転車 47
踏み台昇降運動 48
柔軟性向上のトレーニング（上半身） 49
柔軟性向上のトレーニング（下半身） 50
バランス感覚向上のトレーニング 51
敏捷性向上のトレーニング 52
プライオメトリクス 53
コーディネーショントレーニング 54

反復回数から1RMを推定する

①5～10RM程度の負荷を決定

②最大反復回数を測定

③表を用いて1RMを推定

例：50kgを6回反復できた場合、下表により、6回反復できる重量は85%に相当することから以下の計算により、1RMが算出できる。

50kg÷0.85≒50kg※

※50÷0.85=58.82となるが、安全のため1の位は切り捨てた数値で推定することが望ましい。

反復回数による%1RM換算表

%1RM	反復回数
100%	1回
95%	2回
93%	3回
90%	4回
87%	5回
85%	6回
80%	8回
77%	9回
75%	10回
70%	12回
67%	15回
65%	18回
60%	20回
60%未満	21回以上

※初心者ほど誤差が生じる場合がある。

1RMを直接測るテスト

セット	負荷の目安	反復回数
1	50～60%	8～10回
2	75～80%	3～5回
3	85～90%	1回
4	100%	1回
5	100%＋2.5～5kg	1回

1RMテスト実施の手順は、上図のとおり。最大挙上重量（100%＝1RM）の試技を行なう前には、必ず軽い重量を用いたウォームアップを実施する（50～60%を10回程度、75～80%を5回程度、85～90%を1回）。4セット目の最大挙上重量の試技に成功した場合は、2.5～5kg増やした重量で試技を行なう。失敗した場合には、逆に2.5～5kg減らした重量で1回の試技を実施する。すべての試技は、5セット以内で行なうこと。

主観的強度の例

チューブを伸ばす長さ	強度（%）	主観的強度
限界まで伸ばした長さ	100	かなり強い
限界の3/4程度まで伸ばした長さ	75	やや強い
限界の1/2程度まで伸ばした長さ	50	ふつう
限界の1/4程度まで伸ばした長さ	25	やや軽い

※チューブの弾力性の違いによって主観的強度も変わるので、同じチューブを使って測定するのが望ましい。
※主観的強度は各自の感覚で決まる。
※筋力がアップした場合、それより前に測定した主観的強度は低下するため、再度測定が必要となる。

（日本トレーニング指導者協会：トレーニング指導者テキスト 理論編，大修館書店より）

30 トレーニングの目的別強度の目安

何を求めるかによって、条件設定は異なる

筋力トレーニングはその目的によって、負荷や反復回数などの条件設定が異なります。例えば筋肉を大きくする方法（筋肥大）と、最大筋力をアップさせる方法ではアプローチが異なります。

1. 筋持久力のアップ

最大挙上重量の20～40％の低重量を用いて、できるだけ多くの回数を反復します。筋肉中の毛細血管数が増加し、筋肉の中へ酸素を取り込む能力などを高めることができます。

2. 最大筋力のアップ

最大挙上重量の85％（6RM）以上の高重量を用いて、全力で1～5回の反復を行ないます。こうした「高重量・低回数」のトレーニングは筋力の向上だけでなく、運動に動員される筋肉を増やし、力を発揮するまでの時間が短縮されるなどの効果も期待できます。

3. パワーアップ

最大挙上重量の30～65％を用いて、できるだけ速いスピードで反復し、動作の最大スピードが保てなくなったら、そのセットを終了します。スピードと最大筋力の両方を高められます。なお、最大速度を正確に計測するには、**フィットロダイン**[#1]という測定器があります。

4. 筋肥大

最大挙上重量の70～85％（6～12RM）を負荷としてトレーニングを行なうと、筋力へのダメージによる**超回復**[#2]が促されやすく、成長ホルモンの分泌もより高まり、筋肥大が促進されます。また、総負荷量（重さ×回数×セット数）を徐々に増やす方法で筋肥大の効果が高まることが知られています。

5. 傷害予防のために

筋肉や腱を鍛えることは、傷害の予防につながります。目安として最大挙上重量の60～67％（15～20RM）の中重量を用いて、15～20回の反復を行ないます。

6. 休憩のとり方

これらのトレーニングを行なう場合、目的に応じて左図のようにあらかじめ休憩をプログラムに組み込みましょう。

#1➡P.050

#2➡P.078

目的に応じた条件設定の一例

筋力増加とトレーニング負荷

1RM	最大反復回数（RM）	主効果	
100%	1	筋力増加	高重量・少回数のトレーニングは、筋力の向上、筋肉量の増加をもたらす。
95%	2		
93%	3		
90%	4	筋肥大	中重量を用いて6〜12回反復させると、成長ホルモンの分泌で筋肥大が促進。
87%	5		
85%	6		
83%	7		
80%	8		
77%	9		
75%	10		
70%	12		
67%	15	筋持久力の向上	低重量を用いて、できるだけ多くの回数を反復すると筋持久力が高まる。
65%	>18		
60〜67%	15〜20	傷害予防	傷害には、中重量を用いた反復が効果的。

目的別プログラムと休憩のとり方の一例

目的…筋肥大
①ウォームアップ…軽めの負荷
②70〜85%（6〜12RM）の負荷
6〜12回の最大限の反復
③30〜90秒のセット間休息
②-③を3セット以上

目的…筋力向上
①ウォームアップ…軽めの負荷　数セット
②85%（6RM）以上の高負荷
1〜5回の全力による反復
③2〜5分間のセット間休息
※②と③を2セット以上

負荷や回数だけでなく、休憩のとり方も目的によって変わってくる。筋肥大が目的の場合はセット間に30〜90秒の休憩を、筋力向上が目的の場合には、セット間に2〜5分間の休息が効果的だ。また、パワーアップが目的の場合は、完全に疲れを解消することが重要。トレーニングを1セットだけで終了する方法もある。

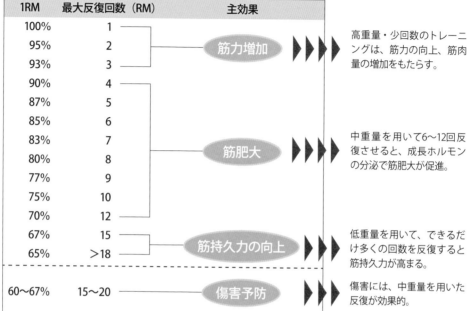

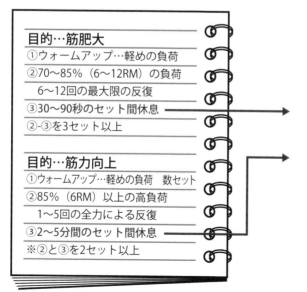

31

目的別プログラムの参考例

求める効果に応じた重量や回数を選択

プログラムの種類

筋力トレーニングには、行なう人の技術や経験、求める効果によって多彩なプログラムがあります。求めるトレーニングの効果に応じて、プログラムの組み方を変える必要があります。

1．シングルセット法

各トレーニングについて、1セットのみ行ないます。トレーニング初心者がよく行なう方法です。

2．マルチセット法

セットごとに休憩をとりながら、同じトレーニングを数セット連続して行なう方法です。筋力向上や筋肥大を目的とする場合に行ないます。最も一般的な方法といっていいでしょう。

3．サーキットセット法

8〜10種目を休憩をとらずに順に実施し、これを数回繰り返す方法。様々な部位のトレーニングを心拍数を高めて行なうことで、心肺持久力の向上など、総合的な体力アップが期待できます。

重量や回数の設定

さらに、セットごとの重量や回数の設定にも、目的別に様々なプログラムがあります。

1．重量固定法

セットを同じ重量、同じ回数で繰り返す、初心者向けのわかりやすい方法。セット間の休憩は1〜2分で行ないます。

2．ピラミッド法

セットごとに重量と回数を増加もしくは減少させる方法です。高重量の場合は少回数を、低重量の場合は多回数を行ないます。最大筋力向上を目的とする場合は、低重量・多回数からスタートして、高重量・少回数で終えます。筋肥大を目的とする場合はその逆です。セット間の休憩は、ゆっくり2〜4分とります。

3．ウエイトリダクション法

「高重量・少回数」→「低重量・多回数」に向かうピラミッド法を、特に「ウエイトリダクション法」と呼びます。セットごとに重量を減らしながら、各セットで可能な限りの回数を反復します。

セットの組み方の主な3種類

種類	方法	特徴
シングルセット法	各トレーニングを1セットずつ	トレーニング初心者向き
マルチセット法	セットごとに休憩をとりながら、同じトレーニングを連続して実施	筋力向上や筋肥大に効果
サーキットセット法	8〜10種目を休憩をとらずに実施。数回繰り返す	総合的な体力アップに効果

セットごとの重量や回数の設定方法

重量固定法

すべてのセットを同じ重量・回数で行なう。セットごとに負荷を変更する必要がないので初心者向き。右のトレーニング計画例のように、慣れてきたら重量を増やせばいい。

トレーニング計画例

1週目

セット	負荷×回数
1	20RM×10回
2	20RM×10回
3	20RM×10回

5週目

セット	負荷×回数
1	15RM×10回
2	15RM×10回
3	15RM×10回

ピラミッド法

セットごとに重量と回数を増加(減少)させる方法。負荷を高めた時には回数を減らし、負荷を減らした時は回数を増加。筋肥大と最大筋力アップの両方を目的とする。

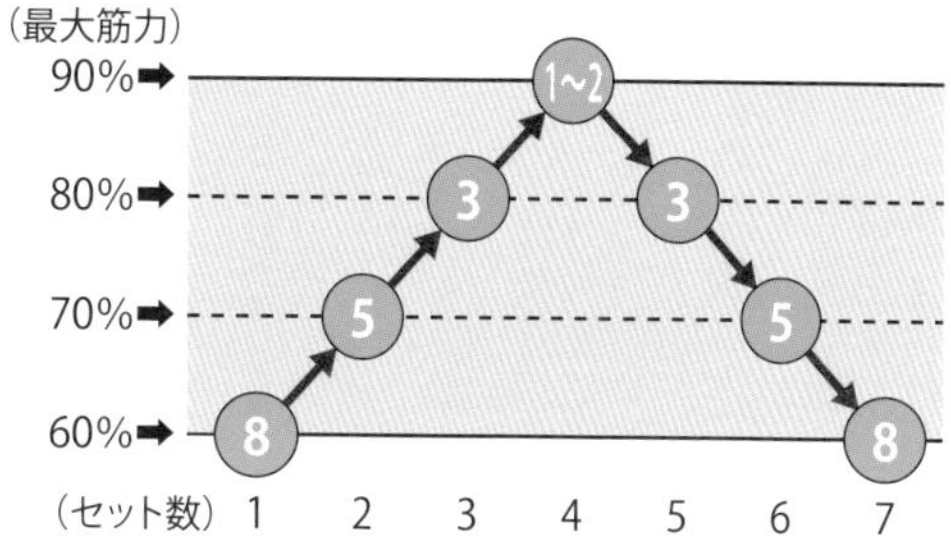

ウエイトリダクション法

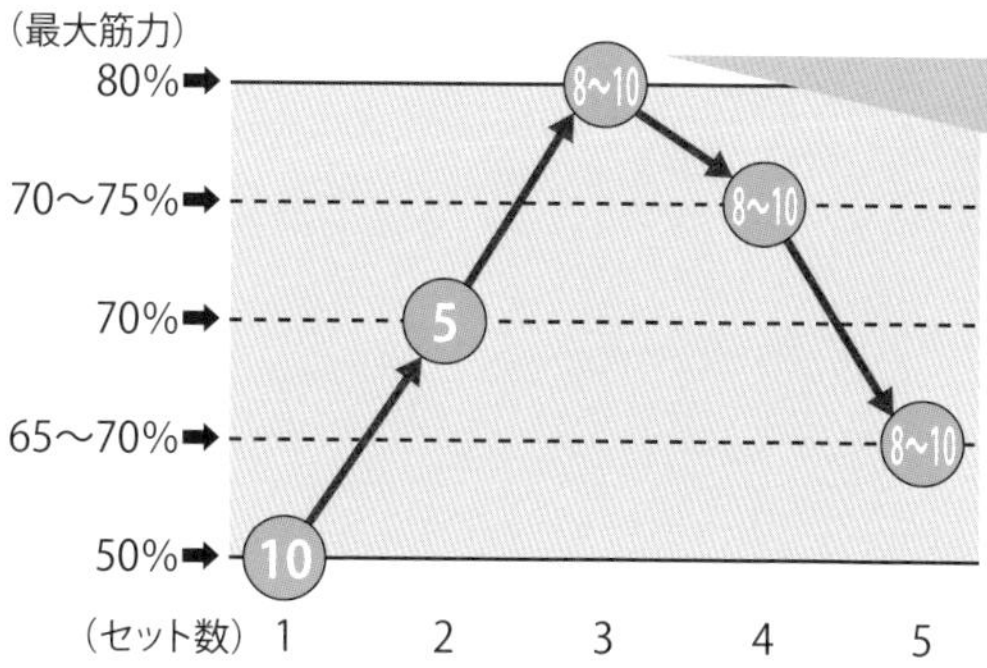

高重量で可能な限りの回数を反復する際は、限界まで肉体を追い込むため、負荷の落下という危険が伴う。必ず補助をつけて行なうこと。

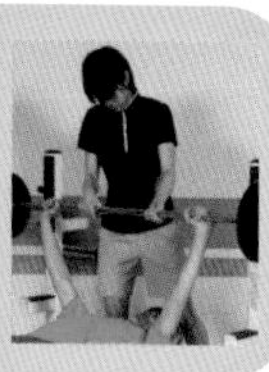

ピラミッド法の中でも、「高重量・少回数」から「低重量・多回数」に向かっていく方法のこと。セットごとに重量を減らし、可能な限りの反復を行なう。筋肥大に有効。セット間の休憩は30〜90秒と短くする。

32 動作スピード

負荷を挙上する速度で効果が変わる？

負荷を挙上するスピードによって、それぞれ異なるトレーニング効果が得られます。速い動作はパワーの養成につながり、遅い動作は成長ホルモンの分泌を高める効果があります。トレーニング環境や目的に応じて、柔軟に使い分けましょう。

速い動作

速い動作スピードで行なう筋力トレーニングは、パワーアップに効果的です。

競技力向上を目的として筋力トレーニングを行なう場合、単なる筋力アップではなく、パワーの向上が必要です。方法は、主働筋を最大収縮速度の90％以上で反復可能な回数まで行ない、十分な休息を挟み、数セット行なうと良いとされています。負荷量の決定には個々の目的や経験などを考慮する必要があります。

遅い動作

意識的に動作スピードを遅くしたトレーニングを「スロートレーニング」と呼びます。ゆっくりと負荷を持ち上げ、最も重みを感じるポイントで動きを止め、ゆっくりと下ろします。軽めの負荷であっても、筋肉に力が入った状態を長くつくり出すため、成長ホルモンの分泌が促進され、高重量と同程度の筋力アップ・筋肥大の効果が得られます。

スロートレーニングの長所としては、「安全性」が挙げられます。扱う重量が小さく、激しい動作をしないことから、ケガの危険性を抑えることができます。

また、器具がなくてもできることも魅力です。けんすいや腕立て伏せのような、自体重を負荷にする種目でも、ゆっくり動作を行なうことで、高重量を用いたトレーニングと同程度の効果を得ることができます。逆に短所としては、筋肉に遅い動作を覚えさせてしまい、パワーが低下する可能性が指摘されています。

ケガの危険性が低く、筋肥大に効果的なスロートレーニングは、美容を目的とする女性や、日常生活レベルの筋力養成を目的とする高齢者におすすめです。なお、筋肥大には動作スピードの影響はなかったという知見もあります。

速い動作と遅い動作

スピード・リフティング

ウエイトをできるだけ早く挙上する方法

効果

挙上動作そのものの筋力やパワーの向上

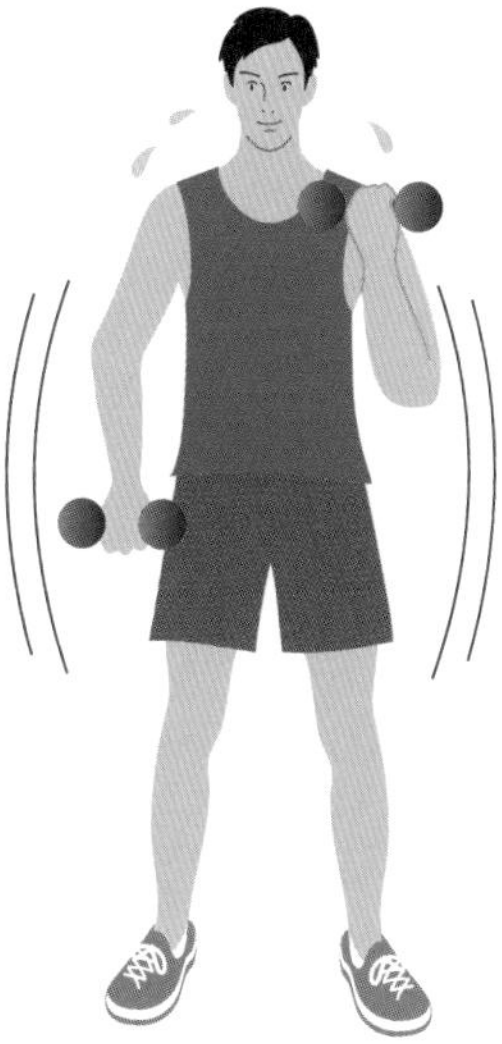

スロー・リフティング

すべての可動域いっぱいまで、ゆっくりと加速をつけずに動作を行なう

効果

初心者のフォーム習得
筋肥大

スロートレーニング

意識的に動作スピードを落として行なうトレーニング。成長ホルモンの分泌が促進されるため、筋力アップや筋肥大の効果が得られる。自体重のみを用いた腕立て伏せ（写真）のような、上級者にとっては軽い負荷のトレーニングでも、ゆっくりと動作を行なうことで、高重量と同程度の効果が期待できる。また、軽い負荷のため、ケガの危険性も低い。

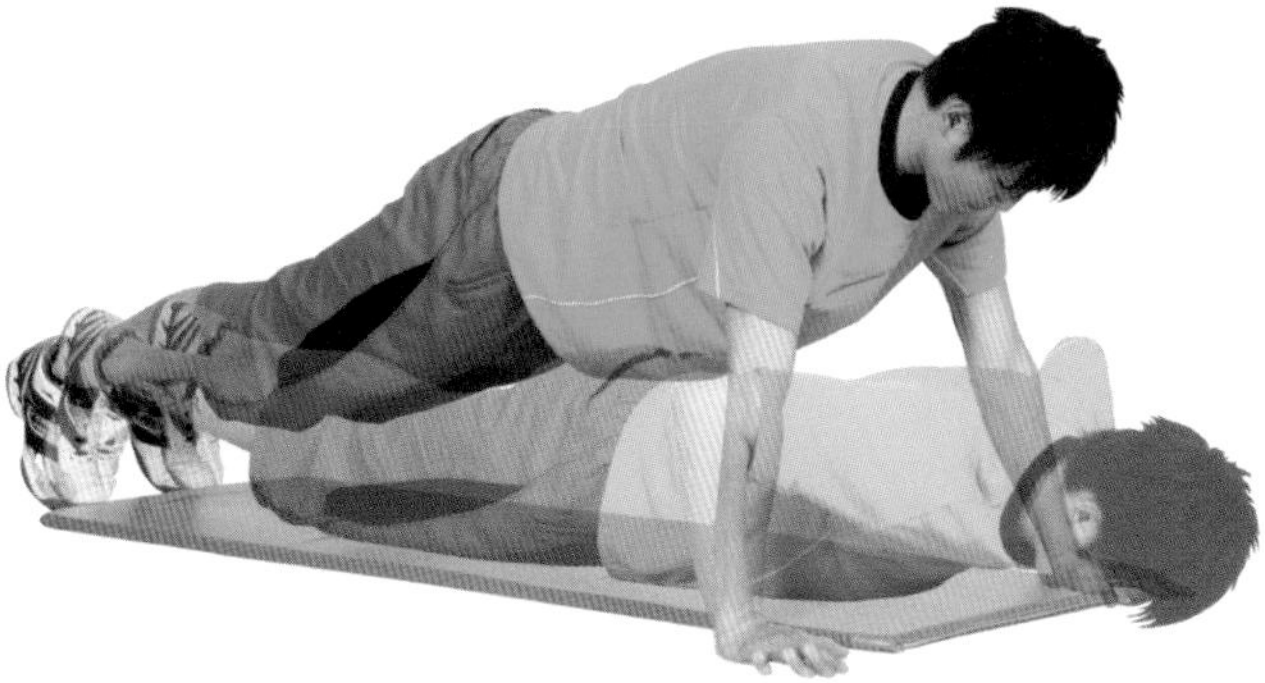

33 トレーニング頻度

筋力アップの原則「超回復」の仕組みを知る

筋力トレーニングは1~2日の間隔を空け、週2~3回の頻度で行なうのが一般的です。これは筋力アップの原則である「超回復」の理論に基づいています。

筋力トレーニングで身体に負荷をかけると、疲労物質の蓄積、細胞の小さな損傷、エネルギーの消耗が起きます。その後、適切な栄養と休養を与えることで、トレーニング以前よりも高い水準で機能が回復します。これが超回復です。

筋肉が超回復する前に次のトレーニングを行なっても効果は得られにくく、また休養が長すぎても「可逆性の原理」によって、トレーニング以前の水準に戻ってしまいます。

トレーニングの成果を着実に積み重ねていくには、超回復の理論を踏まえた上で、適切なトレーニング頻度を守ることが重要です。

身体が超回復の途中段階であるかどうかは、例えば**筋肉痛**[#1]によって感じることができます。筋肉痛を感じる間はトレーニングを行なわず、休養しましょう。

#1➡P.156

より頻度を高めるための工夫

筋肉の疲労回復が早く終わり、超回復に要する時間が短く済めば、トレーニングの回数を増やすことが可能になり、超回復のサイクルをスピードアップすることが望めます。

疲労回復には、睡眠や栄養、ストレスなどが大きく関連します。つまりこれらの要素にも気を配り、身体を積極的に休めることも、トレーニングを効果的に行なう上で重要なポイントとなります。

トレーニングの配分を工夫することで、トレーニング回数を増やすことも可能です。上半身、下半身のトレーニングを分けて交互に行なえば、週4回まで回数を増やすことができます。また、一般に大きな筋肉（胸・背中・大腿部）は小さな筋肉（腕・肩・腹）よりも回復に時間がかかるといわれています。

大きな筋肉はトレーニング頻度を低めに抑え、休養期間を短くコントロールすることも1つの方法です。

超回復とは？

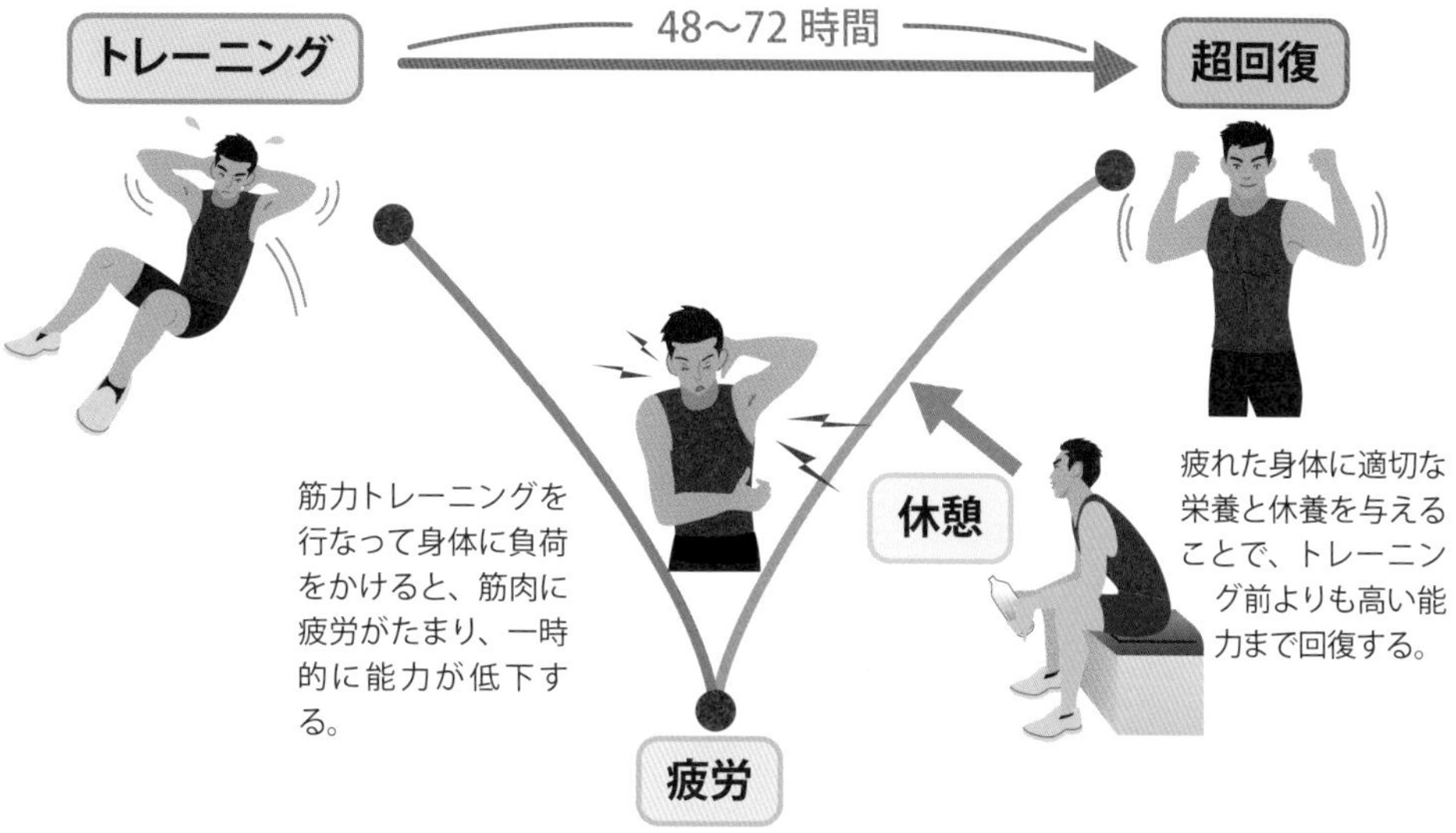

筋力トレーニングを行なって身体に負荷をかけると、筋肉に疲労がたまり、一時的に能力が低下する。

疲れた身体に適切な栄養と休養を与えることで、トレーニング前よりも高い能力まで回復する。

超回復の積み重ねで筋力アップ！

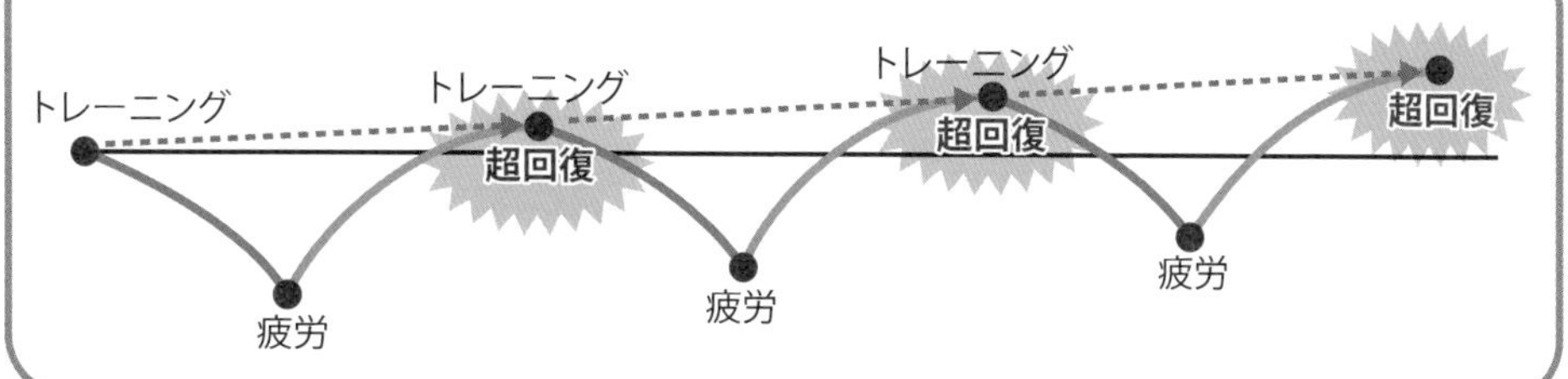

トレーニングの頻度を高めるために

①身体を積極的に休める

②トレーニングの配分を工夫
例：上半身と下半身のトレーニングを交互に

③筋肉の種類によって回復時間が異なる
例：大きな筋肉は回復に時間がかかる

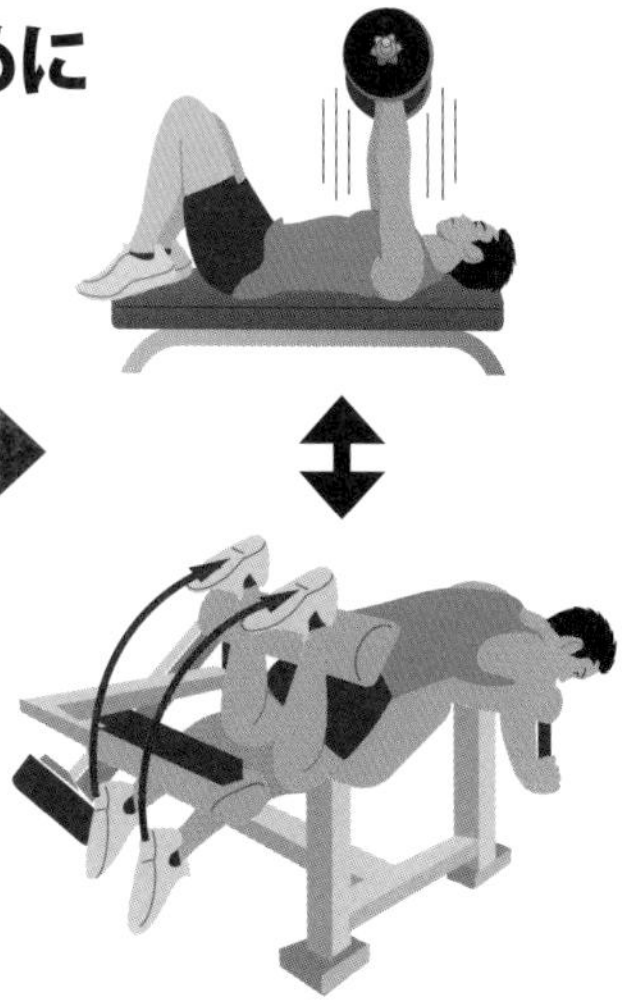

34 トレーニング計画の区分け

長期的視野で作成するトレーニング計画

一般的に、各種トレーニングの効果が表れるまでには4〜12週間の時間を要します。こうしたトレーニング効果を積み上げ、本番で発揮するための**長期プログラム**[#1]を組むことは重要で、トレーニング効果が表れるまでの期間だけでなく、疲労を残さないための計画も重要です。

ピリオダイゼーション

オーバーワークや練習のマンネリ化、トレーニング効果の頭打ちを防ぐために、時期分けしたトレーニング内容を周期化する方法を「ピリオダイゼーション」（期分け）と呼びます。一般的には「準備期」「試合期」「休息期（移行期）」の3つで構成されます。

#1➡P.260

1．準備期

準備期は筋力養成の「一般的準備期」とスキル向上の「専門的準備期」の2つに分けられます。一般的準備期では、ウエイトトレーニングなどで身体に大きな負荷をかけます。専門的準備期は、**プライオメトリクス**[#2]などでより競技に即した能力へと発達させていきます。

トレーニングのマンネリ化による気分転換には「クロストレーニング」が有効です。長距離選手なら**サイクリング**[#3]やプールランニング、バドミントン選手ならボクシングやフェンシングなどによって、日頃とは異なる筋肉を刺激でき、運動能力向上も期待できます。

#2➡P.118
#3➡P.106

2．試合期

準備期に高めた基礎体力を維持しつつ、パフォーマンスの安定化を図ります。この期間は疲労の少ないスキル練習などを行ない、練習量を減らして試合に備えます。これを「ピーキング」と呼びます。

3．休息期（移行期）

蓄積した心身両面の疲労から回復し、ケガを治療する期間です。ここまでの反省、分析を行ない、トレーニング再開に備えます。この3つを各2〜8週間で組み合わせながら、1シーズン6カ月ほどの長期プログラムを組むのが一般的な方法です。

14 体力の概念と体力要素
15 筋力・筋持久力
16 パワー
17 心肺機能
18 柔軟性
19 測定の意義・障害を予防する
20 筋力の測定と評価
21 パワーの測定と評価
22 持久力の測定と評価
23 柔軟性の測定と評価
24 疲労の測定と評価
25 運動の原理・原則
26 ウォームアップとクールダウン
27 負荷手段とトレーニング器具
28 トレーニングの順序
29 筋力トレーニングの強度
30 トレーニングの目的別強度の目安
31 目的別プログラムの参考例
32 動作スピード
33 トレーニング頻度
34 トレーニング計画の区分け

筋力トレーニングと姿勢 35
トレーニングの記録 36
胸の筋力トレーニング 37
背中の筋力トレーニング 38
腕・肩の筋力トレーニング 39
体幹の筋力トレーニング 40
静的な体幹の筋力トレーニング 41
大腿部の筋力トレーニング 42
下腿部の筋力トレーニング 43
ウォーキング 44
ジョギング 45
水中トレーニング 46
自転車 47
踏み台昇降運動 48
柔軟性向上のトレーニング(上半身) 49
柔軟性向上のトレーニング(下半身) 50
バランス感覚向上のトレーニング 51
敏捷性向上のトレーニング 52
プライオメトリクス 53
コーディネーショントレーニング 54

初心者向けトレーニング計画の一例

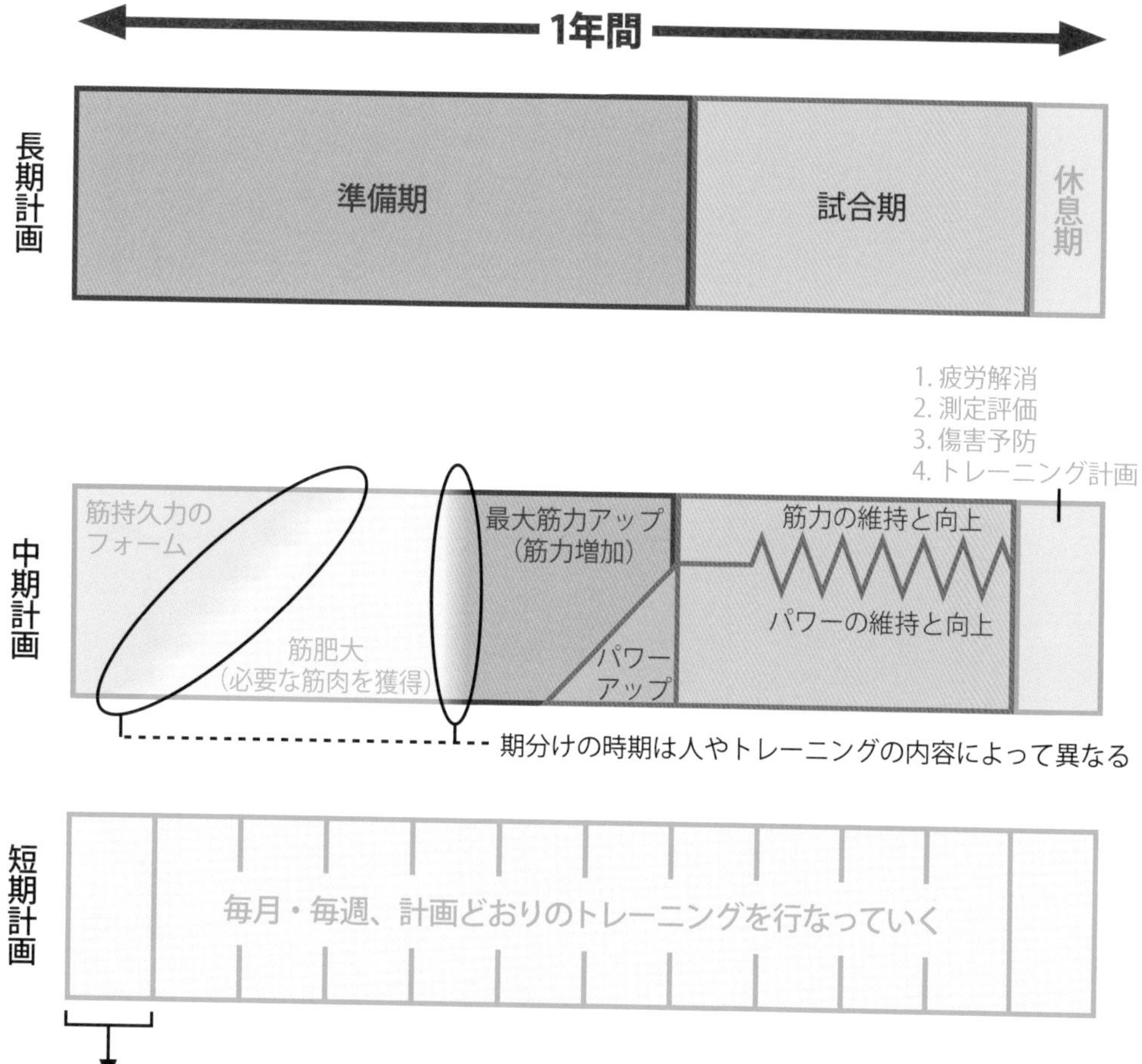

短期計画トレーニングの実施例

	月	火	水	木	金	土	日	月	火	水	木	金	土	日
週3回トレーニングを行なう場合・1	A・B	R	C	R	A・C	R	R	B・C	R	A	R	A・B	R	R
週3回トレーニングを行なう場合・2	A	R	B	R	C	R	R	A	R	B	R	C	R	R
週4回トレーニングを行なう場合・1	A・B	C	R	B・C	A	R	R	A・C	B	R	A・B	C	R	R
週4回トレーニングを行なう場合・2	A	B	R	C	A	R	R	B	C	R	A	B	R	R
週5回トレーニングを行なう場合・1	A	B	R	C	A	R	B	C	R	A	B	R	C	A
週5回トレーニングを行なう場合・2	A	B	C	R	A	B	R	C	A	B	R	C	A	R
3回トレーニングして1回休憩する場合	A	B	C	R	A	B	C	R	A	B	C	R	A	B

A：胸・上肢のトレーニング　B：背・肩・体幹のトレーニング　C：下半身・体幹のトレーニング　R：休息日

※トレーニング計画は施設や団体の都合に応じて、臨機応変に作成する必要がある。
※試合が定期的にあったり、長期に渡る競技の場合は、試合期のピーキング維持を優先した計画を組む。

35 筋力トレーニングと姿勢

正しいフォームがトレーニング効率を上げる

筋力トレーニングを安全に、効果的に行なうには、正しい姿勢、フォームを習得することが重要です。正しいフォームは、目的とする筋肉に適切な刺激とトレーニング効果をもたらしてくれます。フルストレッチ（最大限に筋を伸ばす）とフルコントラクション（最大限に筋を縮める）は効果をさらに高めます。逆にフォームが崩れていると、効果が得にくく、目的以外の関節や筋肉に負担をかけ、ケガの原因になります。特にフリーウエイトを使用する際は、フォームの習得から始め、それが身につくまでは高重量のトレーニングは避けましょう。

呼吸

筋力トレーニングは呼吸を止めないで行なうことが基本です。身体を開く（伸ばす）動作の時に息を吸い、縮める時に吐くのが一般的です。高重量を持ち上げる際も、なるべく呼吸を止めずに動作を行なってください。

ベルト

フリーウエイトで**デッドリフト**[#1]、スクワットを行なう場合は、腰を守るためにベルトを使用しましょう。特に初心者や、重い負荷に挑戦する場合、ベルトは必要不可欠なものです。しかし、ベルトで腰部を固めると負荷が挙上しやすくなるため、ベルトに頼った動きを覚えてしまうおそれがあります。軽めの負荷や、腰部の保護をあまり必要としない種目では、ベルトを外して行ないましょう。

#1➡P.088

グリップ

オーバーグリップ（順手）、アンダーグリップ（逆手）、肩幅の広さ、その半分の広さなど、バーベルの握り方にも様々な種類があります。トレーニング効果と安全性を高めるために、種目に応じた正しい握り方を習得しましょう。

補助

フリーウエイトの中でも、特にベンチプレスとスクワットを行なう際は、なるべく補助をつけましょう。負荷を挙上できなくなった時に、1人では重量を支えきれず、ケガをする危険性があります。

14 体力の概念と体力要素
15 筋力・筋持久力
16 パワー
17 心肺機能
18 柔軟性
19 測定の意義・障害を予防する
20 筋力の測定と評価
21 パワーの測定と評価
22 持久力の測定と評価
23 柔軟性の測定と評価
24 疲労の測定と評価
25 運動の原理・原則
26 ウォームアップとクールダウン
27 負荷手段とトレーニング器具
28 トレーニングの順序
29 筋力トレーニングの強度
30 トレーニングの目的別強度の目安
31 目的別プログラムの参考例
32 動作スピード
33 トレーニング頻度
34 トレーニング計画の区分け

筋力トレーニングと姿勢 35
トレーニングの記録 36
胸の筋力トレーニング 37
背中の筋力トレーニング 38
腕・肩の筋力トレーニング 39
体幹の筋力トレーニング 40
静的な体幹の筋力トレーニング 41
大腿部の筋力トレーニング 42
下腿部の筋力トレーニング 43
ウォーキング 44
ジョギング 45
水中トレーニング 46
自転車 47
踏み台昇降運動 48
柔軟性向上のトレーニング（上半身） 49
柔軟性向上のトレーニング（下半身） 50
バランス感覚向上のトレーニング 51
敏捷性向上のトレーニング 52
プライオメトリクス 53
コーディネーショントレーニング 54

ベルトの締め方

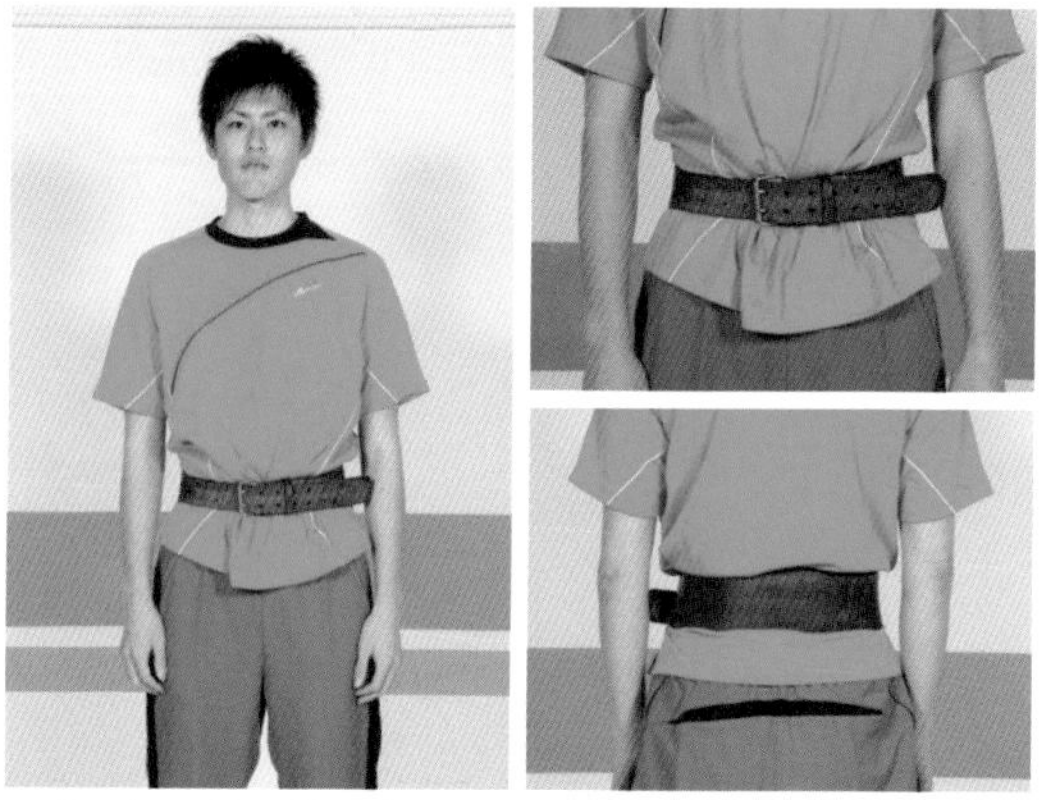

フリーウエイトで使用するベルトは、ゆるめすぎたり、上に巻きすぎたりせず、写真のように正しく締めること。

NG

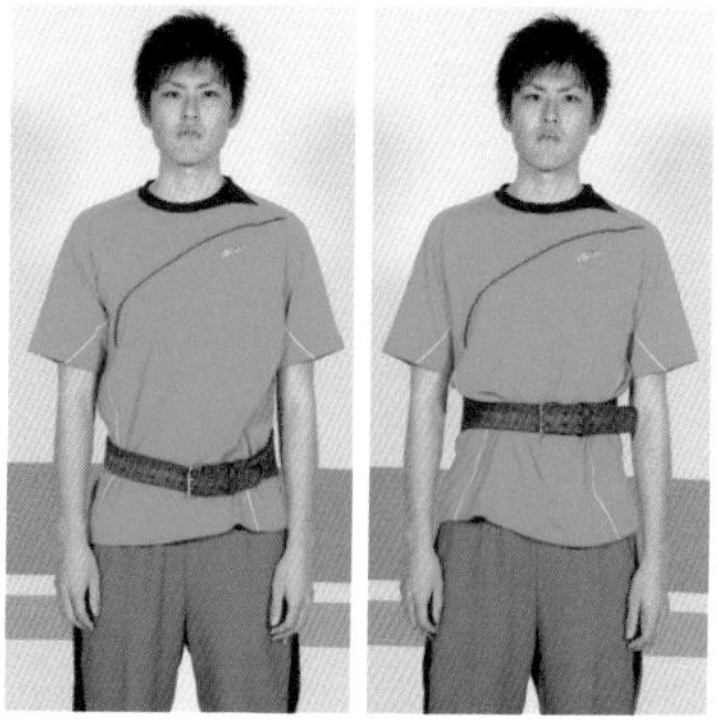

ゆるめすぎ　　上すぎ

補助

ベンチプレス

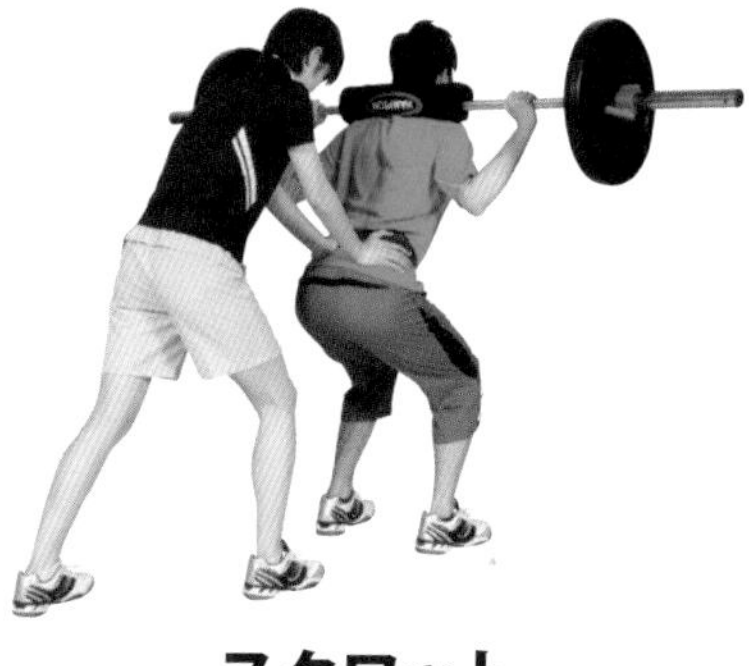

スクワット

落下の危険があり、ケガのおそれがあるベンチプレスやスクワットを行なう際は、写真のように補助をつけて、挙上できなくなった時にフォローしてもらう。

グリップ

通常

広い

狭い

グリップの幅によって効果が変わる。ベンチプレスの場合、通常は肩幅くらい、より大胸筋を鍛えたい場合は広く握り、腕を鍛えたい場合は狭く握る。

36 トレーニングの記録

課題や目標を明確にする作業

トレーニングはなんとなく続けていると、自分の体力やパフォーマンスが改善されているかどうか、明確になりません。そこで重要なのが、毎回のトレーニングでどんなプログラムを行なったかを、できるだけ細かく記録しておくことです。なぜなら、残された記録から、自分の強みや弱み、またどのようなトレーニングが自分に適しているかなどを知ることができるからです。

ほかにも、記録をもとに様々な考察ができるでしょう。例えば「午前中よりも夕方のトレーニングの方が調子が良い」「頻度を多くしてもトレーニングの効果がほとんどない」「有酸素運動の後に筋力トレーニングをした方が体脂肪が減りやすい」「トレーニングの負荷を重くした日は膝の関節に痛みが出た」「トレーニングを3日休んだら、前回の重量を上げるのがつらくなった」「メニューを1カ月続けたが、挙上重量に変化がみられない」などです。

プログラムを調整する

記録から自分の課題や新たな目標が明確になったら、トレーニング・プログラムを見直しましょう。例えば、改善がみられない部位があれば、トレーニングの頻度や回数などの負荷を調整することが必要です。

このような見直しは定期的に行ない、自分に合った効率のよいプログラムをつくり上げていきましょう。

記録内容

左図は、トレーニング効果を分析するために必要な要素を盛り込んだ記録ノートの見本です。こちらを参考に、自分なりのノートをつくってみましょう。こんなに記録するのが面倒だと感じるのであれば、最初はトレーニングの日時、体重、感想など最低限の項目だけでもかまいません。慣れてきたら徐々に内容を増やしてください。

ノートは、汗やスポーツドリンクなどをこぼしても劣化しないような材質のものだとベストです。

14 体力の概念と体力要素
15 筋力・筋持久力
16 パワー
17 心肺機能
18 柔軟性
19 測定の意義・障害を予防する
20 筋力の測定と評価
21 パワーの測定と評価
22 持久力の測定と評価
23 柔軟性の測定と評価
24 疲労の測定と評価
25 運動の原理・原則
26 ウォームアップとクールダウン
27 負荷手段とトレーニング器具
28 トレーニングの順序
29 筋力トレーニングの強度
30 トレーニングの目的別強度の目安
31 目的別プログラムの参考例
32 動作スピード
33 トレーニング頻度
34 トレーニング計画の区分け

トレーニングの記録の例

日付

どのぐらいの頻度でトレーニングを行なうと成果が出やすいか、どのぐらいの期間で重量が増えているかなどを判断するのに役立つ。曜日や細かい時間も書いておくとよい。

バイタルサイン

体重、体脂肪率、血圧などを記録しておくと、トレーニング前に体調の悪化に気づけることも。トレーニング後は疲労が回復したかどうか、適切な負荷だったかなどの指標になる。

【トレーニングの記録】

トレーニング日	年　月　日	室温	℃	湿度	%

開始前			終了後		
	体重	〔kg〕		体重	〔kg〕
	体脂肪率	〔%〕		体脂肪率	〔%〕
	血圧	／　〔mmHg〕		血圧	／　〔mmHg〕
	開始時間	時　分		終了時間	時　分

トレーニング部位			トレーニング名（メニュー）	強度（負荷：RM）	回数	セット数	総重量※1
	上肢・筋力	1	1：				
		2	2：				
	体幹・筋力	3	1：				
		4	2：				
	下肢・筋力	5	1：				
		6	2：				
		7	3：				
		8	4：				
	心肺機能	9		〔消費エネルギー量：Kcal〕	〔rpm※2 or 速さ〕	〔時間〕	〔距離〕

メモ	

種目

その日行なったトレーニングの種目、負荷、セット数などを記録する。あらかじめトレーニング部位ごとにメニューを書き込めるようにしておくと便利。

メモ

トレーニングを振り返り、良かった点、改善点など気づいたことを書く。元気度や疲労度（P.060 疲労の自覚症状の測定を参考に）を数値化したもの、食事から何時間後に実施したか、前日の睡眠時間などを記録するのもおすすめ。

※1　総重量＝強度×回数×セット数
※2　rpm＝回転数

37

胸の筋力トレーニング

腕を動かすための土台を鍛えよう

大胸筋など胸の筋肉は、腕を動かす上で土台となるものです。人間は腕を動かす時に、先に胸の筋肉から動き出します。どれだけ腕を鍛えても、ベースとなる胸の筋肉が弱ければ、腕から強い力を出すことは不可能です。胸の強化なくして、上半身の強化はありません。

胸のトレーニングは肩こりの解消や、女性のバストアップにも効果的です。海外ではモデルが美しい体型をつくるために、積極的に胸の筋力トレーニングを行なっているそうです。以下は胸の筋肉を強化する代表的な種目です。

ベンチプレス

スクワット、デッドリフトと並ぶ「3大トレーニング」の1つといわれています。上半身強化で最も重要なトレーニングといっていいでしょう。

グリップは肩幅よりもこぶし1つ分広い位置にとる方法が一般的です。初心者はこのフォームで行ないましょう。より大胸筋を重点的に鍛えたい場合は手の幅をさらに広げ、腕を鍛えたい場合は逆に幅をせばめて行ないます。

重量を身体の上で持ち上げ、挙上できなくなった時に身体の逃げ場がない種目のため、安全には注意が必要です。なるべく補助をつけて行ないましょう。

ダンベルフライ

ベンチプレスと並ぶ、大胸筋強化の代表的な種目です。肘を伸ばしすぎないように注意し、肘に負担をかけないようにしましょう。

インクラインダンベルベンチプレス

ベンチプレスに角度をつけて行なう種目です。背もたれを30〜40度に調整します。ベンチプレスよりも大胸筋上部を集中的に鍛えることができます。

腕立て伏せ

腕立て伏せなら器具を必要とせず、手軽に胸のトレーニングが可能です。一度もできない場合は、地面に膝を着きましょう。負荷が足りない場合は、両手をボールの上に乗せた不安定な状態や、片手で行なう方法もあります。

筋力トレーニングと姿勢 35
トレーニングの記録 36
胸の筋力トレーニング 37
背中の筋力トレーニング 38
腕・肩の筋力トレーニング 39
体幹の筋力トレーニング 40
静的な体幹の筋力トレーニング 41
大腿部の筋力トレーニング 42
下腿部の筋力トレーニング 43
ウォーキング 44
ジョギング 45
水中トレーニング 46
自転車 47
踏み台昇降運動 48
柔軟性向上のトレーニング(上半身) 49
柔軟性向上のトレーニング(下半身) 50
バランス感覚向上のトレーニング 51
敏捷性向上のトレーニング 52
プライオメトリクス 53
コーディネーショントレーニング 54

ベンチプレス

両腕を伸ばし胸を張った状態で、バーベルを平行に保ちながら胸の上までゆっくりと下ろす。数秒停止した後、胸を張った姿勢のままゆっくりとバーベルを上げていく。危険が伴うので、なるべく補助をつけるように。

インクライン ダンベルベンチプレス

傾斜のついたベンチに座り、両手にダンベルを持つ。手首を曲げずにダンベルを上げ、頂点まできたら下ろす。この動作を繰り返す。

ダンベルフライ

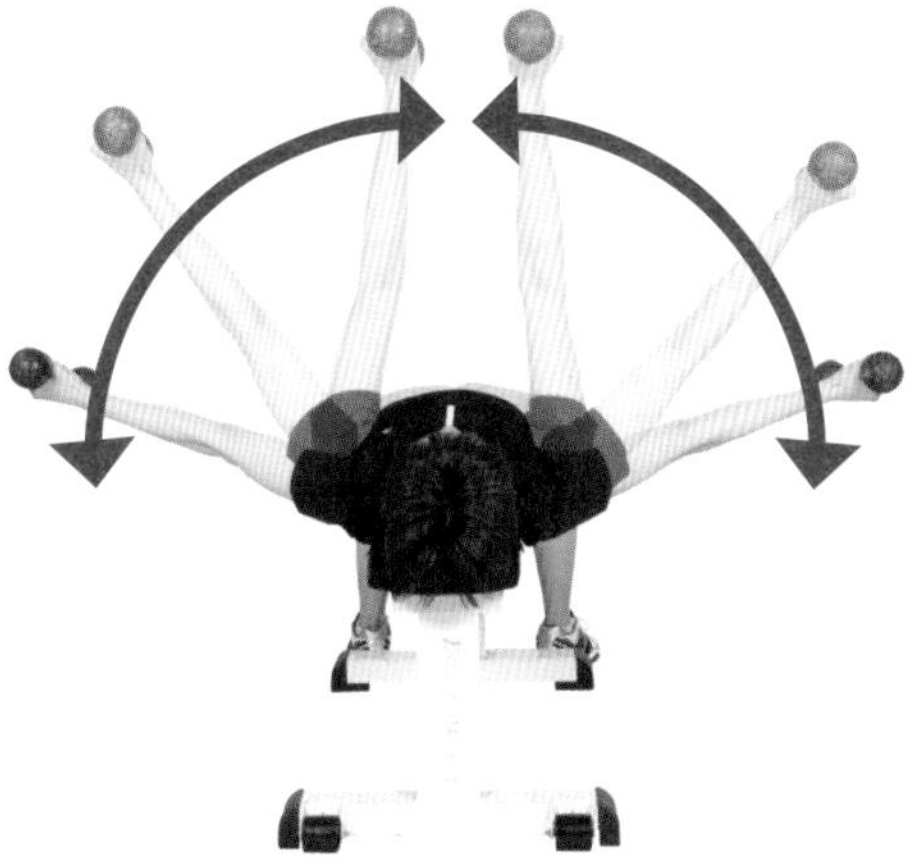

ダンベルを両手に持ち、ベンチに仰向けになる。手のひらは内側に向け、肘を若干曲げた状態でゆっくりと垂直に上げていく。頂点まできたら、半円を描くように下に戻していく。

38 背中の筋力トレーニング

ジャンプ力アップに背筋の強化は欠かせない

背筋は姿勢の維持に大きな役割を果たしています。人間は背筋の働きによって身体を起こし、頭を支え、直立姿勢をとっています。背筋が弱いと背中が丸まり、腰痛の原因になります。

背筋を使った身体を引き起こす動作はスポーツにおいても重要です。ジャンプ力のアップや、ボートを漕ぐ力の向上などには、背筋力の強化が欠かせません。

バックエクステンション

反動をつけず、動きをコントロールしながら行ないます。自体重のみで行なう場合は、両手を頭の後ろで組むと負荷が強まります。ケガ防止のため、無理な角度まで反りすぎないようにしましょう。

けんすい

けんすいには様々なバリエーションがありますが、背中を鍛える場合はオーバーグリップで、肩幅よりやや広めの位置をとります。なるべく身体を揺らさずに行ないます。両足を交差させて、身体の揺れを抑えてもかまいません。

自体重では負荷が軽すぎたり、重すぎたりする場合は、マシンを使った「ラットプルダウン」を行ないましょう。

デッドリフト

下半身全体から背筋までを総合的に強化する効果的なトレーニングです。

デッドリフトは高重量を扱うことが多いため、特にケガに注意し、正確なフォームを心がけましょう。左右の手を逆方向にする「オルタネイト・グリップ」でバーベルを握り、背中を伸ばした姿勢で、バーベルが身体から離れないように上下させます。このフォームを守ることで腰に重みが集中することを回避し、ケガの危険性を減らすことができます。

パワークリーン

背中と下半身を中心に、全身のパワーを向上させる上級者向けのトレーニングです。腕の力ではなく、身体を引き起こす動作でバーベルを持ち上げるようにします。高度な技術を必要とする種目なので、まずは軽い負荷を使って、正しいフォームを習得しましょう。

14 体力の概念と体力要素
15 筋力・筋持久力
16 パワー
17 心肺機能
18 柔軟性
19 測定の意義・障害を予防する
20 筋力の測定と評価
21 パワーの測定と評価
22 持久力の測定と評価
23 柔軟性の測定と評価
24 疲労の測定と評価
25 運動の原理・原則
26 ウォームアップとクールダウン
27 負荷手段とトレーニング器具
28 トレーニングの順序
29 筋力トレーニングの強度
30 トレーニングの目的別強度の目安
31 目的別プログラムの参考例
32 動作スピード
33 トレーニング頻度
34 トレーニング計画の区分け

筋力トレーニングと姿勢 35
トレーニングの記録 36
胸の筋力トレーニング 37
背中の筋力トレーニング 38
腕・肩の筋力トレーニング 39
体幹の筋力トレーニング 40
静的な体幹の筋力トレーニング 41
大腿部の筋力トレーニング 42
下腿部の筋力トレーニング 43
ウォーキング 44
ジョギング 45
水中トレーニング 46
自転車 47
踏み台昇降運動 48
柔軟性向上のトレーニング(上半身) 49
柔軟性向上のトレーニング(下半身) 50
バランス感覚向上のトレーニング 51
敏捷性向上のトレーニング 52
プライオメトリクス 53
コーディネーショントレーニング 54

バックエクステンション

トレーニングマシンを使った方法。うつぶせで頭を下げた状態から両手を頭の後ろに組み、反動をつけずに身体を反り上げていく。反りすぎに注意。

ラットプルダウン

マシンで広背筋を鍛えるトレーニング。肩幅よりも広げて両手でバーを握り、腕と背中を使って上げ下げする。肩を上げたりすぼめたりしないように。

デッドリフト

両脚は肩幅くらいに開け、バーベルの真下に置く。両手は肩幅くらいに広げ、オルタネイト・グリップでバーベルを握る。しゃがんだ状態から常に背筋を伸ばしたまま、膝の上までバーベルを持ち上げていく。

バーベルの持ち方

バーベルは、写真のように左右の手を逆方向にした、オルタネイト・グリップで握る。広さは肩幅くらいに。

39

腕・肩の筋力トレーニング

「押す」と「引く」をバランスよく鍛える

腕や肩のトレーニングは、「押す」「引く」の両方の動作をバランスよく鍛えることがポイントです。トレーニングのねらいがどちらであるかを把握し、両方の筋力に極端な差が出ないように注意しながら行ないましょう。

バーベルカール

バーベルを両手で持ち、肘を曲げる動きで上げ下げするトレーニングです。重要なのは、上腕を胴体に密着させておくこと、持ち上げる時に背中を反らして反動をつけないことです。バーベルを握る位置で、腕に負荷がかかる位置が変わります。握る間隔を狭くすると上腕二頭筋長頭が、広くすると上腕二頭筋短頭が特に刺激されます。

このトレーニングは、ダンベルに持ち替えても有効です（ダンベルカール）。ダンベルの場合は腕を回転させる動きもできるので、前腕を回内させる円回内筋も鍛えることができます。ダンベルカールもバーベルと同様、背中を反らして反動をつけないことや、上腕は胴体に密着させておく点に注意してください。

肩の内転外転運動

肩関節は体の他の部分に比べて、関節の可動範囲が最も広い構造になっています。それだけに、**肩関節を支える筋肉**[#1]には重要な役割があります。肩を支える周辺の筋肉の強さがアンバランスだと、炎症を起こすなど、様々なケガが起こります。その肩を支える筋肉の中で、比較的鍛えるのが難しい深層筋（インナーマッスル）を強化するのがこのトレーニングです。

この種目はゴムバンドまたはチューブを使い、小さな負荷で行なうことがポイントです。大きな負荷をかけると、インナーマッスルではなく、表層の大きな筋肉（アウターマッスル）を使ったトレーニングになってしまうので、注意が必要です。

#1➡P.034

14 体力の概念と体力要素
15 筋力・筋持久力
16 パワー
17 心肺機能
18 柔軟性
19 測定の意義・障害を予防する
20 筋力の測定と評価
21 パワーの測定と評価
22 持久力の測定と評価
23 柔軟性の測定と評価
24 疲労の測定と評価
25 運動の原理・原則
26 ウォームアップとクールダウン
27 負荷手段とトレーニング器具
28 トレーニングの順序
29 筋力トレーニングの強度
30 トレーニングの目的別強度の目安
31 目的別プログラムの参考例
32 動作スピード
33 トレーニング頻度
34 トレーニング計画の区分け

バーベルカール

背中はまっすぐに

背中は常にまっすぐにしたまま曲げ伸ばしする。NG写真は背中が曲がってしまっている。

両脚を軽く開いた状態で、バーベルを逆手で握る。腕は体側につけたまま、肘を中心に曲げ伸ばしていく。胸のあたりまで上げたら、下げる。背中は常にまっすぐにしておくように意識して、反動をつけないように。

プッシュアウェイ

上腕三頭筋を鍛えるトレーニング。片手でダンベルを持ち、反対側の手と膝をベンチに置く。直角にダンベルを持った状態から肘を伸ばして後ろに押し出していく。身体と平行になるところまで持ち上げたら、元に戻す。

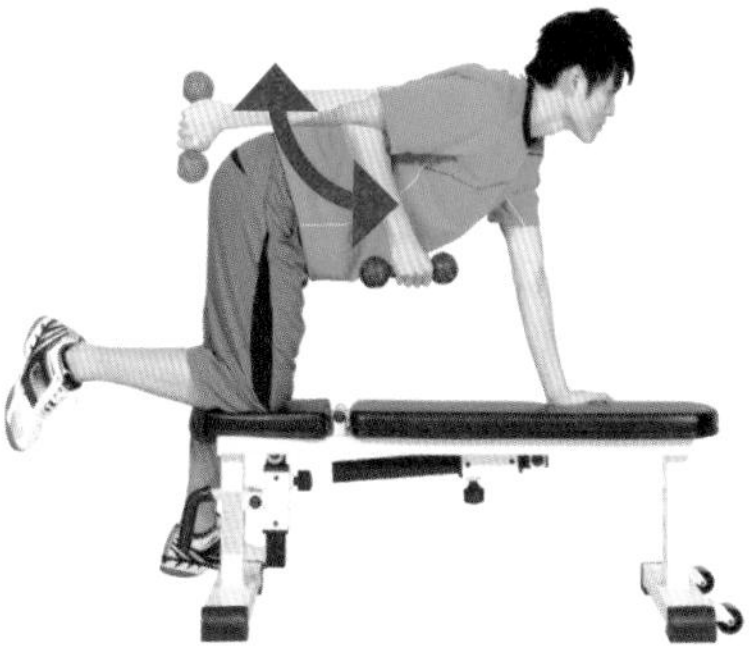

肩の内転外転運動

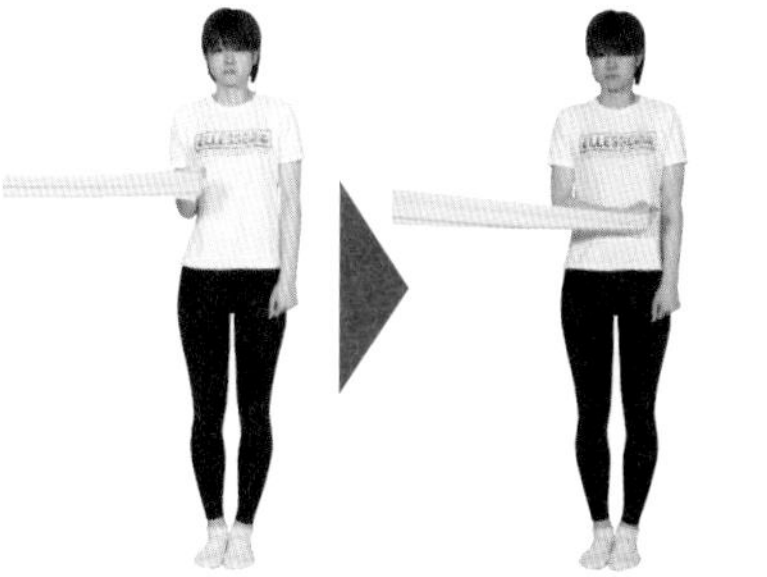

ゴムバンドを使って肩のインナーマッスルを鍛えるトレーニング。肘ではなく、肩の筋肉を使って伸ばすように。

ショルダープレス

両手でバーベルを持ち、ゆっくりと上げ下げしていく。常に背筋はまっすぐに。

補助の仕方

40 体幹の筋力トレーニング

上半身と下半身を結ぶ身体の「幹」

体幹は上半身と下半身の力をつなぐ部分です。体幹がしっかりしていなければ、上半身と下半身の動きが効果的に連動せず、質の良い動きをすることができません。

その体幹で大きな役割を果たしているのが腹筋です。ここでは体幹のトレーニングとして、腹筋を強化する様々なトレーニングメニューを紹介します。

シットアップ

一般に腹筋運動といわれているものです。この動きは腰に負担がかかるため、膝を曲げた状態で行ないましょう。

「シットアップ」は応用次第で様々なバリエーションが可能です。例えば股を開いて行なえば、脚の筋肉を使わずに腹筋を重点的に鍛えることができます。わき腹の筋肉（腹斜筋）を鍛える場合は、起き上がる際にツイストを入れます。

足を台の上に乗せて行なう「トランクカール」は、腰への負担をさらに軽減したものです。身体が曲がり切らず、上体を起こすだけにとどめることで、ケガの危険性を抑えることができます。

シットアップは両手の位置によって負荷に変化をつけることができます。起き上がるのが困難な場合は、手を組まずに行ないます。それでも起き上がれない場合は、起き上がった状態からゆっくりと身体を倒し、倒れる寸前の位置で止め、元に戻る動きを行ないましょう。

巻尺運動（ドローイン）

手軽に腹筋を鍛えられるトレーニングとして定着しているのが、「ドローイン」。腹を力いっぱい引っ込めて、10秒ほどキープします。これは**アイソメトリック**[#1]の一種で、体幹の細かいインナーマッスルを鍛えることができます。美しいウエストラインをつくることにも効果的です。

バランスボール

もう1つ、体幹のインナーマッスルを鍛えるのに効果的なのがバランスボールです。不安定なボールの上でバランスをとることで、シットアップでは鍛えるのが難しいインナーマッスルを刺激できます。

#1➡P.066

14 体力の概念と体力要素
15 筋力・筋持久力
16 パワー
17 心肺機能
18 柔軟性
19 測定の意義・障害を予防する
20 筋力の測定と評価
21 パワーの測定と評価
22 持久力の測定と評価
23 柔軟性の測定と評価
24 疲労の測定と評価
25 運動の原理・原則
26 ウォームアップとクールダウン
27 負荷手段とトレーニング器具
28 トレーニングの順序
29 筋力トレーニングの強度
30 トレーニングの目的別強度の目安
31 目的別プログラムの参考例
32 動作スピード
33 トレーニング頻度
34 トレーニング計画の区分け

シットアップ

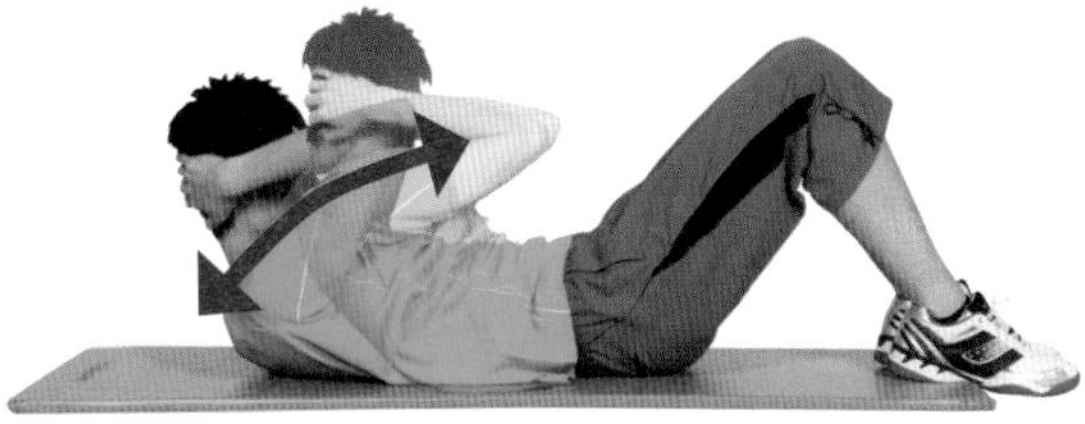

一般的な腹筋運動のやり方。膝を約90度に曲げた状態で仰向けに寝た状態から、両手を頭の後ろで軽く組み、腹を見ながらゆっくりと状態を起こしていく。

ひねりを加える

ひねりの動作を加えることで腹斜筋も鍛えられる。

手の位置で負荷が変わる

シットアップは両手の位置で負荷が変わる。❶は頭の後ろで両手を組む一般的なフォーム。両手を胸で組む「クランチ」と呼ばれる❷や、腹を押さえる❸の方が負荷が軽くなる。

トランクカール

両足を台の上に乗せて行なうシットアップ。身体が曲がり切らないので腰への負担が軽減でき、ケガの危険が少なくなる。

バランスボール

バランスボールと呼ばれる弾力性の高いボールの上に乗り、バランスが不安定な状態でも落ちないように体勢を維持する。

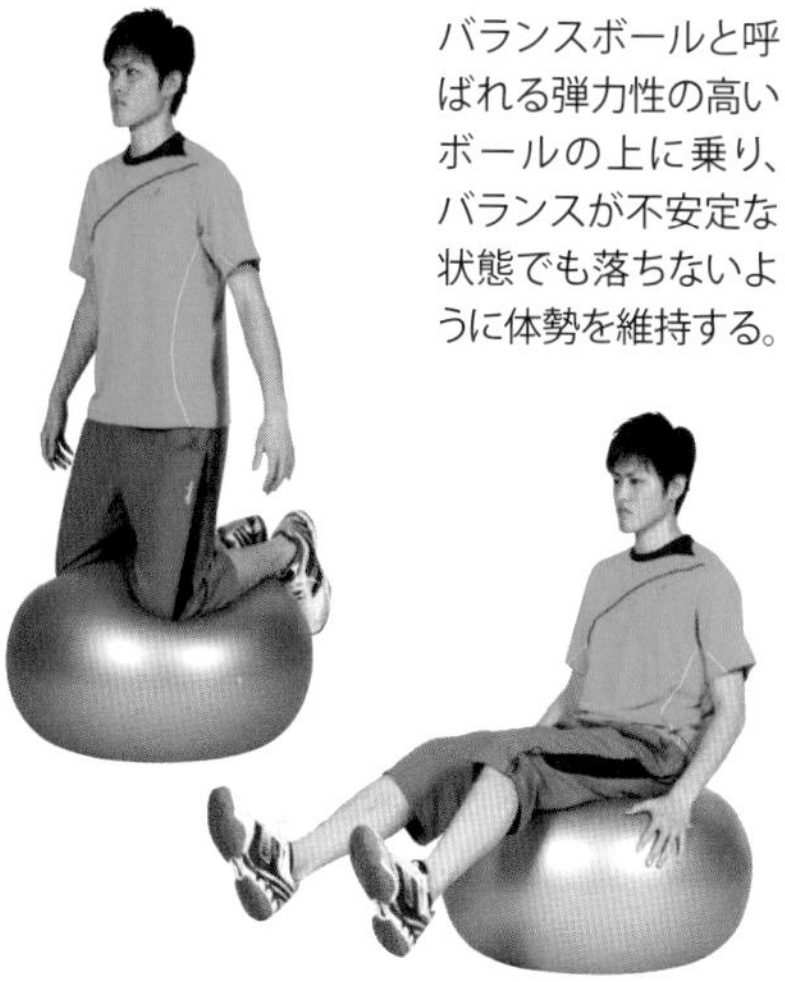

巻尺運動（ドローイン）

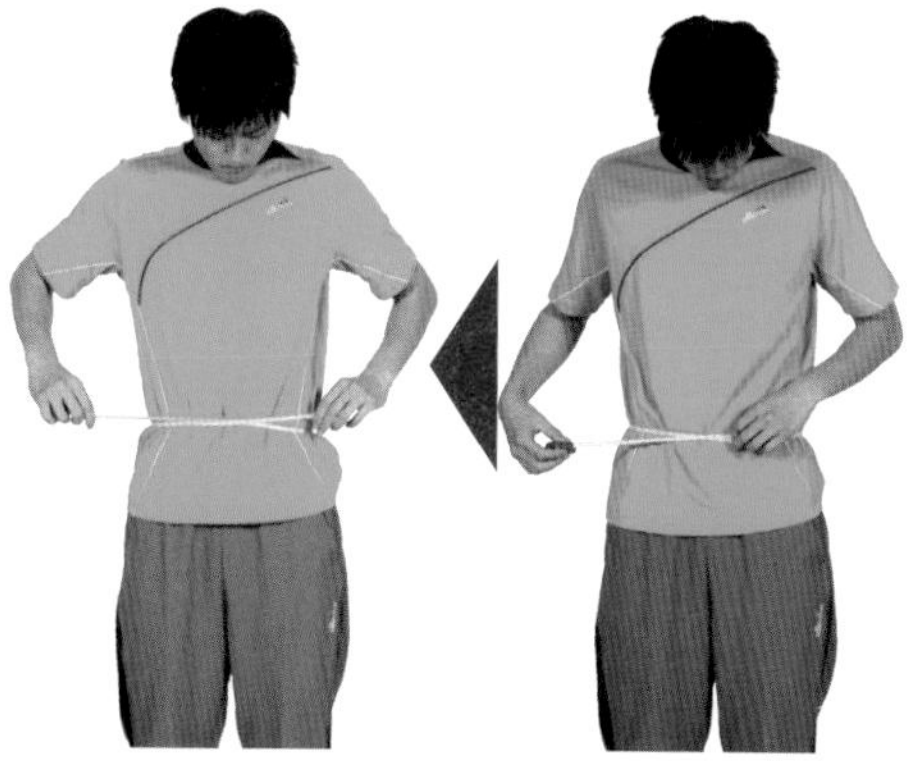

腹に巻尺などを巻いた状態で、腹を力いっぱい引っ込めて約10秒その姿勢をキープする。体幹の細かいインナーマッスルを鍛えるのに有効なトレーニング。

41 静的な体幹の筋力トレーニング

身体の安定性を高める

前項の体幹トレーニングは、筋肉を大きく伸び縮みさせる動的なものでした。ここでは、大きな動きを伴わない静的な体幹トレーニングを紹介します。左の4つのメニューは、体幹のスタビリティ（安定性）を高める体幹支持トレーニングの代表的な方法です。10～20秒程度、姿勢を維持することで、腹筋、背筋、臀筋、胸筋など体幹にある筋肉を全体的に鍛えることができます。静止中は息を止めず、自然な呼吸を心がけます。

フロントプランク

「スタビライゼーション」とも呼ばれるメニューで、最もよく知られる体幹トレーニングの1つです。左右の肘、つま先だけで身体を支えます。腰を反らず、身体をできる限り水平に保つことがポイントです。

サイドブリッジ

真横に向けた身体を一直線になるようにキープします。お腹やお尻が出ないように注意。腕を伸ばすのがつらい人は、肘をついて行なってください。

ヒップリフト

仰向けで寝た状態から膝を曲げて、お尻を浮かせます。肩から膝までをまっすぐにするように意識してください。

ダイアゴナル

四つんばいの状態から、片側の腕と反対の脚を同時に上げていき、水平状態を保ちます。4つのメニューの中で一番負荷が高いメニューです。これがこなせるようになると、体幹が強化されてきたといえるでしょう。

体幹トレーニングの意義

このようなメニューで体幹が安定してくると、スポーツの様々な場面でパフォーマンスが向上します。例えば、相手と接触しても転倒せずにバランスが保てたり、上半身と下半身の連動がスムーズになることでパワーがアップしたり、という効果が期待できます。

また、スポーツだけでなく、肩こりや腰痛の予防や改善といった日常生活の向上にも活かせるトレーニングです。

筋力トレーニングと姿勢 35
トレーニングの記録 36
胸の筋力トレーニング 37
背中の筋力トレーニング 38
腕・肩の筋力トレーニング 39
体幹の筋力トレーニング 40
静的な体幹の筋力トレーニング 41
大腿部の筋力トレーニング 42
下腿部の筋力トレーニング 43
ウォーキング 44
ジョギング 45
水中トレーニング 46
自転車 47
踏み台昇降運動 48
柔軟性向上のトレーニング(上半身) 49
柔軟性向上のトレーニング(下半身) 50
バランス感覚向上のトレーニング 51
敏捷性向上のトレーニング 52
プライオメトリクス 53
コーディネーショントレーニング 54

フロントプランク

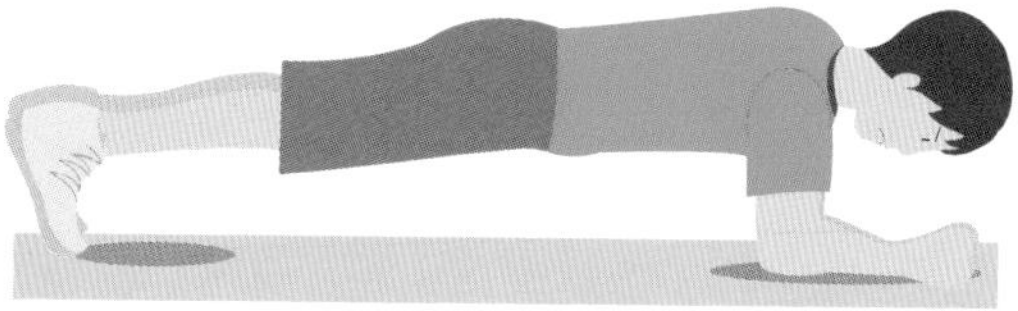

うつぶせになり、肩幅よりも内側に両肘を置いたところから身体を浮かせ、つま先と肘だけで身体がまっすぐになるように支える。頭の位置や顔の向きは、直立姿勢をイメージする。初心者は10秒程度から始め、徐々に時間を増やしていく。1～2分程度継続できることを目標にする。10秒程度の場合は2～3セット行ない、1分以上の場合は1セットでもかまわない。

サイドブリッジ

横向きで寝た姿勢から腕もしくは肘を着けて腰を上げる。正面から見て身体がまっすぐになるようにキープ。上側の腕は腰にあてる。初心者は10秒程度から始め、徐々に時間を増やしていく。1～2分程度継続できることを目標にする。10秒程度の場合は2～3セット行ない、1分以上の場合は1セットでもかまわない。

ヒップリフト

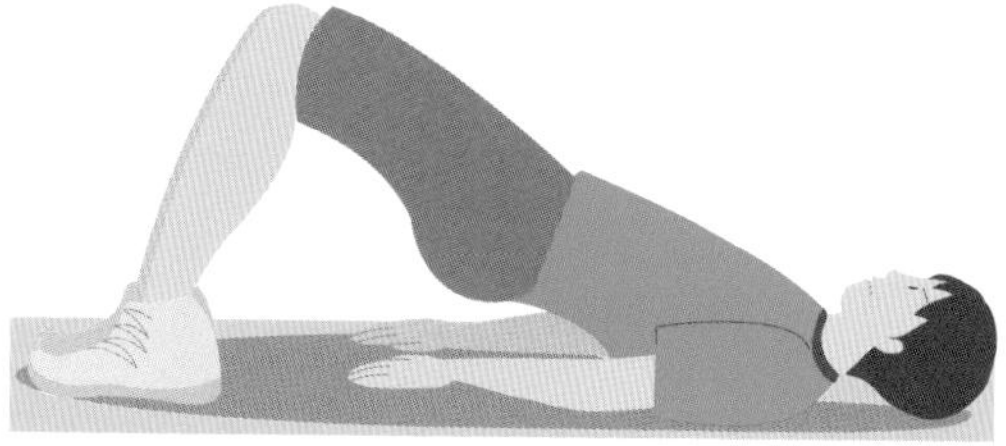

仰向けになり、両肩を地面に着けた状態からお尻を浮かせる。肩から膝が一直線になるように、腹筋に力を入れることがポイント。初心者は10秒程度から始め、徐々に時間を増やしていく。1～2分程度継続できることを目標にする。10秒程度の場合は2～3セット行ない、1分以上の場合は1セットでもかまわない。

ダイアゴナル

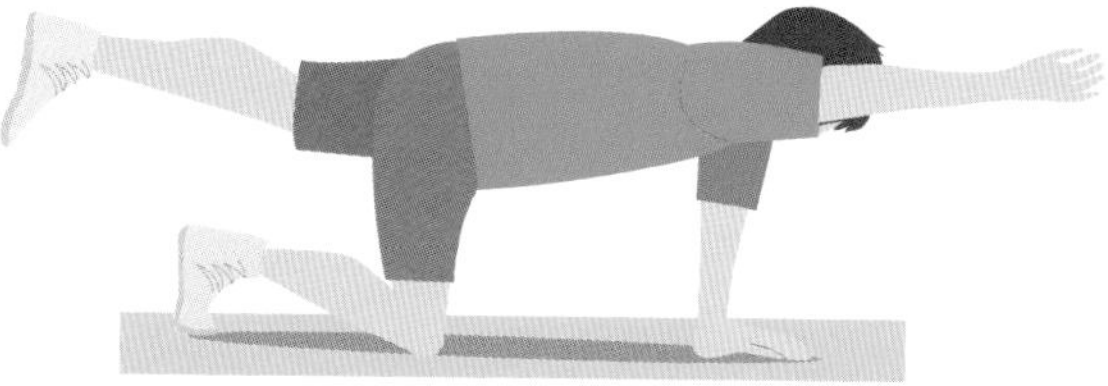

四つんばいの姿勢から片側の腕と反対側の脚を水平方向に上げる。身体が一直線になるように意識。左右を入れ替えて1セットとする。初心者は10秒程度から始め、徐々に時間を増やしていく。1～2分程度継続できることを目標にする。10秒程度の場合は2～3セット行ない、1分以上の場合は1セットでもかまわない。

42 大腿部の筋力トレーニング

爆発的なダッシュ力を生み出すために

地面を蹴り、身体を前に移動させる動きは、主に尻の大臀筋や、大腿部の裏側にあるハムストリングスと呼ばれる筋肉が作用しています。陸上競技の短距離走やアメフト、相撲など、爆発的なダッシュを必要とする競技では、大腿部裏側の強化は欠かせません。

大腿部前側の筋肉は、身体を支える働きを担っています。走っている動きから身体を止めたり、上からかかる負荷を支えたりする役割を果たします。

大腿部をトレーニングする際は、この前後の筋肉の強さに大きな差が出ないよう、注意しながら行なう必要があります。大腿部前後の筋力に差がありすぎると、どちらか一方に筋肉が引っ張られ、肉離れを起こす要因になる可能性があるためです。

以下は、大腿部を強化する代表的なトレーニングです。

スクワット

「キング・オブ・トレーニング」と呼ばれるほど、大きな効果が期待できるトレーニングです。しゃがむ動作で大腿部の前側、立ち上がる動作で裏側が主に鍛えられ、さらに下半身全体から体幹まで、広範囲を同時に強化することができます。高重量を扱うことが多いため、ケガの防止には細心の注意を払いましょう。フォームは腰をまっすぐ伸ばし、踵を地面に着けて、膝がつま先よりも前に出ないように行ないます。ケガの危険を減らすため、膝の角度を90度程度に抑える「ハーフスクワット」が一般的な方法です。

レッグカール

大腿部の裏側、ハムストリングスを鍛えるトレーニングです。膝の傷害を予防する効果もあります。

レッグエクステンション

大腿部の中でも比較的筋肉が落ちやすい、内側広筋を強化するには最適なトレーニングです。内側広筋の筋力低下は、膝を痛める要因になるので、ケガ防止のためにもぜひ行なっておきたい種目です。

14 体力の概念と体力要素
15 筋力・筋持久力
16 パワー
17 心肺機能
18 柔軟性
19 測定の意義・障害を予防する
20 筋力の測定と評価
21 パワーの測定と評価
22 持久力の測定と評価
23 柔軟性の測定と評価
24 疲労の測定と評価
25 運動の原理・原則
26 ウォームアップとクールダウン
27 負荷手段とトレーニング器具
28 トレーニングの順序
29 筋力トレーニングの強度
30 トレーニングの目的別強度の目安
31 目的別プログラムの参考例
32 動作スピード
33 トレーニング頻度
34 トレーニング計画の区分け

筋力トレーニングと姿勢 35
トレーニングの記録 36
胸の筋力トレーニング 37
背中の筋力トレーニング 38
腕・肩の筋力トレーニング 39
体幹の筋力トレーニング 40
静的な体幹の筋力トレーニング 41
大腿部の筋力トレーニング 42
下腿部の筋力トレーニング 43
ウォーキング 44
ジョギング 45
水中トレーニング 46
自転車 47
踏み台昇降運動 48
柔軟性向上のトレーニング（上半身） 49
柔軟性向上のトレーニング（下半身） 50
バランス感覚向上のトレーニング 51
敏捷性向上のトレーニング 52
プライオメトリクス 53
コーディネーショントレーニング 54

スクワット

足は肩幅くらいに開き、胸を張った状態でバーベルを肩にかつぐ。尻を突き出すようにして、ゆっくりと腰を下げていく。この時、膝がつま先より前に出ないように。大腿部が床と平行になるまでしゃがんだら、ゆっくりと元の状態に戻していく。

補助をつける

スクワットは、高重量を扱うことが多く難易度も高いため、ケガの防止に努める。写真のように、できる限り補助をつけて行なうように。

レッグエクステンション

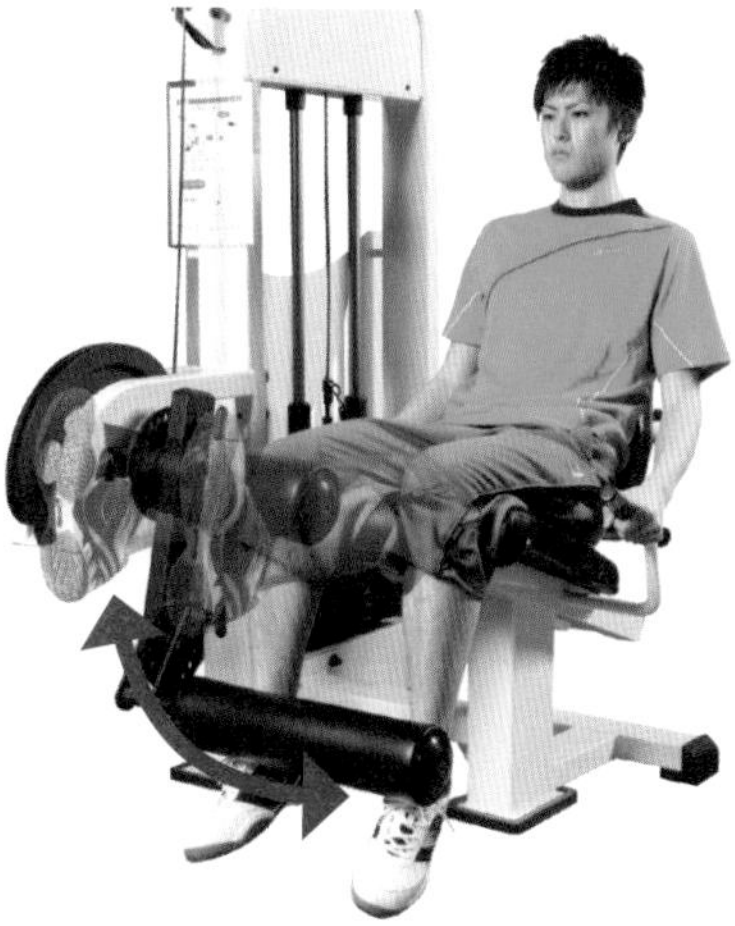

足首の位置にロールパッドがくるように調節。膝が伸びきるところまで上げたら、ゆっくりと下ろす。腰が浮かないように両手はグリップを握っておく。

レッグカール

ハムストリングスを鍛えるマシントレーニング。うつぶせになり、両脚の大腿部の裏側で負荷を尻に引き寄せていく。上まで引き寄せたら、ゆっくりと下ろす。

43 下腿部の筋力トレーニング

身体を跳ね上げる役割を担う筋肉の強化

下腿部の筋肉は直立姿勢を安定させ、歩行をスムーズに行なうために重要なものです。高齢者がつまずきやすいのは、下腿部の筋力が低下し、足先が上がらなくなって、歩幅が小さい〝ずり足〟になることが原因の1つです。また、下腿部の筋肉はスポーツにおいては、ジャンプやランニングの動作で最後に地面を蹴り、身体を跳ね上げる役割を担います。

走る・跳ぶ・蹴るといった動作は、最後に足の裏やつま先から外部にエネルギーを伝えることで発揮されるので、全身のエネルギーをロスせず外部に伝えるためにも、下腿部には強い筋肉が必要となります。

カーフレイズ

膝を曲げずに、ふくらはぎと足首、足のつま先を使って身体を持ち上げます。地面を蹴る力が強化され、ジャンプ力アップに効果があります。

つま先の挙上運動

カーフレイズは足首を伸ばす運動でしたが、これはその逆方向の「つま先を巻く」動作です。つま先にチューブを引いて行ないます。このトレーニングでは主に脛の横にある前脛骨筋を強化します。

タオルギャザー

地面に広げたタオルを、足のゆびを使って引き寄せる運動です。普段の生活で忘れられがちな足のゆびを意識的に使うことで、その機能を向上させます。比較的動かしやすい足の親ゆびや小ゆびだけでなく、中ゆびや薬ゆびも動かして、1本1本の足のゆびに意識が行き渡るようにしましょう。

足のゆびはダッシュやジャンプなど地面を蹴る動作で、フィニッシュを行なう部位になります。動作の際に足のゆびがしっかり動員されているか否かによって、パフォーマンスに差が表れます。

また、足のゆびは直立姿勢の安定だけでなく、歩行を止める時や、ジャンプの着地など、止まる動作においても大きな役割を果たしています。このトレーニングは**外反母趾**[#1]の改善にも有効です。

#1➡P.172

14 体力の概念と体力要素
15 筋力・筋持久力
16 パワー
17 心肺機能
18 柔軟性
19 測定の意義・障害を予防する
20 筋力の測定と評価
21 パワーの測定と評価
22 持久力の測定と評価
23 柔軟性の測定と評価
24 疲労の測定と評価
25 運動の原理・原則
26 ウォームアップとクールダウン
27 負荷手段とトレーニング器具
28 トレーニングの順序
29 筋力トレーニングの強度
30 トレーニングの目的別強度の目安
31 目的別プログラムの参考例
32 動作スピード
33 トレーニング頻度
34 トレーニング計画の区分け

カーフレイズ

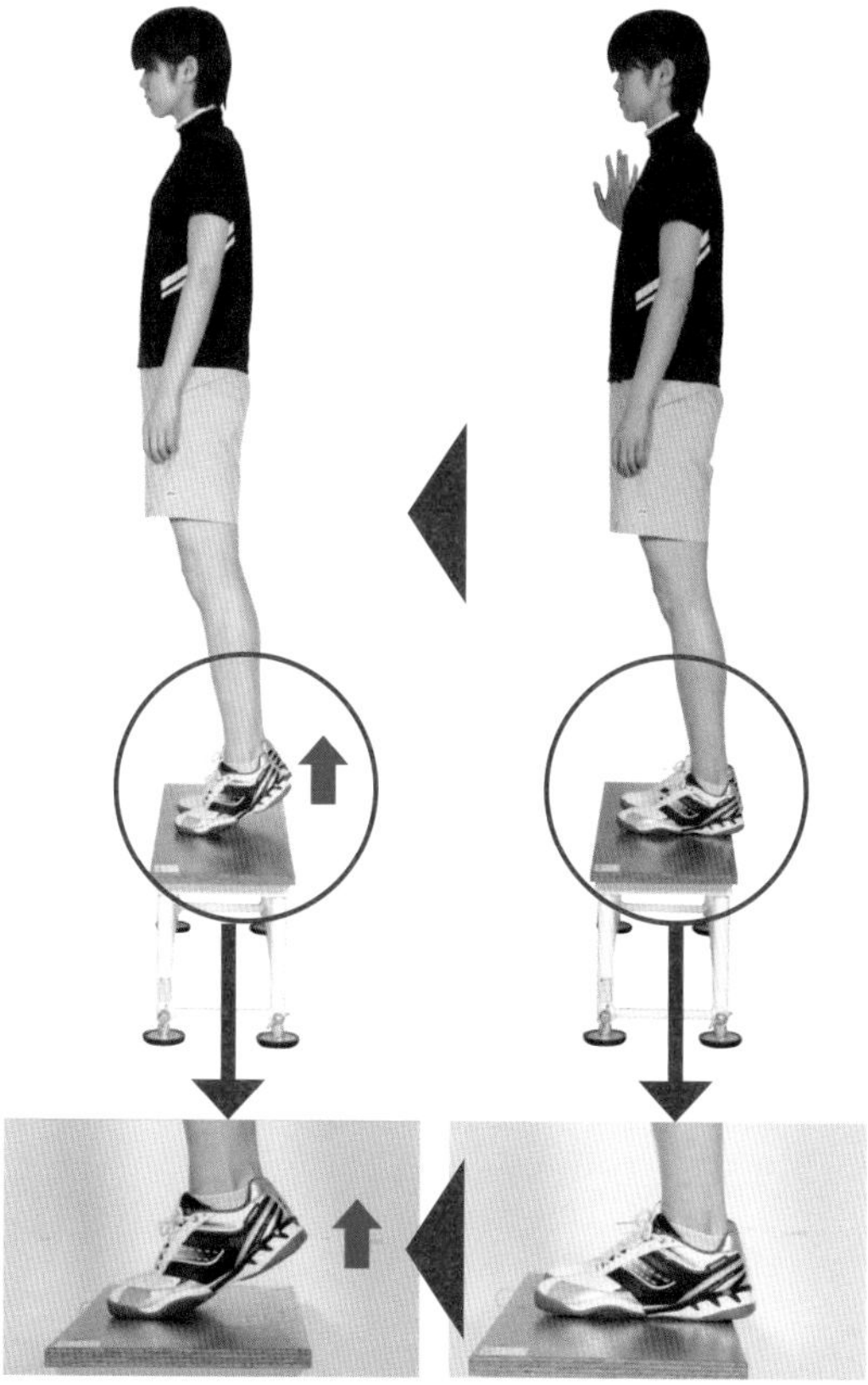

台に乗り、バランスをとるために壁に片手をつけた状態で、踵をゆっくりと上げ下げする。膝を曲げずに、ふくらはぎ、足首、足のつま先を使って身体を持ち上げるように注意。手に力が入りすぎないように。

負荷を高める

踵を浮かす

踵を浮かした状態で台に乗ることで、負荷を高めることができる。

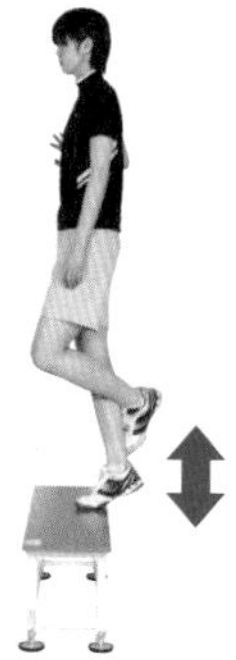

片脚で

踵を浮かしたパターンを片脚で行なうとさらに負荷が高まる。

タオルギャザー

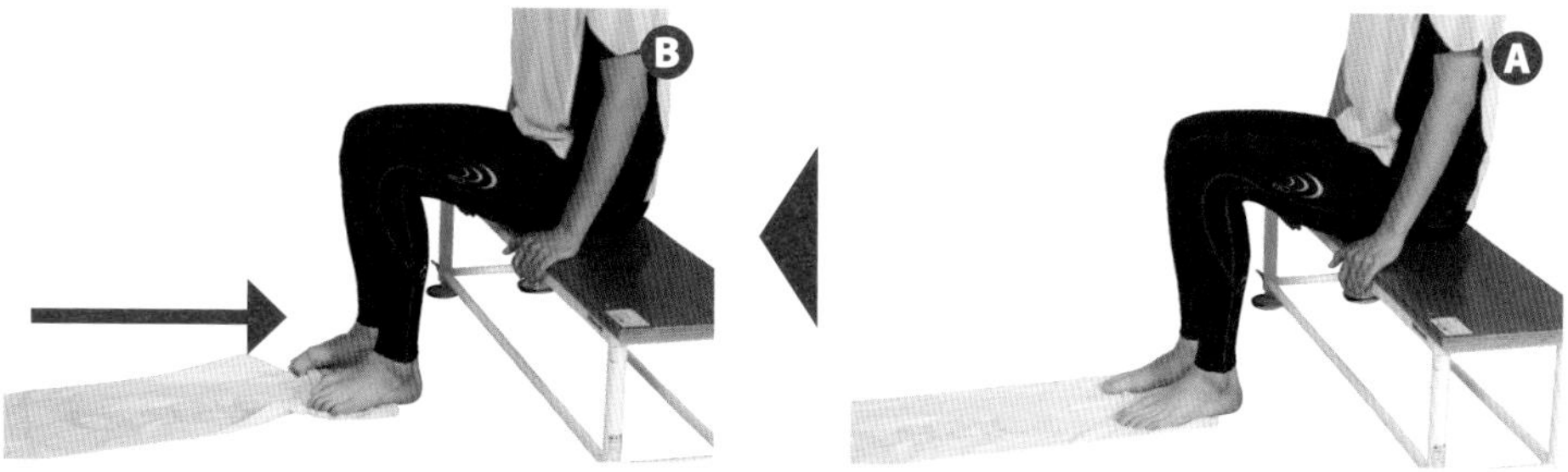

写真のようにイスなどに腰かけ、床に伸ばしたタオルの上に両足を置いた状態から、足のゆびだけを使って、タオルを自分の方にたぐり寄せていく。

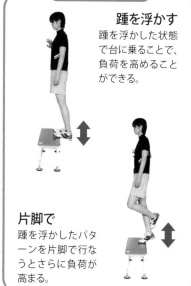

44 ウォーキング

持久力向上のトレーニング1

ウォーキングは、持久力向上のトレーニングとしては最も手軽に行なえるものです。身体への衝撃や負担が少なく、ケガの危険性も少ないので、運動不足や**メタボリックシンドローム**[#1]の傾向がある方におすすめできます。

#1➡P.216

日頃から行なっている「歩く」という動作を、「ウォーキング」という持久力向上のトレーニングとするためには、「フォーム」と「運動強度」の2点がポイントになります。

フォーム

疲労を一点に集中させず、長く歩くために、正しい姿勢を意識する必要があります。背筋を伸ばし、腕を大きく振りましょう。足裏は踵から接地し、拇指球で地面から離れます。

歩幅は日常生活で歩く時よりもやや広めにとります。歩幅を少し広げるだけでトレーニング効果がアップします。

運動強度

ウォーキングで持久力向上を図るための重要なポイントは運動強度です。運動強度を把握するには、「ボルグ指数」「カルボーネン法」を目安にしましょう。

ボルグ指数

運動を行なっている本人の主観的な感覚を基準とする、心理的運動強度や主観的運動強度とも呼ばれる方法です。脂肪燃焼を目的とした運動強度としては、10（楽である）から13（ややきつい）が目安です。

カルボーネン法

心拍数や年齢をもとに個人差を配慮して、運動強度を算出する方法です。この計算で求めた心拍数に近くなるような強度で運動を行ないます。左図の計算式にあてはめていくと、目標心拍数が見えてきます。

例えば、30歳で安静心拍数が70拍／分の人は、130〜154拍／分が目標心拍数の目安となります。

運動不足の人がウォーキングを行なう際は、まず最初は速く歩くことよりも、長く歩くことから始めましょう。

14 体力の概念と体力要素
15 筋力・筋持久力
16 パワー
17 心肺機能
18 柔軟性
19 測定の意義・障害を予防する
20 筋力の測定と評価
21 パワーの測定と評価
22 持久力の測定と評価
23 柔軟性の測定と評価
24 疲労の測定と評価
25 運動の原理・原則
26 ウォームアップとクールダウン
27 負荷手段とトレーニング器具
28 トレーニングの順序
29 筋力トレーニングの強度
30 トレーニングの目的別強度の目安
31 目的別プログラムの参考例
32 動作スピード
33 トレーニング頻度
34 トレーニング計画の区分け

ウォーキングの正しいフォーム

両腕は大きく前後に振って、リズムをとるように歩く。

背筋はしっかりと伸ばし、顔、目線も進行方向へ。やや前傾姿勢を意識することでスピードをアップさせられる。

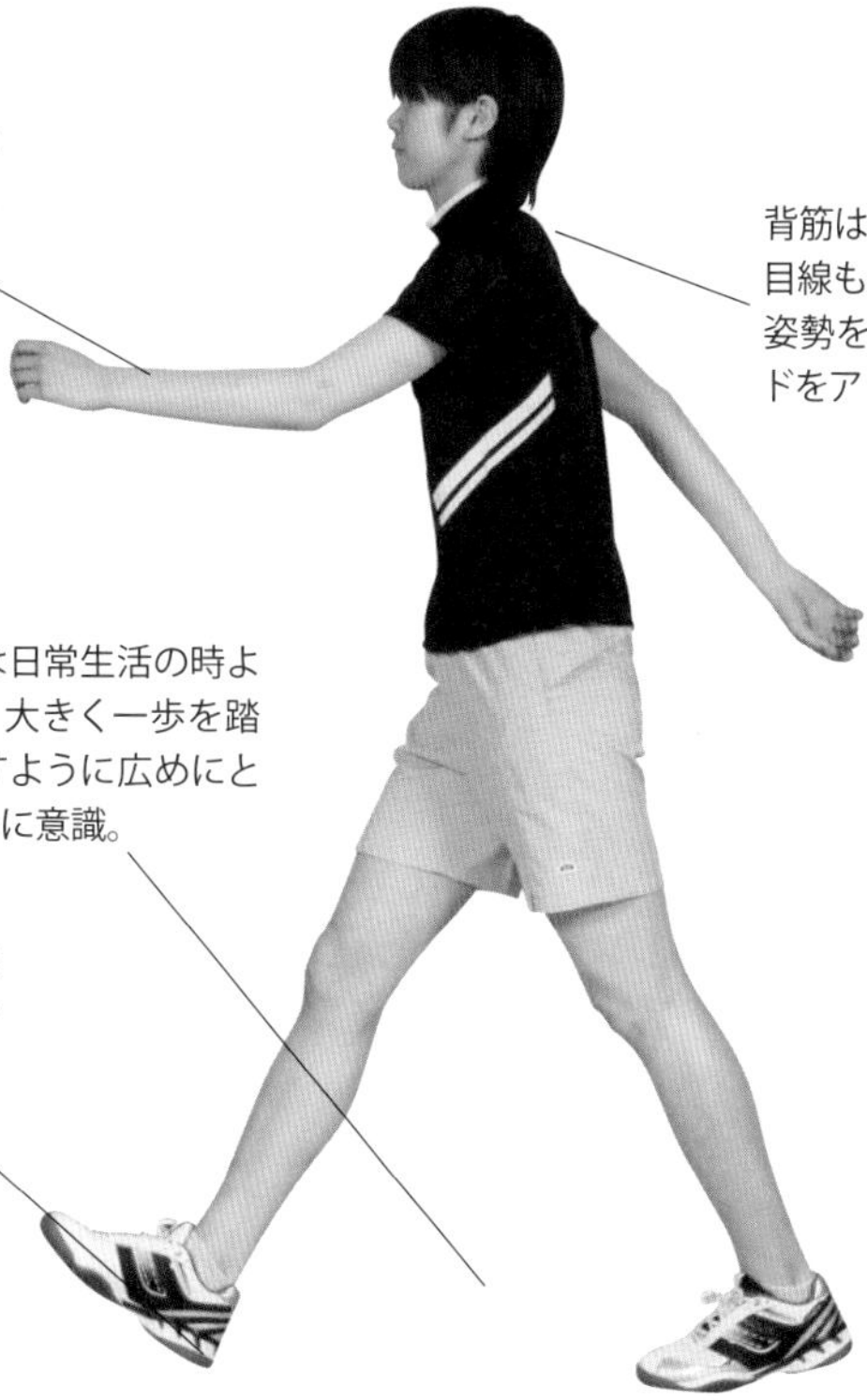

歩幅は日常生活の時よりも、大きく一歩を踏み出すように広めにとるように意識。

着地の時は踵から接地。拇指球で地面から離れる。

NG

うつむいて歩くと背中が曲がり、腕も振れない。

カルボーネン法

220 － 年齢 ＝ 最高心拍数 A

※心臓の動きの限界

(A) － 安静時心拍数 ＝ 余裕力 B

※心臓の余裕

(B) × (0.5～0.7) ＝ 心拍数の増加分 C

※運動の強さに応じた心拍数の増加

(C) ＋ 安静時心拍数 ＝ 目標心拍数

※運動強度の目安になる心拍数

(B)の値にかけるのは、0.5～0.6が体脂肪を燃焼させるのに最もよい数値とされている。体力に自信がない人は0.4、心肺機能をさらに高めたい人は0.8をかけよう。

(小島康昭、石田良恵、杉浦雄策、伊藤衛：からだ・健康・スポーツ，サンウェイ出版より)

ボルグ指数

スケール	ボルグの英語表記	日本語訳表記
20		
19	very very hard	非常にきつい
18		
17	very hard	かなりきつい
16		
15	hard	きつい
14		
13	somewhat hard	ややきつい
12		
11	fairly light	楽である
10		
9	very light	かなり楽である
8		
7	very very light	非常に楽である
6		

上記のスケール数値を10倍したものが、心拍数と近くなるように設定してある。持久力向上のトレーニングでは、10～13あたりが目安となる。

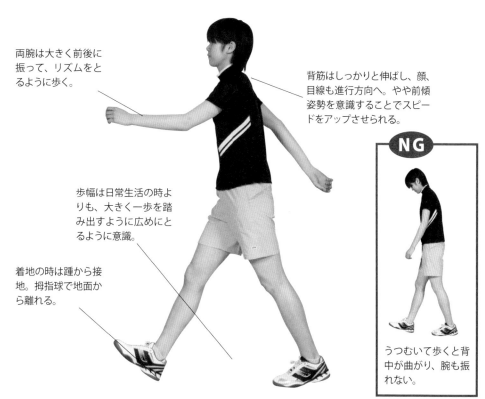

45 持久力向上のトレーニング2
ジョギング

ジョギングは一般のスポーツ愛好者からプロのアスリートまで、あらゆるレベルで用いられている、ポピュラーな持久力向上のトレーニングです。

ウォーキングと異なる点は、運動強度が高いこと、使われる筋肉の量が多いこと、そして脚の筋肉や腱、関節にかかる負荷が大きくなることです。

ジョギングを安全で効果的なものにするために、以下のポイントに注意してください。

フォーム

左図のようなチェックポイントを踏まえつつ、無理のない自然なフォームで走りましょう。

運動強度

一般的には年齢別に左図のような心拍数で行なうことが望ましいとされています。ただし、体力には個人差があるため、**ボルグ指数**[#1]の強度10～13や、**カルボーネン法**[#1]を目安にしましょう。

#1➡P.100

走法

歩幅を大きくとる「ストライド走法」はスピードが出ますが、足にかかる負担が大きくなります。ジョギング初心者には、「ピッチ走法」をおすすめします。これは狭い歩幅で小刻みに走る走法で、筋肉にかかる負担が小さく、エネルギー効率に優れているのが特徴です。

呼吸

口と鼻の両方で呼吸を行ないます。この時、できるだけ多くの酸素を取り込むようにすると、有酸素運動の効果が高まります。呼吸のリズムは無意識にまかせましょう。

シューズ選び

ジョギングで起こる下腿部の痛み「**シンスプリント**[#2]」などの障害は、硬いアスファルトからの衝撃が原因になる場合があります。クッション性の高いシューズを選んだり、中敷きをもう1枚増やすなどの工夫をしたりして、足にかかる負担を軽減することで、ケガを予防してください。

#2➡P.172

14 体力の概念と体力要素
15 筋力・筋持久力
16 パワー
17 心肺機能
18 柔軟性
19 測定の意義・障害を予防する
20 筋力の測定と評価
21 パワーの測定と評価
22 持久力の測定と評価
23 柔軟性の測定と評価
24 疲労の測定と評価
25 運動の原理・原則
26 ウォームアップとクールダウン
27 負荷手段とトレーニング器具
28 トレーニングの順序
29 筋力トレーニングの強度
30 トレーニングの目的別強度の目安
31 目的別プログラムの参考例
32 動作スピード
33 トレーニング頻度
34 トレーニング計画の区分け

筋力トレーニングと姿勢 35
トレーニングの記録 36
胸の筋力トレーニング 37
背中の筋力トレーニング 38
腕・肩の筋力トレーニング 39
体幹の筋力トレーニング 40
静的な体幹の筋力トレーニング 41
大腿部の筋力トレーニング 42
下腿部の筋力トレーニング 43
ウォーキング 44
ジョギング 45
水中トレーニング 46
自転車 47
踏み台昇降運動 48
柔軟性向上のトレーニング(上半身) 49
柔軟性向上のトレーニング(下半身) 50
バランス感覚向上のトレーニング 51
敏捷性向上のトレーニング 52
プライオメトリクス 53
コーディネーショントレーニング 54

ジョギングのフォームのポイント

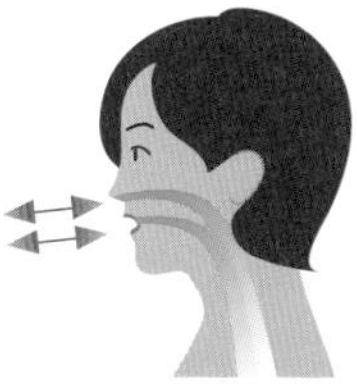

呼吸

口と鼻の両方で呼吸する。この方がより多く酸素を吸い込めるうえ、体内の不必要な炭酸ガスを排出できる。

腕

腕は直角に曲げて、肘を中心に振る。脇は軽く締めて、手は強く握らない。

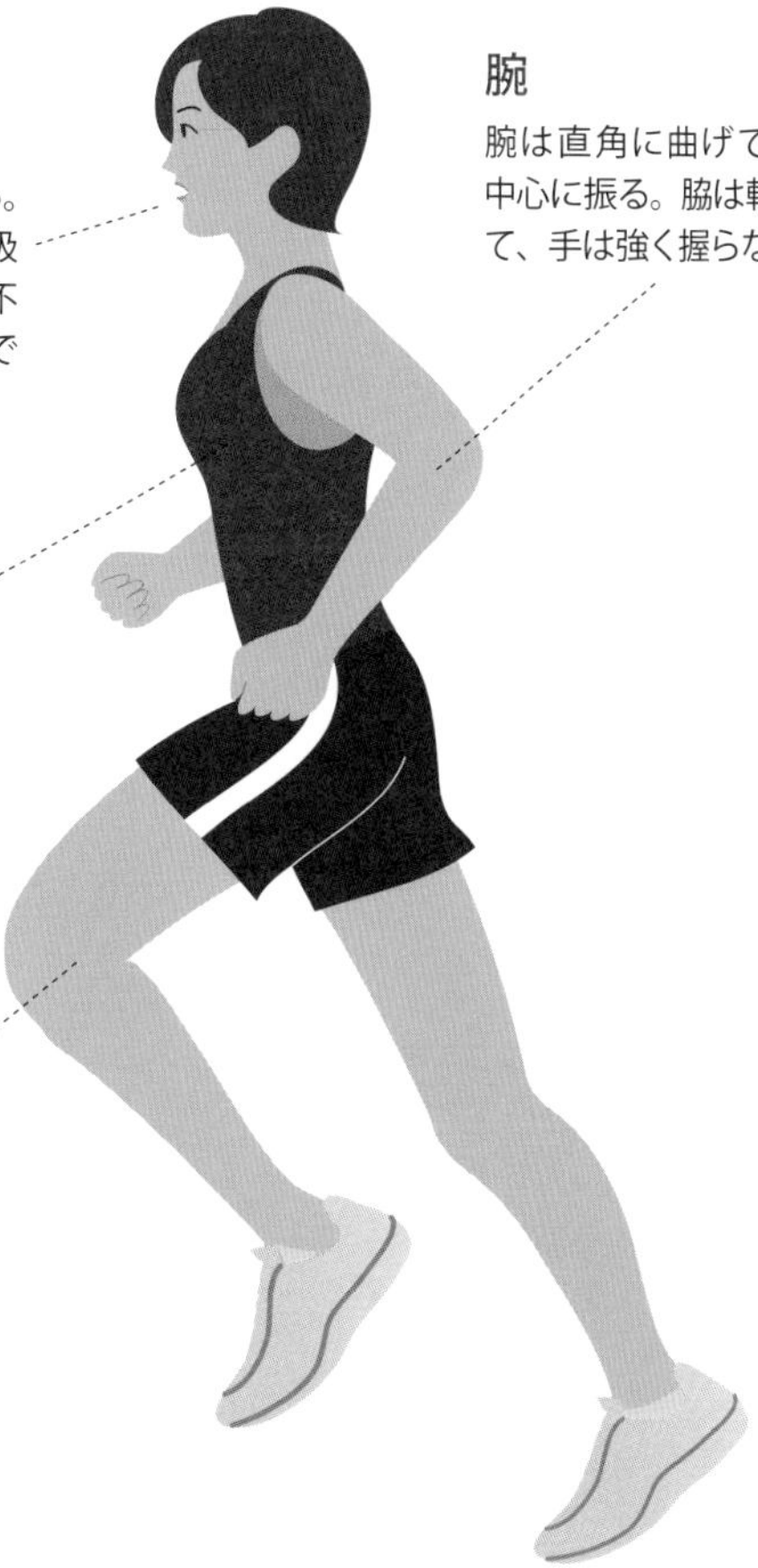

体幹

上体をリラックスさせて胸を張り、臍を前に突き出す。背筋は伸ばしつつやや前傾させる。

脚

膝は上に引き上げるよりも、前方へ軽く振り出すように動かす。足は踵から接地させて、親ゆびの付け根で地面を押すように走る。

年齢別にみたジョギング時の適度な運動強度

年齢	心拍数（拍／分）
20歳台	130～158
30歳台	125～151
40歳台	120～144
50歳台	115～137
60歳台	110～130
70歳以上	100～123

年齢別の理想的な運動強を心拍数で示した図。これはあくまで目安で、個人差があるので、個人に合ったより正確な数値を求める場合には、P.100で紹介しているカルボーネン法を用いること。

（加藤和彦、伊藤マモル：ジョギング，健康エクササイズ（からだの科学増刊），日本評論社より）

46

持久力向上のトレーニング3

水中トレーニング

水中での運動は、**浮力**[#1]によって身体への負担が軽減されるため、ケガを負った人や、体重過多でジョギングなどを行なうには不安がある人に最適な方法です。

また、水中で動く際に生じる水の抵抗力が、同じ動きを陸上で行なうよりも高い負荷を身体に加えるので、1つひとつのトレーニングの効果をより高めてくれます。

水中ウォーキング

水の抵抗力によって、陸上で行なう通常のウォーキングよりも高い効果が期待できます。歩く速さは「ややきつい」（**ボルグ指数**[#2]13）を目標にします。時間は5～10分程度から始め、徐々にのばしていきましょう。初心者はまず20分を目標にしましょう。

水中では、陸上では衝撃が大きい動作や難しい動きを効果的に行なうことができます。前方や後方に歩いたり、サイドステップをしたりするほか、空手の前蹴りのように脚を蹴り出して進んでいく「キックウォーク」、跳ねながら進む「ジャンプウォーク」も取り入れてみましょう。

水泳

水泳を持久力向上のトレーニングとする場合は、強度を上げすぎないことが重要です。10分以上継続できるような強度で、無酸素運動にならないように気をつけて行ないましょう。

水中トレーニングの注意点

水の浮力によって関節や筋肉にかかる負担が少ない水中トレーニングですが、「水温」と「**水圧**[#3]」には注意が必要です。

水は空気よりも多くの熱を吸収します。そのため、水中では多くのカロリーを消費できるという考え方もありますが、冷たい水の中での運動は、長時間にわたると体温を低下させ、けいれんなどの原因になります。

また、高血圧や心疾患の持病がある人は、水温や水圧が身体に負担をかけるおそれがあります。そのため持病がある場合は、必ず医師と相談の上で行なうようにしてください。

#1➡P.204
#2➡P.100
#3➡P.204

水中ウォーキングの主な動き

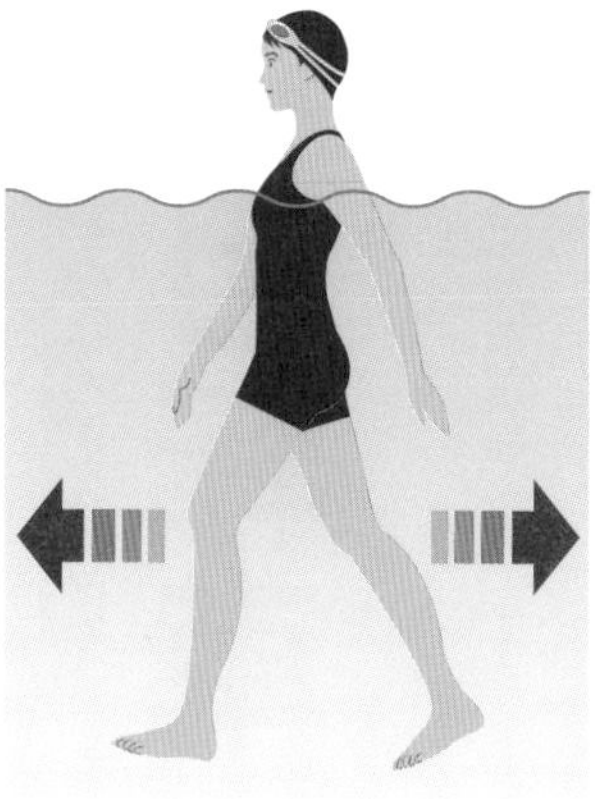

前方（後方）歩行

まっすぐに立ち、片方の膝関節を屈曲させ、前方（後方）へ重心を移動。反対側の脚でも繰り返す。

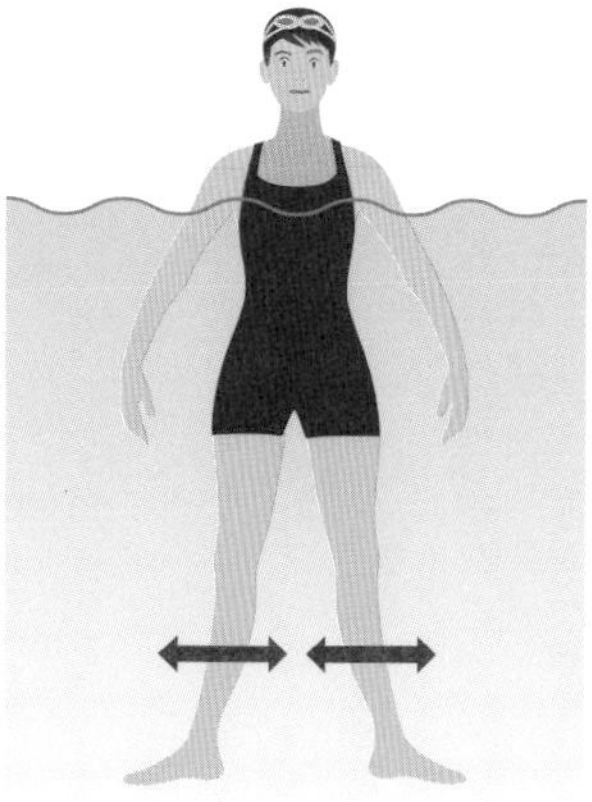

サイドステップ

直立から片方の脚を外転し足を床に着ける。反対側の脚を内転し、元の状態に。これを繰り返す。

クロスオーバーステップ

直立から片方の脚を身体の前で交差させて着地。反対側の脚を外転して元の状態に。これを繰り返す。

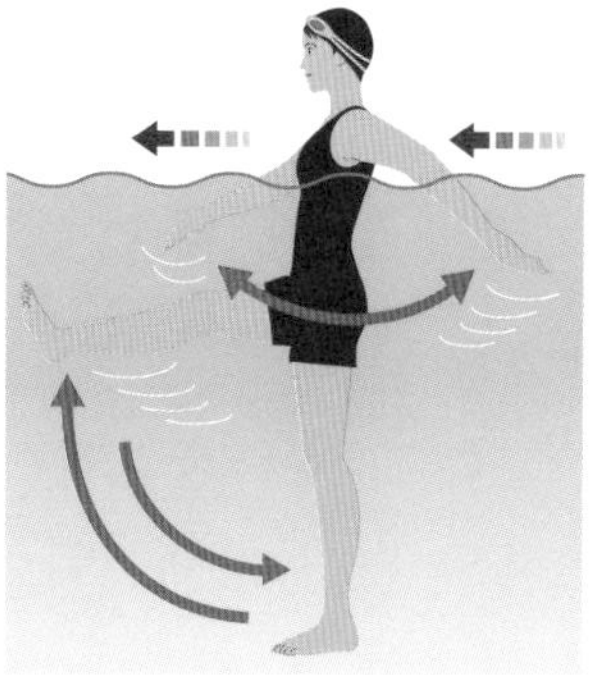

キックウォーク

脚全体で前に蹴り出すように歩く方法。膝を伸ばすのがポイントで、腕も大きく前後に振る。

水中での抵抗力

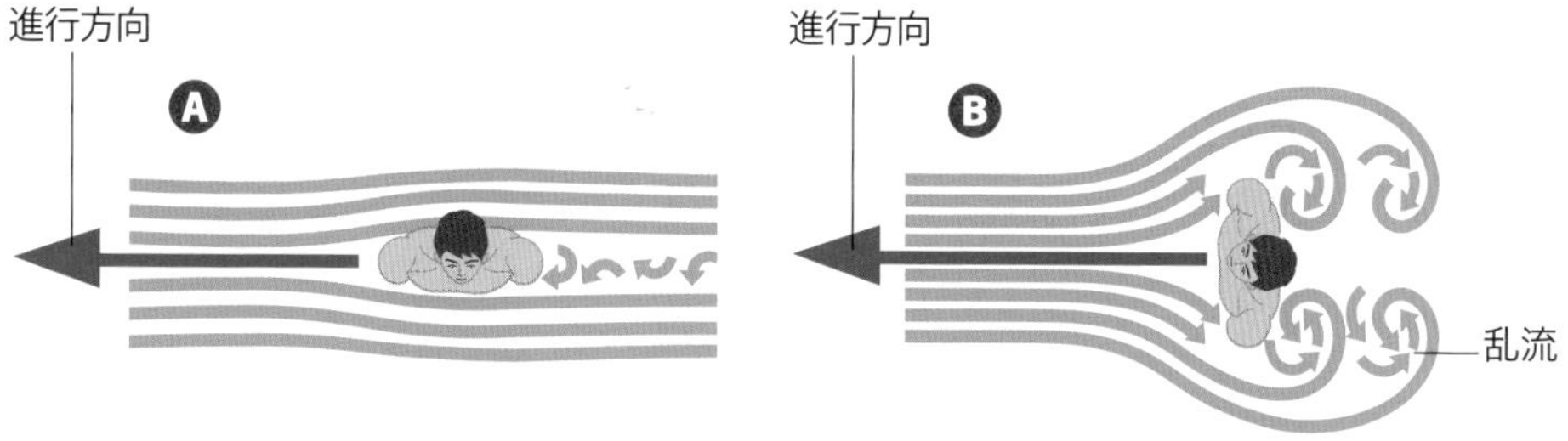

Aは水流と進行方向が平行で、この場合、流線型の流れができる。Bは流れに対して進行方向が垂直で、乱流が生じる。水中ウォーキングで前進するとBの状態となり、背中側の圧力が減少する。これにより、身体を後方に引き止める働きが生まれる。

47 自転車

持久力向上のトレーニング4

自転車はうまく使えば効果的なトレーニングになります。着地時の衝撃によって膝を痛める危険性があるジョギングとは異なり、自転車は身体にかかる衝撃がほとんどありません。これからスポーツやダイエットを始めようという際の導入編としては、最適なトレーニングといえるでしょう。

また自転車には、移動手段として日常生活に組み込めることや、スピードを体感し、リラックスしながら取り組むことができるという、ほかにはない長所があります。

自転車から得られる最大の運動効果は、持久力の向上です。自転車をこぐと大腿部が部分的に疲労することから、下半身の筋力アップに効果が高いと思われがちですが、よほど全速力でペダルをこがない限り、下半身にウエイトトレーニングのような負荷がかかることはありません。

自転車を持久力向上のトレーニングとして有効なものにするためには、強度や運動時間など、ある程度の条件を満たすことが求められます。

強度はあまり弱すぎてはいけません。多少息が上がるぐらいの速度でこぐ必要があります。**ボルグ指数**[#1]で10（楽である）から13（ややきつい）ぐらいが目安になるでしょう。また、10～12分間以上は運動を継続する必要があります。

#1➡P.100

一般道路では、信号待ちや車の往来など、強度や時間の確保を妨げる様々な要素があるので、トレーニングには向きません。そのため、運動を中断されないようにサイクリングコースを走ったり、坂道を取り入れて強度を高めたりと、周囲の環境によって工夫しながら行ないましょう。室内で自転車エルゴメーターを使用するのも1つの方法です。

サドルの高さは、ペダルが最下部に位置した時に膝が伸びきらない程度に設定しましょう。理想の乗車姿勢は、肘が少し曲がり、上半身がやや前傾した姿勢です。適切な運動効果を得るためにも、身体に合った自転車を選びましょう。

14 体力の概念と体力要素
15 筋力・筋持久力
16 パワー
17 心肺機能
18 柔軟性
19 測定の意義・障害を予防する
20 筋力の測定と評価
21 パワーの測定と評価
22 持久力の測定と評価
23 柔軟性の測定と評価
24 疲労の測定と評価
25 運動の原理・原則
26 ウォームアップとクールダウン
27 負荷手段とトレーニング器具
28 トレーニングの順序
29 筋力トレーニングの強度
30 トレーニングの目的別強度の目安
31 目的別プログラムの参考例
32 動作スピード
33 トレーニング頻度
34 トレーニング計画の区分け

筋力トレーニングと姿勢 35
トレーニングの記録 36
胸の筋力トレーニング 37
背中の筋力トレーニング 38
腕・肩の筋力トレーニング 39
体幹の筋力トレーニング 40
静的な体幹の筋力トレーニング 41
大腿部の筋力トレーニング 42
下腿部の筋力トレーニング 43
ウォーキング 44
ジョギング 45
水中トレーニング 46
自転車 47
踏み台昇降運動 48
柔軟性向上のトレーニング(上半身) 49
柔軟性向上のトレーニング(下半身) 50
バランス感覚向上のトレーニング 51
敏捷性向上のトレーニング 52
プライオメトリクス 53
コーディネーショントレーニング 54

自転車を使ったトレーニングに合った場所

サイクリングコース

坂道

NG

信号のある一般道

持久力向上のトレーニングのために自転車を使う場合には、場所に注意。信号のある一般道を走ると、車や信号により進行が妨げられるのでトレーニングには向かない。なるべく、サイクリングコースを利用しよう。また、坂道をコースに取り入れると、トレーニング強度を高めることができる。

自転車エルゴメーター

理想の乗車姿勢

室内で自転車を使ったトレーニングができる自転車エルゴメーター。理想の乗車姿勢がとれるように、サドルの位置などを調整すること。

NG サドルが低い

サドルの高さはペダルが最下部に位置した時に膝が伸びきらない程度を目安にして設定する。右写真の場合は、サドルが低すぎるといえる。

48

踏み台昇降運動

持久力向上のトレーニング5

踏み台昇降運動

10～30㎝の踏み台を用い、前後に昇り降りを繰り返す全身的な**有酸素運動**[#1]で、肥満の予防改善が期待できます。リハビリテーションやスポーツクラブなどでは、運動強度（台の高さを変える）や時間（持続時間や昇り降りのペース配分を変える）を様々にアレンジした**エアロビック**[#2]**な運動**として普及しています。

主に下腿三頭筋や大腿部前面の下肢筋力の向上に効果があります。自宅でも室内の畳半畳ほどのスペースがあれば行なうことができ、個人の体力に合わせて運動強度を簡単に調整ができる手軽な運動です。平らな地面を4・5～5・6㎞／hで歩いた時の運動量が3・5～4・3**メッツ**[#3]であるのに対し、階段を上る動作はゆっくりでも4・0メッツ、速いテンポだと8・8メッツに相当するため、踏み台昇降は十分な運動量を確保できる有効な方法といえます。

#1➡P.130
#2➡P.132
#3➡P.218

踏み台昇降テスト

テストの原型は、ベルギー人のルシアン・ブローハによって1942年に考案されたハーバードステップテスト（実施時間…5分間、台の高さ…20ｉｎｃｈ＝50・8㎝）で、3分間の運動終了直後に増加した心拍数の回復過程から心肺機能（スタミナ）を評価するテストの一種です。

一般的に、心肺機能が高い人は心拍数の回復が早い傾向がみられます。持病がある場合は、医師の許可を得て行なうべきで、テスト中でもつらくて継続困難だと自己判断した場合はすぐに止めることができます。

踏み台の高さは、男性は40㎝、女性は35㎝で、1分間に30回（2秒に1回）のペースを保って、左ページのような動作を繰り返します。

スマホのアプリ（メトロノーム機能など）を利用するなどして、一定のテンポを維持することが大切です。足に疲れを感じた時は、途中で上がる時の足を入れ替えてもかまいませんが、踏み台につまずくなど転倒には十分注意してください。

14 体力の概念と体力要素
15 筋力・筋持久力
16 パワー
17 心肺機能
18 柔軟性
19 測定の意義・障害を予防する
20 筋力の測定と評価
21 パワーの測定と評価
22 持久力の測定と評価
23 柔軟性の測定と評価
24 疲労の測定と評価
25 運動の原理・原則
26 ウォームアップとクールダウン
27 負荷手段とトレーニング器具
28 トレーニングの順序
29 筋力トレーニングの強度
30 トレーニングの目的別強度の目安
31 目的別プログラムの参考例
32 動作スピード
33 トレーニング頻度
34 トレーニング計画の区分け

筋力トレーニングと姿勢 35
トレーニングの記録 36
胸の筋力トレーニング 37
背中の筋力トレーニング 38
腕・肩の筋力トレーニング 39
体幹の筋力トレーニング 40
静的な体幹の筋力トレーニング 41
大腿部の筋力トレーニング 42
下腿部の筋力トレーニング 43
ウォーキング 44
ジョギング 45
水中トレーニング 46
自転車 47
踏み台昇降運動 48
柔軟性向上のトレーニング(上半身) 49
柔軟性向上のトレーニング(下半身) 50
バランス感覚向上のトレーニング 51
敏捷性向上のトレーニング 52
プライオメトリクス 53
コーディネーショントレーニング 54

踏み台昇降運動の評価方法

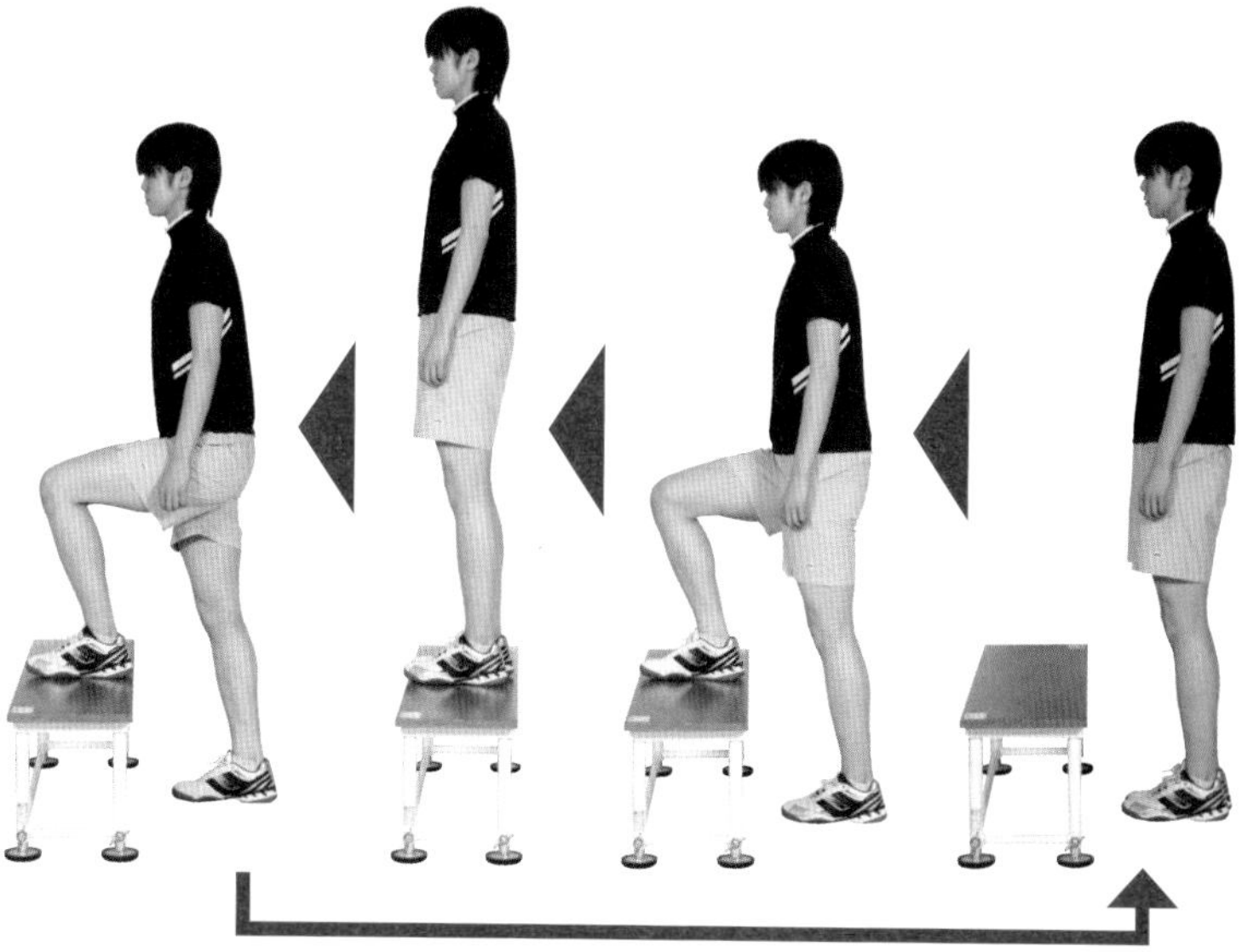

3分間の踏み台昇降運動終了直後に、椅子に腰かけ、安静座位姿勢になる。脈診またはスマホアプリ（心拍数計など）によって、安静座位になってから「1分～1分30秒」「2分～2分30秒」「3分～3分30秒」に、30秒間あたりの心拍数を数える。この3つの測定結果を次の公式に代入して得点を求める。(180秒/3回分の心拍数の和×2)×100。算出した得点は、下段の「踏み台昇降運動評価表」に当てはめ、評価値を求める。

踏み台昇降運動評価表

（単位：指数）

男子							年齢	女子						
平均値	標準偏差	劣る	やや劣る	普通	優れている	大変に優れている		平均値	標準偏差	劣る	やや劣る	普通	優れている	大変に優れている
69.9	11.7	～46.5	46.6～52.4	52.5～71.1	71.2～81.6	81.7～	10	65.5	11.5	～42.5	42.6～48.3	48.4～66.7	66.8～77.0	77.1～
69.5	11.4	～46.7	46.8～52.4	52.5～70.6	70.7～80.9	81.0～	11	65.0	11.9	～41.2	41.3～47.2	47.3～66.2	66.3～76.9	77.0～
67.5	11.1	～45.3	45.4～50.9	51.0～68.6	68.7～78.6	78.7～	12	63.6	10.8	～42.0	42.1～47.4	47.5～64.7	64.8～74.4	74.5～
68.7	11.3	～46.1	46.2～51.8	51.9～69.8	69.9～80.0	80.1～	13	63.3	11.1	～41.1	41.2～46.7	46.8～64.4	64.5～74.4	74.5～
66.8	12.1	～42.6	42.7～48.7	48.8～68.0	68.1～78.9	79.0～	14	62.7	11.9	～38.9	39.0～44.9	45.0～63.9	64.0～74.6	74.7～
67.1	12.4	～42.3	42.4～48.5	48.6～68.3	68.4～79.5	79.6～	15	62.1	11.6	～38.9	39.0～44.7	44.8～63.3	63.4～73.7	73.8～
67.5	12.4	～42.7	42.8～48.9	49.0～68.7	68.8～79.9	80.0～	16	62.6	11.7	～39.2	39.3～45.1	45.2～63.8	63.9～74.3	74.4～
66.2	11.8	～42.6	42.7～48.5	48.6～67.4	67.5～78.0	78.1～	17	62.5	11.4	～39.7	39.8～45.4	45.5～63.6	63.7～73.9	74.0～
62.9	11.8	～39.3	39.4～45.2	45.3～64.1	64.3～74.7	74.8～	18	58.8	9.5	～39.8	39.9～44.6	44.7～59.8	59.9～68.3	68.4～
61.9	11.5	～38.9	39.0～44.7	44.8～63.1	63.2～73.4	73.5～	19	59.1	10.3	～38.5	38.6～43.7	43.8～60.1	60.2～69.4	69.5～
59.5	10.2	～39.1	39.2～44.2	44.3～60.5	60.6～69.7	69.8～	20	57.1	9.1	～38.9	39.0～43.5	43.6～58.1	58.2～66.2	66.3～
61.4	10.2	～41.0	41.1～46.1	46.2～62.4	62.5～71.6	71.7～	21	58.3	9.3	～39.7	39.8～44.4	44.5～59.2	59.3～67.6	67.7～
60.8	10.4	～40.0	40.1～45.2	45.3～61.8	61.9～71.2	71.3～	22	58.9	9.4	～40.1	40.2～44.8	44.9～59.8	59.9～67.9	68.0～
60.8	10.9	～39.0	39.1～44.5	44.6～61.9	62.0～71.7	71.8～	23	57.2	8.7	～39.8	39.9～44.2	44.3～58.1	58.2～65.9	66.0～
60.4	11.0	～38.4	38.5～43.9	44.0～61.5	61.6～71.4	71.5～	24	58.5	9.5	～39.5	39.6～44.3	44.4～59.5	59.6～68.0	68.1～
60.6	11.2	～38.2	38.3～43.8	43.9～61.7	61.8～71.8	71.9～	25	58.0	9.5	～39.0	39.1～43.8	43.9～59.0	59.1～67.5	67.6～
58.9	9.7	～39.5	39.6～44.4	44.5～59.9	60.0～68.6	68.7～	26	57.9	8.6	～40.7	40.8～45.0	45.1～58.8	58.9～66.0	66.1～
60.6	11.0	～38.6	38.7～44.1	44.2～61.7	61.8～71.6	71.7～	27	56.7	9.6	～37.5	37.6～42.3	42.4～57.7	57.8～66.3	66.4～
60.0	10.2	～39.6	39.7～44.7	44.8～61.2	61.3～70.2	70.3～	28	56.6	8.8	～39.0	39.1～43.4	43.5～55.4	55.5～65.4	65.5～
58.5	10.3	～37.9	38.0～43.1	43.2～59.5	59.6～68.8	68.9～	29	56.4	9.3	～37.8	37.9～42.5	42.6～57.3	57.4～65.4	65.5～

（永田ほか：健康・体力づくりハンドブック，1983）

49

柔軟性向上のトレーニング（上半身）

パフォーマンス向上のために柔軟性を高める

上半身の柔軟性を向上させる具体的メニューの前に、柔軟性を高めるメリットについてもう一度整理しておきましょう。**ストレッチ**[#1]のメリットとしては、主に以下の3つが挙げられます。

1. 関節の可動範囲拡大によるパフォーマンスの向上
2. 傷害予防
3. 筋肉の緊張を和らげ、血液循環を促進することによる疲労解消・リラックス

効果

ストレッチはトレーニングと**コンディショニング**[#2]の手段として、手軽に行なえるものです。正しい知識と手段を身につければ、大きな効果が期待できます。

そのためには、筋肉がどこから始まって（起始部）、どこで終わっているか（停止部）という構造を知っておくことが重要です。**第1章**[#3]を参照して、筋肉の始まりと終わりを意識しながら、伸ばす方向をコントロールして行ないましょう。

そしてストレッチの強さの調節も、効果を高めるポイントになります。

#1➡P.194
#2➡P.188
#3➡P.009

3段階ストレッチ

ストレッチの強さの調節におすすめしたいのが「3段階ストレッチ」です。

筋肉は段階的に伸ばすことで柔軟性を高めることができます。イージー（やさしく伸ばす）、ノーマル（適度に伸ばす）、ハード（強め、またはもっと伸ばす）の3段階を意識して行ないましょう。また、筋肉は1回のストレッチで終わるよりも、インターバルをとって何度も行なった方がよく伸びます。

上半身の主要箇所

主要な関節を動かす筋肉は、優先的にストレッチを行ないましょう。上半身では首、肩、腕が特に重要になります。

特に首は、細い筋肉群が常に重い頭部を支えていて、立っている時も座っている時も筋肉に大きな負担がかかり、疲労が蓄積しています。ストレッチで血液循環を促し、積極的に疲労を除去すれば、肩こりや目、頭の疲れにも有効です。

14 体力の概念と体力要素
15 筋力・筋持久力
16 パワー
17 心肺機能
18 柔軟性
19 測定の意義・障害を予防する
20 筋力の測定と評価
21 パワーの測定と評価
22 持久力の測定と評価
23 柔軟性の測定と評価
24 疲労の測定と評価
25 運動の原理・原則
26 ウォームアップとクールダウン
27 負荷手段とトレーニング器具
28 トレーニングの順序
29 筋力トレーニングの強度
30 トレーニングの目的別強度の目安
31 目的別プログラムの参考例
32 動作スピード
33 トレーニング頻度
34 トレーニング計画の区分け

筋力トレーニングと姿勢 35
トレーニングの記録 36
胸の筋力トレーニング 37
背中の筋力トレーニング 38
腕・肩の筋力トレーニング 39
体幹の筋力トレーニング 40
静的な体幹の筋力トレーニング 41
大腿部の筋力トレーニング 42
下腿部の筋力トレーニング 43
ウォーキング 44
ジョギング 45
水中トレーニング 46
自転車 47
踏み台昇降運動 48
柔軟性向上のトレーニング（上半身） 49
柔軟性向上のトレーニング（下半身） 50
バランス感覚向上のトレーニング 51
敏捷性向上のトレーニング 52
プライオメトリクス 53
コーディネーショントレーニング 54

3段階ストレッチ

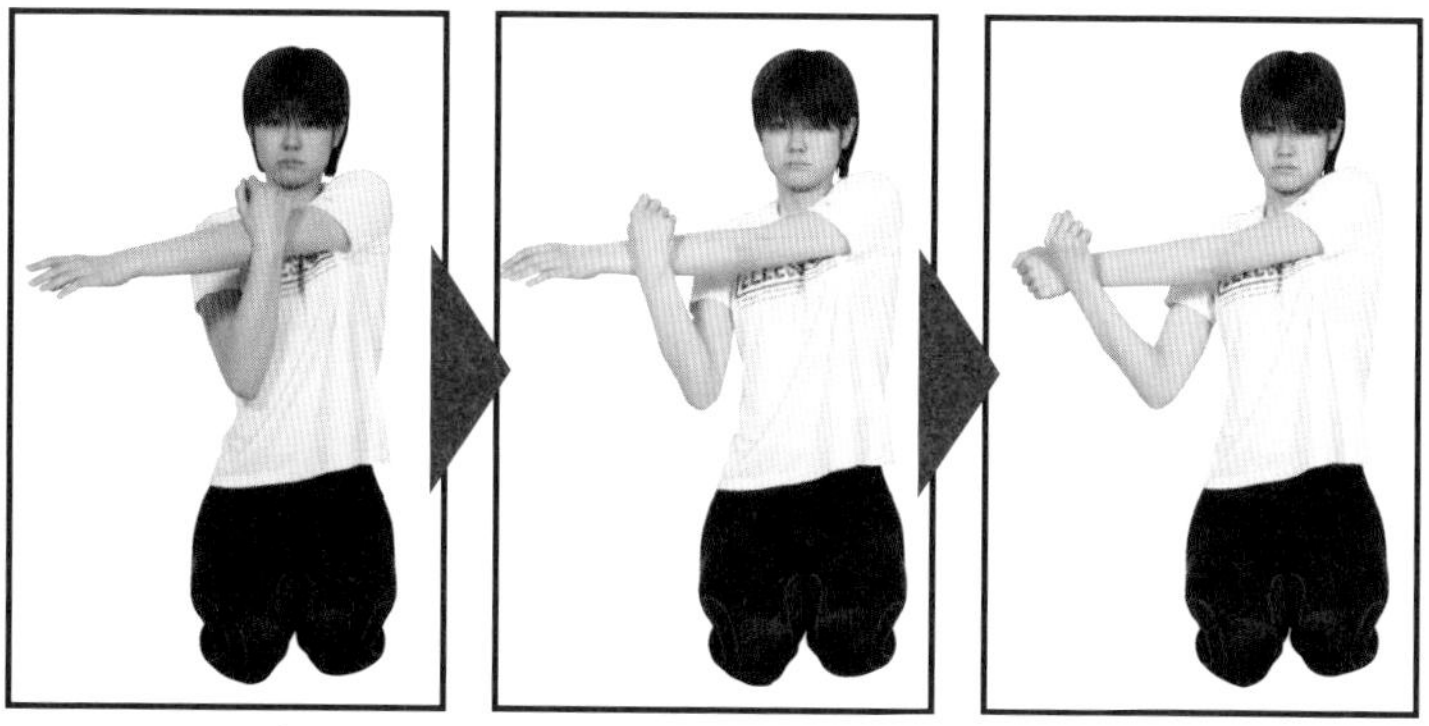

イージー　ノーマル　ハード

写真は、肩と腕のストレッチにおける3段階ストレッチの例。右手を置く位置を変えることによって、イージー（やさしく伸ばす）、ノーマル（適度に伸ばす）、ハード（強めに伸ばす）と、ストレッチの強度が変わっていく。段階的に強めていくことを意識すること。

肩と腕のストレッチ

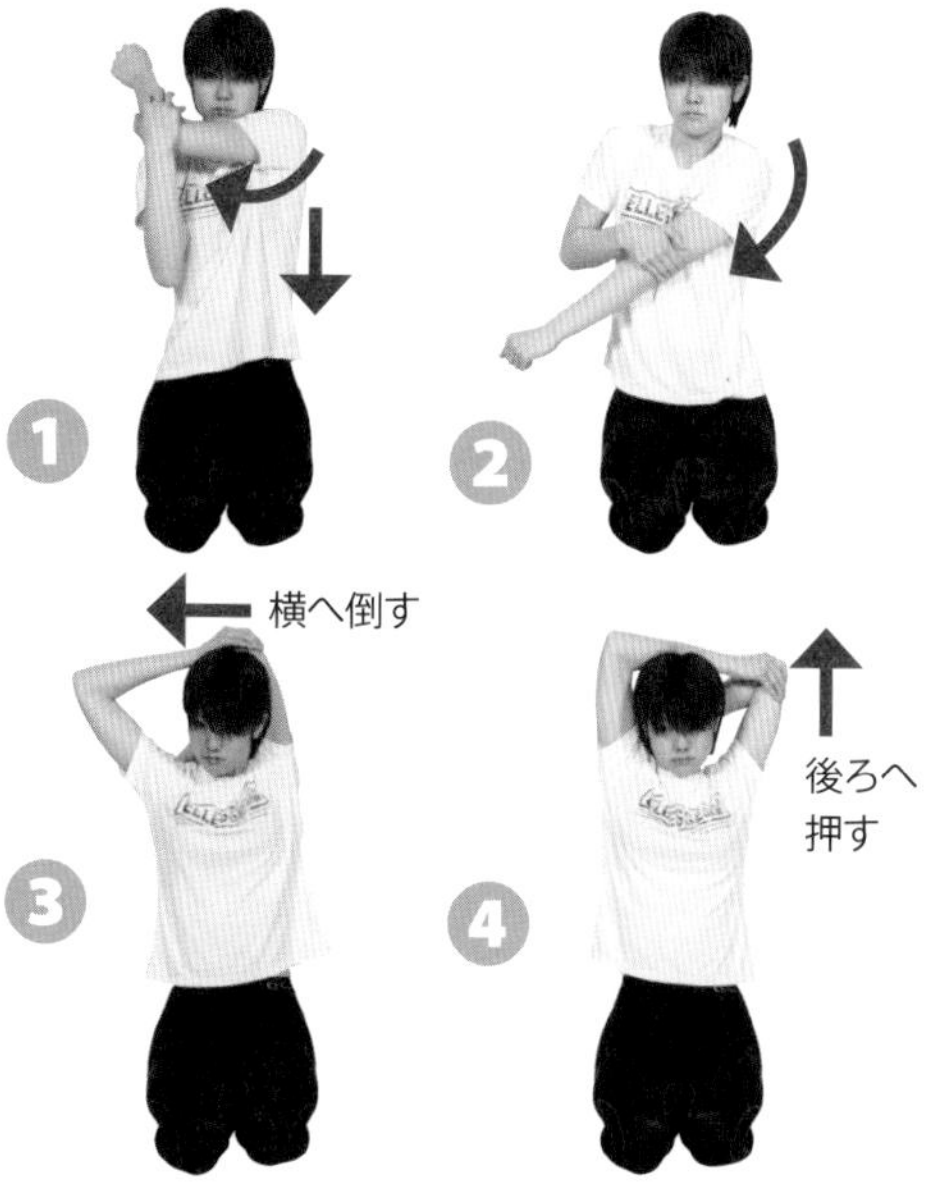

❶肩と脇腹のストレッチ。❷肩を前側に伸ばすストレッチ。❸肩と腕を横に伸ばすストレッチ。❹肩と腕を上に伸ばすストレッチ。❺肩と腕を後ろに伸ばすストレッチ。

首のストレッチ

❶首のストレッチ。❷❶から強度を強めた首のストレッチ。❸首と背中（上背部）のストレッチ。❹首を斜めに伸ばすストレッチ。❺首を横に伸ばすストレッチ。

50 柔軟性向上のトレーニング（下半身）

腰、膝、足首を意識的にストレッチ

下半身で優先的に**ストレッチ**[#1]を行ないたい箇所は、腰、膝、足首です。下半身は、上半身を動かす安定した土台として常に使われています。全身を支え、動かす支点になる腰、膝、足首の3点を、意識的にストレッチしておきましょう。

伸ばす筋肉を意識する

「今どの筋肉を伸ばしているのか？」と意識することで、ストレッチの効果をより高めることができます。

ストレッチは1つの筋肉を個別に伸ばすのではなく、複数の筋肉を一緒に伸ばすことになります。その際に、狙っている筋肉を頭にイメージしながら行なうだけでも、効果が高まります。そのためには、**第1章**[#2]を参照して筋肉の名前をある程度覚えておくといいでしょう。

同時に、狙っていない筋肉に余分な力を入れないことも重要です。疲労回復やリラクセーション効果を求めるストレッチを、力んで行なっては効果を半減させてしまいます。目的以外の筋肉は最大限に脱力して行なうことも、ストレッチの効果を上げる技術の1つです。

PNFストレッチ

関節の可動範囲を広げるためにストレッチを行なうなら、筋力トレーニングを組み合わせた「PNFストレッチ」がおすすめです。ストレッチを行なうと、筋肉は収縮弛緩して伸張性が高まりますが、筋肉と骨をつなぐ腱は筋肉に比べてそれほど伸びません。そこで、全力に近い強さで筋肉を収縮させて、腱もわずかながら伸ばすことで、相乗的なストレッチ効果を狙うのがPNFストレッチです。具体的には、伸ばしたい筋肉に力を入れた後、5秒間ほど脱力し、その後でストレッチを行ないます。これを1セットとして、数セット繰り返しましょう。

重要なのは、最初に最大限の力を発揮してからストレッチを行なうことです。できれば2人組で行なう**パートナーストレッチ**[#3]で、パートナーに抵抗をかけてもらい、それを押す（引く）動作を行なう方法が望ましいでしょう。

#1➡P.194
#2➡P.009
#3➡P.198

14 体力の概念と体力要素
15 筋力・筋持久力
16 パワー
17 心肺機能
18 柔軟性
19 測定の意義・障害を予防する
20 筋力の測定と評価
21 パワーの測定と評価
22 持久力の測定と評価
23 柔軟性の測定と評価
24 疲労の測定と評価
25 運動の原理・原則
26 ウォームアップとクールダウン
27 負荷手段とトレーニング器具
28 トレーニングの順序
29 筋力トレーニングの強度
30 トレーニングの目的別強度の目安
31 目的別プログラムの参考例
32 動作スピード
33 トレーニング頻度
34 トレーニング計画の区分け

下半身のストレッチ

大腿部と股関節のストレッチ

顔と腰を同じ方向に回すと、ストレッチの効果は薄くなってしまう。

大腿部の裏と股関節のストレッチ

大腿部の前や腸腰筋、股関節のストレッチ

PNFストレッチ

関節の可動域を広げることが主目的のストレッチ。伸ばしたい筋肉に力を入れた後、5秒程度脱力する。その後にストレッチを行なう。1人でも行なえるが、2人一組となり、パートナーに抵抗をかけてもらった方が効果が望める。

大腿部のストレッチ

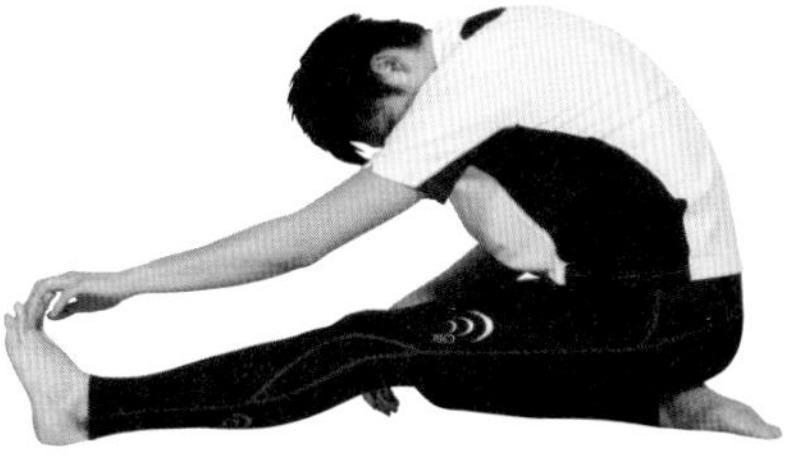

大腿部のストレッチ

51 バランス感覚向上のトレーニング

平衡感覚は競技力向上のための重要なポイント

身体のバランスを崩さずに動く能力は、日常生活だけでなく、スポーツにおいても求められます。特にスポーツでは、走って、跳んで、ボールを追い、敵と接触しながら、バランスを崩さずにプレーを続けなければなりません。常にバランスを維持する姿勢保持の筋力、崩されてもプレーを続け、または崩されてもすぐに立て直せる平衡感覚を身につけることは、競技力向上のために重要なポイントです。

そのためにおすすめなのが、「バランスボール」や「バランスディスク」の上に乗り、不安定な状況で行なうトレーニングです。不安定な中でバランスをとり続けることによって、バランス感覚を養えるだけでなく、鍛えることが難しい小さなインナーマッスルが刺激され、競技中の突発的な事態にも身体をコントロールできる、実戦に強い身体をつくることができます。

バランスディスク

上に立って使用できるため、足のゆびなども鍛えることができ、実戦的なトレーニング効果が期待できます。

バランスボール

リハビリテーションからスポーツ選手のトレーニングまで、幅広く活用されているバランス感覚向上グッズです。上に座り続けるには、ボールから落ちないように身体で微調整を行なう必要があり、その結果、全身の筋肉が鍛えられます。使用するボールは、座った際に膝の角度が90度、もしくはそれ以上になるサイズを選びましょう。

フロントプランク（スタビライゼーショントレーニング）

道具を使わず、様々なポーズをとることでバランス能力を強化するトレーニングです。微妙なバランスの崩れを調整し、姿勢を元に戻すよう努めることで、身体をコントロールする力が向上します。各ポーズをとっている最中は、重心とバランスが身体のどこにあるか意識しながら行ないましょう。

14 体力の概念と体力要素
15 筋力・筋持久力
16 パワー
17 心肺機能
18 柔軟性
19 測定の意義・障害を予防する
20 筋力の測定と評価
21 パワーの測定と評価
22 持久力の測定と評価
23 柔軟性の測定と評価
24 疲労の測定と評価
25 運動の原理・原則
26 ウォームアップとクールダウン
27 負荷手段とトレーニング器具
28 トレーニングの順序
29 筋力トレーニングの強度
30 トレーニングの目的別強度の目安
31 目的別プログラムの参考例
32 動作スピード
33 トレーニング頻度
34 トレーニング計画の区分け

バランスディスク

バランスディスクを使ったトレーニングの例。❶は片脚でディスクに乗り、落ちないようにバランスをとる。❷は片脚でディスクに乗った状態で飛んできたボールをキャッチするやり方。❸は少し離れた場所から片脚でディスクに着地し、体勢をキープする。

バランスボール

バランスボールの上に座って落ちないように、バランスをとる。座った時に膝の角度が90度以上になるような高さのボールを選ぶこと。バランス感覚向上はもちろん、P.092で紹介しているような体幹をはじめ、身体の様々な筋肉を鍛えられる。

フロントプランク（スタビライゼーショントレーニング）

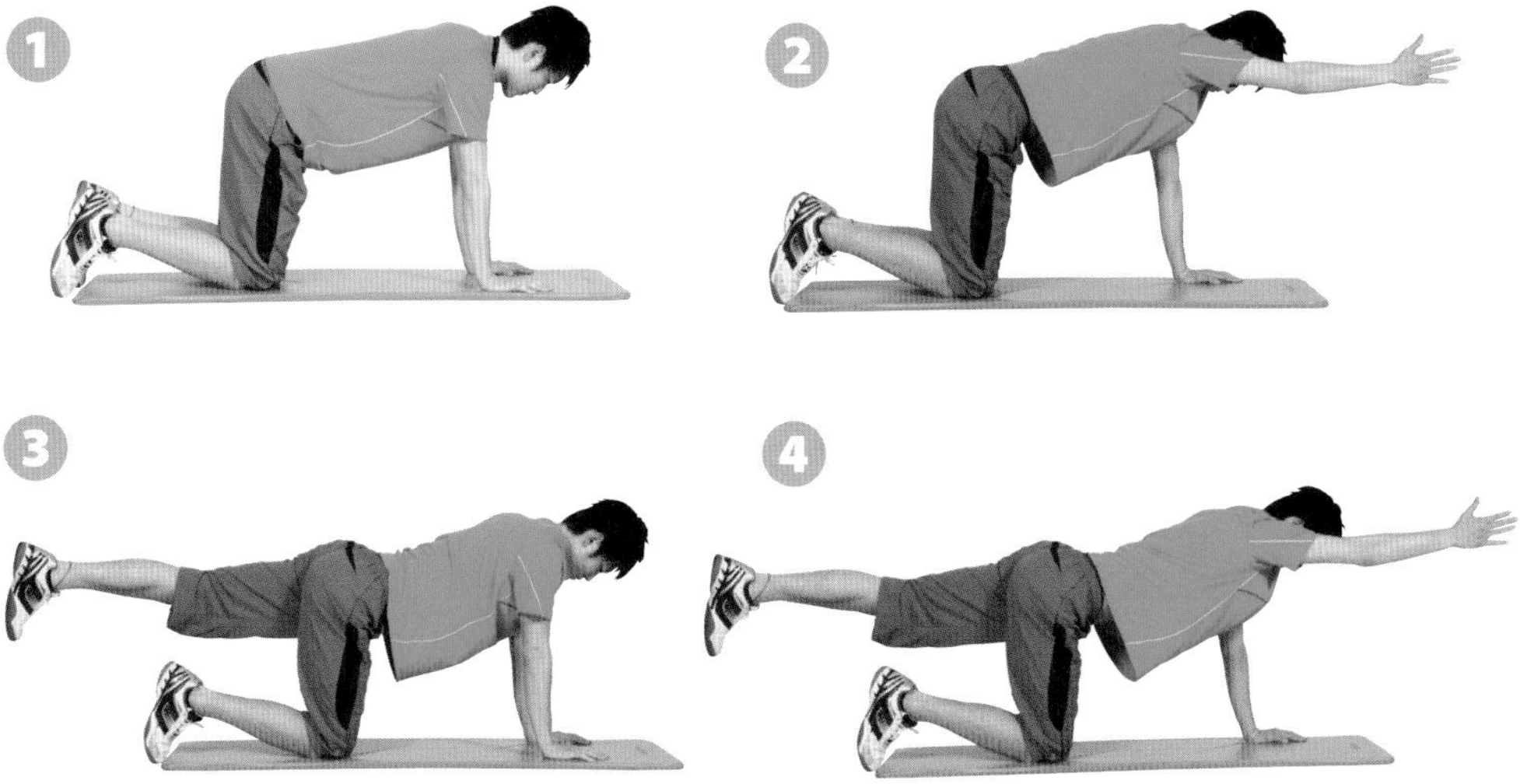

自体重のみを使ってバランス能力を高めるトレーニング。四つんばいになった状態❶を基本に、片手伸ばし❷、片脚伸ばし❸、片手&片脚伸ばし❹と段階を上げていく。❹は、右手を伸ばした場合は、左脚を伸ばす。

52

敏捷性向上のトレーニング

スポーツに求められるスピードとは？

競技としてスポーツを行なう上で、必ず求められるのが敏捷性です。最近は敏捷性をより細かく、以下の3つの要素に分けて考えるのが一般的です。

・Speed（スピード）…全力疾走時の最高速度

・Agility（アジリティ）…前後左右への切り返し速度

・Quickness（クイックネス）…静止状態からの反応速度

これをバスケットボールにおける1対1のオフェンスに置き換えてみましょう。一歩目の踏み出しには「クイックネス」、そこからフェイントをかけて逆方向へ動くには「アジリティ」、ディフェンスをかわした後、リングへ向かって突き進むには「スピード」が必要になります。

SAQトレーニング

敏捷性向上のトレーニングは、上記3要素の頭文字をとり、「SAQトレーニング」と呼ばれています。

代表的なSAQトレーニングとしては、地面にはしご状の器具を置いて行なう「ラダートレーニング」、小さな障害物を使ってフットワークを行なう「ミニコーントレーニング」などがあります。

敏捷性は〝総合力〟

SAQトレーニング実施にあたってまず把握しておきたいのは、SAQはそれぞれが個別の体力要素ではなく、様々な要素が組み合わさった総合力であるという点です。速く動くためには、筋力や関節可動域、スムーズに移動できるフォームなど、様々な要素が必要になります。

SAQトレーニングを行なう際は、より素早い動きを心がけて神経と筋肉の反射速度を磨くとともに、より洗練されたフォームのトレーニングもあわせて行なってください。

ラダーやミニハードルを使ったトレーニングを行なう場合、手脚の動作速度を追求する小刻みな動きでのトレーニングと、関節の可動域をいっぱいに使うダイナミックな動きのトレーニングの両方を行ないましょう。

14 体力の概念と体力要素
15 筋力・筋持久力
16 パワー
17 心肺機能
18 柔軟性
19 測定の意義・障害を予防する
20 筋力の測定と評価
21 パワーの測定と評価
22 持久力の測定と評価
23 柔軟性の測定と評価
24 疲労の測定と評価
25 運動の原理・原則
26 ウォームアップとクールダウン
27 負荷手段とトレーニング器具
28 トレーニングの順序
29 筋力トレーニングの強度
30 トレーニングの目的別強度の目安
31 目的別プログラムの参考例
32 動作スピード
33 トレーニング頻度
34 トレーニング計画の区分け

SAQトレーニングとは

	要素	運動の内容
S	Speed（速さ）	疾走時の最高速度
A	Agility（敏捷性）	前後左右への速い移動
Q	Quickness（素早さ）	静止からの素早い反応

（南谷和利、山本利春、伊藤衛：健康づくりのサイエンス，サンウェイ出版より）

ミニコーンを使ったトレーニング①

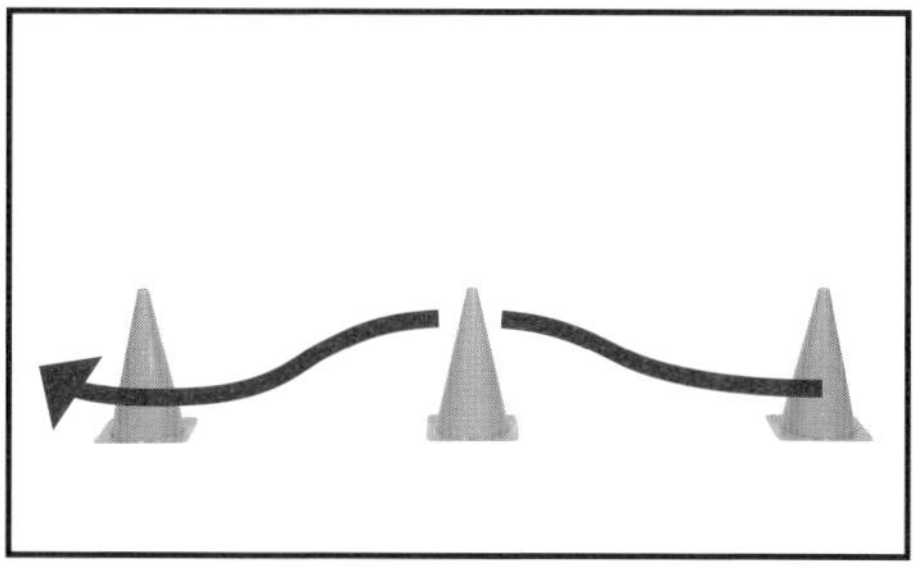

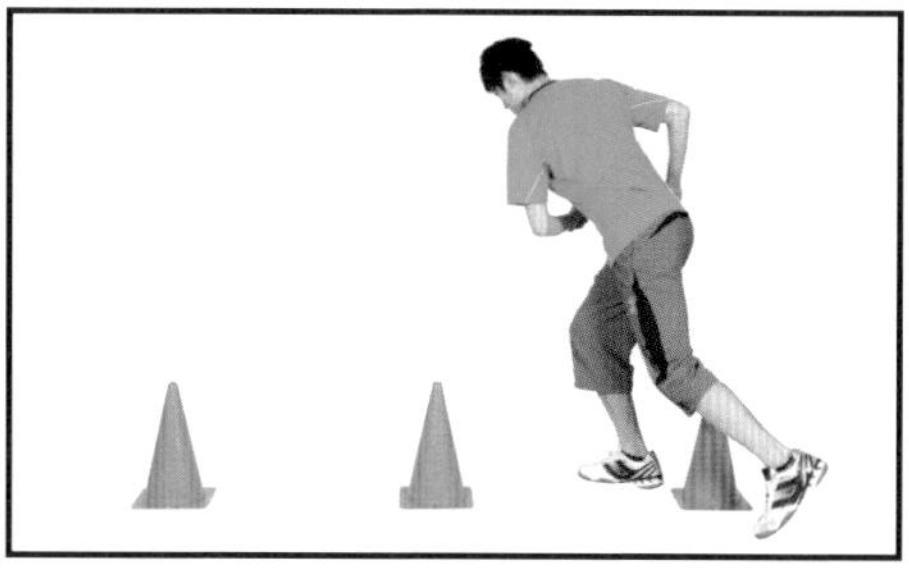

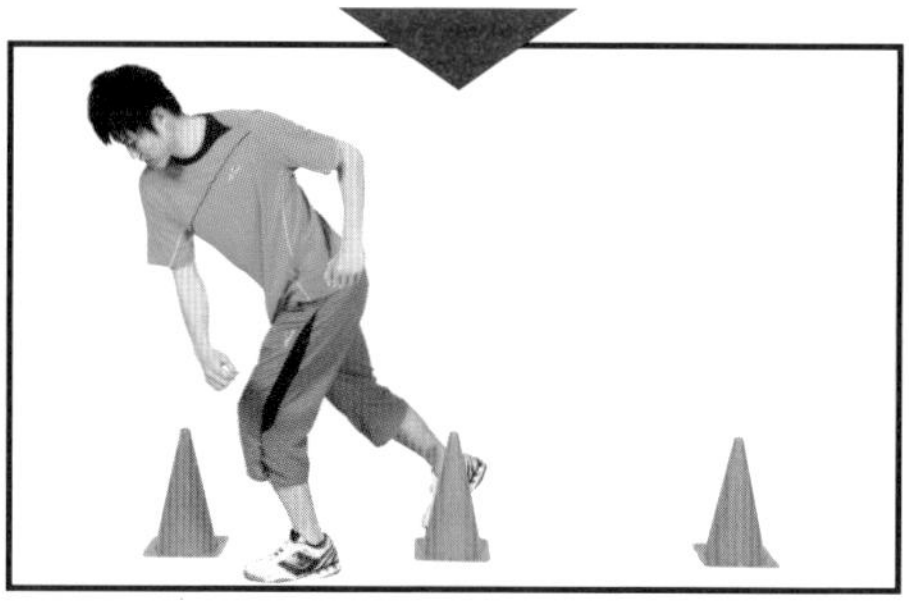

ミニコーンを等間隔で一列に並べて、順番に左右を通りながら進むトレーニング。進む方向を切り替える時は下半身だけで行なわず、上半身も切り返す動きをすることでトレーニング効果が高くなる。

ミニコーンを使ったトレーニング②

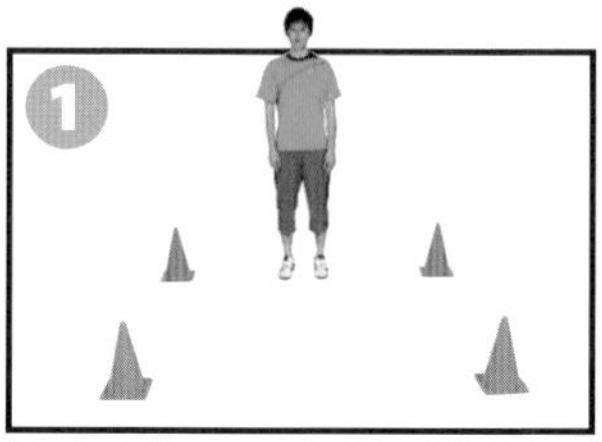

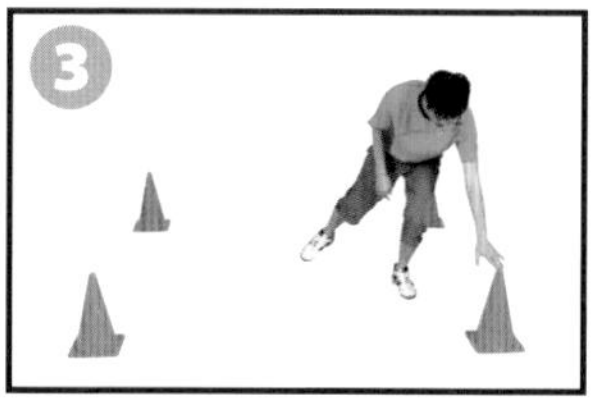

ミニコーンを正方形に配置して、それぞれに素早くタッチするトレーニング。正方形の辺をなぞったり、写真のように対角線状にあるミニコーンをタッチしたりと、いろいろな順番で行なう。

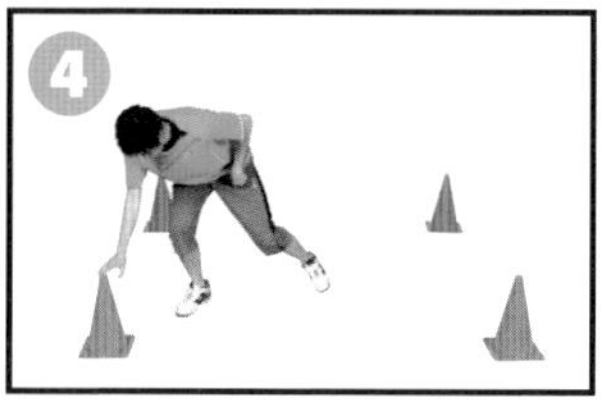

53 プライオメトリクス

パワーアップに大きな効果をもたらす

プライオメトリクスは、パワーアップ[#1]に大きな効果が期待できるトレーニングです。素早い切り返し動作の動きを繰り返し行なうことによって、短時間で大きな力が発揮できるようになり、その結果、様々な動作のパワーが向上します。

スポーツは筋力だけではなく、実際に競技で使えるパワーも求められます。目的とする競技の動きに近い動作を行なうことによって、プライオメトリクスが筋力トレーニングと実戦練習をつなぐ、橋渡しの役割になることが期待できます。プライオメトリクスは、筋力をパワーに変換するトレーニングと考えてもいいでしょう。

#1➡P.044

様々な注意点

プライオメトリクスは瞬間的に身体に大きな衝撃がかかるため、行なう際は細心の注意が必要です。ケガを回避し、狙った効果を得るために、以下のポイントに注意しましょう。

注意点１：筋力・年齢

プライオメトリクスは筋肉だけでなく、骨や関節、腱に大きな衝撃がかかる上級者向けのトレーニングです。

基礎的な筋力がなければ身体が衝撃に耐えられず、ケガの原因になります。高校生以上が筋力トレーニングを数カ月間行なった程度の、衝撃に耐えられる筋力をつけてから開始しましょう。

注意点２：フォーム

ケガなく狙いどおりの効果を得るためには、トレーニングメニューの正しいフォームの習得が不可欠です。

下半身強化を目的とした種目では、接地時間をなるべく短くしましょう。体幹や全身の連動性を強化する種目では、メディシンボールを全身で投げるように心がけ、手投げにならないように気をつけましょう。

注意点３：疲労

筋肉がプライオメトリクスの衝撃から回復するには、48時間以上かかるといわれています。頻度を週1～2回に限定し、疲れのない状態で行ないましょう。

プライオメトリクス① ボックスシャッフル

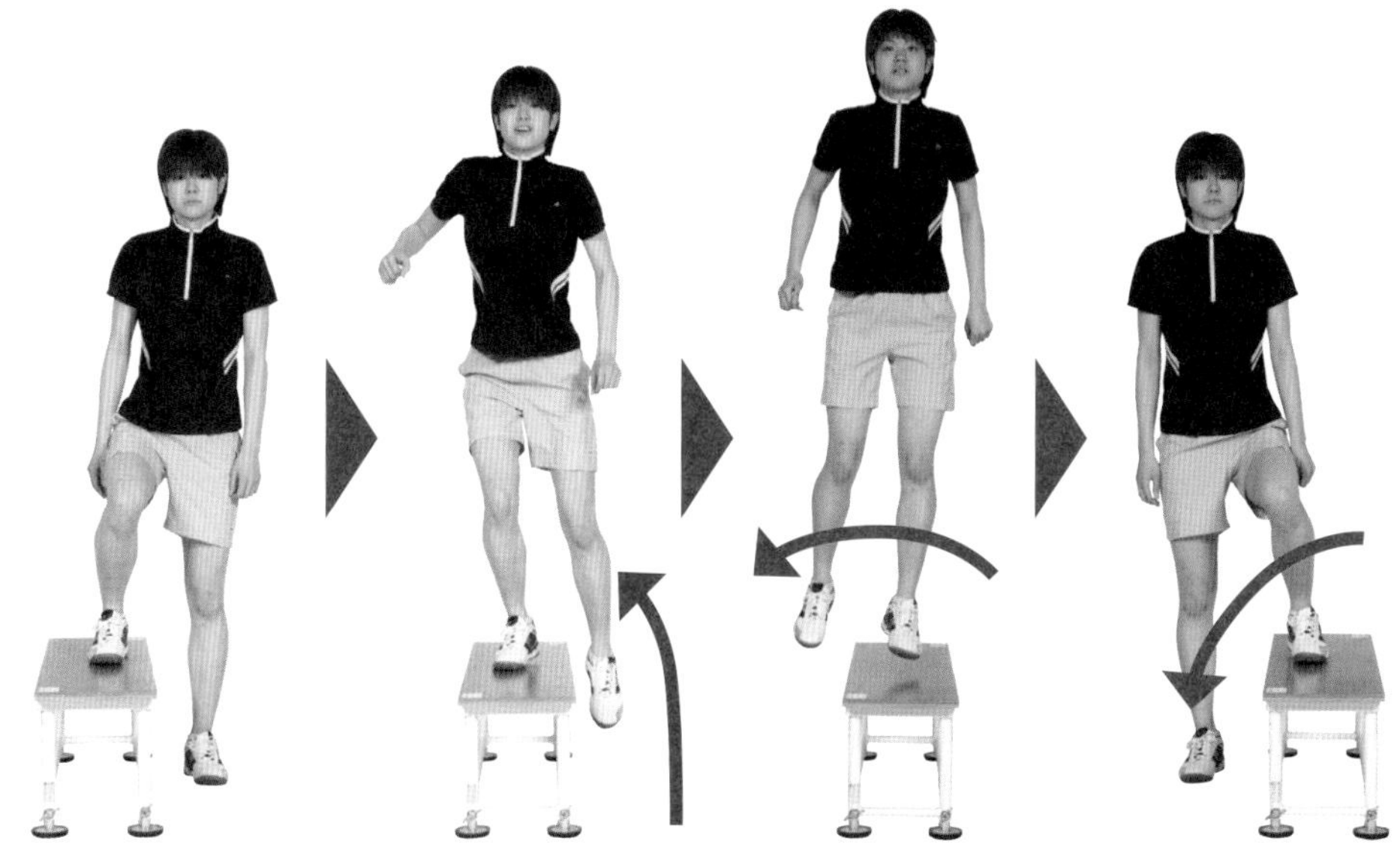

下半身のパワーとクイックネスを強化するメニュー。脛の程度の高さの台を用意し、片脚を乗せた状態からスタート。床と接する方の脚を蹴って、左右に素早く切り返す。床と足の接地時間をできるだけ短くすること。

プライオメトリクス② デプスジャンプ

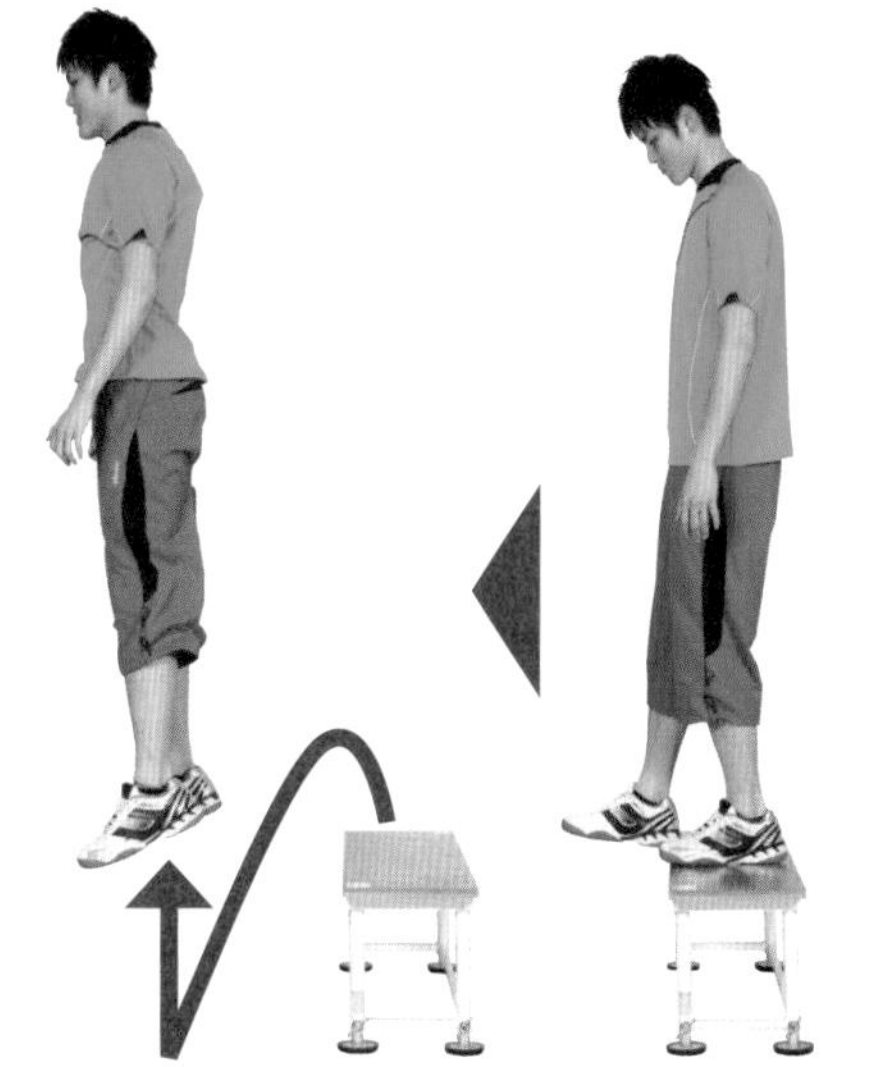

着地衝撃に対して瞬間的に発揮する筋力を鍛えるメニュー。台から静かに降り、膝を曲げて衝撃を吸収すると同時にジャンプする。接地するのはつま先のみ。

プライオメトリクス③ タックジャンプ

股関節の素早い屈曲を鍛えるメニュー。両腕の反動を使って全力で垂直ジャンプし、最高点で両膝を抱え込む。着地と同時に連続してジャンプを続ける。

プライオメトリクス④　シットアップパス

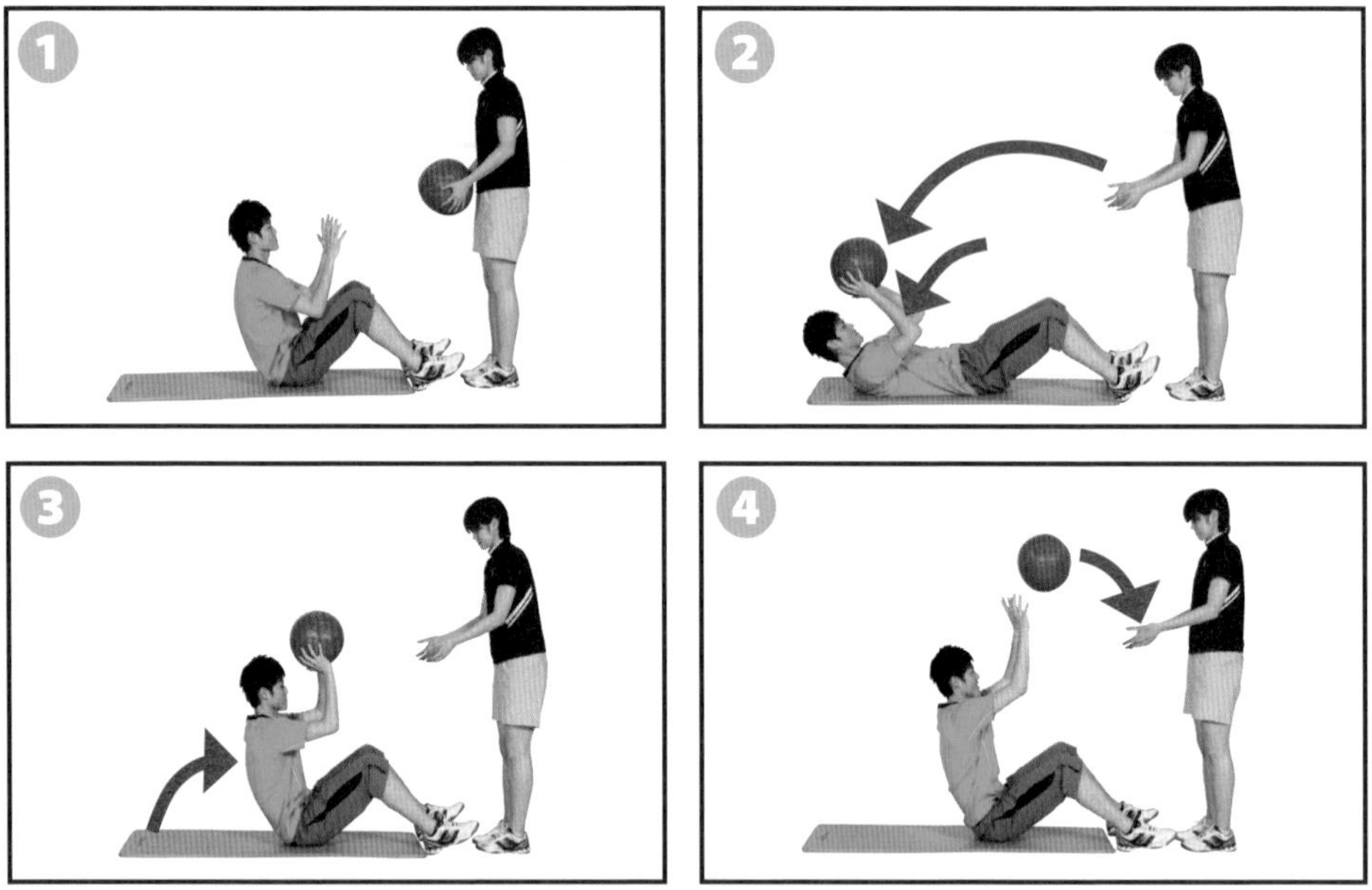

体幹の屈曲動作と上半身のプッシュ動作を鍛えるメニュー。ボールをキャッチした流れで上体を倒し、その反動で投げ返す。腕や指先の力に頼らず、体幹や腹筋のエネルギーでボールを投げること。

プライオメトリクス⑤　ツイストパス

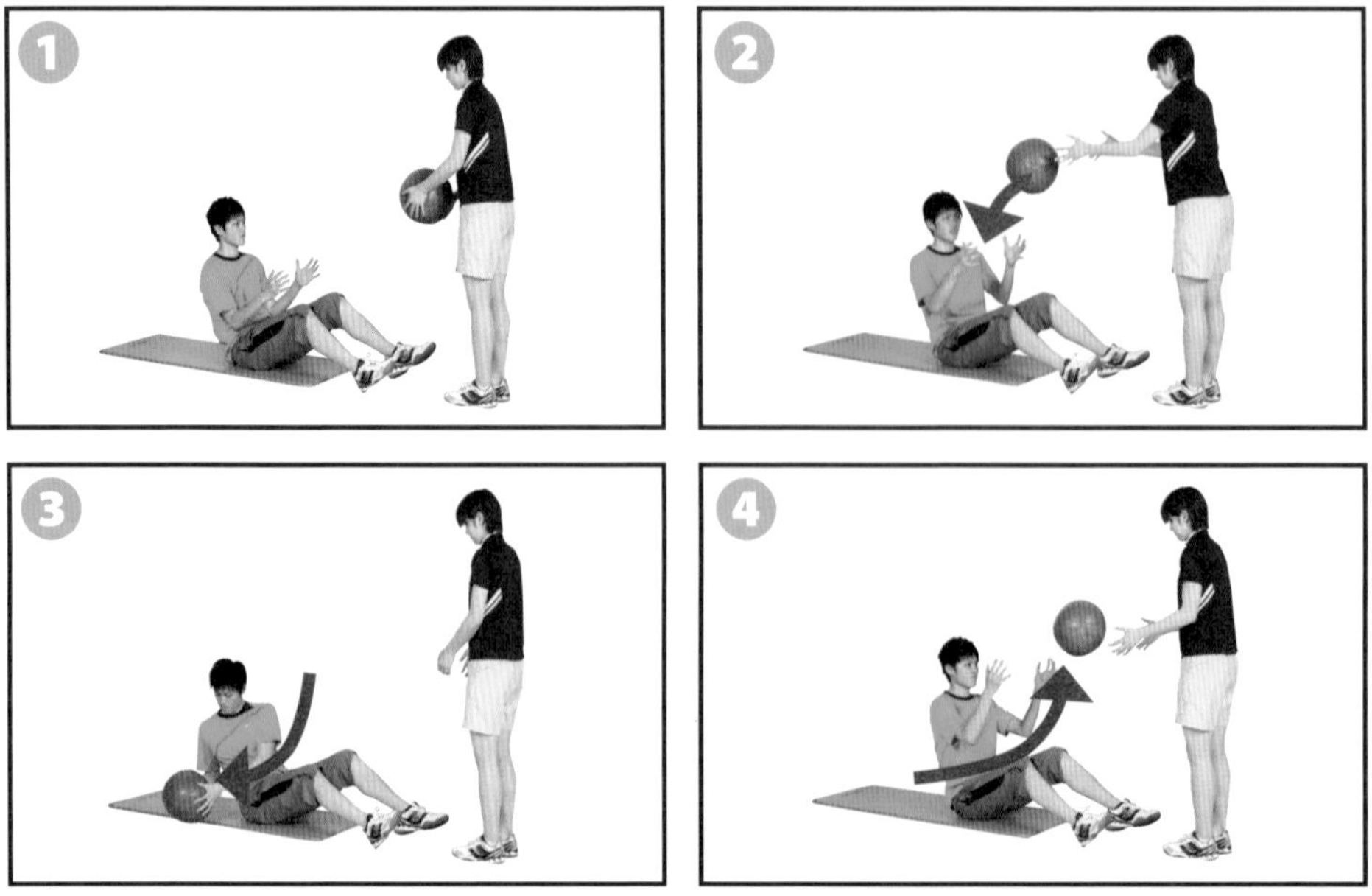

体幹をひねる動作のパワーを養成するメニュー。ボールを受け取った後、一度ボールを地面に着けて、そこから体幹のひねり動作で勢いよく投げ返す。下半身は正面を向いたままで、腕の力を使わないように。

プライオメトリクス⑥　プッシュアップジャンプ

上半身のパワーを養成するメニュー。腕立て伏せの姿勢から勢いよく上体をジャンプさせ、着地と同時に切り返して連続動作を行なう。上体をなるべく高く跳び上がらせること、着地時の切り返しを素早くすることがポイント。

プライオメトリクス⑦　チェストパス

パートナーとメディシンボールのキャッチボールを行なうメニューで、上半身のプッシュ動作を鍛えることが目的。ボールをキャッチしたら、一度胸の位置までボールを引き、その反動で投げ返す。キャッチからパスまでの動作はできる限り素早く行なうこと。

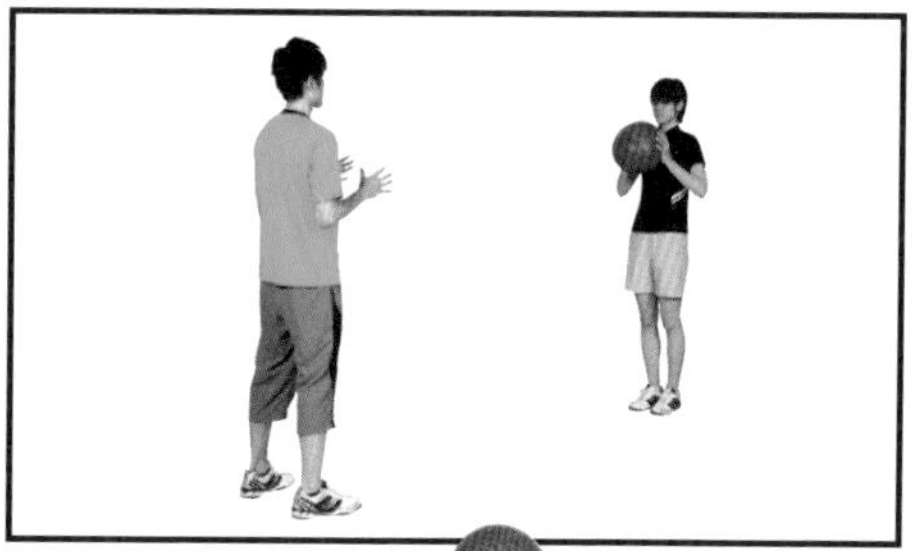

ボールを受け取る側の動き

54

運動神経系を刺激し、身体の調整力を高める

コーディネーショントレーニング

コーディネーショントレーニングは、運動神経系を刺激し、身体機能全体の調整力を高める動きづくりのためのトレーニングで、発育発達時に行なうのが有効です。発育期の子ども向きの運動として知られていますが、大人が行なっても楽しめる運動が多く、**ウォームアップ**[#1]や気分転換、初対面の人同士を和ませるアイスブレーキングとしても応用できます。

例えば、一輪車に乗ったり、平均台を歩いたりするための身体能力としてバランス感覚（平衡性機能）が必要です。このような、運動神経が良いからできるといわれる種々の運動能力を高めるための複数の動きを同時に行なうのが、コーディネーショントレーニングです。

#1➡P.064

コーディネーションには、調整や一致という意味があり、身体の動かし方や発揮する筋力の加減を調整する能力ともいえます。この能力を獲得しやすいのは、**スキャモンの**[#2]**発育発達曲線**で神経系のカーブが急激に高まる3～10歳ごろまでで、この時期に必要なのは様々な運動体験です。木登りやマット運動、スキーや平均台など、非日常的な動作を同時に複数行なえる運動が効果的です。特に、左右や手足で異なる運動や、バランスやスピードが変化する運動は、脳と運動神経の連係を活性化させ、身体をスムーズに動かせるようにし、次の7つのコーディネーション能力を高めることができます。

#2➡P.146

①定位能力…相手や味方、ボールなどの周囲の状況と関連付けながら動きの変化を調整する能力、②変換能力…状況が変わった時、動作を素早く切り替える能力、③リズム能力…耳や目からの情報を動きによって表現し、イメージを現実化する能力、④反応能力…合図を素早く察知し、適時に適切な速度で正確に反応する能力、⑤バランス能力…空中や動作中の全身バランスや、崩れた姿勢を素早く回復する能力、⑥連結能力…身体の関節や筋肉の動きをタイミングよく、無駄なく同調させる能力、⑦識別能力…手や足、頭部の動きと視覚の関係、ボールなどの操作を精密に行なう能力。

14 体力の概念と体力要素
15 筋力・筋持久力
16 パワー
17 心肺機能
18 柔軟性
19 測定の意義・障害を予防する
20 筋力の測定と評価
21 パワーの測定と評価
22 持久力の測定と評価
23 柔軟性の測定と評価
24 疲労の測定と評価
25 運動の原理・原則
26 ウォームアップとクールダウン
27 負荷手段とトレーニング器具
28 トレーニングの順序
29 筋力トレーニングの強度
30 トレーニングの目的別強度の目安
31 目的別プログラムの参考例
32 動作スピード
33 トレーニング頻度
34 トレーニング計画の区分け

ツイストキャッチ

右手を身体の前、左手を後ろに回した状態で、股の下でボールを持つ。ボールを離した瞬間に左右の手を入れ替えて、ボールを落とさないようにキャッチ。左右の手を入れ替える際は、体幹ごとひねることが重要。

サークル

ボールを両手で持ち、足を肩幅ぐらいに開く。そこから右手でボールを腰の後ろに回し、左手でキャッチ。この流れでボールを腰の周りで回していく。慣れてきたら、足首→ヒザ→顔と回す高さを変えて行なう。

スティックプッシュ

2人1組となり、2本の棒をそれぞれ両手で持つ。タイミングをずらしたり、強弱をつけたりするなど、自由に棒を押し引きする。棒を離すか、脚が動いた方が負け。両脚をそろえて行なうと、バランスがとりづらく、難易度がアップする。

身体の不平等を解消！左右差を考えてトレーニング

人間の骨格や筋肉は左右対称の構造ですが、筋力や柔軟性、動作の機敏さや器用さなど、様々な点で左右差があることは、多くの人がご存じのとおりです。ボクシングのパンチや、ジャンプをする際に踏み切る脚の筋力差は、わかりやすい例の1つです。また、膝を組んでみると組みやすさに左右で違いがあると思います。これは、組みやすい側の股関節や、腰から膝にかけての柔軟性が高いことが影響しているからでしょう。

特に現役のスポーツ選手は、競技によってはそれが顕著に表れます。例えばフェンシング選手の筋力測定のデータを見ると、剣を使う方の右手が、左手と比べて強いという結果が出ているのです。野球選手なら、利き腕の肩や腕の方が高い筋力を発揮するでしょう。

スポーツ選手の身体にみられる左右差は、トレーニングで競技に適した身体になった結果ということができるので、このバランスを均等にすることは競技のパフォーマンスを低下させる可能性を否定できません。しかし、一般人にとっては左右差はできるだけ小さくする方が望ましいのです。

例えば肩や脚の左右の筋力バランスが異なっていると、筋力が弱い方に負担がかかってしまいます。そうした負担が積み重なると、肩こり、腰痛、首の痛み、膝の痛みといった障害の原因になることがあります。肩こりや腰痛に悩まされている人は、片手ずつ手を上に上げて左肩の方がきついとか、体幹を左右にひねって右の腰の方が痛いというような、左右差を感じるかどうかチェックしてみてください。

左右差による負担は、身体能力が高い20代の頃は問題とならなくても、40代、50代と年を重ねていくにつれて、障害となって表れる可能性も少なくありません。それを予防するには、若いうちから身体の左右のバランスを考えた筋力トレーニングやストレッチに取り組んでください。利き腕、利き脚の違いがあるため、完全に均等にすることは難しいと思いますが、そうした視点から自分の身体を知ることも大切なポイントなのです。

第3章

トレーニングと身体の仕組みを学ぶ

55 身体を動かすエネルギー源
56 基礎代謝
57 エネルギーの使われ方・軽い運動
58 エネルギーの使われ方・激しい運動
59 運動神経とは
60 筋の伸張反射
61 トレーニングとホルモン
62 トレーニングと睡眠
63 トレーニングと血液
64 高地トレーニング
65 発育発達とトレーニング
66 加齢とトレーニング
67 女性とトレーニング

55 身体を動かすエネルギー源

運動に必要な燃料となるもの

人間の身体は筋肉の収縮によって活動します。そのエネルギー源となるのが「ＡＴＰ（アデノシン3リン酸）」です。

ＡＴＰ生産の元となるもの

ＡＴＰは炭水化物、脂肪、たんぱく質の3大栄養素からつくられます。

1．炭水化物からの生産

ＡＴＰの主な原料となるのが炭水化物です。炭水化物は体内に取り入れられた後、「グルコース（ブドウ糖）」に分解されます。血液中に放出されたグルコースは「血糖」として一定の濃度に保たれ、エネルギーとして使用される機会に備えます。そして筋肉の中で「グリコーゲン」に再合成されるか、乳酸菌にまで分解され、ＡＴＰをつくり出します。

この際に余ったグルコースは、肝臓や筋肉にグリコーゲンとして貯蔵されます。それでも余ったぶんが、脂肪となって体内に蓄積されます。

2．脂肪からの生産

脂肪は必要な時に「遊離脂肪酸」と「グリセロール」に分解され、血液に乗って全身に運ばれます。遊離脂肪酸は、筋肉の中で分解されてＡＴＰとなります。

3．たんぱく質からの生産

たんぱく質は、アミノ酸に分解されて主に筋肉づくりに使われます。たんぱく質がＡＴＰの生産に使われるケースは少なく、体内に過剰にある場合や、炭水化物や脂肪が不足している時（極度の空腹状態）のみ、ＡＴＰの原料となります。

3つのエネルギー供給システム

こうしてつくられたＡＴＰは筋肉の中に貯蔵されます。ＡＴＰがＡＤＰ（アデノシン2リン酸）とＰｉ（無機リン）に分解される時にエネルギーを生み、これがあらゆる身体活動の源になります。

しかし、筋肉内に貯蔵できるＡＴＰの量はごくわずかなので、人間の身体には新たにＡＴＰを再合成するシステムが備わっています。そのシステムは運動の強度や時間によって変化する、[#1]「**ＡＴＰ-ＣＰ系**」「**解糖（乳酸）系**」「**有酸素（酸化）系**」の3つに分けられます。

#1→P.132

ATPの生産プロセス

炭水化物からの生産

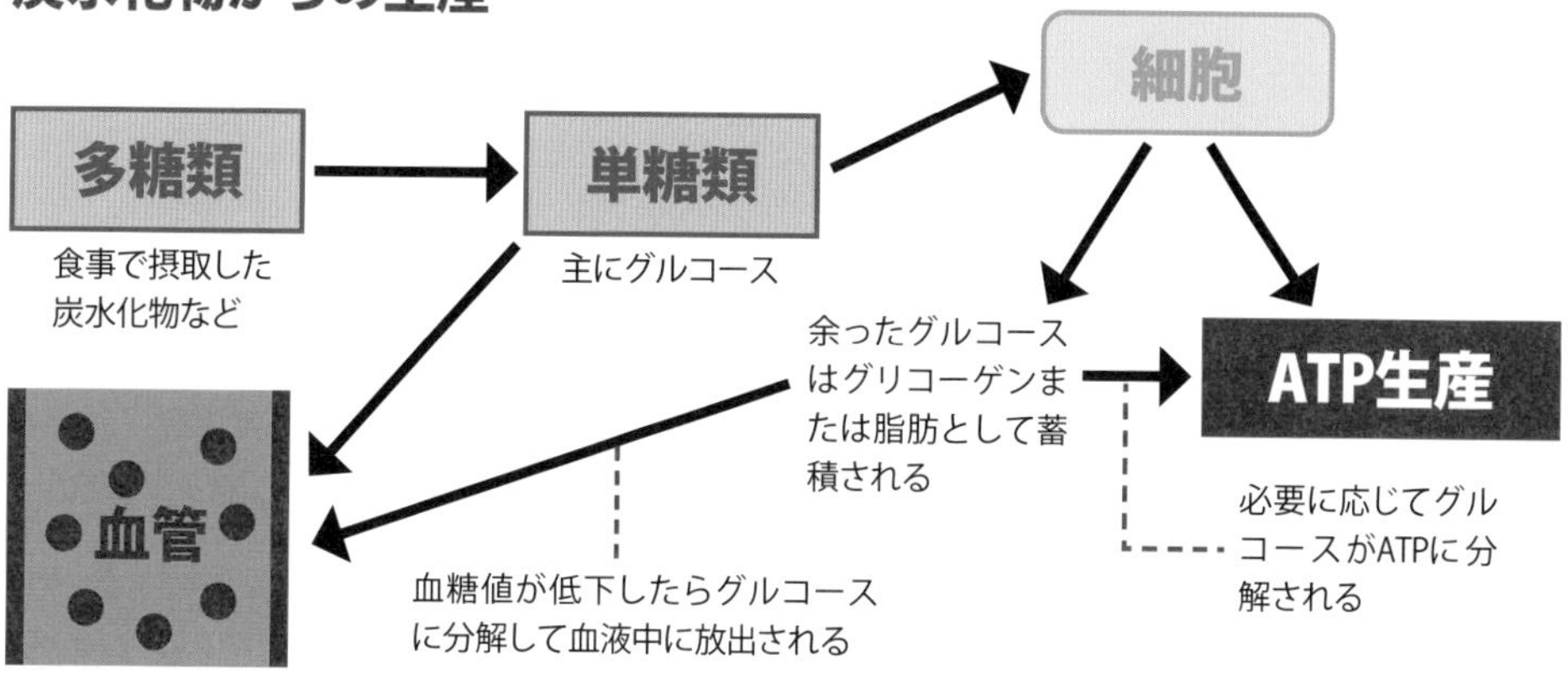

脂肪からの生産

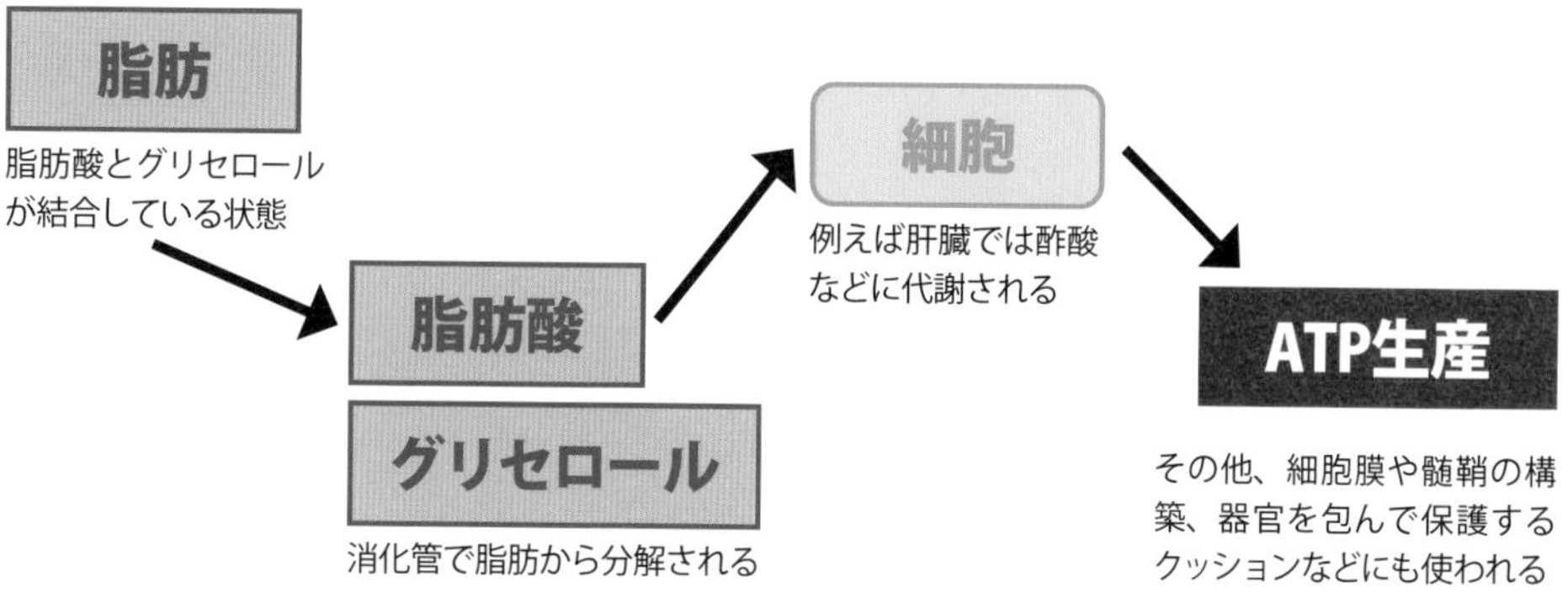

たんぱく質からの生産

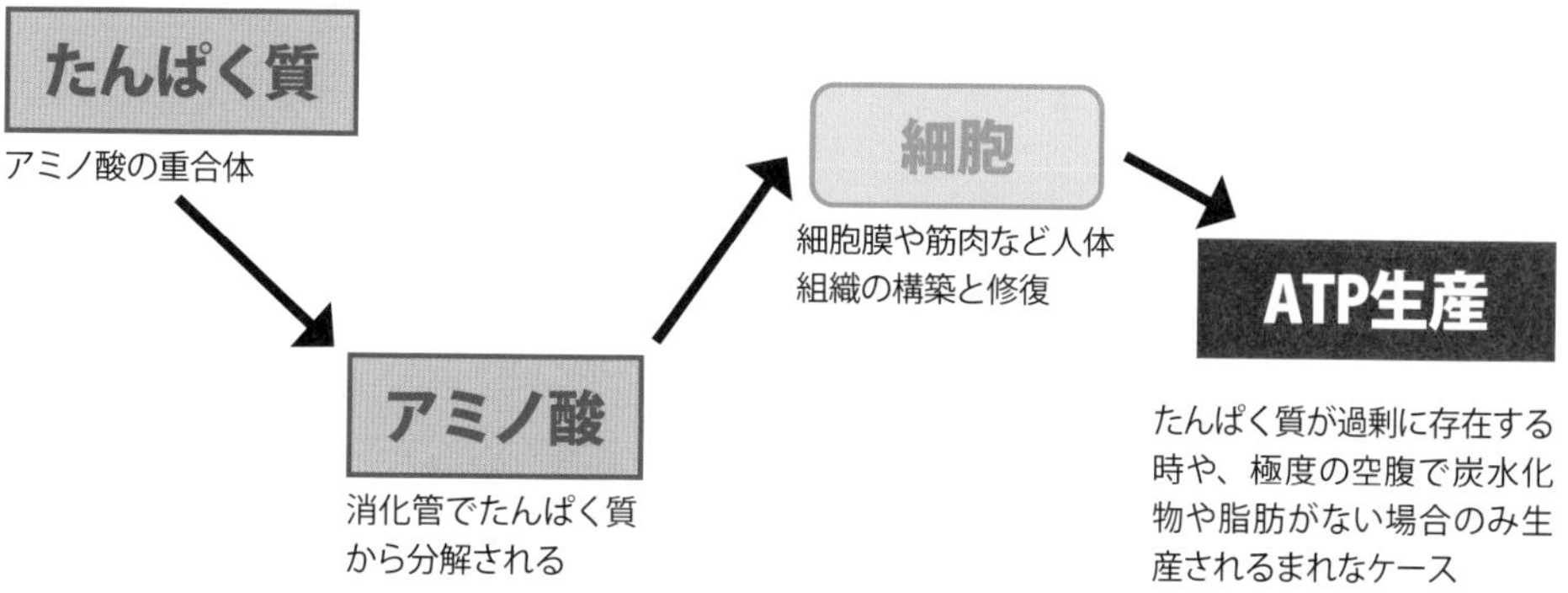

（湯浅景元：からだ読本シリーズ 筋肉，山海堂より作図）

55 身体を動かすエネルギー源
56 基礎代謝
57 エネルギーの使われ方・軽い運動
58 エネルギーの使われ方・激しい運動
59 運動神経とは
60 筋の伸張反射
61 トレーニングとホルモン
62 トレーニングと睡眠
63 トレーニングと血液
64 高地トレーニング
65 発育発達とトレーニング
66 加齢とトレーニング
67 女性とトレーニング

56 基礎代謝

生命活動を維持するために必要な最低限のエネルギー

基礎代謝は、性別や年齢によって異なり、男性では15～17歳、女性では12～14歳がピークであることはあまり知られていません。その年齢を過ぎると、加齢とともに基礎代謝は低下していきます。

基礎代謝に関する知識は、肥満の予防改善や減量時などにも重要な意味を持ち、健康な生活を送る上で欠かせません。

基礎代謝とは

脳や心臓、肺などの臓器は、眠っている時も止まることなく、常に活動をしています。生命活動を維持するために、意識とは無関係に体内で持続している活動に必要な最低限のエネルギーの総和を基礎代謝といいます。

成長期が終了し、代謝が安定した一般成人の一日あたりの基礎代謝は、男性では約1500kcal、女性では約1200kcalとされています。

24時間あたりの総エネルギー消費量は、大きく分けると、基礎代謝量・身体活動量・食事誘発性熱産生です。このうち、基礎代謝量は全体のおよそ60％を占めています。安静時の代謝量が大きな臓器としては肝臓（27％）・脳（19％）・筋肉（18％）が挙げられますが、基礎代謝を高めるために意識して動かすことができるのは筋肉だけです。

基礎代謝量を左右する要因

一般的に、基礎代謝量の大きさは次の8つの要因によって左右されます。

①体表面積…体表面積の広さに放熱量が比例して大きくなる、②年齢…若い方が大きい、③性別…女性に比べ男性は筋肉量が多い、④体格…筋肉質の人の方が大きいため、筋肉質で運動習慣がある人の基礎代謝量は補正が必要、⑤体温…体温が1度上がると代謝量は13％増加する、⑥ホルモン…甲状腺ホルモン・副腎髄質ホルモンの分泌量が多いと代謝が活発になる、⑦季節…一般的に基礎代謝量は夏場に低くなり、冬場に高くなる、⑧月経周期…エストロゲンなどの女性ホルモンの分泌量により、月経が始まる2～3日前に基礎代謝量は最高に達する。

基礎代謝が低下しやすいのは？

- □ 1. 父親と母親の両方、またはいずれかが肥満である：3点
- □ 2. 幼稚園児や保育園児の時、友達よりも太っていた：2点
- □ 3. 祖父母や叔父母に、生活習慣病の人がいる：1点
- □ 4. 体温が36.0℃以下の時が多い：2点
- □ 5. 腕の力こぶやふくらはぎの筋肉に力を入れても柔らかい：2点
- □ 6. 糖分が多い食べ物や飲み物が好き：1点
- □ 7. 脂肪分が多い食事になりがちだ：2点
- □ 8. 夕食の時間が夜9時以降になりがちだ：1点
- □ 9. 早食いの傾向がある：1点
- □ 10. 睡眠不足のことが多い：2点
- □ 11. 運動不足だ：2点
- □ 12. 疲れやすい：1点

【評価】質問の6～12の点数の合計が「6点」以上ならライフスタイルを見直す必要がある。上記12項目の点数の合計が「10点」以上だったら、基礎代謝が低下しやすく、体脂肪の増加や免疫力が低下する可能性があるため、睡眠、運動、食事を見直した方が良い。

代謝の種類と割合

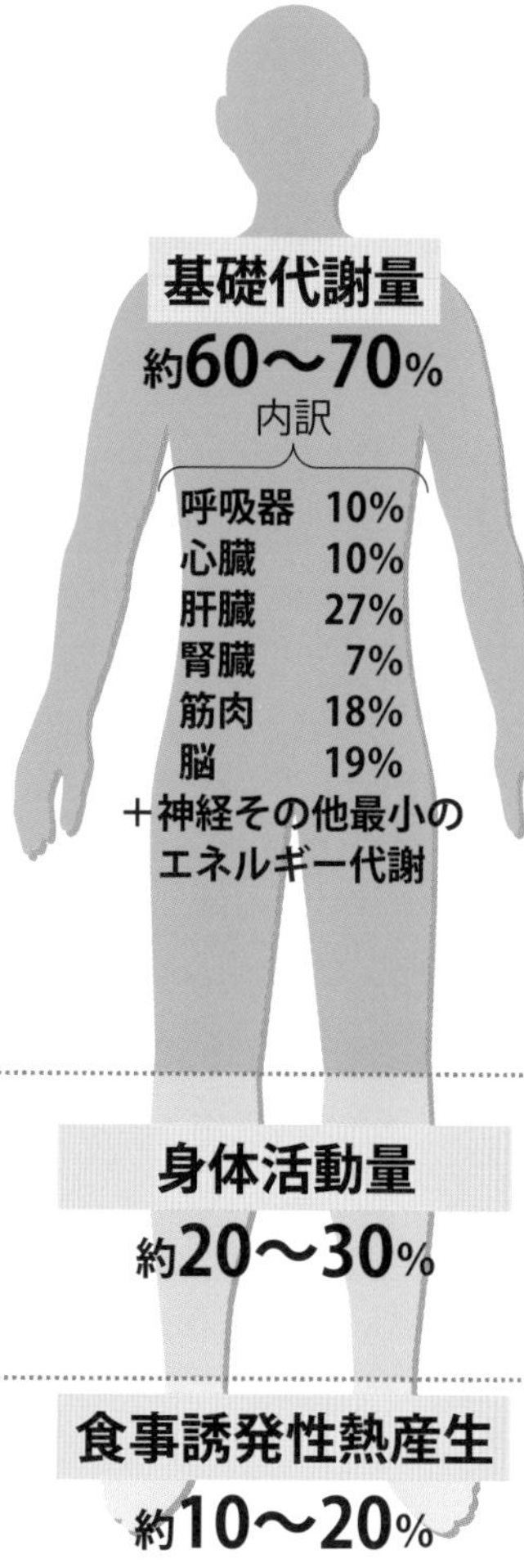

食事誘発性熱産生は、食事により栄養素が分解されることで、その一部が熱となって消費されるもの。日常生活や運動などで消費されるのが、身体活動量。

基礎代謝の求め方

男性 (0.0481×W+0.0234×H−0.0138×A−0.4235)×1000/4.186

女性 (0.0481×W+0.0234×H−0.0138×A−0.9708)×1000/4.186

(W：体重（kg）、H：身長（cm）、A：年齢（歳））

国立健康・栄養研究所で測定されたデータをもとにした推定式。健康な日本人において妥当性が比較的高いと考えられる。

57

エネルギーの使われ方・軽い運動

軽い運動時に身体で起こっていること

55 身体を動かすエネルギー源
56 基礎代謝
57 エネルギーの使われ方・軽い運動
58 エネルギーの使われ方・激しい運動
59 運動神経とは
60 筋の伸張反射
61 トレーニングとホルモン
62 トレーニングと睡眠
63 トレーニングと血液
64 高地トレーニング
65 発育発達とトレーニング
66 加齢とトレーニング
67 女性とトレーニング

ATP[#1]再合成のシステムには、「ATP-CP系」「解糖（乳酸）系」「有酸素（酸化）系」の3つがあります。あらゆる身体運動は、短時間ですぐにエネルギーを生み出せるATP-CP系で始まり、活動時間や運動強度によって、徐々に解糖系や有酸素系の割合が増えていきます。例えば陸上競技ならば、100m走はATP-CP系、200~400mは解糖系が、800mより長い距離は有酸素系が主に機能するということです。

ここでは、長時間・低強度運動で主なエネルギー供給源となる有酸素系について解説します。

#1➡P.126

有酸素（酸化）系の仕組み

有酸素系のATP再合成システムは、酸素を使ってグリコーゲンや脂肪を燃焼させ、二酸化炭素と水が生成される過程でATPをつくり出す仕組みで、「有酸素運動」とも呼ばれます。ATPをつくり出すまでに時間がかかる代わりに、豊富な脂肪を原料とするため、エネルギーを長時間供給できます。

有酸素系のエネルギーが供給されるまではATP-CP系の約3倍、乳酸系の約2倍の時間が必要ですが、脂肪と酸素がある限り、理論上、活動できる時間に制限はありません。

乳酸は疲労物質ではない

これまで乳酸は疲労の原因といわれてきましたが、これは疲労時の血液中に乳酸が一定の濃度以上たまると筋肉の収縮を止めてしまうメカニズムがあるための見解でした。

しかし、現在ではエネルギー源として重要な役割を果たしていることがわかってきました。

乳酸は見方を変えれば、筋肉が糖を消費していることを示す証拠なのです。乳酸は心臓や骨格筋の**遅筋**[#2]線維内でピルビン酸に戻ったり、肝臓でグリコーゲンに合成されたりして、エネルギー源として再活用されます（乳酸シャトル説）。

#2➡P.042

運動内容によるエネルギー源の割合

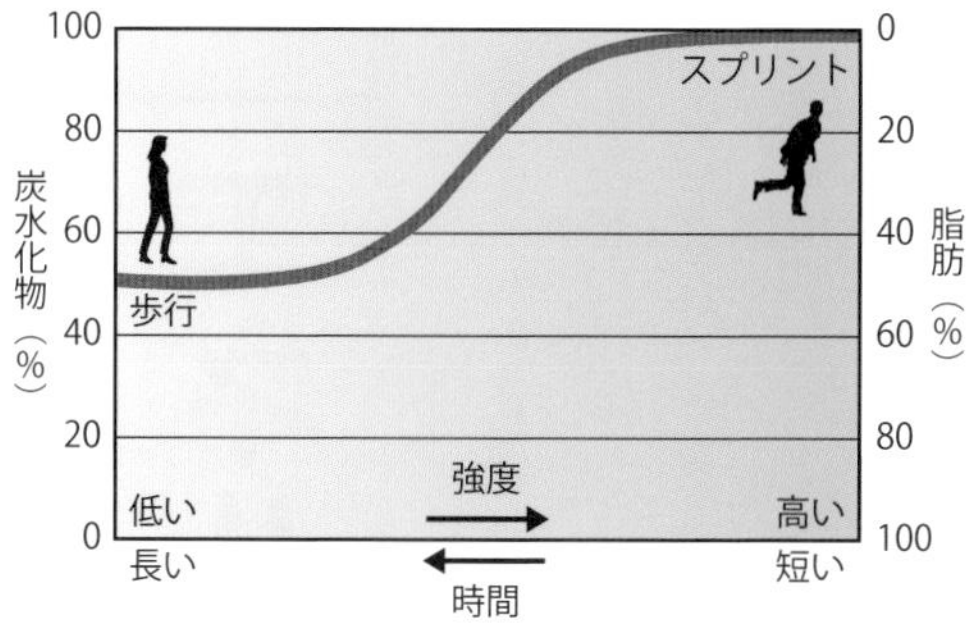

スプリントなど瞬間的に大きなパワーを必要とする競技では炭水化物の割合が高くなり、歩行など軽い運動を長時間行なう場合は脂肪の割合が高くなる。

乳酸シャトル説のイメージ

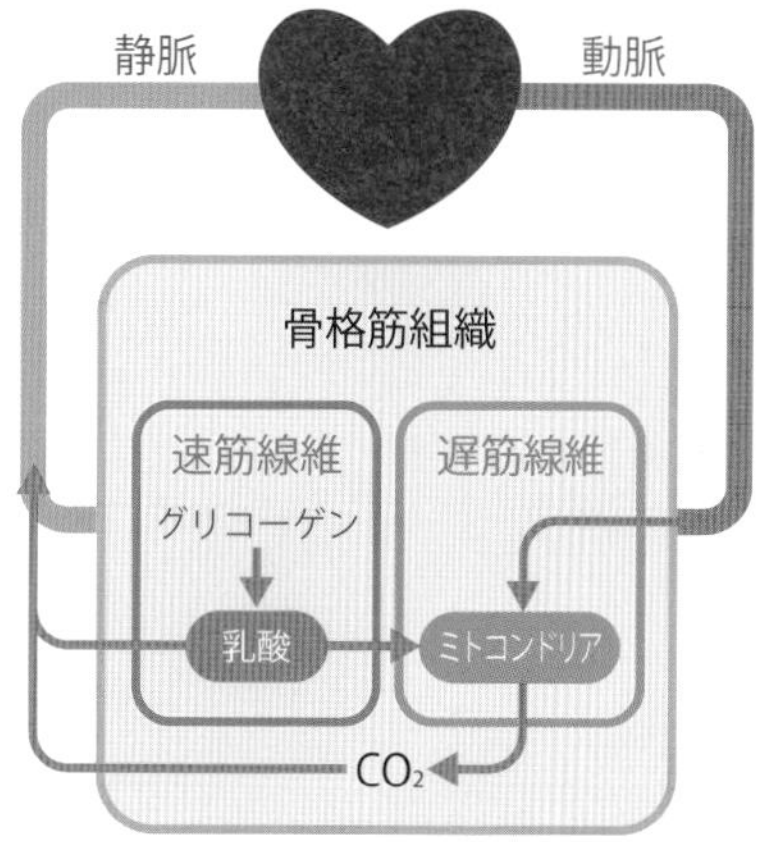

運動時間によるエネルギー供給源の変化のイメージ

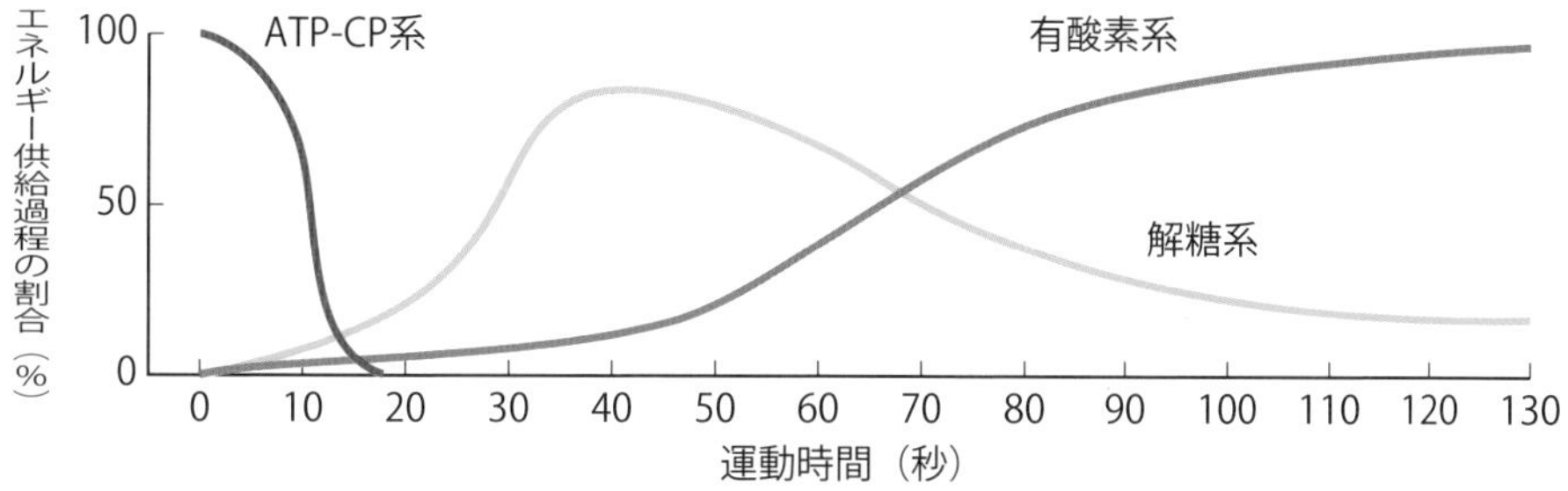

運動時間によって主役になるエネルギー供給源は変わる。30秒以内のごく短時間の運動ではATC-CP系のエネルギーが使われ、そこから運動時間が長くなるにしたがって解糖系、有酸素系に移行していく。

（湯浅景元：からだ読本シリーズ 筋肉，山海堂より）

脂肪を効率よく落とせる「有酸素運動」

脂肪がエネルギー源となる運動として知られる「有酸素運動」は、ここで紹介している有酸素系のエネルギーを利用した運動。軽い運動を長時間続けることでエネルギー消費経路が有酸素系まで移行し、酸素と脂肪が結びつくことで燃焼させる。そのため、エネルギーとして燃焼させたぶんだけ脂肪を減らすことができる。

58

激しい運動時に身体で起こっていること

エネルギーの使われ方・激しい運動

ATP再合成システムの3種類[#1]のうち、ATP-CP系と解糖系はエネルギー生産に酸素を必要としません。そのため、この2つは有酸素系（エアロビックシステム）に対して、「無酸素系」（アネロビックシステム）と呼ばれています。

#1➡P.130

ATP-CP系

発揮されるまでの時間が最も速く、エネルギー供給量も比較的多い代わりに、持続時間が最も短いのがこのATP-CP系です。「クレアチンリン酸」が「クレアチン」と「リン酸」に分解されることで、ATPを再合成する仕組みです。

エネルギー供給速度は13kcal／kg／秒と高いですが、最大で7・7秒しか持続させることができません。これ以上長い時間運動する場合は、供給源が解糖系に切り替わります。

解糖（乳酸）系

グリコーゲンが無酸素状態で分解される方法です。グリコーゲンが「ピルビン酸」を経由して「乳酸」に変わる過程で、大量のATPをつくり出します。

エネルギー供給速度は7kcal／kg／秒で、ATP-CP系の約2倍の時間を要します。持続時間は33秒で、つまりATP-CP系の7・7秒と合わせた40・7秒が理論上の無酸素運動の限界ということになります。

無酸素系と有酸素系の割合

瞬発力が重視される種目であっても、無酸素系だけをエネルギー源とするわけではありません。例えば水泳の50m自由形などの短距離競技でも、左図のように無酸素と有酸素系の比率が8：2で、有酸素系のエネルギー供給も行なわれていることがわかります。

酸素借《さんそしゃく》と酸素負債《さんそふさい》

激しい運動で酸素の摂取が十分でない時、無酸素系からエネルギーを供給しますが、この酸素の不足分を「酸素借」といいます。運動終了後に有酸素系でエネルギーが供給される時、そこで使われる酸素量を「酸素負債」といいます。

ATP再合成システム

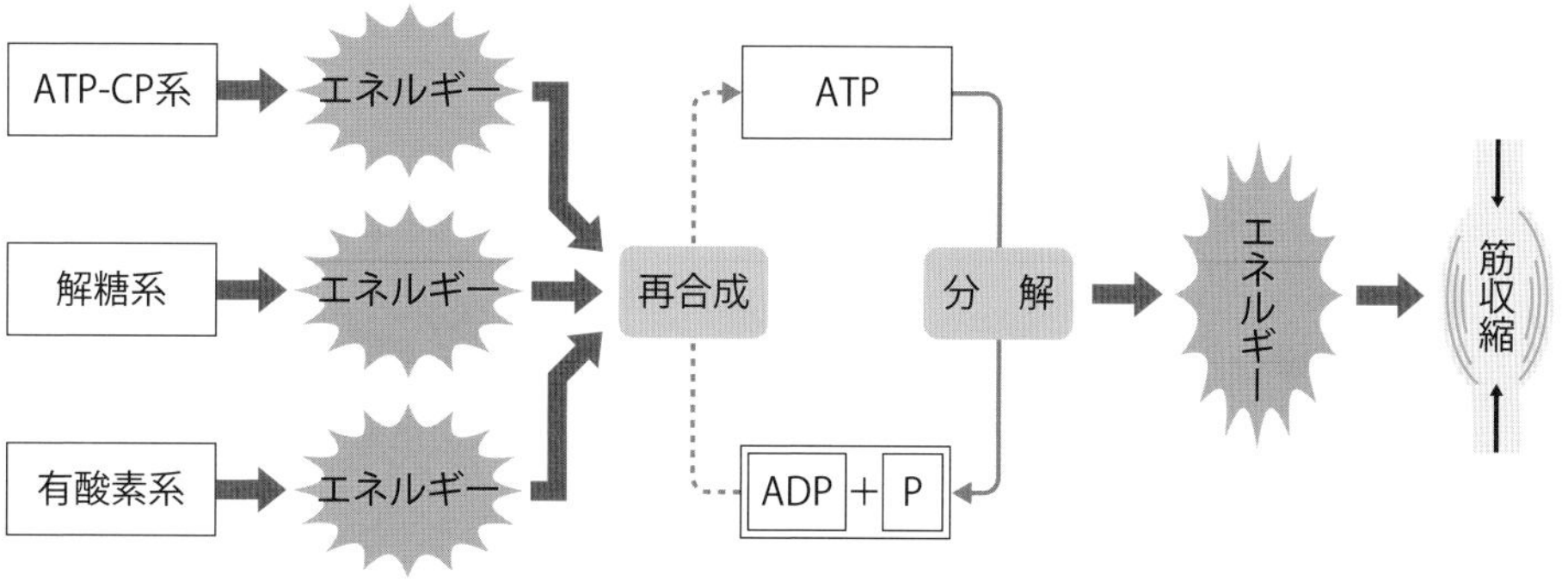

筋収縮のエネルギー源となるATPは、「ATP-CP系」「解糖系」「有酸素系」の3種類の経路によって再合成される。

（湯浅景元：からだ読本シリーズ 筋肉，山海堂より）

水泳の有酸素系・無酸素系のエネルギー消費割合

	世界記録	日本記録	無酸素系	有酸素系
50m	21秒81	22秒71	80%	20%
100m	48秒21	50秒68	60%	40%
200m	1分46秒69	1分50秒51	40%	60%
400m	3分43秒80	3分53秒43	20%	80%
800m	7分46秒00	8分04秒81	15%	85%
1500m	14分41秒66	15分15秒44	10%	90%

距離が長くなる（長時間泳ぐ）ほど、有酸素性の割合が高くなっていく。同じ水泳でも、距離が違うとエネルギー代謝の質が大きく異なる。

（若吉浩二：コーチングクリニック1999年3月号「最大努力水泳運動中の無酸素性および有酸素性エネルギー消費の貢献度」，ベースボールマガジン社より）

エネルギーを前借りする酸素借《さんそしゃく》と酸素負債《さんそふさい》

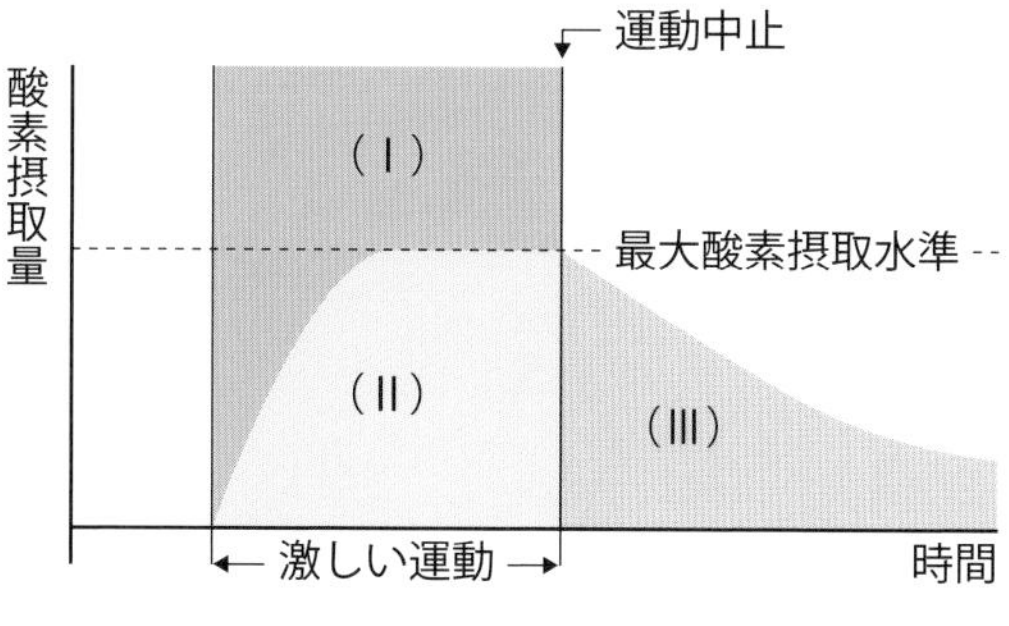

Ⅰ：摂取酸素量　Ⅱ：酸素借　Ⅲ：酸素負債

激しい運動で大量の酸素が必要となり、必要量が最大酸素摂取量をオーバーしてしまうことも。その場合、運動直後は不足した酸素分を補うために息があがって動くことが困難になる。これは運動中に不足分の酸素を前借りしたことで、その負債を返済しているためだ。

（田畑泉：コーチングクリニック1999年3月号「最大酸素摂取量と、酸素借（Ⅰ）、酸素摂取量（Ⅱ）、酸素負債（Ⅲ）との関係」，ベースボールマガジン社より）

59 運動神経とは

脳から筋肉へ動きを伝える回路

55 身体を動かすエネルギー源
56 基礎代謝
57 エネルギーの使われ方・軽い運動
58 エネルギーの使われ方・激しい運動
59 運動神経とは
60 筋の伸張反射
61 トレーニングとホルモン
62 トレーニングと睡眠
63 トレーニングと血液
64 高地トレーニング
65 発育発達とトレーニング
66 加齢とトレーニング
67 女性とトレーニング

スポーツが得意な人を見て「運動神経がいい」といういい方をします。

運動神経は筋肉を収縮・弛緩させるために、脊髄から全身の筋肉に伸びている神経です。運動神経は骨格筋に入るあたりで枝分かれをし、一本の運動神経が多数の筋線維を支配しています。これを「運動単位」と呼びます。運動単位における筋線維の数（神経支配比）は、精密な働きをするものほど小さく、眼の筋肉で3～6、腓腹筋で１７８４と大きな差があります。

錐体路系《すいたいろけい》と錐体外路系《すいたいがいろけい》

スポーツのうまさを考える上で重要なのが「錐体路系」と「錐体外路系」という2つの神経回路です。錐体路系は脳からの指令によって動く「随意運動」を担当し、錐体外路系は外からの刺激などに反応して脊髄から指令を送る、無意識の「反射運動」を担当しています。

反射運動というと、熱さで身体を瞬間的に縮める動作を思い浮かべがちですが、例えば歩行動作は、幼い頃に繰り返し練習することによって、無意識のうちに脚が交互に進むようになります。これは何度も同じ運動神経を使うことで、その運動が錐体外路系に変わり、無意識の運動になったことを意味します。一般にスポーツの上級者は、動きが錐体外路系で行なうものにまで高められています。

「運動神経がいい」とは？

スポーツのうまさを決める要素には神経系以外にも筋力や柔軟性、判断力などがありますが、一般に使われる「運動神経がいい」という言葉が指すものとしては、やはり、この神経回路の発達がポイントになります。

随意運動では、脳の判断と身体の動きをスムーズに連携できるかどうか、また随意運動をいかに反射運動の域にまで近づけることができるかが重要といえます。さらには、随意運動と反射運動を、いかに状況に応じて使い分けられるか、それが「運動神経がいい」人になるための鍵といえるでしょう。

2つの運動神経回路

錐体《すいたい》路《ろ》系《けい》

随意運動経路ともいう。脳で動き方を思考・判断した上で身体を動かす際に働く神経経路。スポーツでは、初心者が動きになれておらずぎこちない状態が、錐体路系で動いているといえる。

錐体外《すいたいがい》路《ろ》系《けい》

反射運動経路ともいう。思考・判断を行なわず、無意識で身体を動かす際に働く神経経路。スポーツでは上級者の動きや、顔面にボールが飛んできた時に反射的に避ける動きがそれにあたる。

（小島康昭、石田良恵、杉浦雄策、伊藤衛：からだ・健康・スポーツ，サンウェイ出版（2002）より）

運動野と支配される部位

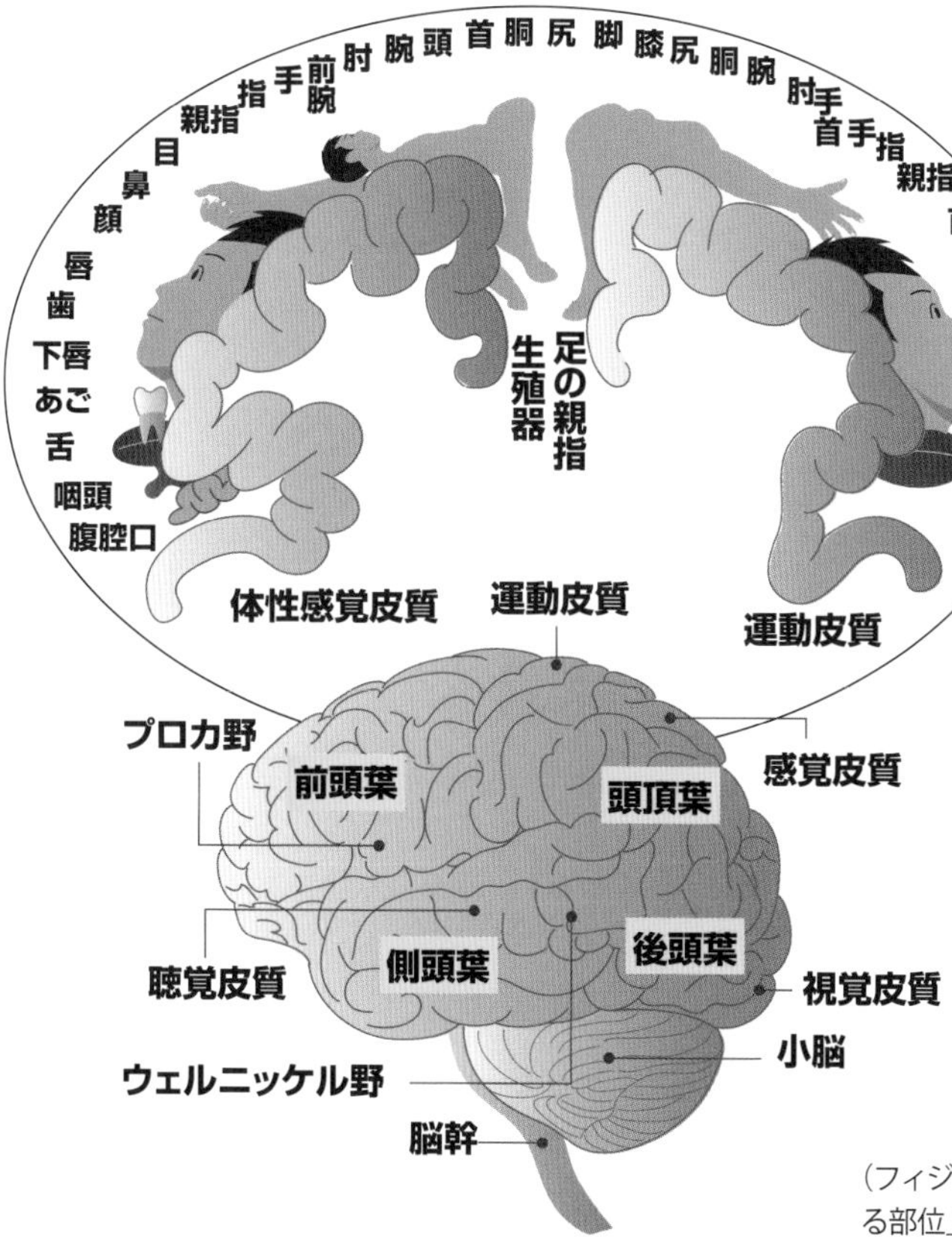

脳の運動野には身体のそれぞれの筋肉を支配する領域があり、そこを刺激すれば対応した筋肉が動く。手や足、指など細かい動きができる部位は、それだけ脳から細かく指令が出るので、運動野に占める割合も大きい。

（フィジーク98年7月号「運動野と支配される部位」，サニーサイドアップより作図）

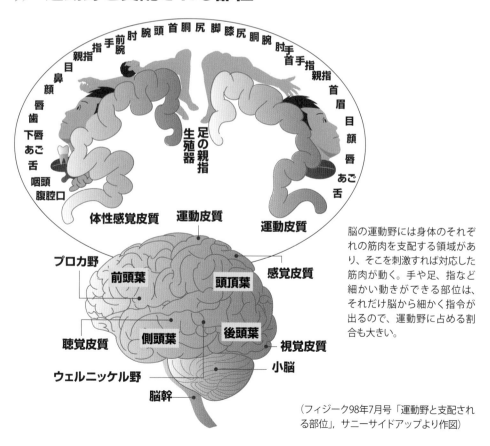

55 身体を動かすエネルギー源
56 基礎代謝
57 エネルギーの使われ方・軽い運動
58 エネルギーの使われ方・激しい運動
59 運動神経とは
60 筋の伸張反射
61 トレーニングとホルモン
62 トレーニングと睡眠
63 トレーニングと血液
64 高地トレーニング
65 発育発達とトレーニング
66 加齢とトレーニング
67 女性とトレーニング

60 筋の伸張反射

ストレッチの生理学的根拠となる

伸張反射の役割

ある筋肉を急に伸ばすと、それ以上その筋肉が伸びてダメージを受けないように、筋肉を収縮させようとする動きが働きます。これは意識をしなくても行なわれる脊髄反射の1つで、「伸張反射」と呼ばれます。

身近な例を挙げると、脚気《かっけ》の検査で用いられる「膝蓋腱《しつがいけん》反射」も、大腿四頭筋が収縮したことで膝が伸びるという、伸張反射の一種です。

この伸張反射が顕著にみられるのが、重力に対して身体を支える筋肉である抗重力筋です。つまり、伸張反射は姿勢を保持するために重要な役割を果たしていることがわかります。

例えば、電車などで身体が揺れても倒れずに姿勢を保っていられるのは、無意識のうちに伸張反射が行なわれ、バランスを調整しているからなのです。

また、筋肉を伸ばして柔軟性を高めることが目的の**スタティックストレッチ**[#1]において、「反動をつけずにゆっくり伸ばす」ことが注意されるのは、急激に伸ばすと伸張反射が起こり、逆に筋が収縮してしまうからです。

#1→P.194

相反性神経支配

ある筋肉が収縮している時、その拮抗筋（ある筋肉と相反する動きをする筋肉。例えば、上腕二頭筋の場合は上腕三頭筋）は弛緩します。

このように主働筋の動きに対して、拮抗筋の活動が抑制されるメカニズムが、「相反性神経支配」です。主働筋が収縮すると、拮抗筋の運動ニューロン（骨格筋を支配している神経）を抑制する（Ia抑制）という反射プログラムが無意識のうちに行なわれるのです。

相反性神経支配は、スタティックストレッチとは異なり、大きな動きを伴う**ダイナミックストレッチ**[#2]の有効性を示す生理学的根拠となります。ある筋肉を力強く積極的に動かすことで、その拮抗筋を伸ばすことを狙うのが、ダイナミックストレッチです。

#2→P.196

伸張反射のメカニズム

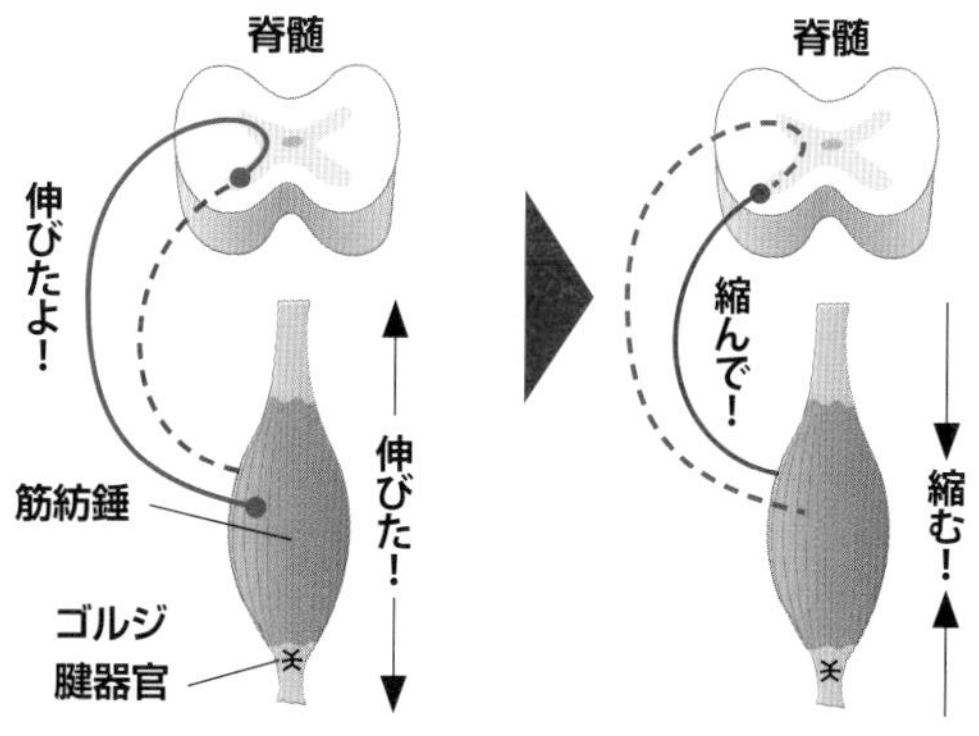

筋肉の中には「筋紡錘《きんぼうすい》」という筋肉が伸びたことを感知する器官がある。筋肉が伸ばされると、筋紡錘は脊髄に「伸びる!」と信号を送る。感覚神経を伝わり、脊髄に届けられると、脊髄は同じ筋肉を支配する運動神経に「縮んで!」と命令を送り、筋肉を収縮させる。一方、腱の中にはゴルジ腱器官が存在する。ゴルジ腱器官は、筋と腱の移行部に存在しており、骨格筋が収縮して腱を伸ばす刺激を感知して筋肉を緩める働きがあり、骨と筋肉の付着部分の剥離や筋肉の断裂を防いでいる。

●身近な伸張反射の例

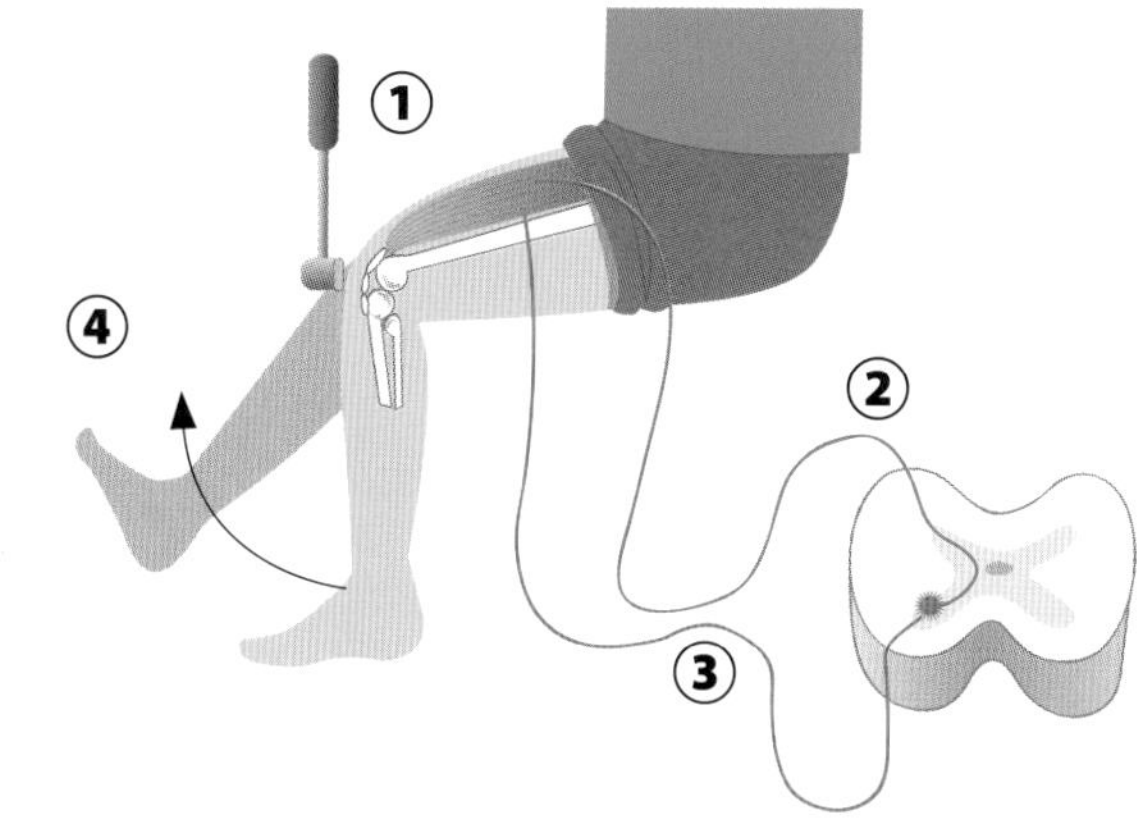

身近な伸張反射である「膝蓋腱反射」は以下のような流れで起こる。①膝蓋腱(膝下)を叩かれると、膝蓋骨にある大腿四頭筋が引っ張られる。②この刺激を感知した筋紡錘から脊髄へ情報が送られる。③脊髄から速やかに大腿四頭筋を収縮させるように指令が送られる。④大腿四頭筋が収縮する反動で膝が伸びる。

相反性神経支配のメカニズム

力こぶをつくる動きでは、上腕二頭筋が収縮する。この時、裏側にある拮抗筋の上腕三頭筋がゆるんでいないと関節運動が機能しない。そこで、主働筋(上腕二頭筋)に力を入れる(収縮させる)時は、拮抗筋の運動ニューロンを抑制するというプログラムが自動的に行なわれるのだ。

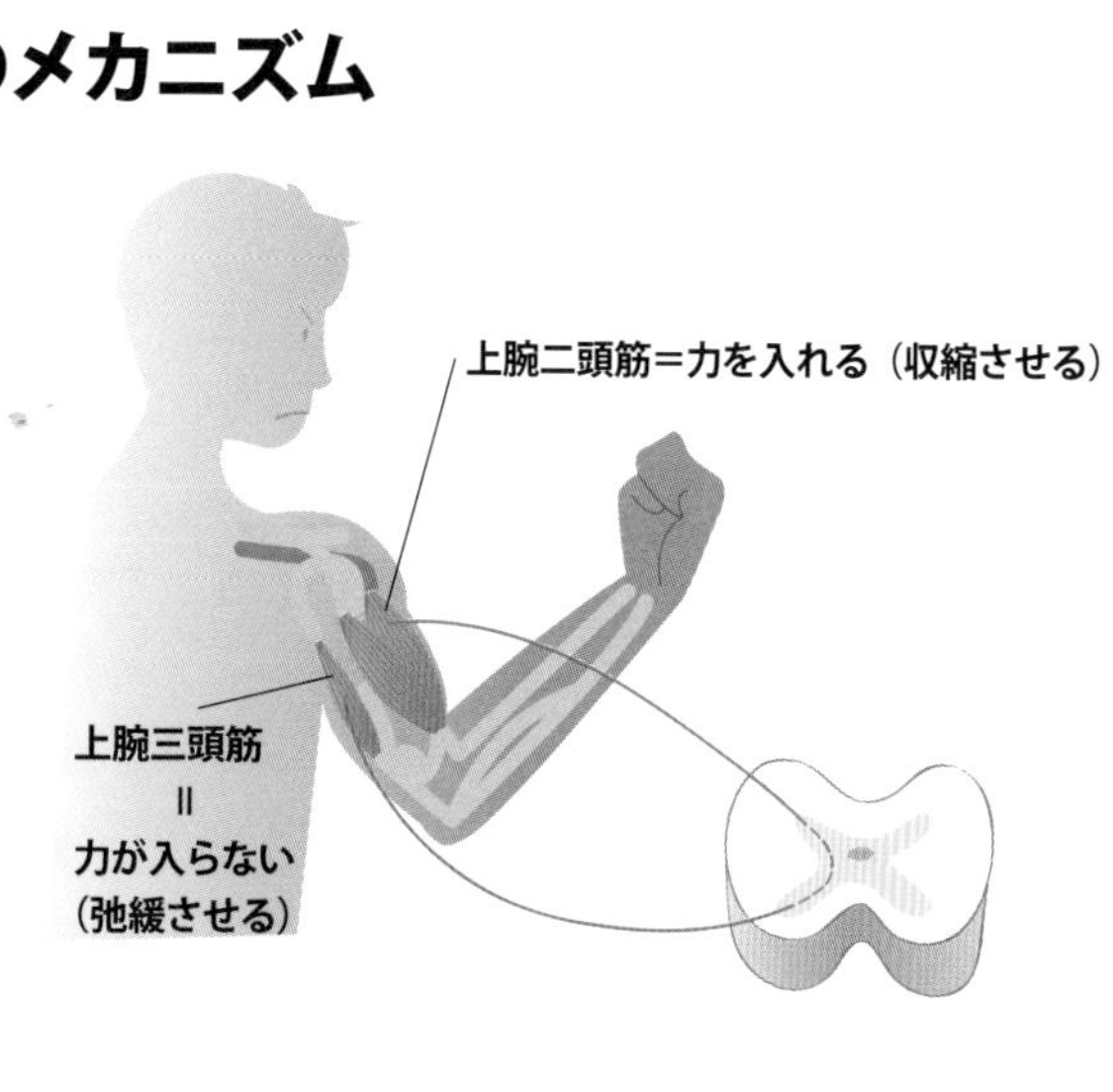

61 トレーニングとホルモン

トレーニングで発生する物質

ホルモンは人間の体内で生成される微量な物質で、新陳代謝や発育、生殖機能、感情など、生命の維持活動に重要な役割を果たしています。

男性ホルモンと女性ホルモン

代表的なホルモンに「男性ホルモン」と「女性ホルモン」があります。その名前のとおり、それぞれ男性らしさ、女性らしさを身体にもたらします。人間は性別に関係なく両方のホルモンを体内にもっていますが、男性は男性ホルモンをより多く、女性は女性ホルモンをより多くもっています。

成長ホルモン

筋肥大を促すホルモンとして、トレーニングと密接な関係にあるのが男性ホルモンの「テストステロン」、そして「成長ホルモン」です。成長ホルモンは成長期に背を伸ばしたり、骨をつくったりする作用だけでなく、身体を健康に保ち、筋肉の発達に作用します。成長ホルモンは成長期だけでなく、年齢に関係なく分泌されますが、その量は加齢とともに減少していきます。

成長ホルモン分泌のタイミング

成長ホルモンが大量に分泌されるタイミングは2つあるといわれています。それは「トレーニング直後」と「睡眠直後（眠りについてからの約3時間）」です。

筋力トレーニングなどで筋肉に強い刺激を与えると、筋線維が破損します。それを補修するためのホルモンが、ホルモンを司る「下垂体」という器官から分泌されます。**プロテインの摂取タイミング**[#1]としてトレーニング直後が推奨されるのは、成長ホルモンの働きに合わせて栄養を送るためです。

睡眠は眼球の動きの有無によって「レム睡眠」と「ノンレム睡眠」に分けられ、この2つが90分程度の周期で交互に訪れます。成長ホルモンは、眠りについてから最初の約90分間に迎える徐波睡眠（最も深い眠り）の時に分泌量が最も多くなります。睡眠は疲労解消だけでなく、筋肉の発達にも重要です。

#1➡P.248

55 身体を動かすエネルギー源
56 基礎代謝
57 エネルギーの使われ方・軽い運動
58 エネルギーの使われ方・激しい運動
59 運動神経とは
60 筋の伸張反射
61 トレーニングとホルモン
62 トレーニングと睡眠
63 トレーニングと血液
64 高地トレーニング
65 発育発達とトレーニング
66 加齢とトレーニング
67 女性とトレーニング

男性ホルモンと女性ホルモン

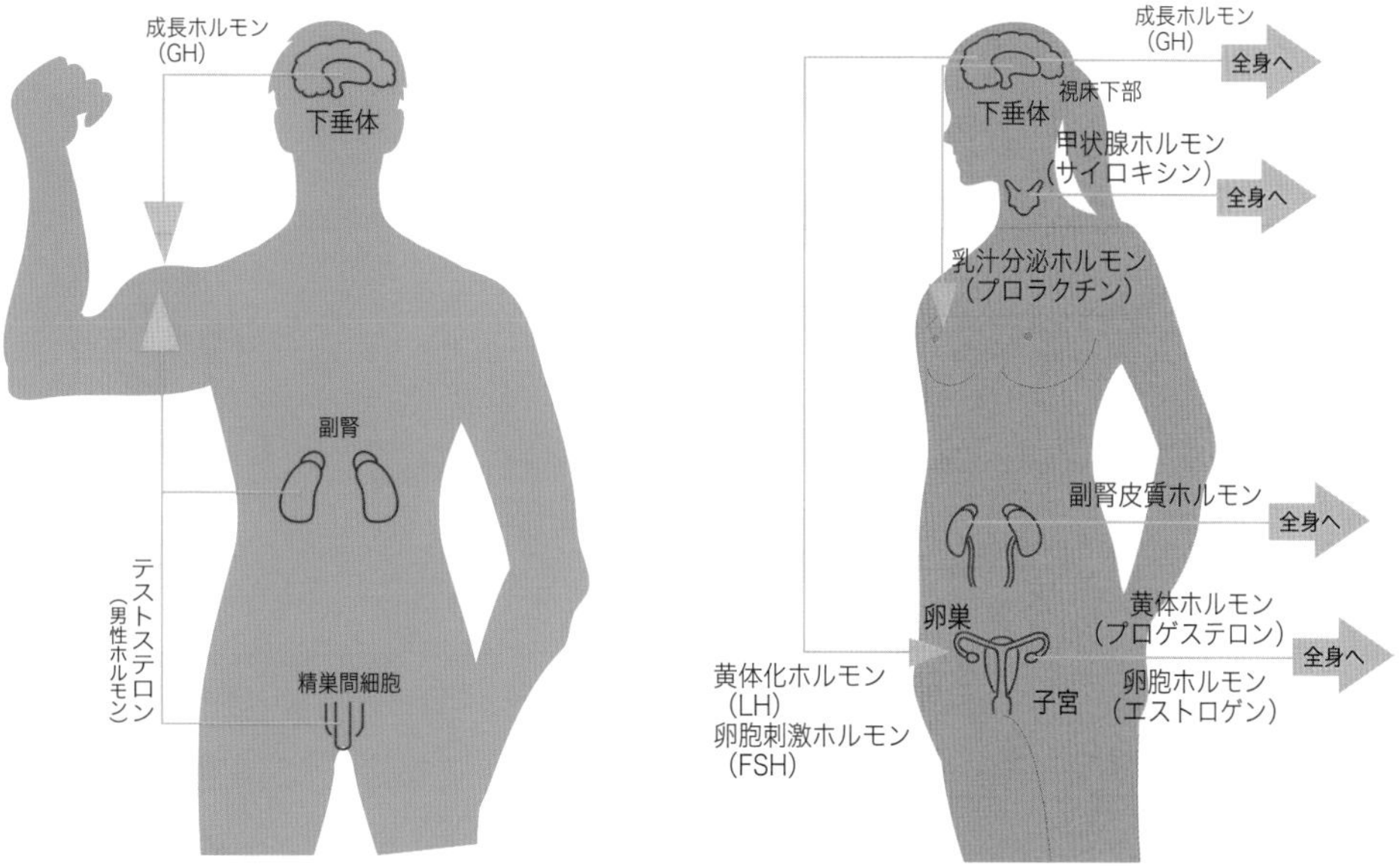

男性ホルモンには、下垂体から分泌される成長ホルモンと、精巣間細胞や副腎から分泌されるテストステロンがある。どちらも筋肥大を促し、男らしくたくましい身体をつくる効果がある。

女性は全身から様々なホルモンが分泌される。卵巣から分泌される黄体化ホルモンと卵胞刺激ホルモンは、女性が思春期に入る頃から分泌が始まり、女性らしい丸みを帯びた身体をつくる。

（小島康昭、石田良恵、杉浦雄策、伊藤衛：からだ・健康・スポーツ，サンウェイ出版（2002）より作図）

ホルモン分泌のプロセス

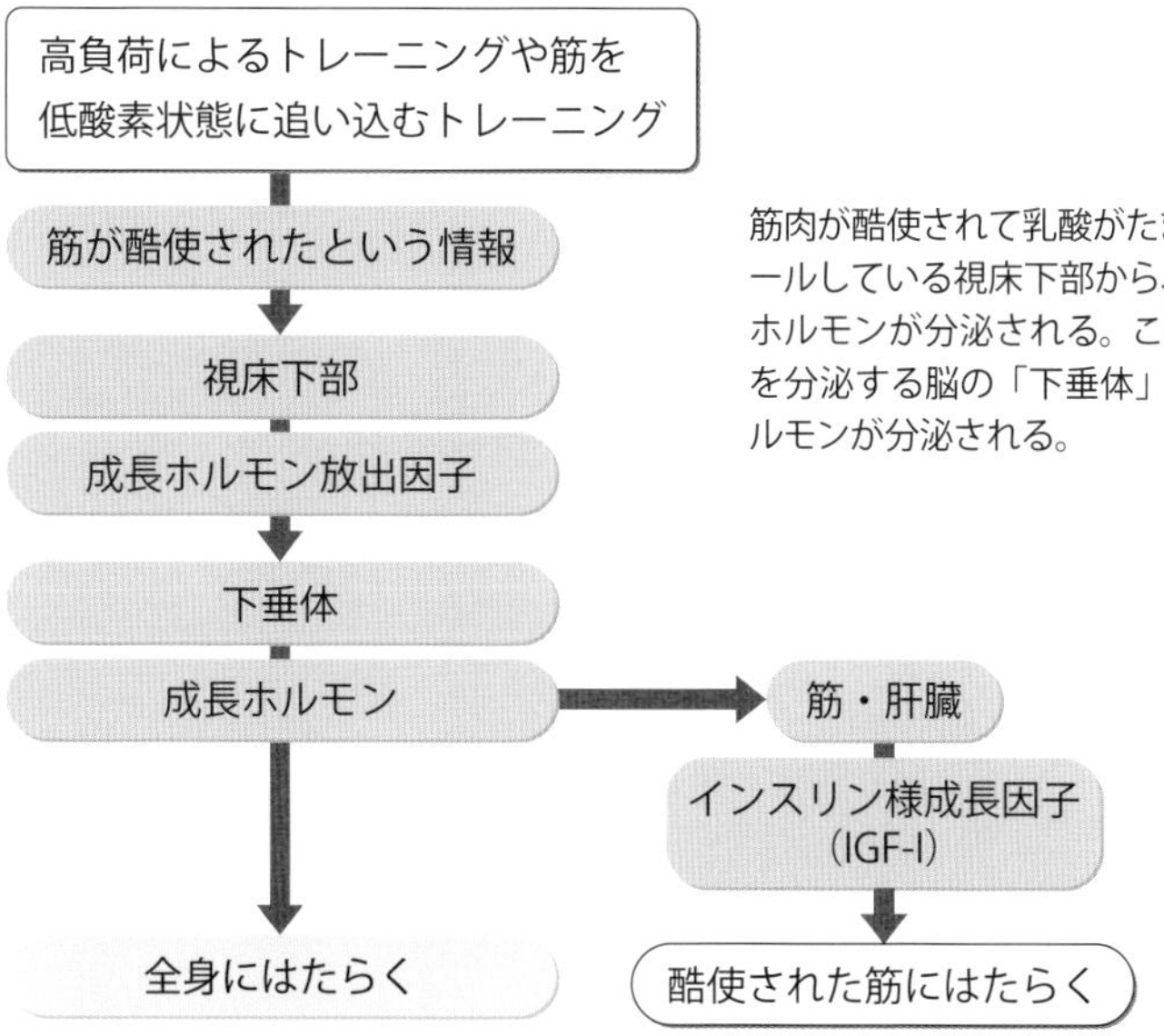

筋肉が酷使されて乳酸がたまると、ホルモンの分泌をコントロールしている視床下部から、「成長ホルモン放出因子」というホルモンが分泌される。このホルモンが実際に成長ホルモンを分泌する脳の「下垂体」に送られると、下垂体から成長ホルモンが分泌される。

（スポーツインキュベーション：図解雑学スポーツの科学，ナツメ社より）

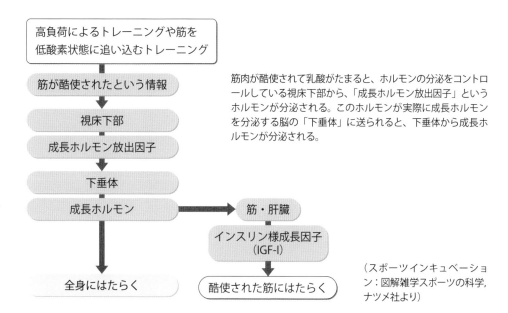

55 身体を動かすエネルギー源
56 基礎代謝
57 エネルギーの使われ方・軽い運動
58 エネルギーの使われ方・激しい運動
59 運動神経とは
60 筋の伸張反射
61 トレーニングとホルモン
62 トレーニングと睡眠
63 トレーニングと血液
64 高地トレーニング
65 発育発達とトレーニング
66 加齢とトレーニング
67 女性とトレーニング

62 トレーニングと睡眠

質の良い睡眠でパフォーマンスアップ

質の高い睡眠は、スポーツのパフォーマンスを向上させます。アメリカの大学のバスケットボール部員を対象にした研究によると、選手に5〜7週間、1日10時間の睡眠を推奨したところ、翌日のフリースローの成功率が向上したという結果が出たそうです。

　また、別の研究では、運動習慣がある人は運動習慣がない人よりも睡眠の質が良いということもわかっています。ここで大事なのは、〝習慣化〟されているかどうかです。運動習慣がない人が、単発的に運動をしてもその日の睡眠の質に変化はみられませんでした。

　週に数日の適度な運動を継続することで、「徐波睡眠」と呼ばれる深い睡眠が増えるのです。

睡眠の質を高める運動

　ウォーキング[#1]や水泳などの有酸素運動を週2〜3回行なうとよいでしょう。強度は高めである必要はなく、少し息がきれる程度の適度なもので十分効果が得られます。**ストレッチ**[#2]などの柔軟性を高める運動もおすすめですが、息をこらえるような激しい運動は、睡眠の質の改善には効果がありません。筋力トレーニングは、筋疲労が残らない程度の軽目の負荷で行ないましょう。

　また、運動をする時間も注意が必要です。推奨されるのは、午後から夕方にかけてです。人間の体温は日中が高く、夜になるにつれ下がっていくため、体温が低くなる時間帯に体温を上げることで入眠がスムーズになるのです。

#1→P.100
#2→P.194

睡眠と食欲の関係

　睡眠不足だと食欲が増すという研究結果があります。睡眠時間が少ない人は食欲抑制ホルモンであるレプチンが減少し、食欲増進ホルモンであるグレリンが増えていたのです。つまり、睡眠不足の人は、食欲が増進してしまい、肥満になりやすいというわけです。

　スポーツのパフォーマンス向上、そして健康のためにも、質の良い睡眠をとることを心がけましょう。

睡眠時間と食欲の関係性

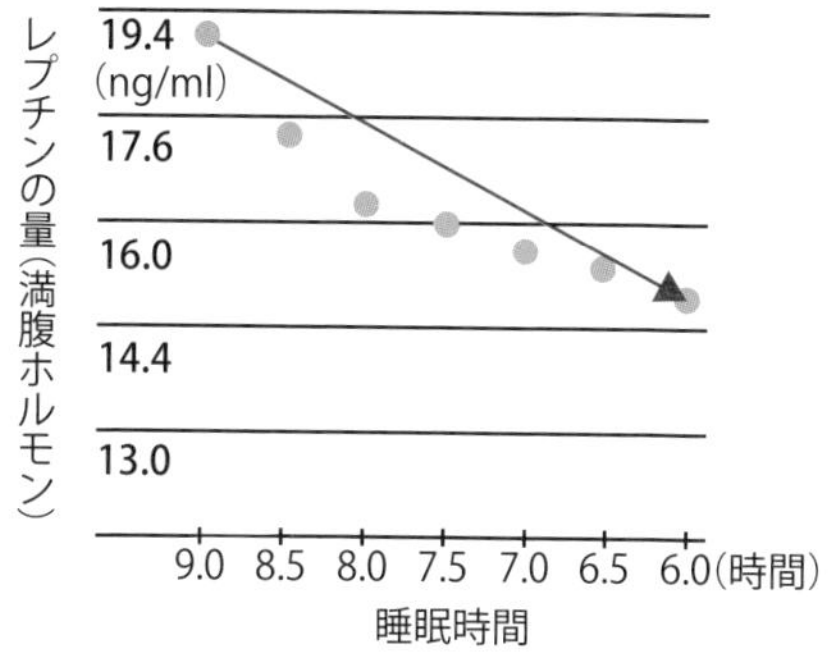

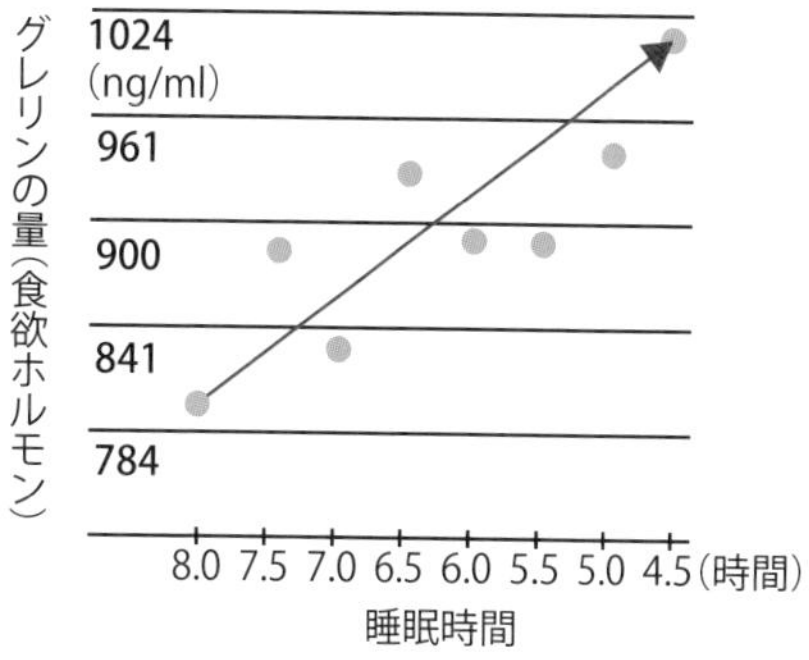

（PLoS Med. 2004 Dec;1(3):e62. Epub 2004 Dec 7.を改変）

上図は30〜60歳の男女1024人を対象に行なわれた睡眠時間と食欲に関係するホルモンとの関連性を調べた研究結果。レプチンは満腹中枢に作用して食欲を抑えることから「満腹ホルモン」、一方グレリンは食欲を増進させる「食欲ホルモン」と呼ばれるが、睡眠時間が少ない人ほど、満腹ホルモンが少なく、食欲ホルモンが多いことがわかる。

睡眠が不足すると食欲が増す
➡肥満になりやすい

習慣的な運動が睡眠に及ぼす効果

- 徐波睡眠が増えて、深い睡眠を得られる
- 寝付きが良くなる
- 中途覚醒※がなくなる
- 総睡眠時間がのびる

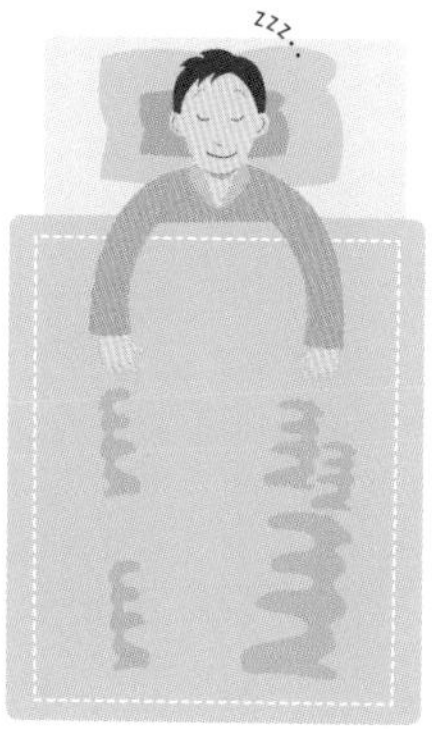

※夜中に目が覚め、その後眠れなくなること

63 トレーニングと血液

全身に酸素とエネルギーを運ぶ重要な要素

55 身体を動かすエネルギー源
56 基礎代謝
57 エネルギーの使われ方・軽い運動
58 エネルギーの使われ方・激しい運動
59 運動神経とは
60 筋の伸張反射
61 トレーニングとホルモン
62 トレーニングと睡眠
63 トレーニングと血液
64 高地トレーニング
65 発育発達とトレーニング
66 加齢とトレーニング
67 女性とトレーニング

スポーツ選手は、一般人と比べて**貧血**[#1]の発生率が高いといわれています。貧血は血液中の赤血球や、酸素の運搬を担うヘモグロビンが減少するために起こります。激しい運動が原因で起こる貧血を「運動性貧血」と呼びます。運動性貧血には、鉄分が不足して起こる「鉄欠乏性貧血」と、赤血球が壊れてしまう溶血で起こる「溶血性貧血」の2種類があります。

貧血は酸素運搬能力を低下させるため、運動機能に大きな影響を与えます。特に有酸素運動を行なう持久性競技では、どれだけ練習しても成果が上がらない状態に陥ってしまいます。

#1➡P.250

血糖

食事によって体内に入った糖質（炭水化物と糖類）は、「**グルコース**[#2]（ブドウ糖）」に分解され、血液中に放出されます。血液中のグルコース濃度を「血糖」と呼びます。血糖は一定の濃度に保たれ、エネルギー源として使われる機会に備えています。

人間は摂取した糖質が多ければ血糖を下げ、少なければ脂肪からグルコースをつくり出すなど、血糖値を調節します。しかし、お菓子やジュースなど、身体に吸収されやすい糖質が一気に体内に入ると、身体が高血糖を避けるためのメカニズムが強く働き出し、かえって低血糖の状態になります。このように、早朝の練習や試合などに備えて、血糖値を上げようと甘いものを大量にとると、逆効果になる場合があるので注意が必要です。

#2➡P.126

CPK（クレアチンフォスフォキナーゼ）

血液は身体の状態を表すバロメーターです。血液検査ではCPKの数値を測ることで、筋肉のダメージを推測できます。

CPKは骨格筋や心筋に多く存在し、激しい運動によって筋線維が壊れると、血液中に放出されます。CPKの数値の急激な上昇は心臓疾患や脳の障害など、様々な病気の有無を探る目安となっています。

血液の役割

血管

ヘモグロビンが少ないと（=貧血）
全身に酸素が行き渡らなくなる

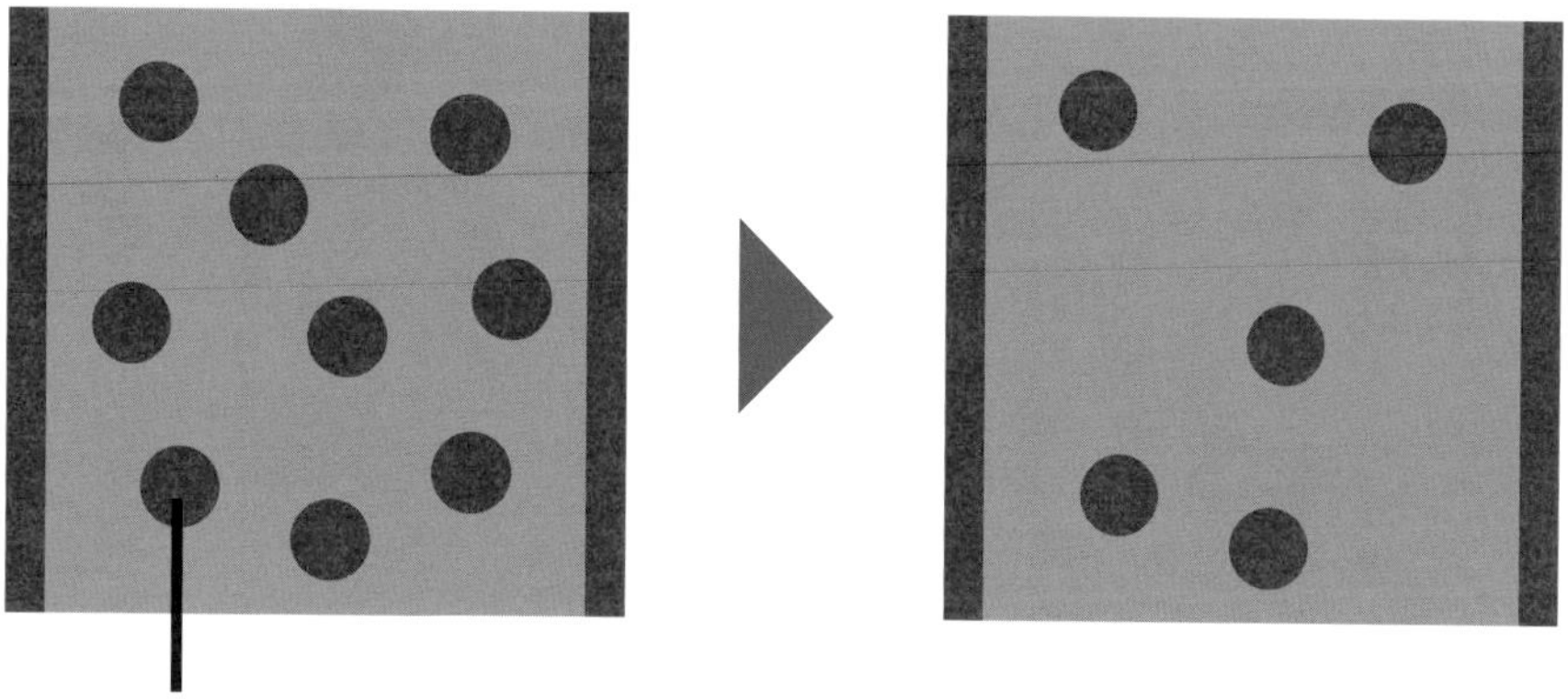

酸素を運ぶヘモグロビン

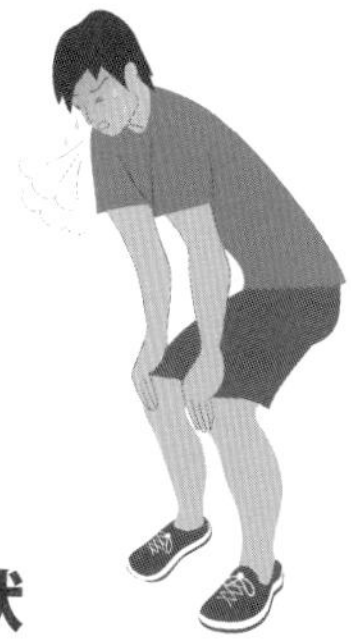

貧血とチアノーゼの違い

同じ血液中の酸素不足で起こる症状に、肌や唇の色が青紫になる「チアノーゼ」がある。これは血中のヘモグロビン濃度が高すぎると起こるので、貧血気味の人には起こりにくい。鉄分の不足が長期にわたって続いた場合は、舌炎や口角炎、爪の変形（さじ状爪）を起こすほか、顔が青白くなったり、まぶたの裏側の結膜が白っぽくなる結膜蒼白になったりすることがある。

貧血の症状

息切れ、動悸、めまい、頭痛、全身の倦怠感、疲労の蓄積、集中力低下、食欲不振などが起こる。鉄分を摂取して血液中のヘモグロビン濃度を上げる必要がある。

血糖の補給

血糖の元となるもの

炭水化物
ご飯やパンなどの穀物類

糖類
お菓子やジュースなど
甘いもの

血糖を補給するにあたって

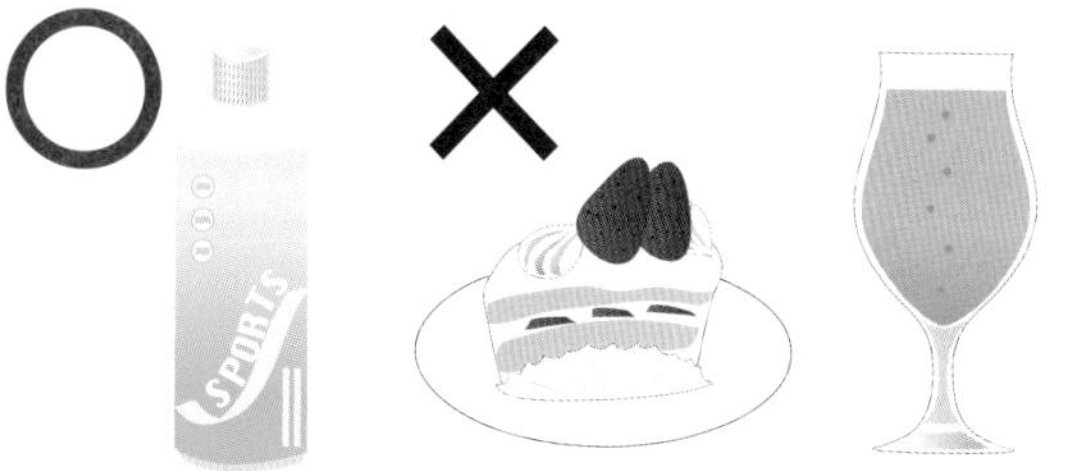

ケーキやジュースは糖質を豊富に含むが、高血糖になりすぎてかえって逆効果。スポーツドリンクならバランスのいい糖質補給ができる。

55 身体を動かす
エネルギー源

56 基礎代謝

57 エネルギー
の使われ方・
軽い運動

58 エネルギー
の使われ方・
激しい運動

59 運動神経
とは

60 筋の伸張
反射

61 トレーニング
とホルモン

62 トレーニング
と睡眠

63 トレーニング
と血液

64 高地
トレーニング

65 発育発達と
トレーニング

66 加齢と
トレーニング

67 女性と
トレーニング

64 高地トレーニング

酸素濃度が薄い過酷な環境

マラソンなどの持久力トレーニングとしてよく行なわれるのが、高地トレーニングです。高地トレーニングの効果で最も重要視されるのは「酸素摂取能力の向上」です。標高が高く気圧の低い場所では、気圧の低下に伴い酸素の濃度も低くなります。そのために、海抜1500m以上の環境では、高度が1000m上昇するごとに人間の最大酸素摂取量が約10％減少していきます。こうした環境に適応するために身体には赤血球、ヘモグロビン、血流量の増加などの適応変化が起こり、酸素運搬能力が向上します。また同じ運動でも、高地では平地よりも酸素濃度が低いことから心肺機能への

負担が大きく運動強度が高くなるため、より大きいトレーニング効果が期待されます。

高地トレーニングには、他にもグリコーゲン貯蔵能力の向上や、筋肉の衝撃吸収力の向上など様々な効果があります。

しかし一方で、**解糖系**[1]エネルギー供給能力の低下や、滞在高度によっては筋力が低下したという例も報告されています。

#1➡P.132

高地トレーニングの種類

高地で行なう運動は身体への負担が大きく、正しい方法で行なわなければ効果が得られないだけでなく、体調を崩す危険があります。高地トレーニングには、主に以下の3つがあります。

1．高地滞在・高地トレーニング法

高地に滞在してトレーニングを行なう方法です。しかし運動量が減少したり、トレーニングの質が低下したりする場合があり、逆効果になるケースがあります。

2．インターバル法

高地と平地のトレーニングを交互に行なう方法です。一般的には高地で2週間、平地で1週間のスケジュールを組みます。

3．高地滞在・低地トレーニング法

2500m前後の高地に滞在して、1300m前後の低地でトレーニングを行なう方法です。また、低圧・低酸素室で行なうトレーニング方法もあります。

高地と酸素の関係

高度および気圧と最大酸素摂取量の関係

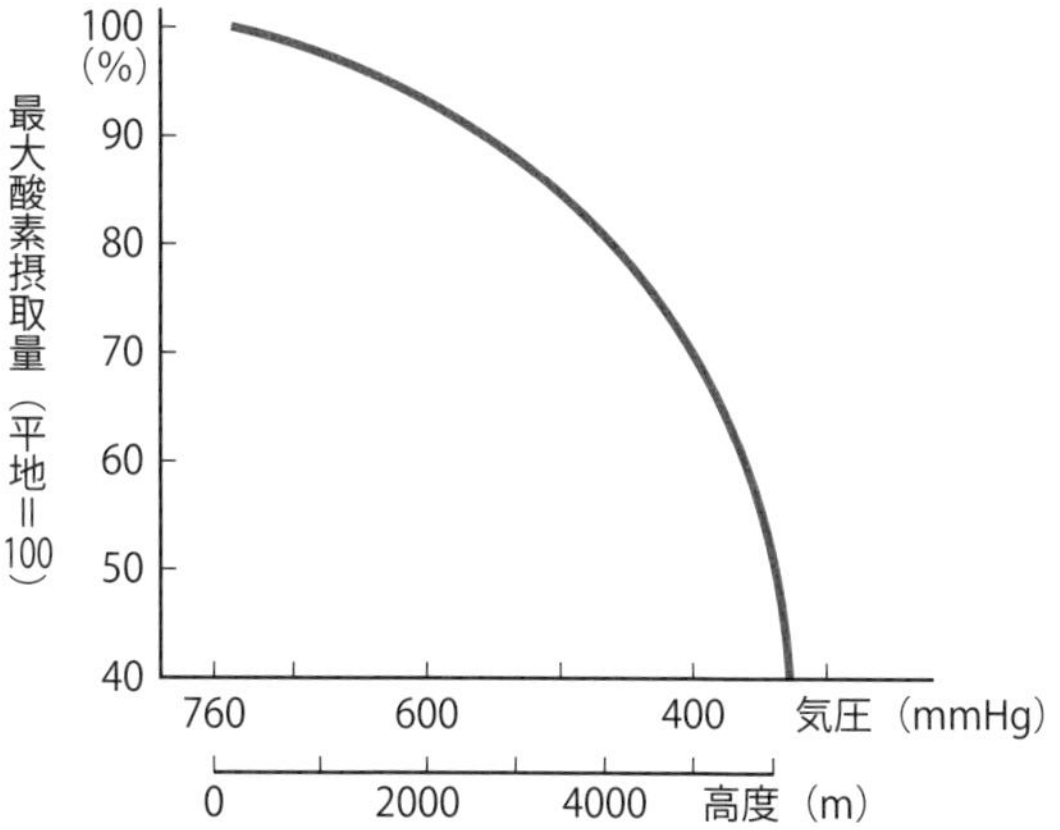

標高が高くなり気圧が低くなるにしたがって、最大酸素摂取量の割合も低くなる。

標高と酸素濃度

海抜(m)	気圧(mmHg)	酸素濃度比率(%)
0	760	100
1000	670	88
2500	554	73
3000	520	68
3500	489	64
4000	460	60
4500	431	57
5000	404	53
5500	380	50

高度に対する各種酸素データの変化

高度(m)	気圧(mmHg)	大気酸素分圧(mmHg)	肺胞気酸素分圧(mmHg)	動脈血酸素飽和度(%)	有酸素性体力(平地に対する割合)
0	760	159	105	97	100
1000	680	142	94	96	
2000	600	125	78	94	90
3000	523	111	62	90	
4300	450	94	51	86	80
5600	380	75	42	80	
7000	305	64	31	63	50
8882	230	48	19	30	

高地では最大酸素摂取量以外の数値も低くなる。

急性高山病の危険性

高山病は、頭痛やめまい、食欲の不振や吐き気などの症状を起こす。標高2500m以上で多くみられ、年が若い、また高地に到達する速度が速いと起こりやすい。その場で休憩することで回復できるので、もし身体に異常を感じたらすぐに身体を休めること。回復の兆しがみられない場合は、すぐに下山することが重要だ。

65 発育発達とトレーニング

身体の各能力が最も成長する時期

55 身体を動かすエネルギー源
56 基礎代謝
57 エネルギーの使われ方・軽い運動
58 エネルギーの使われ方・激しい運動
59 運動神経とは
60 筋の伸張反射
61 トレーニングとホルモン
62 トレーニングと睡眠
63 トレーニングと血液
64 高地トレーニング
65 発育発達とトレーニング
66 加齢とトレーニング
67 女性とトレーニング

子どもの成長に期待するあまり、幼少期から大人と同じトレーニングを行なわせてしまうケースがあります。しかし、それは非効率的で危険な方法です。その理由を身体の発育過程から説明します。

子どもの発育過程

人間の身体は成長の速度や伸び率が器官によって異なります。身体の器官を「神経型」「一般型」「リンパ系型」「生殖型」の4種類に分類し、それらの発育発達率が20歳で100%となるように成長の違いを表したのが、左の「スキャモンの発育発達曲線」です。

神経系の発達を重視する

理想的なのは、発達が顕著な時期にその機能を伸ばすことです。発育期に特に重視したいのは、身のこなし方に関係する神経系の発達です。スキャモンの発育発達曲線の「神経型」が大きく伸びる12歳頃までに、様々な経験を積んで刺激を与えましょう。

この時期までに多彩な身体を使った遊びやスポーツを経験することで神経系の発達が促され、神経回路が増加します。神経回路ができ上がれば、これまで**随意運動**[#1]で行なっていたものが**反射運動**[#1]へと変化し、動きが洗練されます。

ここで重要なのは、子どもに「1つの種目だけではなく、様々な動きを経験させる」ことです。

#1➡P.134

注意すべきトレーニング

発育期に適さないのが筋力トレーニングです。骨格系が発達過程の時期は効果が薄いだけでなく、骨に悪影響を与える危険があります。成長期に過度なトレーニングを行なうと、成長期の骨の両端に存在する柔らかい軟骨組織（**骨端線**[#2]）に過度な刺激を与えてしまい、骨の成長を阻害する可能性があります。さらには**スポーツ障害**[#3]の原因にもなります。

子どもは大人のミニチュアではありません。人間の身体は与えられた刺激に対して適応していきますが、身体がまだ未熟な子どもに関しては、発育時期に応じた適切な刺激を与える配慮が必要です。

#3➡P.168 #2➡P.016

各運動能力の発達に適した時期

身体をうまく動かす「動きづくり＝調整力・神経系」の発達時期 → 5〜10歳

▼

長く運動を続ける「がまん強さ＝持久力」の発達時期 → 10〜15歳

▼

大きな力を発揮する「力強さ＝筋力」の発達時期 → 16歳以降

子どもが成長する過程には、運動に必要な様々な能力の発達に適した時期がある。例えば、筋力が発達しにくい時期に筋トレをさかんにやらせても、効果は表れにくい。むしろ、未発達の関節を傷めてしまう可能性があるともいえる。子どもに運動をさせる場合は、運動能力の「伸びしろ」が大きい時期に適切な刺激を与えることが肝心だ。

身体の発育時期を示す「スキャモンの発育発達曲線」

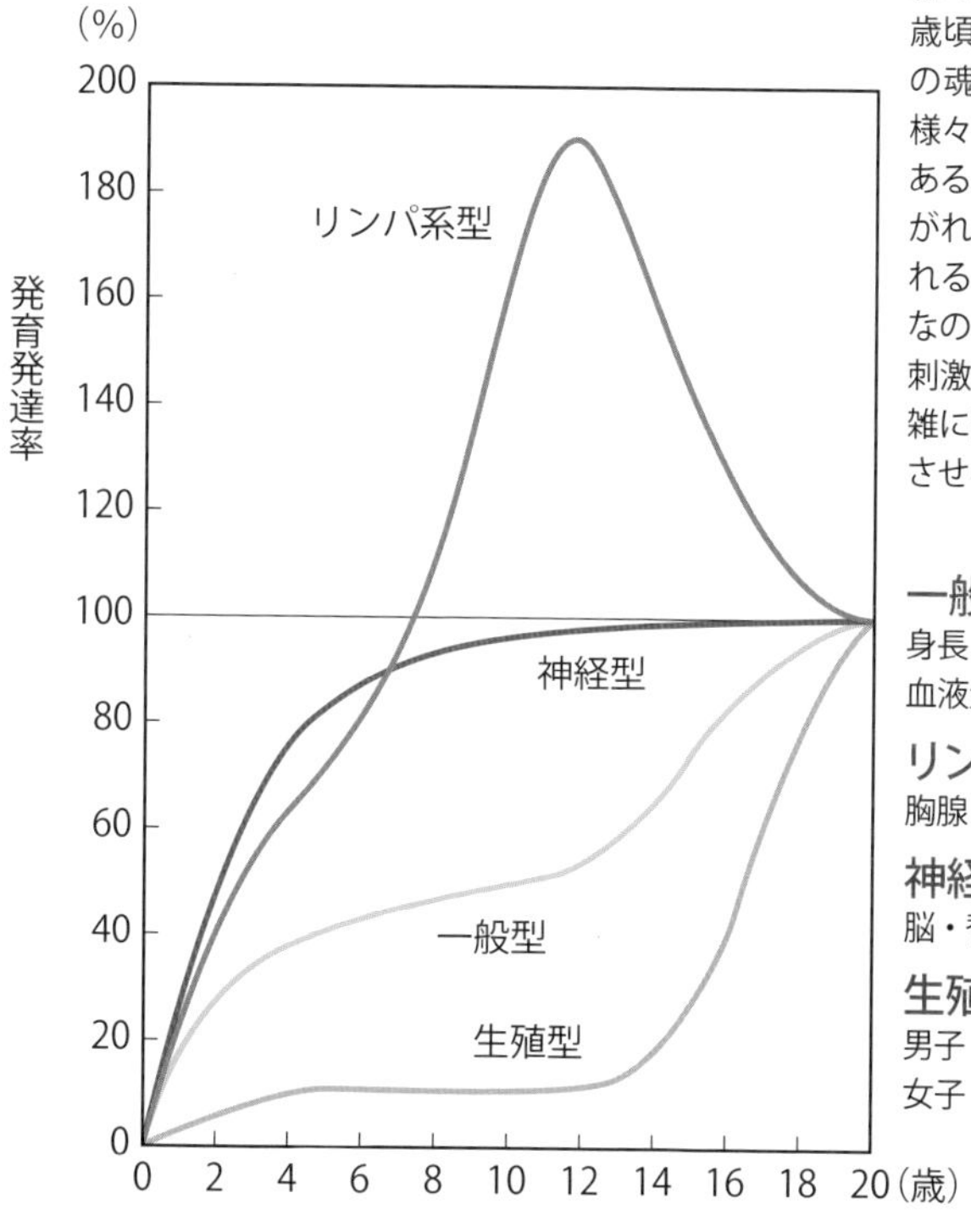

「スキャモンの発育発達曲線」は、臓器や器官の発達の様子を、20歳が100%になるような曲線で表現したもの。特徴的なのは神経型で、5歳頃までに約90%もの成長を遂げる。「三つ子の魂百まで」といわれるように、この時期は様々な神経回路が形成されていく大切な過程である。また、神経系は、一度その経路ができ上がればなかなか消えない。自転車はいったん乗れるようになれば、何年も乗らなくても大丈夫なのはその一例。つまり、この時期は神経系を刺激する大切な時期であり、その神経回路を複雑に張り巡らせるための多種多様な動きを経験させることが重要だ。

一般型
身長・呼吸器・消化器・腎臓・血管系・骨格系・血液量など

リンパ系型
胸腺・リンパ節・扁桃・腸管リンパ組織

神経型
脳・脊髄・眼球・上部顔面・頭蓋の上部

生殖型
男子：睾丸・精嚢・前立腺など
女子：卵管・卵巣・子宮・膣など

66 加齢とトレーニング

年齢に応じたトレーニング方法

プラス1歳で機能が約1％低下

一般に身体機能は20歳代をピークに低下していくといわれています。筋力、持久力（最大酸素摂取量）、柔軟性などの運動機能が1年に約1％のスピードで低下することがわかっています。これは競技者としてスポーツを日頃から行なっているマスターズの選手も同様で、加齢による諸機能の低下は誰も避けることができません。

訓練次第で身体能力は向上する

しかし、高齢者でもトレーニングを行なえば身体能力を向上できることがわかっています。男性60歳以上、女性55歳以上を対象とした運動教室において、1回2時間の指導を月に2回、6カ月間継続して行なった参加者は、左図のとおり軒並み体力テストの数値が向上しています。また最大酸素摂取量の調査では、日常的に運動を行なっている高齢者は、「20歳代で優秀なスポーツ選手だったが過去10年間トレーニングを行なっていない人」を大きく上回る数値を記録しています。以上のデータから、高齢者であっても、トレーニングを行なえば効果があることがわかります。

ほかにも、早い時期から運動を継続すればより効果的であることや、日常的な運動習慣は身体機能だけでなく、神経機能にも刺激を与え、脳の若返り効果があることも報告されています。

トレーニングの注意点

高齢者はバランス機能や、筋力、骨の強度が低下しているため、転倒などのケガには細心の注意が必要です。また、心拍数の低下による酸素摂取量の減少にも注意し、決して無理な運動は行なわないようにしてください。

さらに、体温調節機能の低下も事故の要因になります。高齢者は温度変化への対応が遅くなる傾向があるため、高温の環境下では発汗が遅れて体温の上昇が、また低温環境下では血圧の上昇がみられます。運動時は温度環境にも注意を払いましょう。

55 身体を動かすエネルギー源
56 基礎代謝
57 エネルギーの使われ方・軽い運動
58 エネルギーの使われ方・激しい運動
59 運動神経とは
60 筋の伸張反射
61 トレーニングとホルモン
62 トレーニングと睡眠
63 トレーニングと血液
64 高地トレーニング
65 発育発達とトレーニング
66 加齢とトレーニング
67 女性とトレーニング

運動経験による最大酸素摂取量の比較

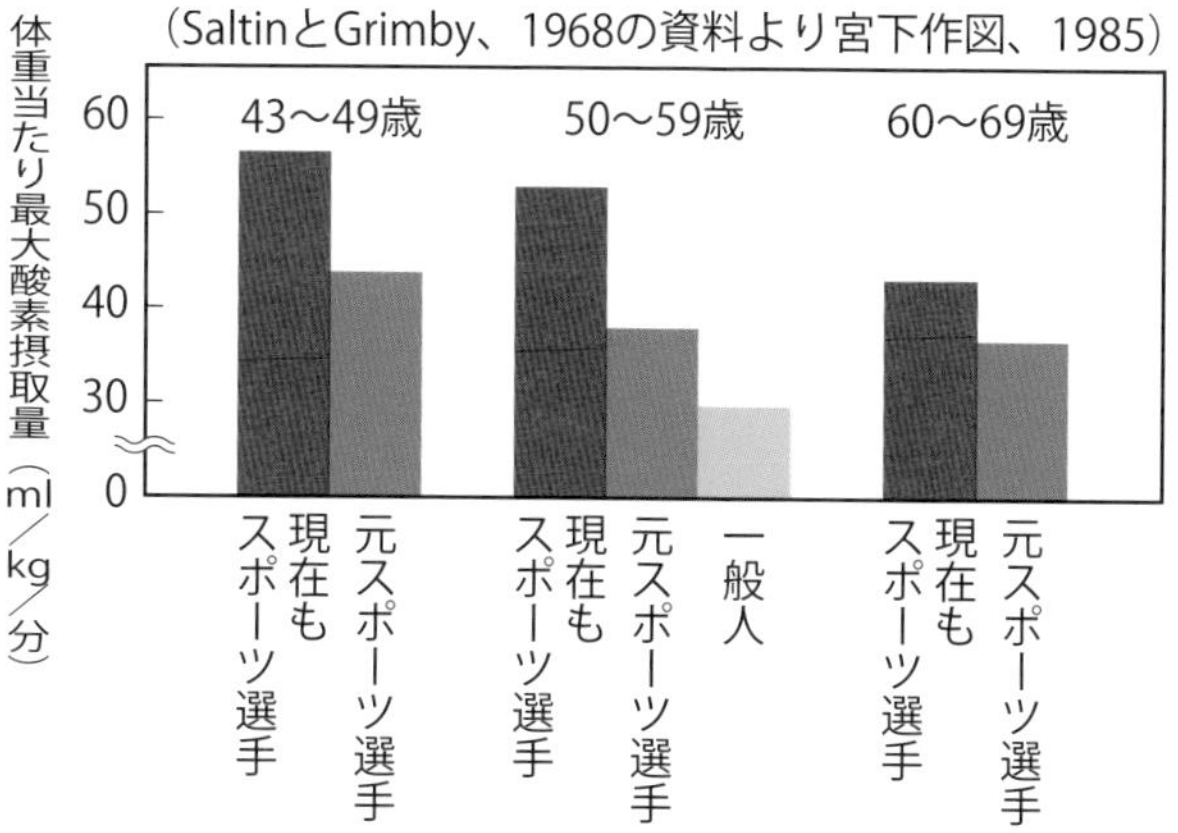

（SaltinとGrimby、1968の資料より宮下作図、1985）

最大酸素摂取量は加齢と共に減少していくが、過去に運動経験のある人は、40歳を過ぎても未経験の一般人に比べて倍以上の最大酸素摂取量を保っている。

（フィジーク97年12月号「運動経験による最大酸素摂取量の比較」，サニーサイドアップより）

タイプ別の加齢による最大酸素摂取量の変化

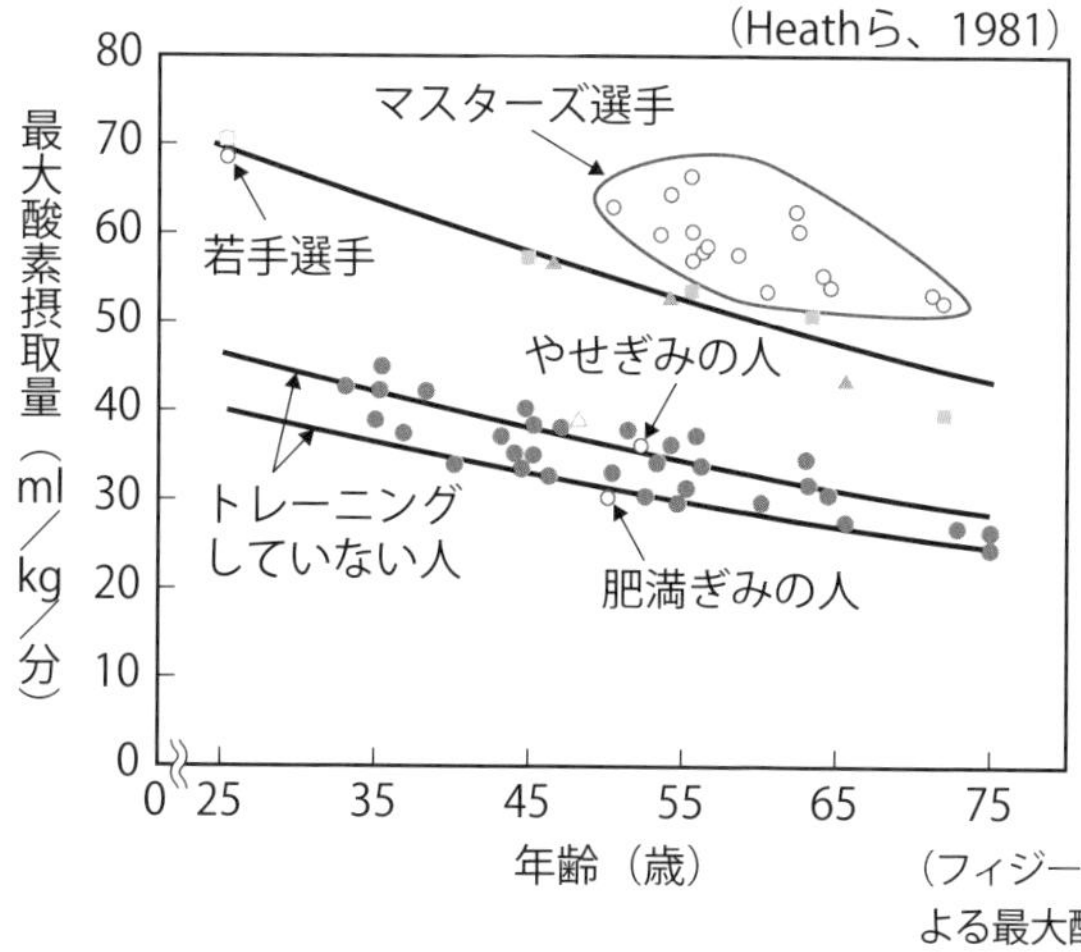

マスターズ選手（スポーツを続けている高齢者）は、トレーニングをしていない若年者よりも最大酸素摂取量が大きい。

（フィジーク97年12月号「さまざまなタイプの人の加齢による最大酸素摂取量の変化」，サニーサイドアップより）

高齢者のトレーニングによる身体能力の向上データ

	年齢区分（歳）	人数	握力			背筋力			垂直とび			立位体前屈			伏臥上体そらし		
			第1回（kg）	6か月後（kg）	変化率（%）	第1回（kg）	6か月後（kg）	変化率（%）	第1回（cm）	6か月後（cm）	変化率（%）	第1回（cm）	6か月後（cm）	変化率（%）	第1回（cm）	6か月後（cm）	変化率（%）
男性	55〜59																
	60〜64	9	40.7	43.1	5.9	120.3	120.7	0.3	33.1	36.3	9.7	4.7	6.7	42.6	31.7	38.7	22.1
	65〜69	16	34.9	35.4	1.4	80	89.1	11.4	26.5	27.4	3.4	3.8	5.5	44.7	26.4	25.4	-3.8
	70〜74	14	33.2	34.7	4.5	85.1	91.5	7.5	24.9	27.5	10.4	3.4	7	105.9	26.3	29.1	10.6
	75〜79	3	31.8	32.7	2.8	64.5	69	7	27	25.5	-5.6	-1.5	1.7	213.3	13.8	15.3	10.7
女性	55〜59	4	28	28.2	0.7	69.3	75.5	8.9	24.3	22.3	-8.2	17.2	18.2	5.8	38.4	39.6	3.1
	60〜64	11	23.4	24.4	4.3	59.9	61.7	3.7	19.6	21.9	11.7	6.4	7.9	23.4	33.6	36.9	9.8
	65〜69	7	24	24.8	3.3	50.7	57.3	13	21.3	21.7	1.9	14.1	15.4	9.2	33.6	40.1	19.3
	70〜74																
	75〜79	1	21	22.5	7.1	39	49	25.6	19	17	-10.5				33.5	39	16.4

（フィジーク97年12月号「健康教室に継続参加した高齢者の体力の変化」，サニーサイドアップより一部抜粋）

67 女性とトレーニング

女性の身体の特性を知る

女性と男性の最も大きな身体の違いは、妊娠に関わるものです。女性の身体はより複雑で、精巧につくられています。女性の身体は一般的に女性は男性よりも身体が小さく、筋肉量そのものが少ないため、男性に比べて運動能力が劣るといわれています。

しかし、トレーニングを行なった際の伸び率にはさほど大きな差はありません。ただし女性の筋肉量は男性の約70%であることから、男性と同じ筋力を得るのは大変難しいといえます。

男性ホルモンの量も大きな影響を与えています。首、肩、腕などの上半身は男性ホルモンの影響を受けやすいため、女性がこれらの部位を強化するには質・量ともに工夫が必要になります。一方、下半身は筋肉の発達に男女差が少ないといわれています。

月経と更年期

月経とトレーニングの関連性にはまだまだ未解明な部分が多くありますが、個人差が大きいために月経の周期や症状を把握し、月経時に起こる身体の変化について観察・記録することで、傾向やリズムをつかむことができます。その特性に合わせたトレーニング計画を立てて、パフォーマンスの低下を抑えることが理想です。

また、女性はやがて閉経を迎えます。閉経によって女性ホルモンが減少すると、約4人に3人という高い割合で、ほてり・のぼせ・イライラなどの「更年期症状」が表れます。この改善に運動は有効に働き、特に抑うつ状態には無酸素運動、不安状態には有酸素運動が効果的という報告があります。

妊娠とスポーツ

妊娠中の健康状態を保ち、体力を必要とする出産に備えるために、若い時期からの運動はとても重要です。また妊娠中は左図のように非妊時と姿勢が異なり、身体にいろいろな影響を及ぼします。そのため、妊娠時や産後に運動を行なう場合の条件や諸注意を理解しておくことが重要です。

55 身体を動かすエネルギー源
56 基礎代謝
57 エネルギーの使われ方・軽い運動
58 エネルギーの使われ方・激しい運動
59 運動神経とは
60 筋の伸張反射
61 トレーニングとホルモン
62 トレーニングと睡眠
63 トレーニングと血液
64 高地トレーニング
65 発育発達とトレーニング
66 加齢とトレーニング
67 女性とトレーニング

妊娠時の適度な運動によるメリット

- 母体のメンタルヘルスを維持し、妊娠中の不安やストレスなどにうまく対処する
- 妊娠中の背中の痛みを軽減
- 出産時間の短縮および痛みの軽減
- 妊娠後の体重、体力および柔軟性の早期回復
- 消化の改善、便秘の減少
- 産科医にかかる機会を減らす

妊娠中の軽度な運動のポイント

妊娠中は右図のように、子宮内の胎児のぶんだけ身体に負担がかかっている。そのため、競技性の高いものや、腹部に圧迫が加わるもの、転倒や接触の危険性がある運動は避けること。さらに、下記の条件をすべて満たしている場合のみ運動を行なおう。なお、運動の際は必ず主治医の指示も仰ぐこと。

- 妊娠状態が正常かどうか
- 双子以上の妊娠ではないか
- 妊娠成立後16週以降か

妊娠中の姿勢の変化とその影響

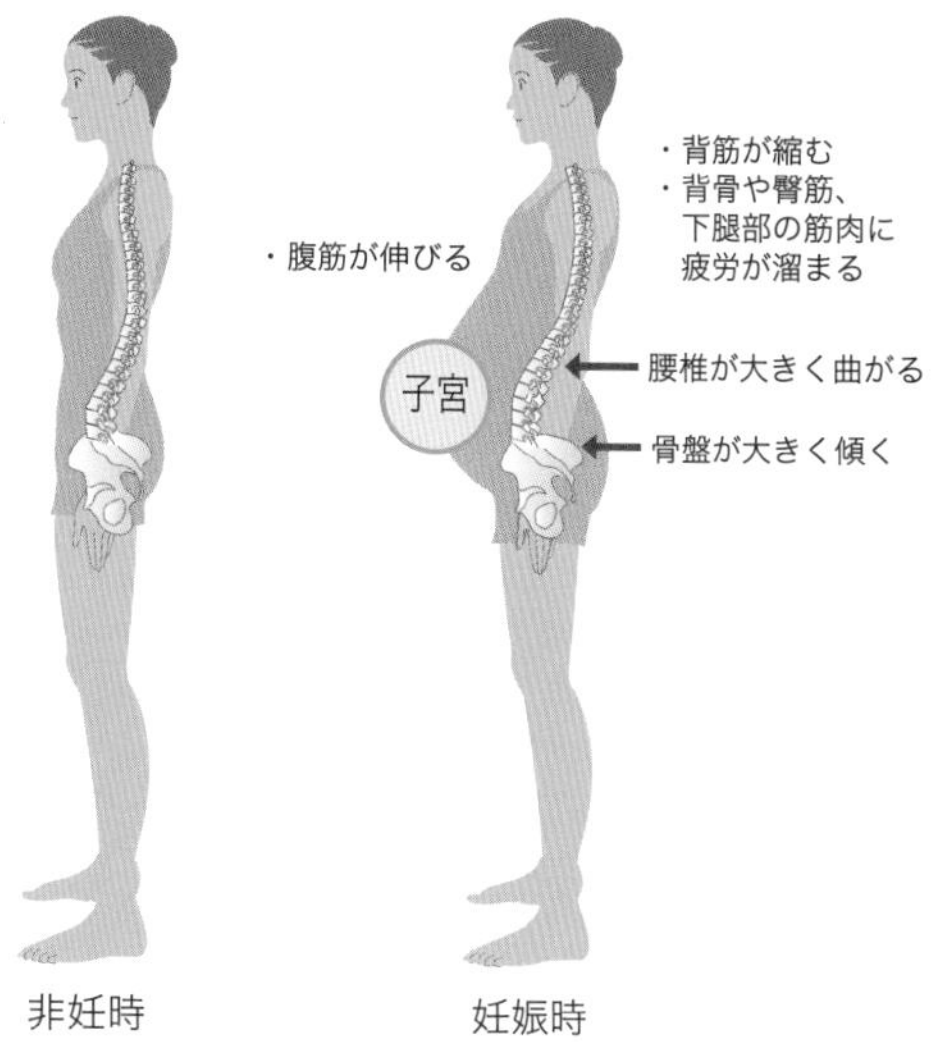

妊娠中の運動に関する勧告

- 妊娠中の運動量は軽度から中度にとどめ、週3回程度の定期的な運動を間隔を空けて行なう
- 妊娠時には有酸素運動に使われる酸素が減少するので、疲れたら運動を中止し、疲労困憊になるまで続けない
- 妊娠中は代謝を維持するために、1日あたりの摂取エネルギーを300kcal追加する
- 妊娠第1期（3カ月）は熱放散のために十分に水分を補給して、スポーツに適したウェアを着用し、適温の環境で運動を行なう

COLUMN

無重力環境下での生活は〝寝たきり〟と同じ？

皆さんご存じのように、宇宙には重力がありません。そして、重力がない世界には重力方向に発生する負荷である「重量」もないのです。では、重さのない環境では、人間の身体にどんな変化が起こるのでしょう？

普段、私たちの身体には、常に自分の体重ぶんの負荷がかかっています。それが無重力環境下になると体重がゼロになるので、その負荷がなくなるのです。自分の身体を支える力がいらなくなるという点は、浮力が働く水中に似ています。

しかし、無重力環境下では身体に深刻な事態が発生します。体重の負荷を支える必要がなくなった筋肉や骨は、どんどん弱くなってしまうのです。地球に帰還した宇宙飛行士の血液中に、骨の成分が溶け出していたという報告があるくらいです。人間は重力という「負荷」によって、筋肉や骨を鍛えているのです。科学的な面から見ても、骨がカルシウムを吸着し、丈夫になっていくためには、重力が必要なことが明らかになっています。

宇宙空間では、人間の身体は確実に衰えていってしまいます。ですから、無重力環境下での生活を強いられる宇宙飛行士は、身体の衰えを少しでも防ぐために、筋力トレーニングが欠かせません。しかし、無重力環境下ではダンベルやバーベル、腕立て伏せなどの重さを利用するトレーニングはまったく効果がありません。

そこで登場するのが、ゴム製のベルトやチューブです。ゴムの伸縮力は重力の影響を受けません。NASA（アメリカ航空宇宙局）は、ゴムの特性を利用したトレーニングマシンを開発して、実際に宇宙空間で使用しています。

負荷のかからない環境では、身体はどんどん衰えていくことがわかりました。ただ、それは宇宙に限った話ではありません。寝たきりのような何の運動もしない状態が続いても、同じように負荷がかからないので、筋肉や骨は細くなり、宇宙飛行士のように骨の成分も血液に溶け出してしまうでしょう。そうした状態にならないためには、やはり適度な運動を欠かすことはできないのです。

第4章

トレーニングとコンディショニングの仕組みを学ぶ

68

常に潜む危険
スポーツによって起こるケガ

スポーツによって起こるケガは、大きく2つに分けられます。1つは大きな力が加わることによって、一瞬で身体の組織を傷めてしまう「スポーツ外傷」。もう1つは反復練習によって疲労や小さな衝撃が蓄積し、慢性的な痛みや機能障害を起こす「**スポーツ障害**」[#1]です。

一方、内科的な異変が生じるケースもあります。これも発症の仕方によって「急性障害」（熱中症、突然死など）と、「慢性障害」（慢性疲労、運動性貧血など）の2つに分けて考えられています。

#1➡P.168

スポーツ外傷の代表的な例

スポーツ外傷には、以下のようなものがあります。

捻挫

骨と骨を結ぶ靭帯が伸びすぎることによって起こり、スポーツ外傷でも発生率がきわめて高いケガです。最も多くみられるのは足首を内側に捻る「足関節内反捻挫」です。上肢では「突き指」があります。

肉離れ

筋線維の断裂を総称して「肉離れ」と呼びます。大腿部裏側のハムストリングスなどで多発するケガです。原因は特定されていませんが、**力の偏り**[#2]や、柔軟性の低さ、可動範囲を超える動作、強い衝撃などが考えられます。

#2➡P.168

腱の断裂

腱の断裂は、ダッシュや着地などで腱が急激に引き伸ばされることで発生するほか、使いすぎが原因となる場合もあります。

脱臼

肩で起こることが多いケガで、関節を構成する骨同士の関節面が、正しい位置関係を失っている状態です。

骨折

骨の耐久力の限界を超える強い力や、反復して力が加わることで、骨が折れてしまうケガです。運動中に骨折を起こしやすい部位は、鎖骨、肋骨、指骨、尾骨、前腕部や下腿部の骨などです。

68 スポーツによって起こるケガ
69 筋肉痛
70 外傷の応急処置
71 創傷の応急処置
72 アイシングと冷湿布
73 救急時の救命処置
74 スポーツ障害とは
75 スポーツ障害の発生メカニズム
76 足部と下腿部の外傷・障害
77 膝関節の外傷・障害
78 大腿部と股関節の外傷・障害
79 腰部の外傷・障害
80 肩関節の外傷・障害
81 肘関節と手関節の外傷・障害
82 頭部と頚部の外傷・障害
83 スポーツと感染症
84 コンディショニング・疲労
85 テーピング
86 ストレッチ
87 ダイナミックストレッチ

パートナーストレッチ 88
入浴・シャワー 89
サウナ・高温冷温交代浴 90
スパ・タラソテラピー・水中運動 91
オイルトリートメント・アロマオイル 92
電気刺激治療器 93
身体組成と体脂肪率 94
血液検査 95

スポーツで起こるケガの種類

スポーツ障害

蓄積した疲労や特定の動きを繰り返すことで起こる痛みやケガ。骨や筋肉、関節や腱などに起こる。

内科的障害

身体に物理的な損傷がないトラブル。貧血・高山病・潜水病・過呼吸・突然死・熱中症などがこれにあたる。

スポーツ外傷

運動時の接触や転倒など、不慮の事故がもとで起こるケガ。突発的に起こるので回避が難しい。

代表的なスポーツ外傷

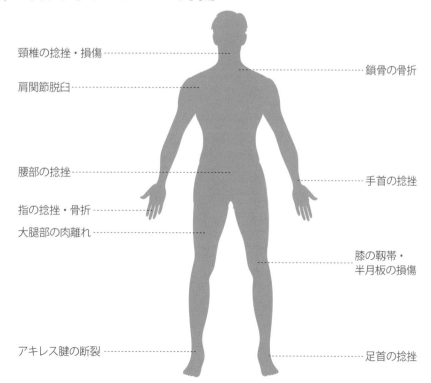

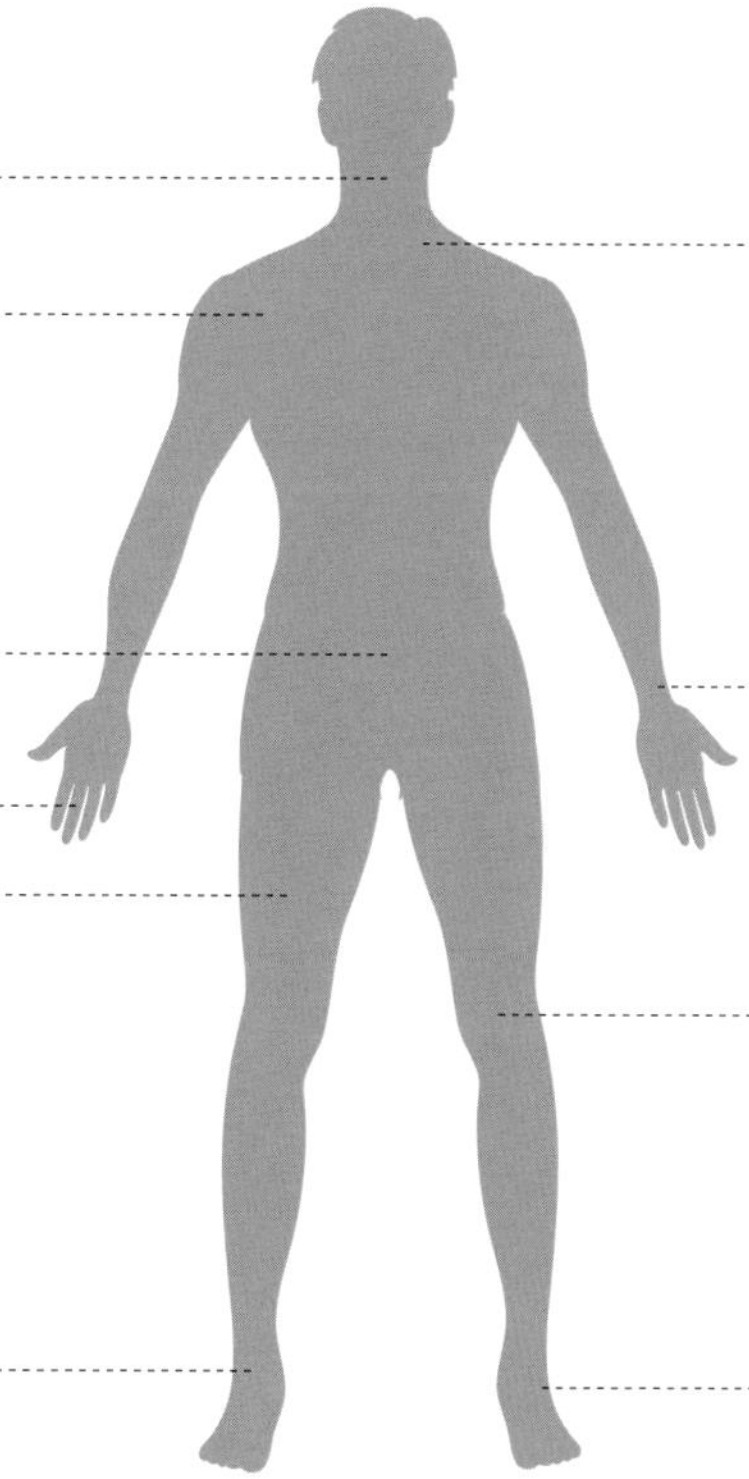

69 筋肉痛
運動で起こる筋線維の損傷

「筋肉痛」とは、運動後に起こる筋肉の痛みの総称です。運動の数時間～数日後に起こることから、医学的には「遅発性筋痛」と呼ばれます。

筋肉痛がなぜ起こるか、そのメカニズムは完全には解明されていません。かつては体内にたまった**乳酸**[#1]が原因と考えられていましたが、乳酸はエネルギー源として再利用されていることがわかり、この説は否定されています。現在では、運動によって損傷した筋線維が炎症を起こす際に生産された刺激物質（ブラジキニン、ヒスタミンなど）が原因であるという説が有力です。

#1➡P.130

筋肉痛が起きやすい運動

日頃使っていない筋肉を過度に使ったり、大きな力で筋肉の収縮を繰り返したりすると、筋線維は小さな断裂（損傷）を起こします。中でも、断裂が起きやすいのが、伸張性（エキセントリック）運動を行なった時です。ダンベルを持った腕をゆっくり下げる時の上腕二頭筋のように、筋肉が収縮方向とは逆方向に引き伸ばされながら力を発揮するような運動が、これにあたります。

筋肉痛の治療と予防

ひどい痛みの場合は、冷やして炎症を抑えます。マッサージや**入浴**[#2]で血行を良くすることも効果的です。ただし、通常は何もしなくても5～7日で痛みは消失します。最も大切なのは休養すること。損傷した筋線維は修復される際に、それまでよりも少しだけ強く太くなります。これが「**超回復**[#3]」です。超回復に必要な期間は部位によっても違いますが、1～2日は完全に休養することが求められます。もし、トレーニングを行なう場合は、筋肉痛がある部位は避けましょう。

#2➡P.200

また、筋肉痛は日頃運動していない人が急に運動したり、不慣れな動きをしたりした時に顕著に現れるものです。定期的に運動をすることで、超回復を促し、筋線維を太く丈夫にしておくことが、筋肉痛の予防や痛みの軽減につながるでしょう。

#3➡P.078

68 スポーツによって起こるケガ
69 筋肉痛
70 外傷の応急処置
71 創傷の応急処置
72 アイシングと冷湿布
73 救急時の救命処置
74 スポーツ障害とは
75 スポーツ障害の発生メカニズム
76 足部と下腿部の外傷・障害
77 膝関節の外傷・障害
78 大腿部と股関節の外傷・障害
79 腰部の外傷・障害
80 肩関節の外傷・障害
81 肘関節と手関節の外傷・障害
82 頭部と頸部の外傷・障害
83 スポーツと感染症
84 コンディショニング・疲労
85 テーピング
86 ストレッチ
87 ダイナミックストレッチ

筋肉痛のメカニズム

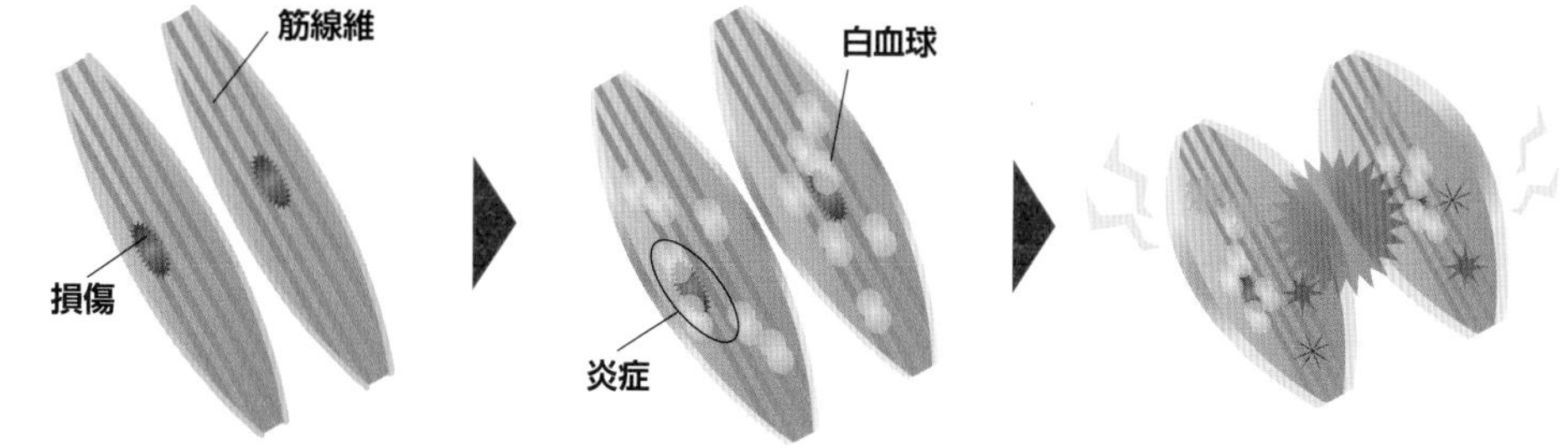

激しい運動をすることで、筋線維に微細な傷がつく。

傷を修復するために白血球などが集まる際に炎症が起こる。

ブラジキニン、ヒスタミンなどの発痛物質が生産される。

●筋肉痛を起こす発痛物質

右図は、激しい運動をした後の血中のブラジキニン濃度の推移を調べた研究結果。痛みの程度は、0＝痛くないから、3＝何もしなくても痛いまで、4つのレベルで表されている。ブラジキニンやその代謝物の量と痛みの程度の推移に関連性がみられることから、ブラジキニンが筋肉痛に関与していると推測される。

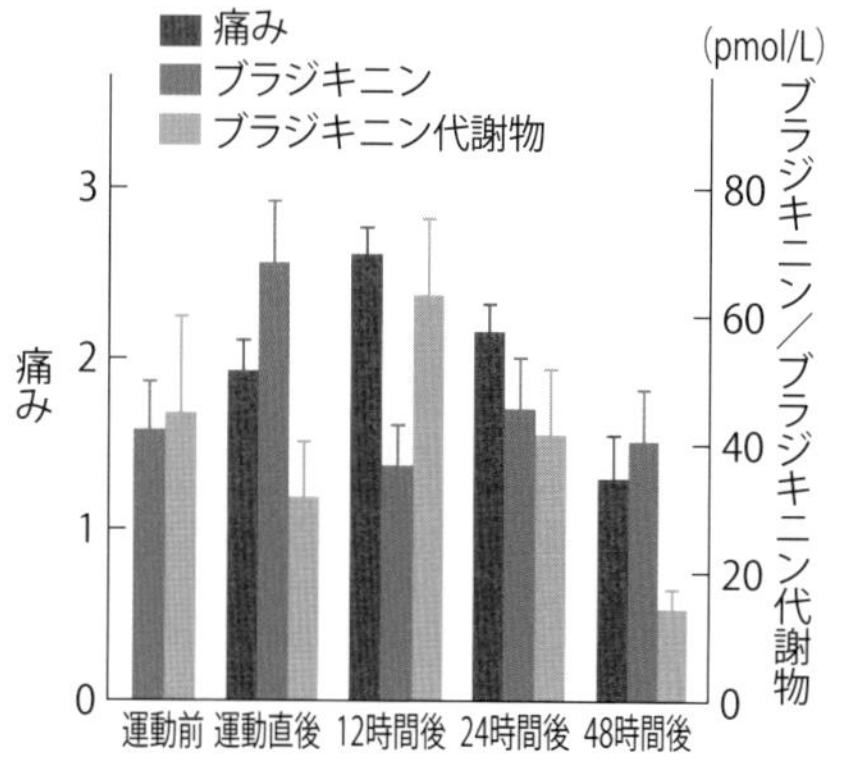

（Blais C.Jr., et al. : Appl. Physiol., 87（3), 1197 , 1999を改変）

運動と筋肉痛の関係

筋肉痛が起きやすいエキセントリック運動を行なった際の筋肉痛の程度を調べた結果。1回目の後、定期的にこの運動を続けたところ、半年後の計測では筋肉痛の程度が低く抑えられた。このことから、同じ運動を繰り返すことで、筋肉痛の発生が抑制されることがわかる。逆に普段運動をしていない人は筋肉痛になりやすい。

エキセントリック運動による筋肉痛の比較

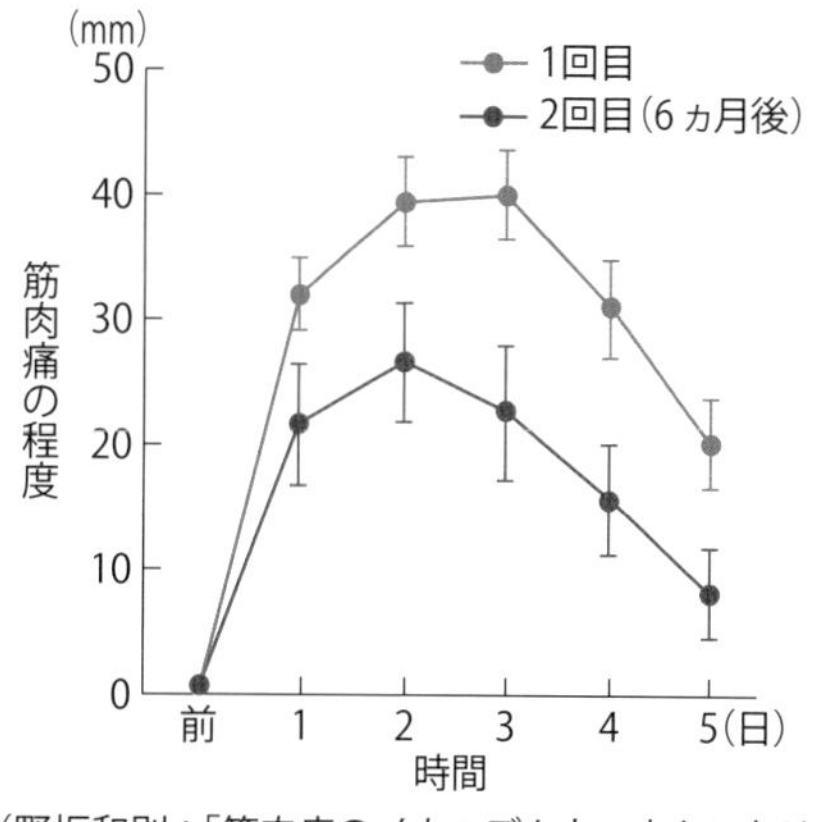

（野坂和則：「筋肉痛のメカニズムとエキセントリック」, Coaching Clinic, 13（4), pp.6-9, 1994年）

70 外傷の応急処置

手早い処置が重要

スポーツ外傷の応急処置の基本となるのは「RICE」と呼ばれる方法です。これは、

Rest（安静）
Ice（冷却）
Compression（圧迫）
Elevation（挙上）

の4つの頭文字を取ったもので、いずれもケガの痛み、損傷を抑え、早期回復を促すために重要なものです。RICEはケガを負った直後だけでなく、その後も12～24時間継続して行ないます。

Rest（安静）

捻挫や肉離れなどのケガをしたら、すぐに運動を中止し、安静にします。運動を継続すると損傷が拡大するので、傷めたところをすぐに固定しましょう。

Ice（冷却）

損傷部位を**冷却**[#1]して代謝を下げることで、症状の悪化を食い止め、痛みを抑えます。ケガを負った後、なるべく早く冷やすことが重要です。感覚がマヒするまで（15～30分）冷やし、1～2時間程度おいて再び冷やすというサイクルを、できる限り繰り返し行ないます。

#1➡P.162

Compression（圧迫）

患部に適度な圧力をかけることで、内出血や腫れを抑えます。手足を圧迫する場合は、血流を妨げないよう注意しましょう。この時、左図のように爪を押さえて色の変化があるかを見て、血流が滞っているかどうかを確認できます。

Elevation（挙上）

止血の一環で、患部を心臓よりも高い位置に置くことで、腫れを抑えます。

頭頸部外傷の応急処置

最も多いのは頭部を強打して起こる脳《のう》震盪《しんとう》で、頭蓋内出血や脳挫傷といった命に関わる深刻な症状を伴う場合があります。首のケガでは頚椎捻挫や頚椎損傷があります。頭頸部に外傷を負った場合、まず意識の有無を確認します。意識がない場合は呼吸の有無を確認し、119番通報と**AEDの手配**[#2]**を行うとともに、救急蘇生法**を行ないましょう。

#2➡P.164

68 スポーツによって起こるケガ
69 筋肉痛
70 外傷の応急処置
71 創傷の応急処置
72 アイシングと冷湿布
73 救急時の救命処置
74 スポーツ障害とは
75 スポーツ障害の発生メカニズム
76 足部と下腿部の外傷・障害
77 膝関節の外傷・障害
78 大腿部と股関節の外傷・障害
79 腰部の外傷・障害
80 肩関節の外傷・障害
81 肘関節と手関節の外傷・障害
82 頭部と頚部の外傷・障害
83 スポーツと感染症
84 コンディショニング・疲労
85 テーピング
86 ストレッチ
87 ダイナミックストレッチ

パートナーストレッチ 88
入浴・シャワー 89
サウナ・高温冷温交代浴 90
スパ・タラソテラピー・水中運動 91
オイルトリートメント・アロマオイル 92
電気刺激治療器 93
身体組成と体脂肪率 94
血液検査 95

応急処置の基本「RICE」

Rest（休息）
プレーを中止して休息させる。

Ice（冷却）
氷水を使ってケガをした部位を冷却する。

Compression（圧迫）
ケガをした部位を圧迫する。

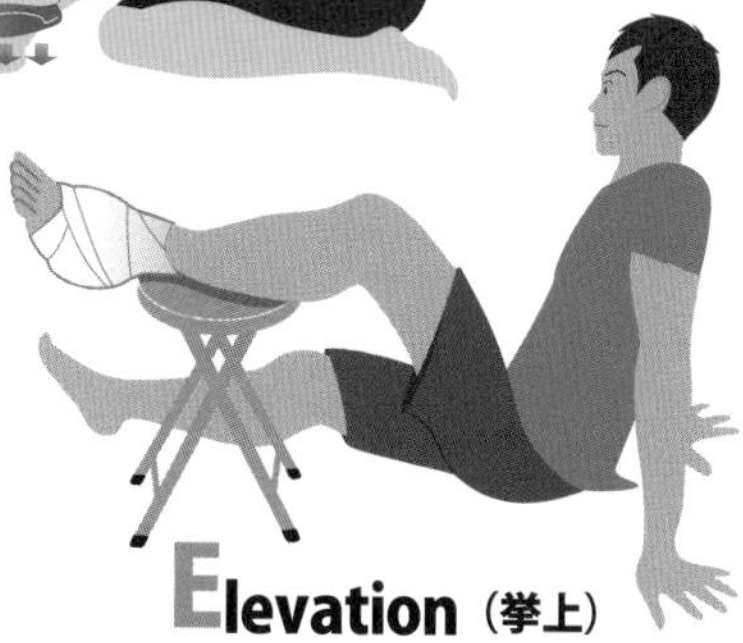

Elevation（挙上）
ケガをした部位を心臓より高く上げる。

ケガをした時に控えること

血行がよくなり、RICE効果が減少することになるため、入浴や飲酒は控えること。

（小島康昭、石田良恵、杉浦雄策、伊藤衛：からだ・健康・スポーツ，サンウェイ出版（2002）より作図）

爪を使った血流の確認方法

1

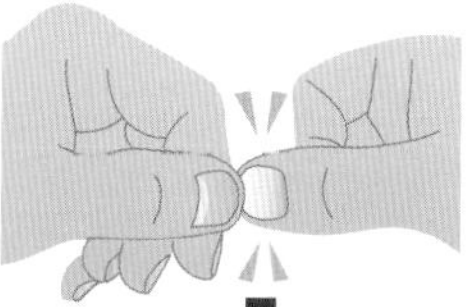

1. 爪の先を強く圧迫する
圧迫した箇所の血流が止まり、爪が白くなる。

2

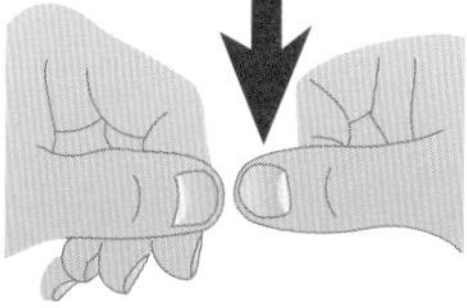

2. 圧迫した箇所をはなす
赤みが戻れば血液が流れている証拠。

71 創傷の応急処置

ポイントは消毒と圧迫による止血

創傷とは「擦《す》り傷」や「切り傷」など、出血を伴う身体表面の傷の総称で、筋肉や腱を傷つける「挫傷《ざしょう》」とは区別されます。創傷を負った場合、以下の方法で止血して、応急処置を行ないましょう。

3つの止血法

大きな傷を負って大量の出血が危惧される場合は、一刻も早く止血しなければなりません。代表的な止血法としては以下の3つがあります。

1．直接圧迫止血法

患部を直接押さえて、出血点にふたをする方法です。きれいな布やガーゼ、ハンカチなどを傷口に当て、その上から手や包帯などで圧迫します。

2．止血帯止血法

傷口よりも心臓に近いところをタオルや包帯などで強くしばる方法です。手足の太い血管を損傷した場合、大量に出血するので直接圧迫止血法では効果が期待できません。その時に使う方法です。

3．間接圧迫止血法

傷口に血液を送っている脈点を圧迫して、血流を止める方法です。道具がなくても使える止血法ですが、脈点のある場所をあらかじめ知っておく必要があります。

自己治癒能力を利用

「湿潤療法」は体細胞を壊す弊害のある消毒液に頼らず、身体がもつ自己治癒能力を利用する治療法です。回復が早いだけでなく、乾燥させないのでかさぶたができず、傷跡が残らないというメリットがあります。

湿潤療法の手順は次のとおりです。

1．傷口を水で洗い流す

2．直接圧迫止血法を行なう

3．体液を保持するためのワセリンや軟膏を塗って、ラップフィルムなど空気・水を通さないシートで傷口を覆う

傷口が開いている場合は、傷を寄せて覆い、その後病院で縫ってもらいましょう。

68 スポーツによって起こるケガ
69 筋肉痛
70 外傷の応急処置
71 創傷の応急処置
72 アイシングと冷湿布
73 救急時の救命処置
74 スポーツ障害とは
75 スポーツ障害の発生メカニズム
76 足部と下腿部の外傷・障害
77 膝関節の外傷・障害
78 大腿部と股関節の外傷・障害
79 腰部の外傷・障害
80 肩関節の外傷・障害
81 肘関節と手関節の外傷・障害
82 頭部と頚部の外傷・障害
83 スポーツと感染症
84 コンディショニング・疲労
85 テーピング
86 ストレッチ
87 ダイナミックストレッチ

創傷と挫傷の違い

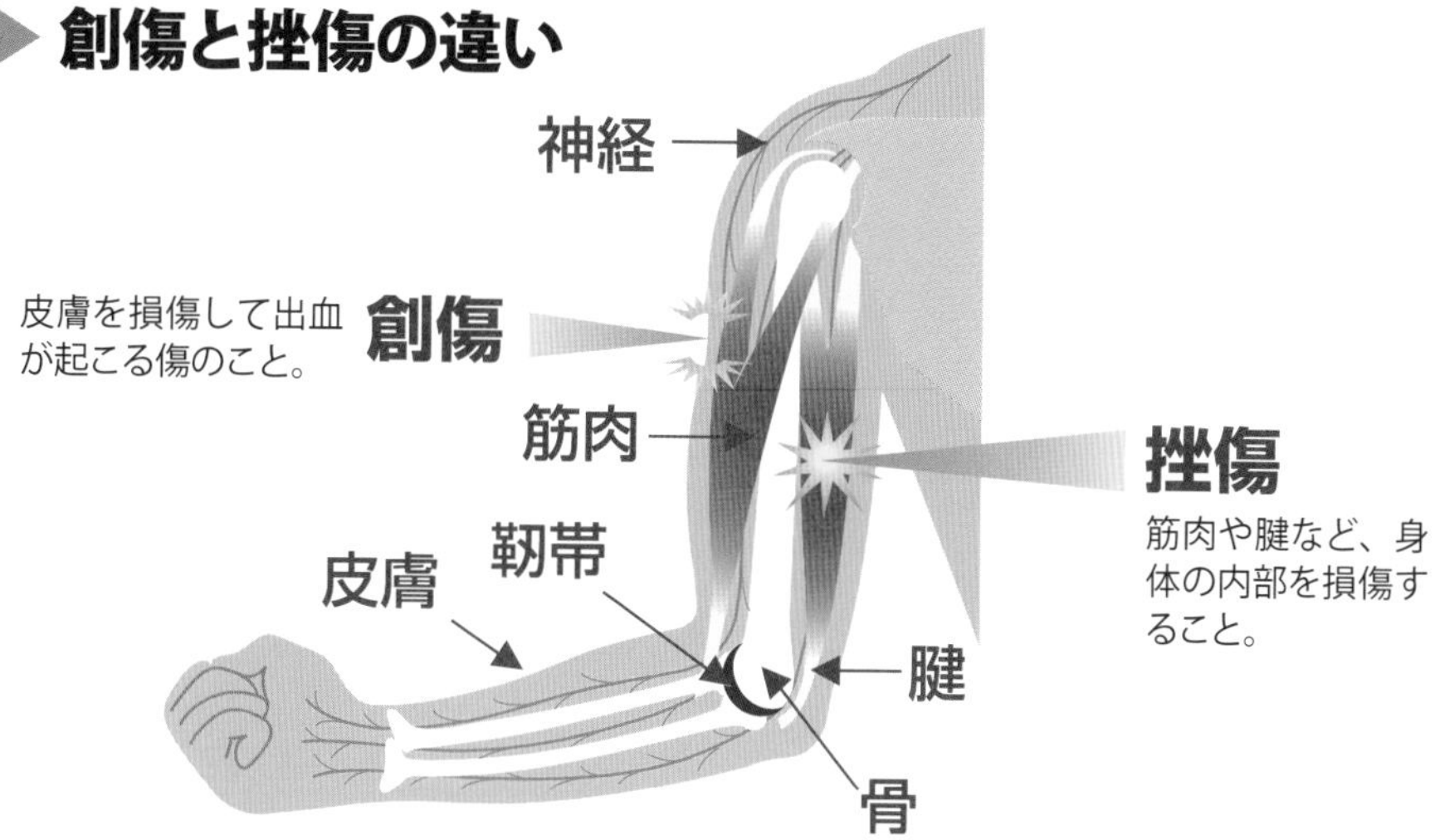

3種類の止血方法

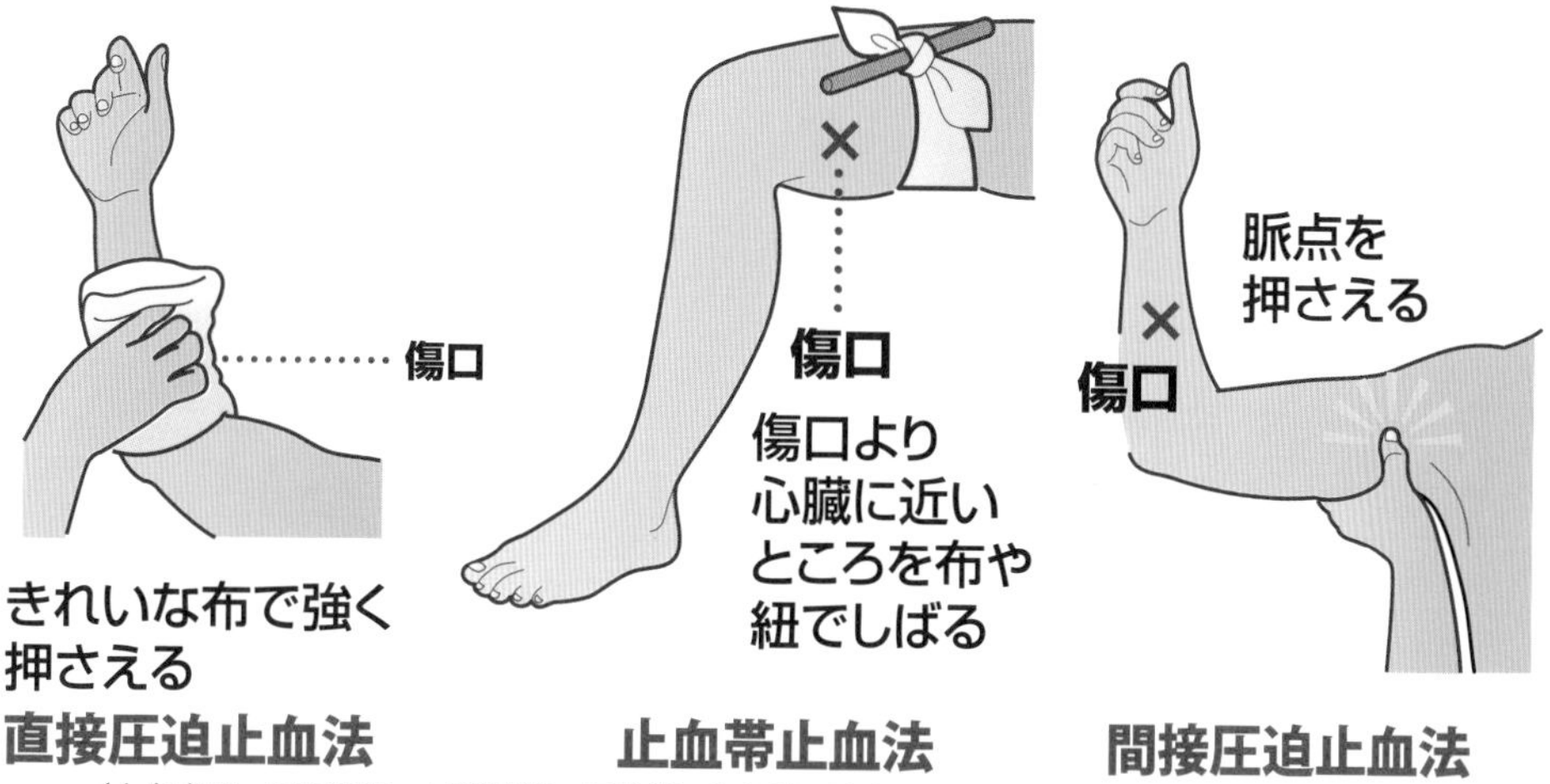

（小島康昭、石田良恵、杉浦雄策、伊藤衛：からだ・健康・スポーツ，サンウェイ出版（2002）より作図）

自己治癒能力を活用する湿潤療法

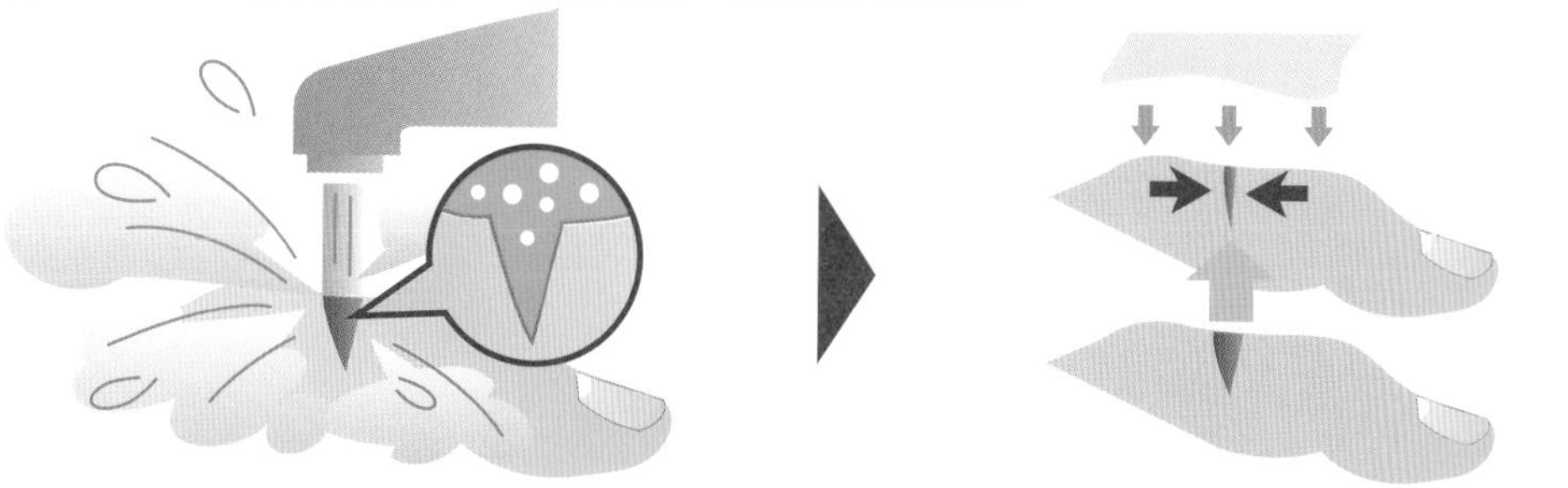

傷口に水を直接かけて汚れや血液を洗い流す。

傷口を閉じるように寄せ合って、ワセリンなどを塗布し、絆創膏など水を通さないもので覆う。

72 アイシングと冷湿布

多岐に渡って役立つコンディショニング法

アスリートにはおなじみの「アイシング」ですが、まだ一般のスポーツ愛好者が日々の活動に取り入れるまでには至っていないようです。アイシングは、患部を冷却することで痛みを軽減するほか、患部組織の代謝を下げることで、二次的な低酸素障害を予防します。また、腫れや内出血なども軽減することができます。こういったケガの応急処置に加えて、炎症の予防や疲労解消、ウォームアップの補助などにも役立てるために、正しい知識を身につけてください。

0℃の氷水が最適

氷が水に変わる時（氷点下から0℃に変わる時）は、氷点下で温度が1℃上昇する時の約160倍ものエネルギーを必要とします。つまり、そのぶんの熱を周囲から奪うので、高い冷却効果が得られます。一般家庭でつくる氷は氷点下なので、水を加えて0℃にしてください。また、RICE[#1]として行なうアイシングは早急に（目標は10分以内）行なうことも重要です。

#1➡P.158

アイシングと冷湿布の違い

アイシングが筋肉の深部を冷却するのに対し、冷湿布は皮膚の表面温度を下げる効果しかなく、その下がり幅も2~3℃程度です。それだけに冷湿布では高い冷却効果は期待できず、特に捻挫などの外傷時の救急処置には適していません。

冷湿布が適しているのは、ケガの回復期やリハビリ期、そして慢性的な痛みを緩和する場合です。最近の湿布には鎮痛作用のある薬効成分が含まれているので、その点でも有効性が期待できます。

その他の冷却法

コールドスプレーは、皮膚の表面温度は下げますが、深部までは冷やせません。長時間噴射していると凍傷を起こす可能性があります。

アイシング、冷湿布、コールドスプレーにはそれぞれに向き不向きがあります。その効果を理解し、必要とされる場面によって使い分けましょう。

68 スポーツによって起こるケガ
69 筋肉痛
70 外傷の応急処置
71 創傷の応急処置
72 アイシングと冷湿布
73 救急時の救命処置
74 スポーツ障害とは
75 スポーツ障害の発生メカニズム
76 足部と下腿部の外傷・障害
77 膝関節の外傷・障害
78 大腿部と股関節の外傷・障害
79 腰部の外傷・障害
80 肩関節の外傷・障害
81 肘関節と手関節の外傷・障害
82 頭部と頸部の外傷・障害
83 スポーツと感染症
84 コンディショニング・疲労
85 テーピング
86 ストレッチ
87 ダイナミックストレッチ

パートナーストレッチ 88
入浴・シャワー 89
サウナ・高温冷温交代浴 90
スパ・タラソテラピー・水中運動 91
オイルトリートメント・アロマオイル 92
電気刺激治療器 93
身体組成と体脂肪率 94
血液検査 95

アイシングの手順

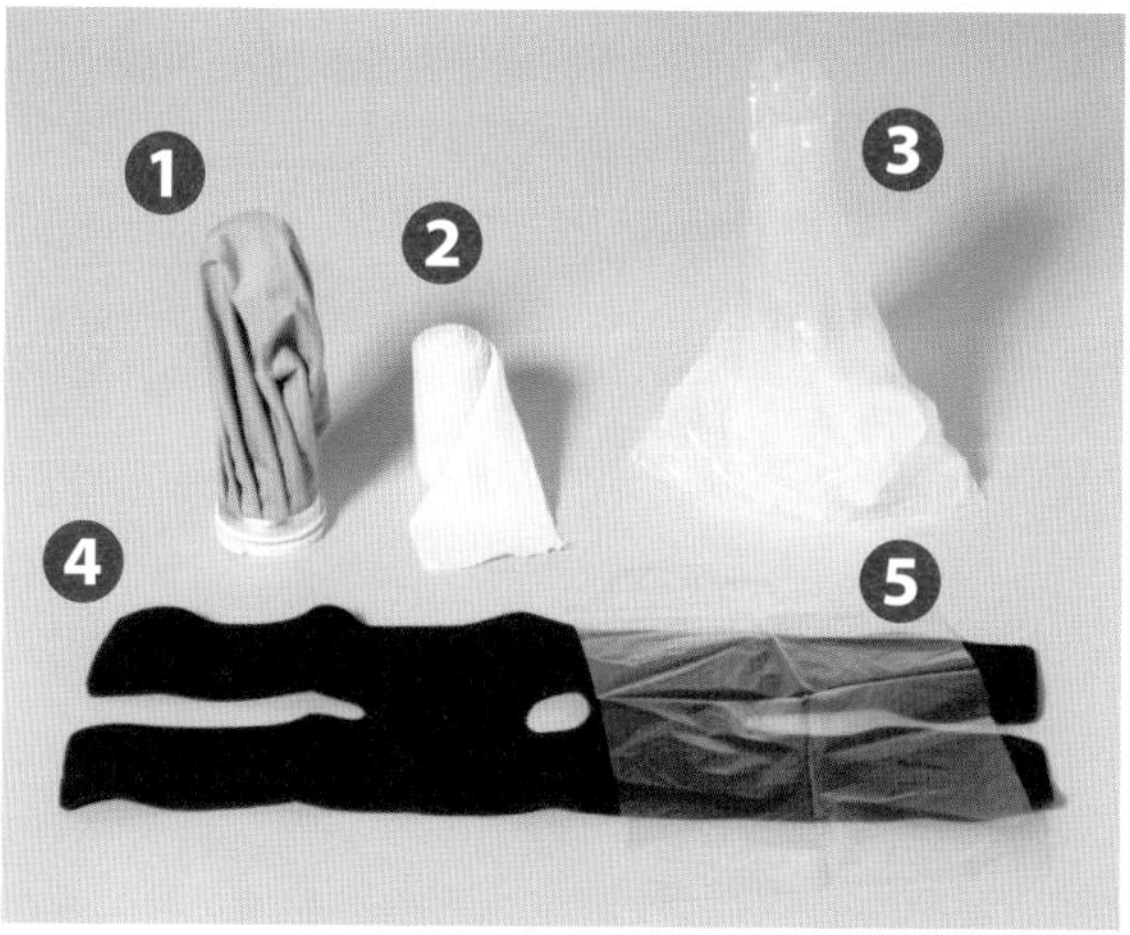

アイシングに必要な道具

❶氷嚢《ひょうのう》（氷を入れる袋）
❷伸縮性バンテージ
❸氷（キューブ状のもの）
❹固定専用のアイシングホルダー
❺ビニール袋

ビニール袋を使う場合、袋の空気を抜くことが大切。平らになることで、冷やす部位に氷がムラなく当たり、包帯などで圧迫しやすくなる。

ビニール袋を使う方法

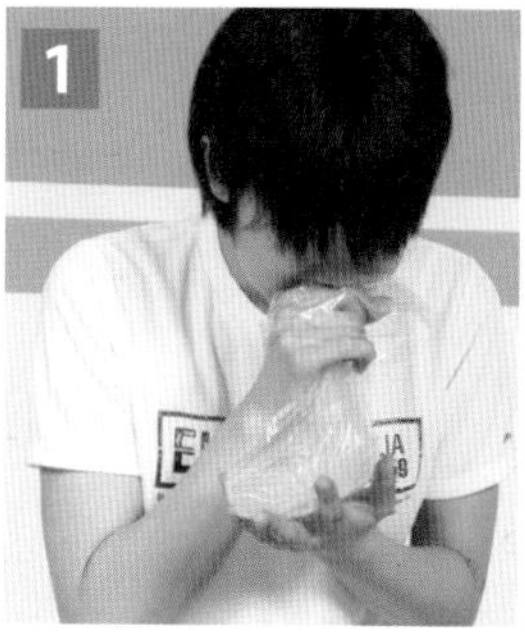

ビニール袋に氷を入れて空気をしっかり吸い出す。これで皮膚と接する面積が大きくなる。

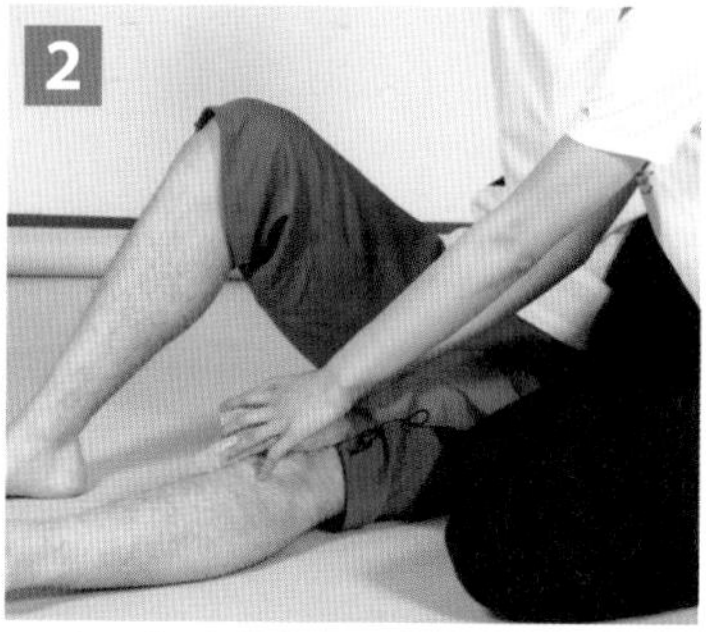

アイスパックを患部に直接当てがう。氷が患部の形状に沿うように、しっかりと密着させる。

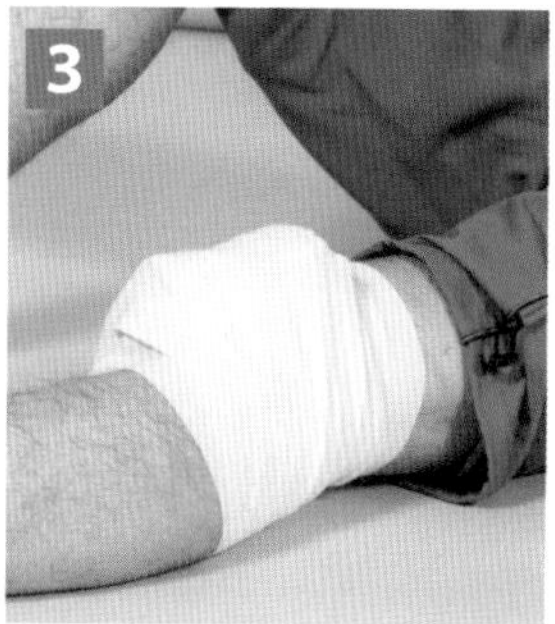

アイスパックがずれたり落ちたりしないよう、バンテージをしっかりと巻き付けて固定する。

氷嚢を使う方法

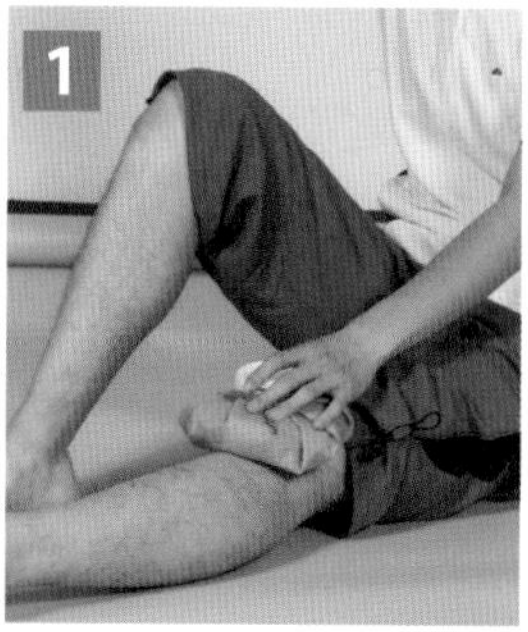

氷嚢には直接氷を入れて、空気をしっかり抜く。そのまま患部に当ててもOK。

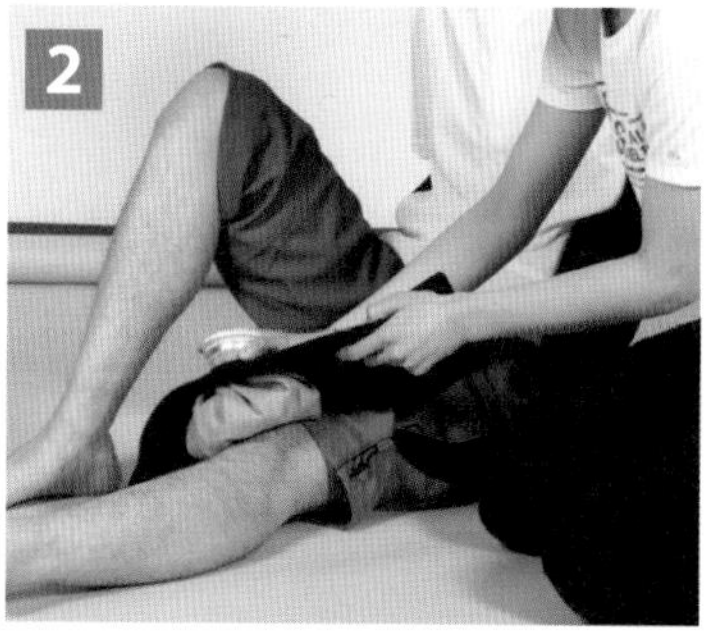

付属のアイシングホルダーで固定することもできる。氷嚢の口をアイシングホルダーの穴にはめ込む。

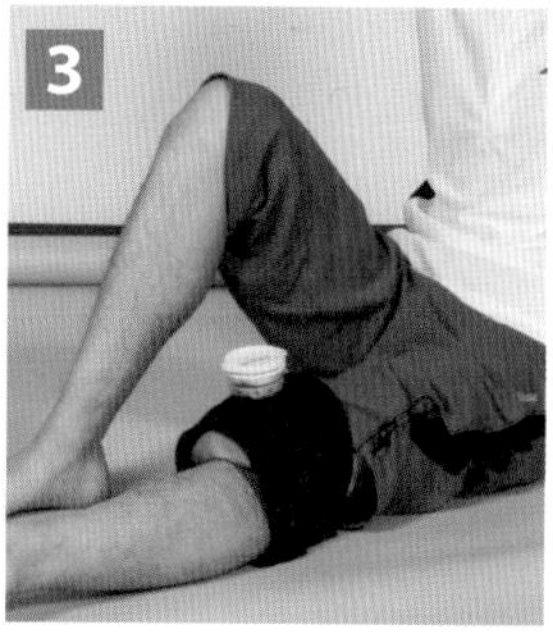

氷嚢がずれないようにアイシングホルダーの位置や固定の強さを調整する。

73

救急時の救命処置

万が一の事態に備えて覚えておきたい

スポーツの最中に生命が危ぶまれる大事故が起きた時に行なう、救命のための措置が「救急蘇生法」です。

大きな出血や呼吸停止が起こると、体内の組織や内臓への酸素供給が停止します。特に脳への酸素が断たれると15秒以内に意識を失い、3～4分で回復不可能な障害を負ってしまいます。事故が起こった際は、何よりもまず「脳に血液と酸素を送る」ことが最優先事項であり、その処置を覚えておきましょう。

救命処置のうち、特殊な器具や医薬品を用いない方法を一次救命処置、救急救命士や医師による専門的蘇生処置を二次救命処置といいます。

心肺蘇生法

心肺蘇生法は、心臓マッサージと人工呼吸を最優先で行ないます。心臓マッサージでは、「乳首を結ぶ線上の真ん中」と位置の目安をつけ、手のひらで圧迫するのがポイントです。

AED

心臓マッサージをより正確に、簡単に行なえる機器がAEDです。これは心臓が不整脈を起こして全身に血液を送れない状態（心室細動）の場合、強い電気ショックを与えて心臓の動きを復活させる機器です。駅や公共の施設などに設置されています。音声で操作方法を指示してくれるので、万が一の場合はおそれずに利用してください。できれば、講習を受けておくとよいでしょう。

高い効果を期待できる機器ですが、意識・呼吸・脈拍がある場合や、患者が子ども（8歳未満）の場合は、使用してはいけません。

人工呼吸をしないという判断

人工呼吸は口が直接触れるので、感染症のリスクに注意してください。少しでも感染症のリスクがある場合は人工呼吸を行なわず、心臓マッサージをしっかり行ないましょう。なお、JRC（日本赤十字社）による救急時の救命処置のガイドラインは数年に一度改定されることあるので、HPをチェックしましょう。

68 スポーツによって起こるケガ
69 筋肉痛
70 外傷の応急処置
71 創傷の応急処置
72 アイシングと冷湿布
73 救急時の救命処置
74 スポーツ障害とは
75 スポーツ障害の発生メカニズム
76 足部と下腿部の外傷・障害
77 膝関節の外傷・障害
78 大腿部と股関節の外傷・障害
79 腰部の外傷・障害
80 肩関節の外傷・障害
81 肘関節と手関節の外傷・障害
82 頭部と頚部の外傷・障害
83 スポーツと感染症
84 コンディショニング・疲労
85 テーピング
86 ストレッチ
87 ダイナミックストレッチ

早めの処置が重要

右図は呼吸停止からの経過時間と蘇生率の関係を示したもの。呼吸停止2分後の蘇生率は90%だが、4分後には50%に下がり、脳への重大な損傷が懸念される。5分後には25%まで下がるが、一般に救急車が現場に到着するまでの時間は約6分といわれている。このことからも、心肺蘇生は1秒でも早く開始すべきだとわかる。

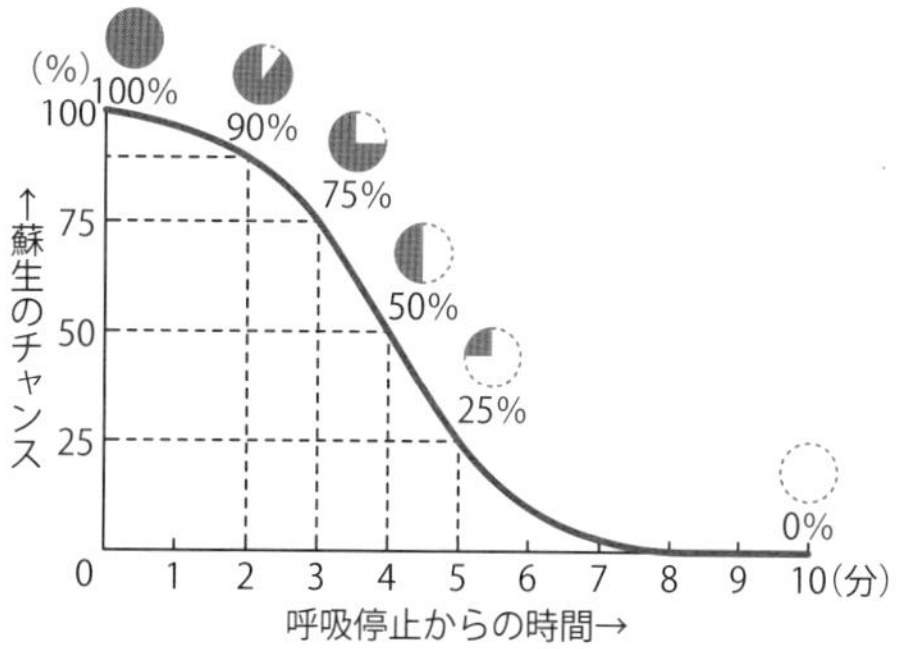

ドリンカー曲線

心肺蘇生法の手順1

1 意識はあるか

↓ ない

2 119番通報をしてAEDを手配する

↓

3 十分な呼吸をしているか → いる → 様子をみながら、応援・救急隊を待つ

↓ いない

4 心臓マッサージを行なう

↓

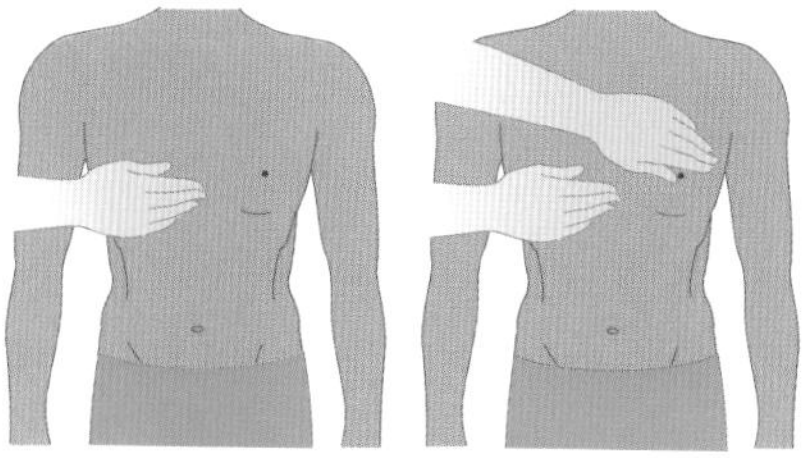

心臓マッサージで手を置く位置

胴体の中心線と乳首を結ぶ線が交差するあたりに手を置く。

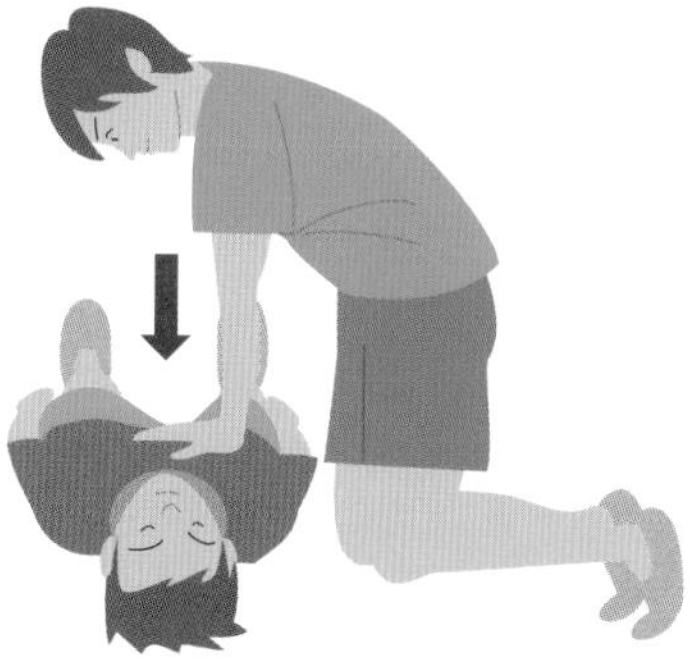

心臓マッサージ

両手を重ねて、体重を乗せてマッサージを行なう。押した後はしっかり引き上げるのがポイント。

P.166の 5 へ

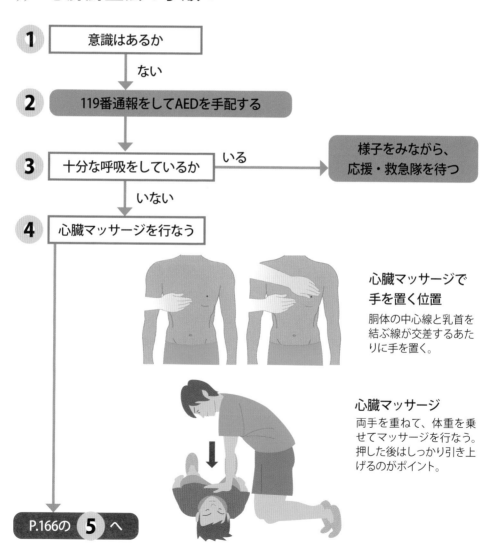

心肺蘇生法の手順2

P.165の 4 から

5 心臓マッサージ30回と人工呼吸２回の組み合わせを行なう

※感染症のリスクや人工呼吸に抵抗感がある場合は、行なわない

口対口の人工呼吸法

人工呼吸時は胸の動きを見ながら行ない、空気が肺に入っているか確かめる。

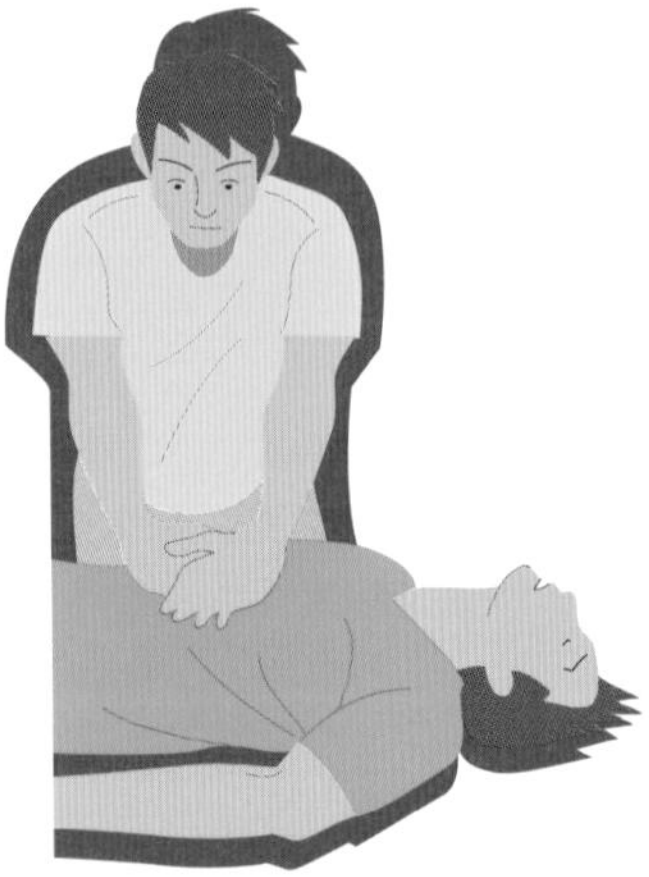

1人で人工呼吸を行なう場合

1人の場合は、呼吸と胸の確認を交互に行なうこと。パートナーがいる場合は、人工呼吸時の胸の動きの確認を任せた方が確実。

6 5を行ないつつ、AEDの到着を待つ

P.167へ

AEDの手順

P.166の 6 から

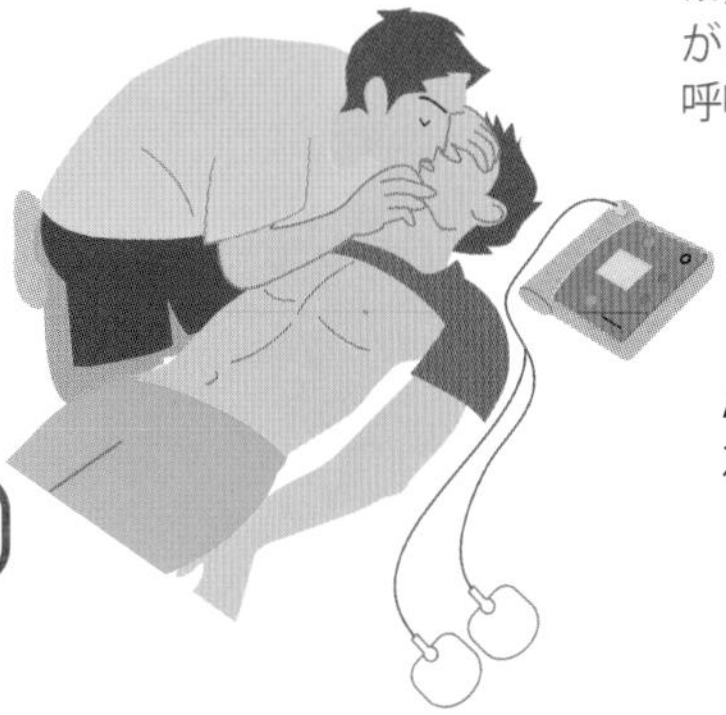

※感染症のリスクがある場合は人工呼吸は行なわない

AEDは傷病者の左側に置く。

1. AEDが到着したら電源を入れる

↓

2. AED「電極パッドを患者にセットしてください」→電極を装着する

人工呼吸を行ないつつ、AEDの電極パッドを装着する。

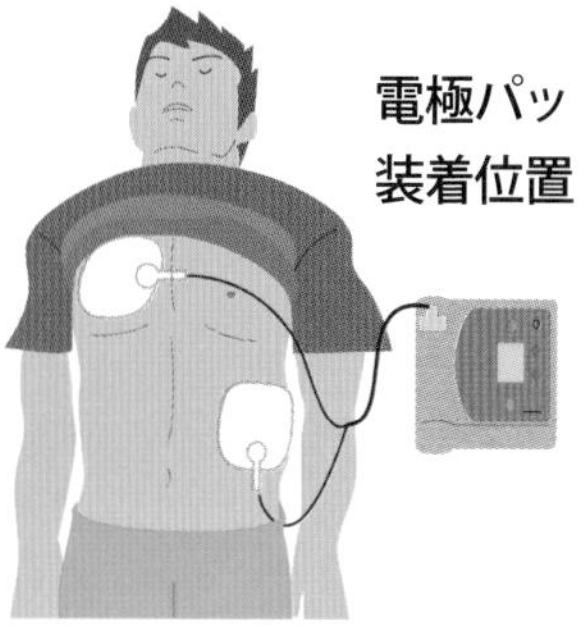

電極パッドの装着位置

↓

3. AED「患者に触れないでください。心電図の解析中です」

心室細動の場合

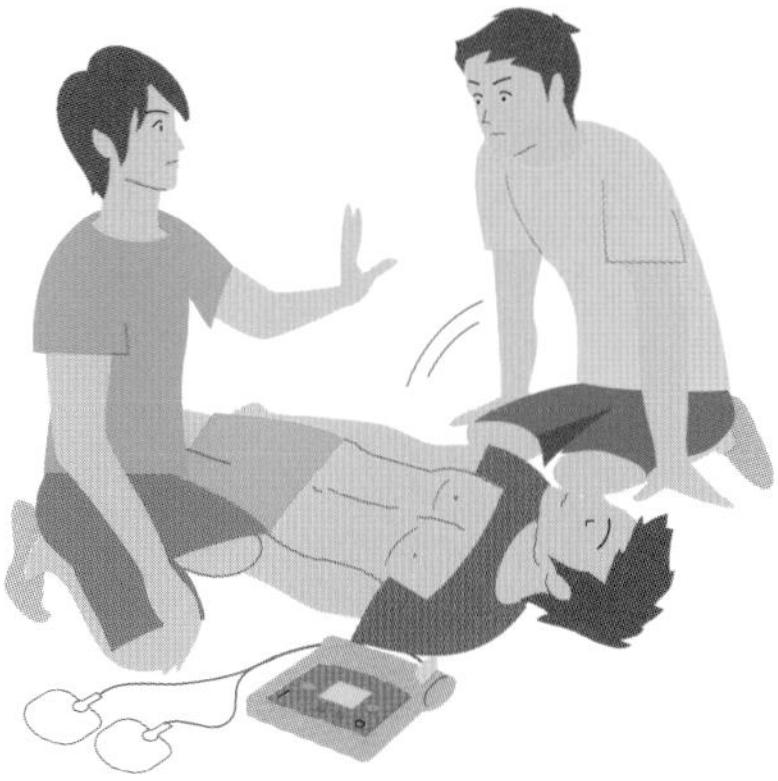

患者から離れて、AEDの除細動ボタンを押す。その後、心拍をチェックする。

心室細動以外の場合

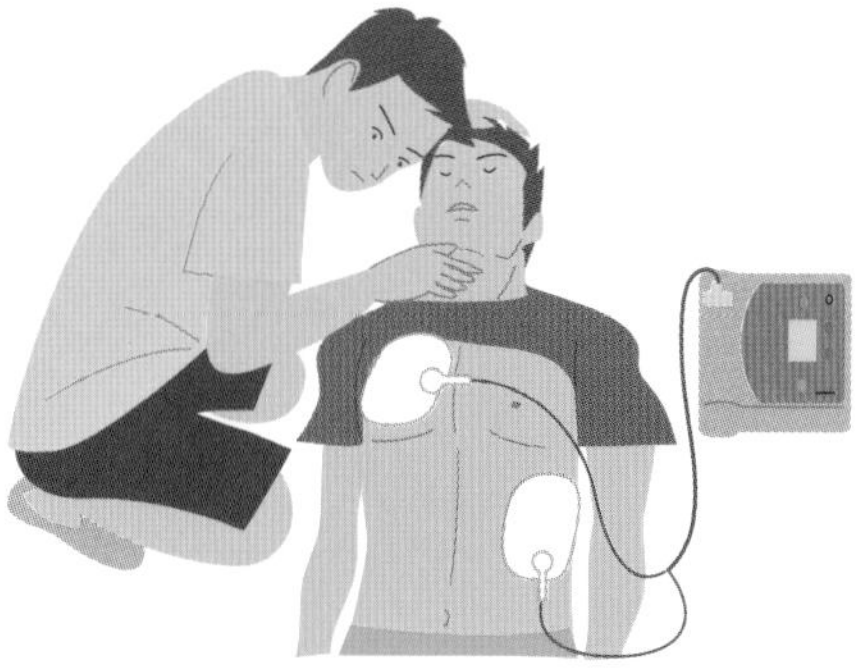

心拍をチェックしつつ、心肺蘇生処置を繰り返す。

74 スポーツ障害とは

蓄積した疲労が原因で起こるケガ

突発的に起こるスポーツ外傷[#1]に対し、日々の蓄積によって慢性化して起こるのが「スポーツ障害」（使いすぎ症候群、Over use-syndrome）です。

野球肘やテニス肘、ジャンプ時の膝の屈曲・伸展の繰り返しによるジャンパーズニー、ランニングの衝撃によるシンスプリントや足底筋膜炎、さらには疲労骨折や腰椎分離症も、スポーツ障害に含まれます。

#1→P.154

予防のための基礎知識

こうしたスポーツ障害の原因としては、主に以下の6つが考えられます。こうした危険に対する知識をもち、可能性を排除することが予防には大変重要です。

1. 様々な「偏り」

腹筋と背筋、大腿部の前後といった拮抗する筋肉のアンバランス、筋力の左右差によって部分的に負担が集中し、慢性的な症状を引き起こします。

2. 長時間の練習、休養不足

子どものスポーツ障害の原因として多いのは、身体ができ上がっていない成長期に長時間の練習を繰り返すことです。また休養不足のままトレーニングを繰り返すと、疲労が蓄積して慢性的な症状につながります。

3. 急な運動量増加

運動不足の人がいきなり運動量を増やせば、身体に大きな負担がかかります。

4. 身体的特徴、過去のケガ

体重過多やO脚・X脚、扁平足などの身体的な特徴が原因になる場合があります。また、過去に負ったケガが痛みとなって表れるケースもあります。

5. 筋力不足や誤ったフォーム

体重を支えるだけの脚筋力がなければ、ジャンプやランニング時の衝撃に耐えられません。また、身体への負担を増すような誤った投球フォームやスイングフォームの繰り返しも危険です。

6. シューズ、ウェア類

硬い地面の上を底の薄いシューズで走れば、下腿部に大きな衝撃がかかり、シンスプリントなどの原因になります。

スポーツ障害の部位別症例

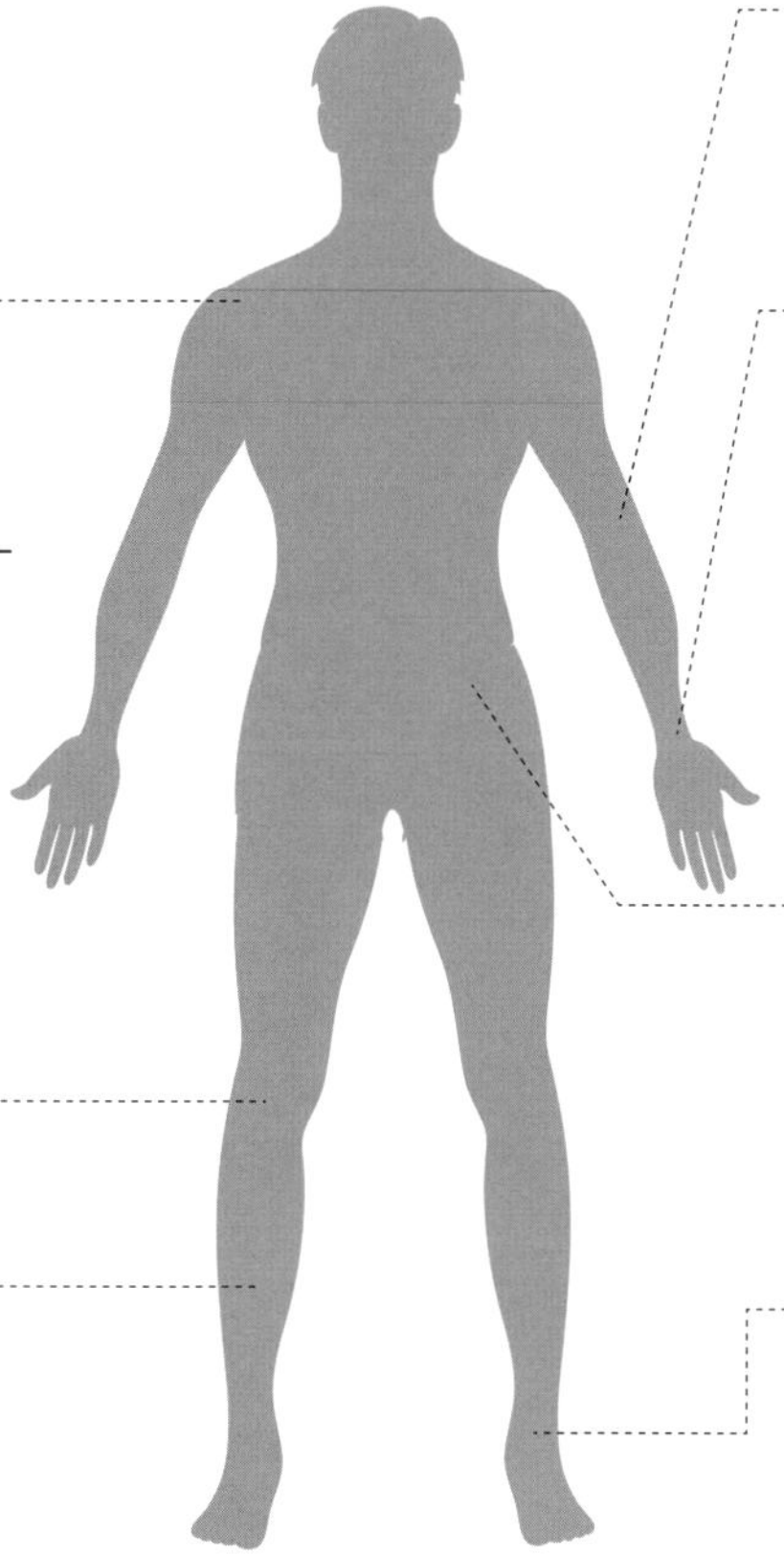

肩
→P.180
●主な症例
野球肩
スイマーズショルダー

膝
→P.174
●主な症例
ジャンパーズニー
オスグッドシュラッテル氏病

下腿部
→P.172
●主な症例
頸骨疲労骨折
シンスプリント
アキレス腱炎

肘
→P.182
●主な症例
テニス肘・野球肘

手首
●主な症例
腱鞘炎
TFCC損傷

腰
→P.178
●主な症例
筋肉性腰痛
腰椎分離症

足首
→P.172
●主な症例
足底筋膜炎
外反母趾

スポーツ障害によって生じる主な症状

炎症
発生する器官・組織：筋肉、筋膜、腱、関節包、関節靭帯、関節の骨、関節の軟骨（半月板、関節唇、椎間板なども含む)、神経、血管

疲労骨折
発生する器官・組織：骨、骨膜

変形
発生する器官・組織：関節の骨、関節の軟骨

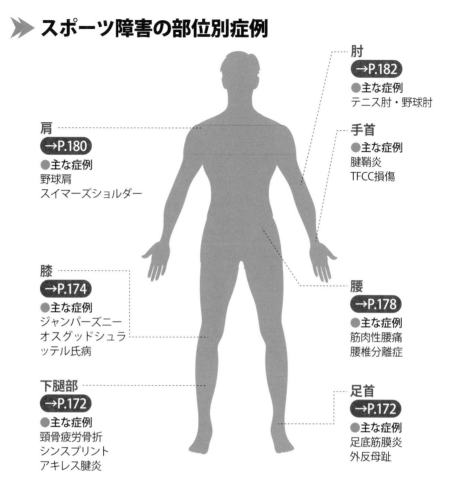

75

スポーツ障害の発生メカニズム

不適切な身体の使い方で負荷が集中すると運動器に障害が生じる

運動器を構成する組織

骨、軟骨、関節包[#1]、靭帯、腱、筋、神経などの組織と、コラーゲンなどの軟骨基質から構成されています。

#1→P.016

運動器に生じる障害のメカニズム

スポーツやトレーニングによる物理的な負荷が特定の組織に加わり続けると、疲労感のような筋のこわばりや、関節の動きが悪くなるなどの違和感を生じます。この時点で適切なケアや休養をとらなければ、筋や腱などの組織内に微細損傷が発生し、やがて違和感は動かせば痛む状態に悪化します。そのまま過剰なスポーツ活動を続けると、微細な損傷組織には白血球が集まり、炎症性サイトカインが放出され、血管の新生が起こります。この状態に至っても、適切な対応を怠れば、サイトカインの作用によって損傷した組織内に血漿成分が漏れ出し、浮腫や腫脹を伴う炎症と呼ばれる状態になり、運動後でも痛むようになります。

スポーツ障害[#2]の引き金となる過度な身体活動の繰り返しは、身体の安定性を機能不全化し、関節の不具合などがあれば、その悪化にもつながります。さらに、疲労を蓄積させ、特定の組織に繰り返し加わる物理的負荷を軽減できなければ、筋腱の伸張性低下が生じるのです。

#2→P.168

スポーツ障害の予防

違和感や運動時に痛みを感じる初期段階で運動の質や量を適切に調整し、適度な休養を計画的に挟めば、炎症部位に加わっていた物理的負荷を軽減させられ、治癒や再発防止につながります。治癒の過程に入れば、炎症部位を修復するための線維芽細胞やコラーゲン線維が産生され、炎症性サイトカイン放出に合わせてつくられた血管や神経も消失し、やがて痛みを感じなくなります。

スポーツ障害を発生させないためには、運動器に違和感などの変化が現れる前に、あるいは組織に加わる異常な負荷を自覚した時点で、それまでのスポーツ活動や練習内容を見直し、その原因を究明して改善をはかる姿勢が重要です。

68 スポーツによって起こるケガ
69 筋肉痛
70 外傷の応急処置
71 創傷の応急処置
72 アイシングと冷湿布
73 救急時の救命処置
74 スポーツ障害とは
75 スポーツ障害の発生メカニズム
76 足部と下腿部の外傷・障害
77 膝関節の外傷・障害
78 大腿部と股関節の外傷・障害
79 腰部の外傷・障害
80 肩関節の外傷・障害
81 肘関節と手関節の外傷・障害
82 頭部と頚部の外傷・障害
83 スポーツと感染症
84 コンディショニング・疲労
85 テーピング
86 ストレッチ
87 ダイナミックストレッチ

運動器障害の発生メカニズム

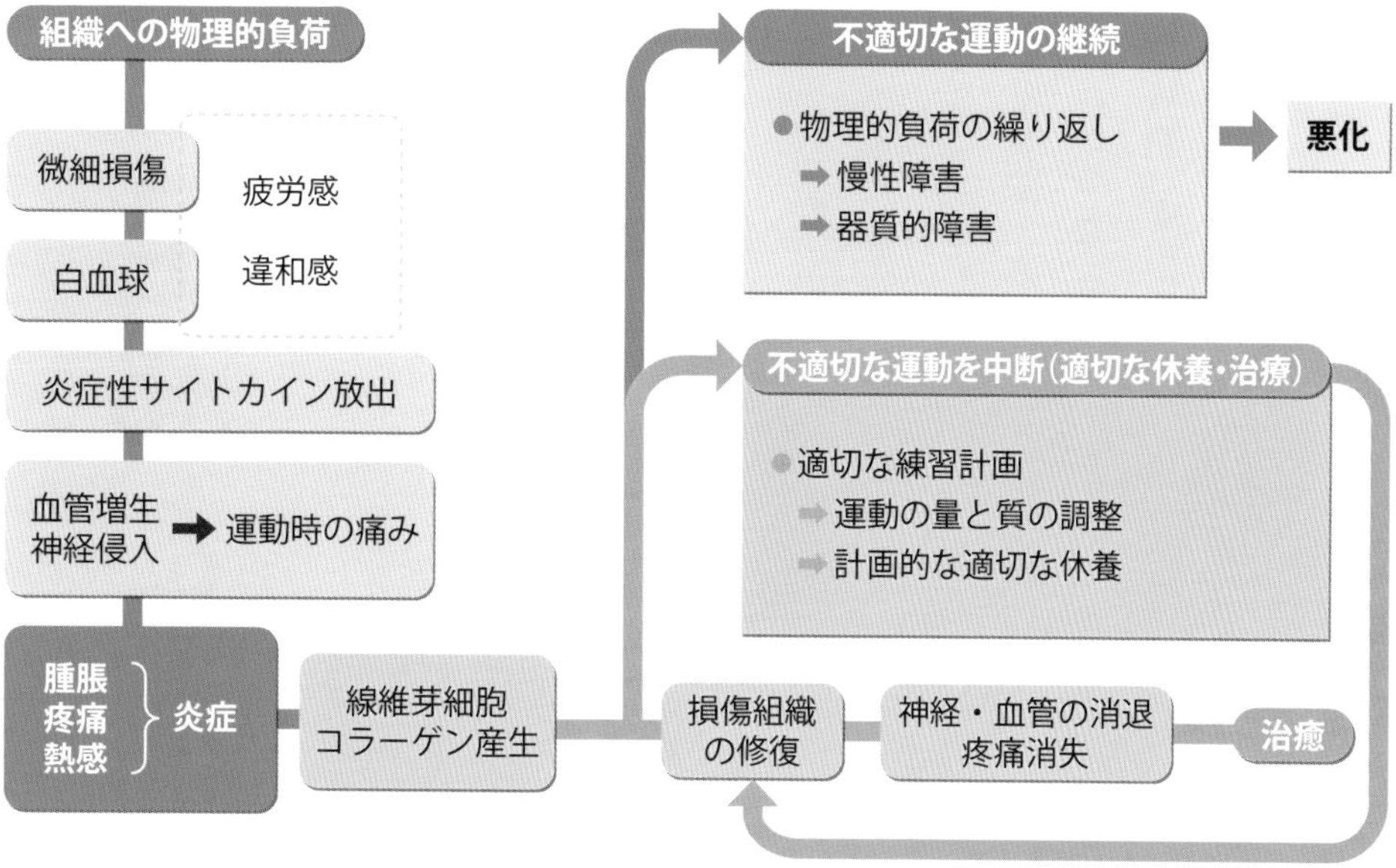

（金岡恒治編著：スポーツ傷害〜予防と治療のための体幹モーターコントロール，Ⅰ総論（身体の安定性とスポーツ傷害），中外医学社より作成）

特定の部位に繰り返し負荷がかかることによる変化

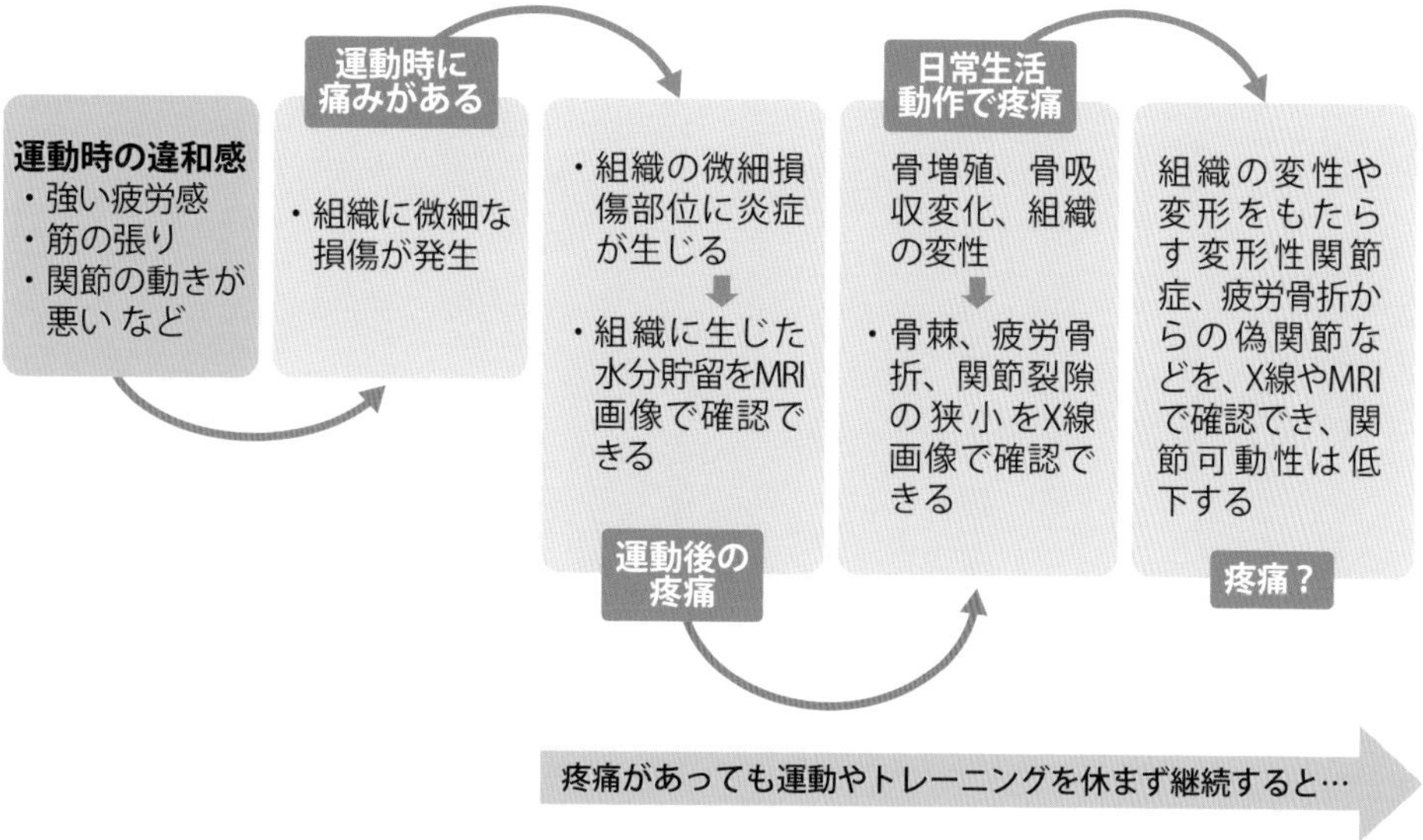

上図はスポーツやトレーニングなどの身体活動を過度に行なったり、何らかの身体機能不全によって運動器を構成する組織の特定の部位に繰り返しの物理的負荷が加わったりした時に生じる自覚症状と組織の変化を示している。

（金岡恒治編著：スポーツ傷害〜予防と治療のための体幹モーターコントロール，Ⅰ総論（身体の安定性とスポーツ傷害），中外医学社より作成）

76 足部と下腿部の外傷・障害

ケガをしやすい部位だけにケアはしっかりと

足部・下腿部はランニングやジャンプの疲労が蓄積しやすく、ケガが多発する箇所です。よく起こるケガやその症状、対策を知ることで、発症を防ぎましょう。

足関節捻挫

脚部の**スポーツ外傷**[#1]では発生率が最も高いケガです。運動前のストレッチで関節の柔軟性を高め、事前に予防しましょう。

アキレス腱断裂・アキレス腱炎

突発的に起こる「アキレス腱断裂」に対し、疲労や使いすぎによって起こるのが「アキレス腱炎」です。ふくらはぎの柔軟性低下や筋力不足も原因となります。

#1➡P.154

外反母趾

足の親ゆびが小ゆびの方向に曲がり、付け根の部分が外に出っ張ってしまう障害です。中足骨をたばねる筋肉や靭帯のゆるみや、間違った靴選びが原因であることが多いといわれ、痛みや運動障害を起こします。

足底筋膜炎

足底筋膜は、踵から足のゆびへとつながり、足底の筋肉や腱を保護している組織です。これがスポーツや過体重などによってアーチが慢性的につぶされて、炎症を起こすのが「足底筋膜炎」です。

応急処置としては、運動を休止し、アイシング、足底部やアキレス腱のストレッチを行ないます。また、靴の中に土踏まずをサポートするインソールを敷いたり、テーピングで補強したりすることも効果的です。再発防止には、下腿部の筋力強化や**タオルギャザー**[#2]などが有効です。

シンスプリント

脛骨表面にある骨膜が、炎症を起こす障害です。筋力不足や柔軟性が低下したまま走る動作などを繰り返すことで発症します。

症状が表れたら運動を休止し、**アイシング**[#3]を行なうとともに、ふくらはぎ周辺や足裏のストレッチを行なうといいでしょう。

#2➡P.098
#3➡P.162

68 スポーツによって起こるケガ
69 筋肉痛
70 外傷の応急処置
71 創傷の応急処置
72 アイシングと冷湿布
73 救急時の救命処置
74 スポーツ障害とは
75 スポーツ障害の発生メカニズム
76 足部と下腿部の外傷・障害
77 膝関節の外傷・障害
78 大腿部と股関節の外傷・障害
79 腰部の外傷・障害
80 肩関節の外傷・障害
81 肘関節と手関節の外傷・障害
82 頭部と頚部の外傷・障害
83 スポーツと感染症
84 コンディショニング・疲労
85 テーピング
86 ストレッチ
87 ダイナミックストレッチ

足部の構造と動き

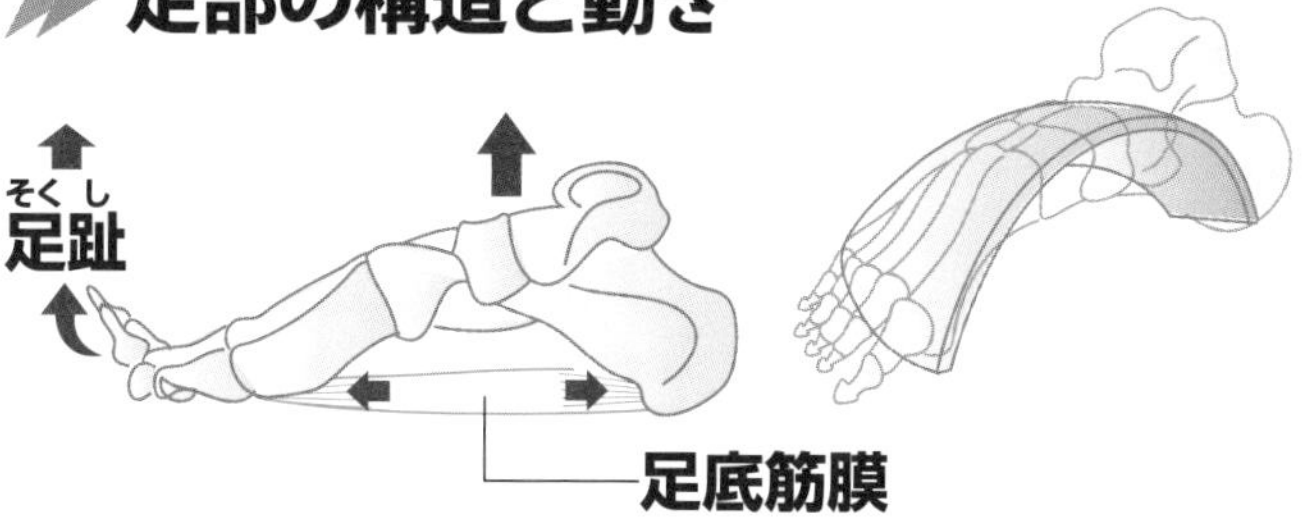

足部の踵からゆびへとつながる足底筋膜は、足のゆびを上に反らすと伸展する。足底筋膜は足ゆびを上に反らすと、足の裏から筋状に見える。これを指で10秒ほど指圧することで、足の裏のストレッチにもなる。

外反母趾

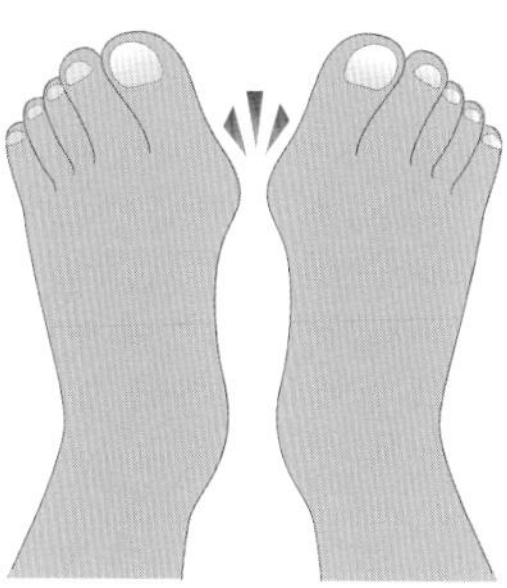

足部・下腿部の障害を防ぐストレッチの一例

アキレス腱とヒラメ筋のストレッチ

ヒラメ筋とアキレス腱を伸ばすストレッチ。立てた膝に体重をかけただけで伸ばせる。足首が柔らかく伸びた感覚がない場合は、2枚目の写真のように前に体重をかけるとより伸ばせる。この時、3枚目の写真のように踵を浮かすと効果がないので注意。

捻挫を予防する前頸骨筋から足首のストレッチ

伸ばしたい足の甲を床から離さないように。この姿勢がつらい場合は、イスに座って伸ばす方法でもOK。

77

膝関節の外傷・障害

筋肉と関節の両方のケガをしっかり予防

半月板損傷

半月板は若年層ではスポーツ外傷によって傷めることが多い半面、高齢者では老化によって慢性的な痛みを生ずる場合があります。この場合、痛みや腫れ、歩行障害などの症状が表れ、膝を伸ばすことが困難になります。予防策やリハビリとして、大腿四頭筋やハムストリングスのストレッチ、筋力強化を行ないます。

膝前十字・内側側副靭帯損傷

膝のスポーツ外傷で多いのが、膝前十字と内側側副靭帯の損傷、および断裂です。

膝の障害

膝の障害では、大腿部前面にある大腿四頭筋の筋力や柔軟性が低下すると、膝に対する負担が高まり、疲労が蓄積して様々な痛みやケガを引き起こします。そのため、大腿部の筋力を高め、運動前後のストレッチを入念に行ない、疲労も解消しておきましょう。

ジャンパーズニー

バレーボールのようにジャンプを多く繰り返す競技の選手にみられ、膝蓋骨（膝の皿）と脛骨（すねの骨）をつなぐ膝蓋靭帯が炎症を起こします。膝蓋骨の下を押したり、ジャンプやランニングをしたりすると痛みを感じます。

オスグッドシュラッテル氏病

十代前半の成長期に起こるスポーツ障害です。しゃがむ、ジャンプ、ランニングといった動作で膝の下に痛みを感じます。大腿骨の急激な成長による大腿四頭筋の緊張が原因のため、痛みが消えるまで運動を中断し、患部のアイシングと大腿四頭筋のストレッチを行ないましょう。

危険度を測るストレッチテスト

大腿四頭筋の柔軟性を測る**踵臀間距離**[#1]**測定法**を行なって、大腿部の柔軟性をチェックしましょう。踵が尻に着かなければ柔軟性が不足しています。

#1➡P.058

68 スポーツによって起こるケガ
69 筋肉痛
70 外傷の応急処置
71 創傷の応急処置
72 アイシングと冷湿布
73 救急時の救命処置
74 スポーツ障害とは
75 スポーツ障害の発生メカニズム
76 足部と下腿部の外傷・障害
77 膝関節の外傷・障害
78 大腿部と股関節の外傷・障害
79 腰部の外傷・障害
80 肩関節の外傷・障害
81 肘関節と手関節の外傷・障害
82 頭部と頚部の外傷・障害
83 スポーツと感染症
84 コンディショニング・疲労
85 テーピング
86 ストレッチ
87 ダイナミックストレッチ

パートナーストレッチ 88
入浴・シャワー 89
サウナ・高温冷温交代浴 90
スパ・タラソテラピー・水中運動 91
オイルトリートメント・アロマオイル 92
電気刺激治療器 93
身体組成と体脂肪率 94
血液検査 95

膝関節には多大な負担がかかっている

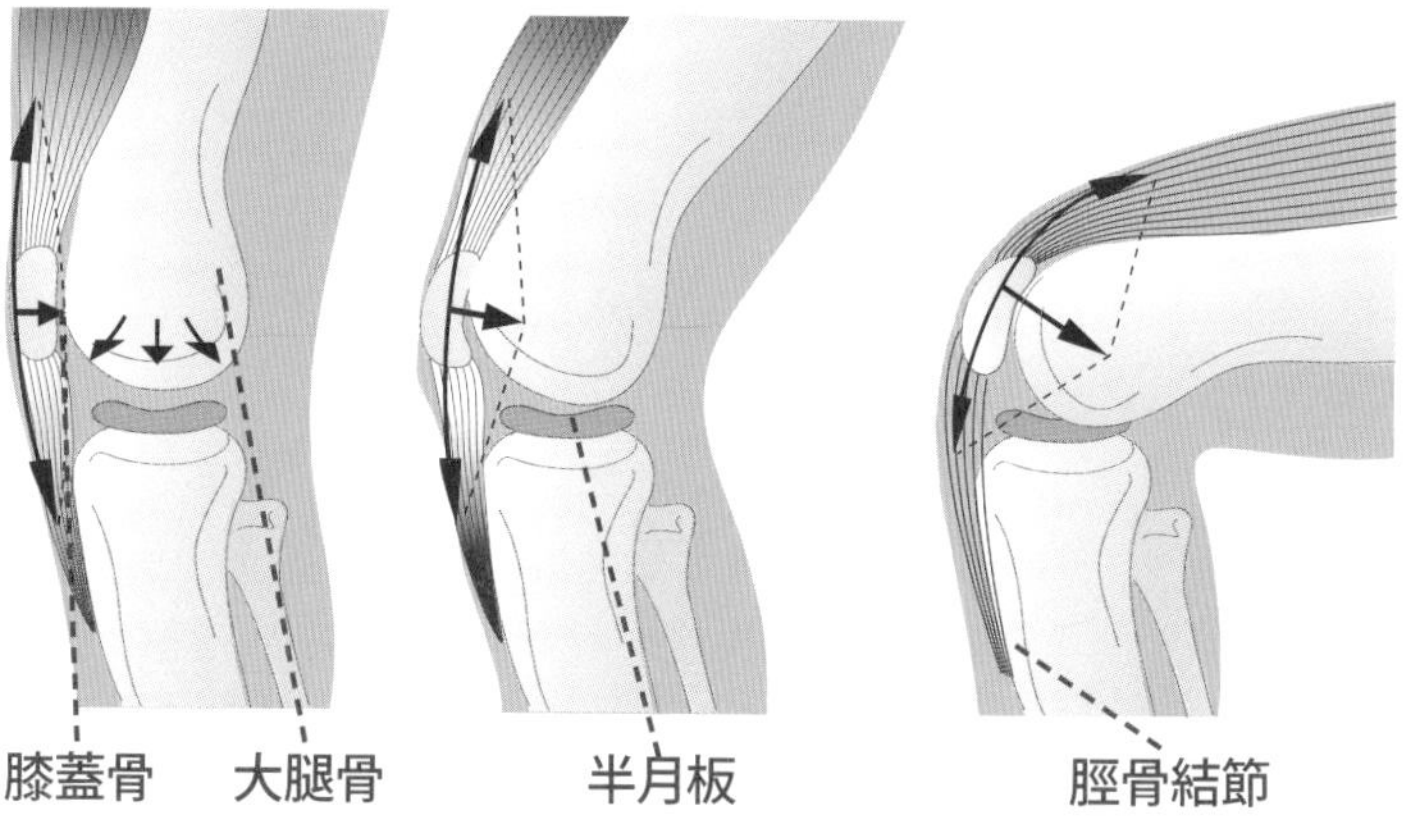

立った状態から膝関節を曲げると、深く曲げていくにしたがって膝関節に大きな負荷が加わっていく。まず、膝蓋骨が大腿骨に押しつけられる。さらに深く曲げると半月板の一部が圧迫されていき、脛骨結節が上方向に引っ張られていく。このように膝関節は酷使されているので、ケアを怠らないように。

（南谷和利：役に立つスポーツと健康の知識，青山社より作図）

膝関節の障害を防ぐストレッチの一例

膝の障害予防
ストレッチ1

膝の障害予防
ストレッチ2

78

ストレッチをしっかり行なって予防したい

大腿部と股関節の外傷・障害

ハムストリングスの肉離れ

肉離れは、筋肉やその周辺の筋膜という組織が断裂を起こすスポーツ外傷です。ハムストリングスには、走り出した瞬間や止まった瞬間に強い衝撃がかかることが多く、その負荷に耐え切れずに筋肉が断裂を起こすメカニズムが考えられています。その原因として、筋肉の柔軟性不足や筋力不足、筋力の左右差、大腿部前面と後面の筋力差、可動範囲を超えた動き、ウォームアップ不足など、様々なことが考えられています。疲労した状態での運動も肉離れを誘発します。

鵞足炎《がそくえん》

縫工筋《ほうこうきん》・薄筋《はっきん》・半腱様筋《はんけんようきん》の3つの腱が、脛骨粗面の内側部に「鵞《が》鳥《ちょう》の足」に似た形状で付着している様子から、鵞足といわれています。

「鵞足炎」とは、O脚やX脚などの膝の変形、スポーツ活動中の打撲などにより、鵞足部が炎症を起こした状態です。この状態のまま運動を続けると痛みが悪化するため、運動を休止して医師による治療を受けるとともに、ストレッチを行ないましょう。

腸頸靭帯炎《ちょうけいじんたいえん》

一般に「ランナー膝」という俗称で知られています。痛みを感じるのは膝の外側ですが、股関節から膝までを含む大腿部全体の障害です。

主な原因は過度のランニングや、硬いアスファルトの衝撃による疲労の蓄積です。痛みを感じたらすぐにランニングを中止し、安静にしましょう。

陸上トラックを周回するなど、同じ方向に回るランニングを繰り返し続けることで、片側の膝に負担が集中して発症する場合もあります。逆方向にトラックを周回するランニングも取り入れてみましょう。

いずれのケガも予防するには、左ページで紹介しているストレッチに加えて、**アイシング**[#1]や**入浴**[#2]による筋肉や関節の疲労を軽減することも有効です。

#2➡P.200 #1➡P.162

68 スポーツによって起こるケガ
69 筋肉痛
70 外傷の応急処置
71 創傷の応急処置
72 アイシングと冷湿布
73 救急時の救命処置
74 スポーツ障害とは
75 スポーツ障害の発生メカニズム
76 足部と下腿部の外傷・障害
77 膝関節の外傷・障害
78 大腿部と股関節の外傷・障害
79 腰部の外傷・障害
80 肩関節の外傷・障害
81 肘関節と手関節の外傷・障害
82 頭部と頸部の外傷・障害
83 スポーツと感染症
84 コンディショニング・疲労
85 テーピング
86 ストレッチ
87 ダイナミックストレッチ

ハムストリングスの位置

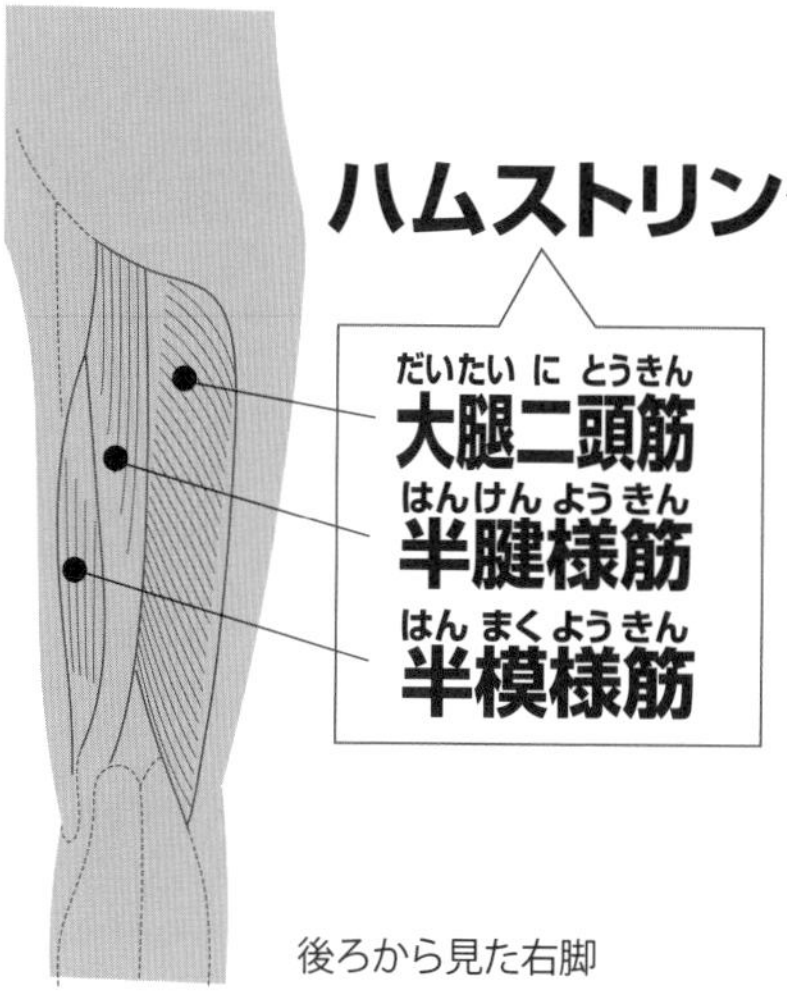

後ろから見た右脚

ハムストリングスは、大腿部の後面にある「大腿二頭筋」「半腱様筋」「半模様筋」の総称。主に膝の屈曲に使われる筋肉。

大腿部・股関節の障害を防ぐストレッチの一例

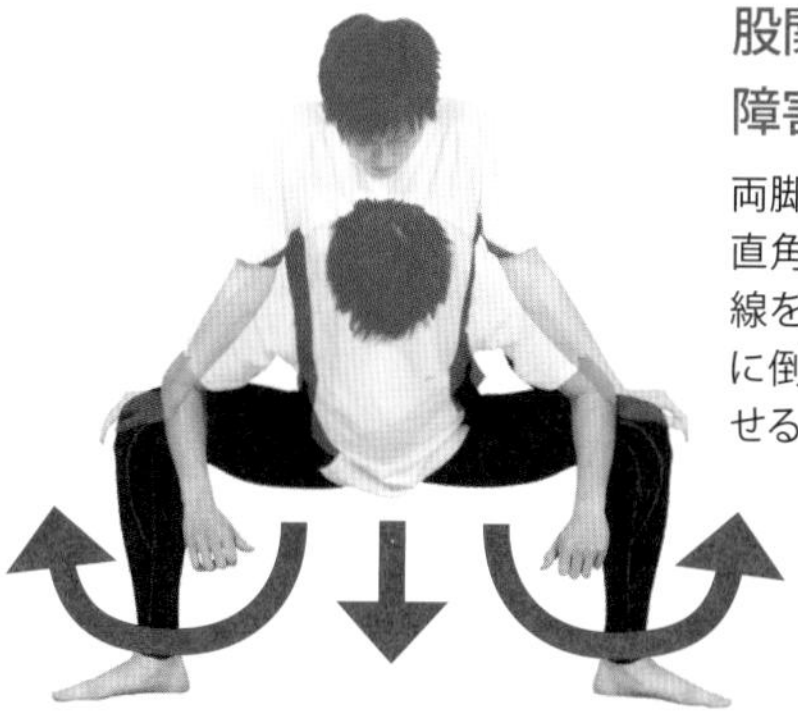

股関節の障害予防ストレッチ

両脚を左右に広げて、膝を直角に曲げる。そのまま視線を床に向けて上半身を前に倒すことで、さらに伸ばせる。

大腿部前面と股関節の障害予防ストレッチ

クラウチングスタートの体勢から、両脚を可能な限り前後に開く。そのまま上半身を前に倒し、両手を床に着くことで、大腿部と股関節の両方を同時にストレッチできる。

大腿部後面と下腿部の障害予防ストレッチ

膝立ちの状態から伸ばしたい大腿部の脚を前に出す。そのまま上半身を前に倒し、両手でつま先をつかむ。

79 腰部の外傷・障害

アスリート以外でもケアすべき重要箇所

椎間板ヘルニア

背骨の間には、椎間板というクッションの役割を果たす組織があります。何らかの原因によって椎間板に亀裂が生じ、中から髄核というゲル状の組織が飛び出して神経を圧迫している状態が「椎間板ヘルニア」です。

筋肉性の腰痛症

「腹筋や背筋の筋力不足」と「腰・背中・大腿部の柔軟性低下」によって、腰椎が大きく反る姿勢（反り腰）になって起こる腰痛です。下背部の張りや臀部のしびれなどが起こり、中年太りで下腹が出た人や妊婦に多くみられます。

急性腰痛症

いわゆる「ぎっくり腰」で、前かがみの姿勢から重い物を持ち上げた時や、打撲や捻挫などで生じる腰痛のことです。腰部を動かすことができないほど、強い痛みを伴います。

痛みの原因は腰部の筋肉や靭帯などの損傷であり、足先に走る痛みやしびれのような神経症状はみられません。

腰椎分離症

「腰椎分離症」は腰椎につながる椎弓という部分が分離した状態になるもので、成長期の過度な運動が原因と考えられている、一種の疲労骨折です。

筋肉性腰痛の予防

背中や**ハムストリングス**[#1]、**大腿四頭筋**[#1]などの腰周辺の筋肉を**ストレッチ**[#2]することで疲労を解消し、柔軟性を保つことで腰椎の弯曲を防ぎましょう。ただし、椎間板ヘルニアや腰椎分離症を発症している場合は、悪化する場合があるので、医者と相談して行なってください。

ストレッチとともに腰痛予防に効果的なのが、腹筋を鍛える筋力トレーニングです。腹筋を強くして背筋とのバランスをとり、反り腰を解消しましょう。なお、腰痛を患っている場合は、**ドローイン**[#3]など負荷の軽いトレーニングがおすすめです。

#1➡P.024 #2➡P.194 #3➡P.092

68 スポーツによって起こるケガ
69 筋肉痛
70 外傷の応急処置
71 創傷の応急処置
72 アイシングと冷湿布
73 救急時の救命処置
74 スポーツ障害とは
75 スポーツ障害の発生メカニズム
76 足部と下腿部の外傷・障害
77 膝関節の外傷・障害
78 大腿部と股関節の外傷・障害
79 腰部の外傷・障害
80 肩関節の外傷・障害
81 肘関節と手関節の外傷・障害
82 頭部と頚部の外傷・障害
83 スポーツと感染症
84 コンディショニング・疲労
85 テーピング
86 ストレッチ
87 ダイナミックストレッチ

パートナーストレッチ 88
入浴・シャワー 89
サウナ・高温冷温交代浴 90
スパ・タラソテラピー・水中運動 91
オイルトリートメント・アロマオイル 92
電気刺激治療器 93
身体組成と体脂肪率 94
血液検査 95

反り腰（腰の障害の原因となる可能性がある）

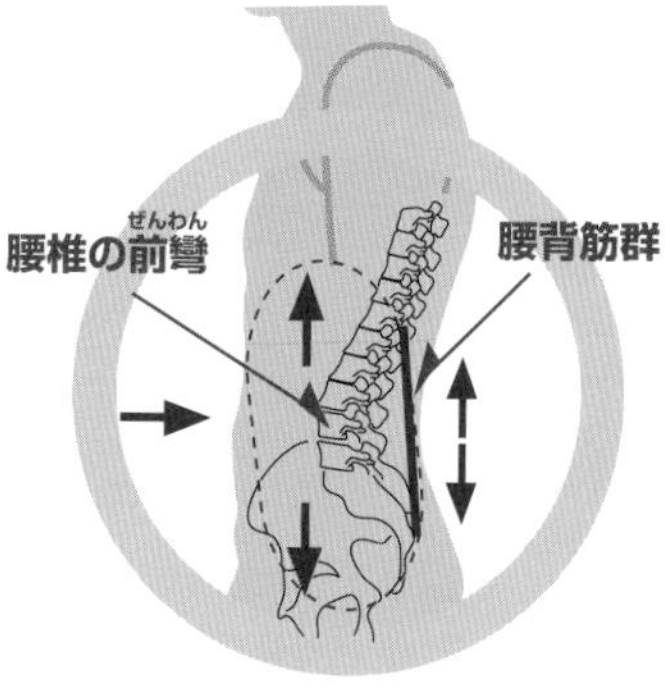

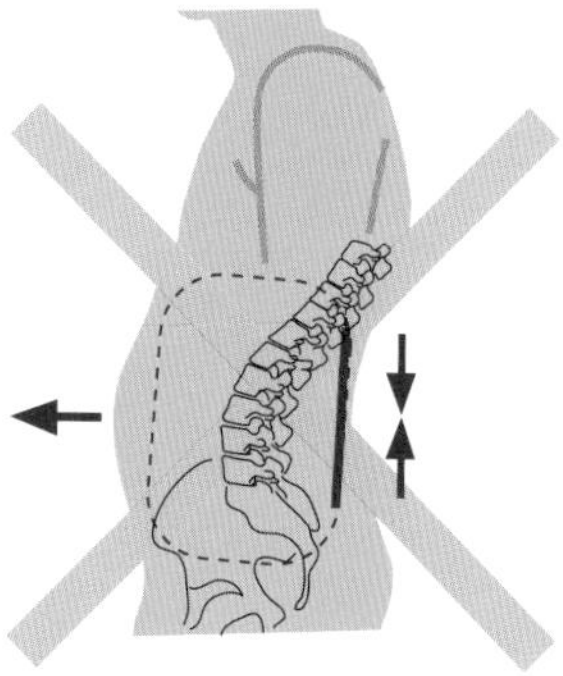

腹筋と背筋の力のバランスが崩れてしまうことで反り腰となる。肥満や運動不足・トレーニングの偏りなどで腹筋が弱くなった結果、相対的に背筋の力が強くなり、腰椎が大きく反って腹部が前に出っ張る形になる。

椎間板ヘルニアと腰椎分離症

椎間板ヘルニア

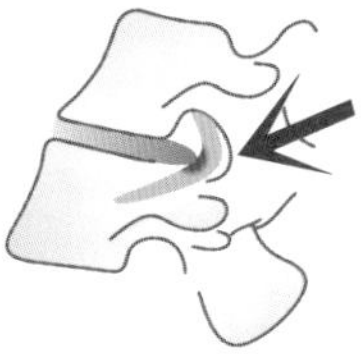

脊髄を構成する椎骨の間にある椎間板の中にある髄核がはみ出して脊髄神経に触れた状態。一定の姿勢を長時間続けたり、捻挫や打撲などの外傷が原因で起こったりするほか、加齢による発症もある。

腰椎分離症

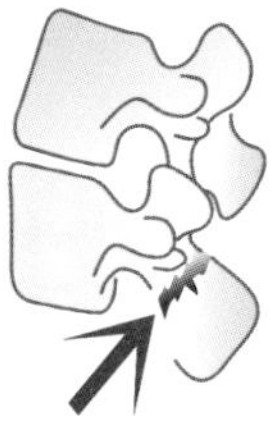

椎骨の後方についている「椎弓」という部分にひびが入って分離してしまう症状。前かがみの状態から、急激にねじれを伴う後ろ反りの状態になる運動を繰り返すことによって起こる、椎弓の疲労骨折と考えられている。

腰部の障害を防ぐストレッチの一例

腰にも効く股関節のストレッチ

つま先を上に向けて上半身を前に倒す。股関節だけでなく、鵞足炎の予防・改善にも効果的。

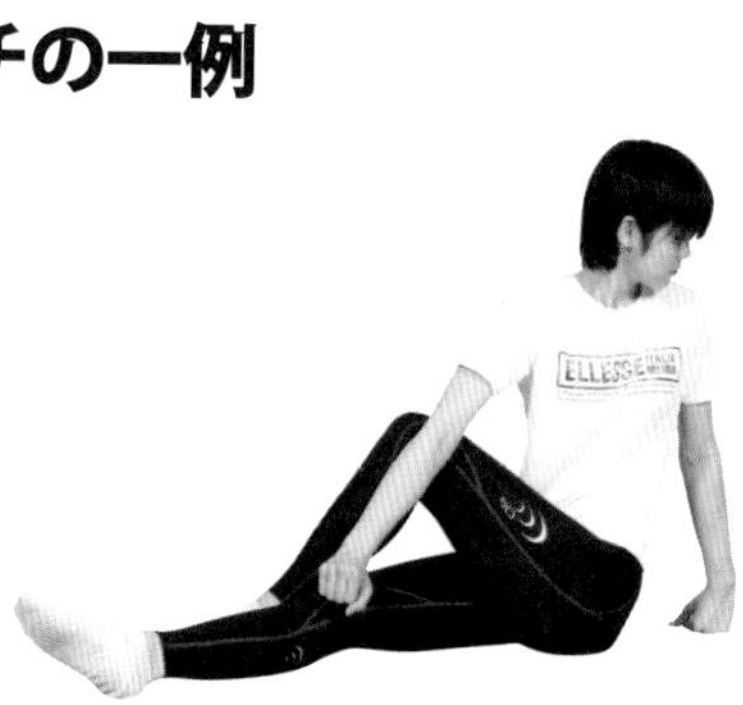

腰の障害予防ストレッチ

片腕を立てた脚に引っかけて、顔も上半身と一緒にひねるのがポイント。

80 肩関節の外傷・障害

自由に動かせるからこそケガの危険性も高い

肩の動きが可動域を超え、骨が筋肉や靭帯を損傷して関節の外に飛び出してしまう「肩関節脱臼」は、肩の自由度が高いことから起こるスポーツ外傷です。

脱臼の9割以上は前方脱臼であり、後方脱臼はわずかです。脱臼を起こすと肩を動かせなくなり、痛みと腫れが生じます。早急に専門医の整復を受けましょう。

回旋筋腱板《かいせんきんけんばん》とは

肩のスポーツ障害として最も注意しておきたいのが、「腱板損傷」です。**回旋筋腱板**[#1]は「ローテーターカフ」とも呼ばれ、肩甲骨に付着している深層筋（インナーマッスル）の棘上筋《きょくじょうきん》、棘下筋《きょくかきん》、小円筋《しょうえんきん》、肩甲下筋《けんこうかきん》の４つの筋肉で構成されています。回旋筋腱板はすべての肩の運動において、肩関節の位置関係を良好に保っています。肩の回旋運動（ひねる、ねじる）や、三角筋と協調しての外転や挙上運動だけでなく、投てき運動では腕が外れないように力を吸収する役割を果たしています。

#1➡P.034

腱板損傷

肩に負担の大きい動きを繰り返すと、回旋筋腱板に疲労が蓄積して柔軟性を失い、周辺の組織と擦れ合うなどして、炎症を起こします。「腱板損傷」とは、何らかの原因で腱板を損傷した状態の総称です。「野球肩」「スイマーズショルダー」と呼ばれるケガにも、腱板損傷が含まれます。肩の使いすぎで腱板などが炎症を起こした結果、これらが変形して烏口肩《うこうけん》峰《ぼう》アーチと衝突することで、肩の痛みを引き起こします。特に、テニス、水泳、バレー、野球など、腕を繰り返し振り上げる種目の選手に発症し、腕を肩より高く上げる時に痛みを生じます。

腱板損傷の予防と治療に有効なのは、筋肉の柔軟性を高め、肩甲骨の可動域を広げることです。肩のストレッチは様々なメニューがあります。左ページで紹介しているものを含め、自分にとってよく伸ばせるメニューを探してください。ゴムチューブを使ってインナーマッスルを鍛える**肩の内転外転運動**[#2]も有効です。

#2➡P.090

パートナーストレッチ 88
入浴・シャワー 89
サウナ・高温冷温交代浴 90
スパ・タラソテラピー・水中運動 91
オイルトリートメント・アロマオイル 92
電気刺激治療器 93
身体組成と体脂肪率 94
血液検査 95

肩の障害を防ぐストレッチの一例

肩の障害を防ぐストレッチ1

頭の後ろに回した片腕を、後頭部から離さずにもう一方の手で横に引く。

肩の障害を防ぐストレッチ2

土下座のポーズからは様々な肩のストレッチに派生できる。感覚を確かめながら一番伸びるメニューを探そう。

正面に両腕を伸ばす。指先までしっかり伸ばすのがポイント。

両手を重ねる。

両腕を左右に開く。

身体を浮かせて片腕を身体の下にくぐらせる。

81

肘関節と手関節の外傷・障害

ラケットスポーツや野球に多くみられる

突き指（指関節捻挫）

前腕部のスポーツ外傷で多いのが「突き指」です。突き指は指捻挫の一種ですが、腱の断裂や骨折、脱臼を併発することもあるので、素人判断の処治は要注意です。

ほかの外傷と同様に突き指をした場合は、必要以上に動かさず安静にします。指を回したり、引っ張ったりすると、内出血が広がって悪化してしまいます。そのため、すぐに**アイシング**[#1]を行なうとともに、割り箸や厚紙を添えて固定し、早急に医師の治療を受けましょう。

#1→P.162

野球肘（上腕骨内側上顆炎）

「野球肘」は成長期の子どもたちによく起こるスポーツ障害です。子どもの骨は成長前の軟骨組織があるため、大人の骨よりも弱くできています。

投球動作を行なう際、肘の親指側は上腕骨と橈骨が開くことでその間をつなぐ靭帯に負担がかかります。小指側では上腕骨と尺骨が接近してぶつかることで、骨や軟骨がダメージを受けます。この動作で肘の小指側に負担がかかることが多く、肘の小指側に赤みや腫れが生じ、カーブなどひねる動作で痛みを感じます。

アイシングとストレッチを普段から習慣づけることで予防になりますが、最も確実なのは肘を酷使しないことです。例えば小学生の場合、2時間の練習を週3日、1日の投球数は50球以内に抑えることが予防につながります。

テニス肘（上腕内側上顆炎、外側上顆炎）

「テニス肘」は、肘に受ける衝撃によって発症します。ラケットを持ってボールを打ち返す際に、上腕骨と前腕部の筋肉群をつなぐ部分に疲労が蓄積し、炎症を起こします。

テニス肘は肘の使いすぎだけでなく、ストロークのフォームやラケットの重心や重量が自分の体格や体力に合わないことも原因になります。テニスだけでなくバドミントンや卓球などほかのラケットスポーツでもみられることがあります。

68 スポーツによって起こるケガ
69 筋肉痛
70 外傷の応急処置
71 創傷の応急処置
72 アイシングと冷湿布
73 救急時の救命処置
74 スポーツ障害とは
75 スポーツ障害の発生メカニズム
76 足部と下腿部の外傷・障害
77 膝関節の外傷・障害
78 大腿部と股関節の外傷・障害
79 腰部の外傷・障害
80 肩関節の外傷・障害
81 肘関節と手関節の外傷・障害
82 頭部と頚部の外傷・障害
83 スポーツと感染症
84 コンディショニング・疲労
85 テーピング
86 ストレッチ
87 ダイナミックストレッチ

野球肘とテニス肘

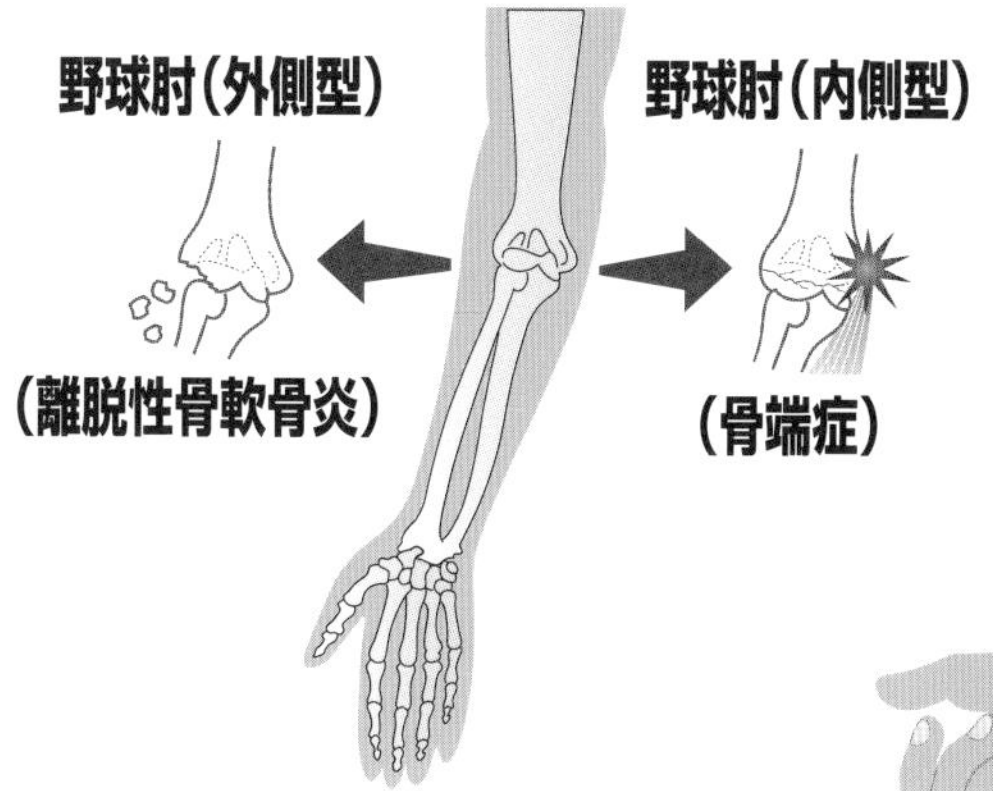

野球肘の外側型・内側型

野球肘は回す方向で症状が異なる。外側に回すことで起こる症状は、肘の軟骨が剥離する骨のケガで、内側に回すことで起こる症状は筋肉の付け根が炎症を起こす筋肉のケガだ。

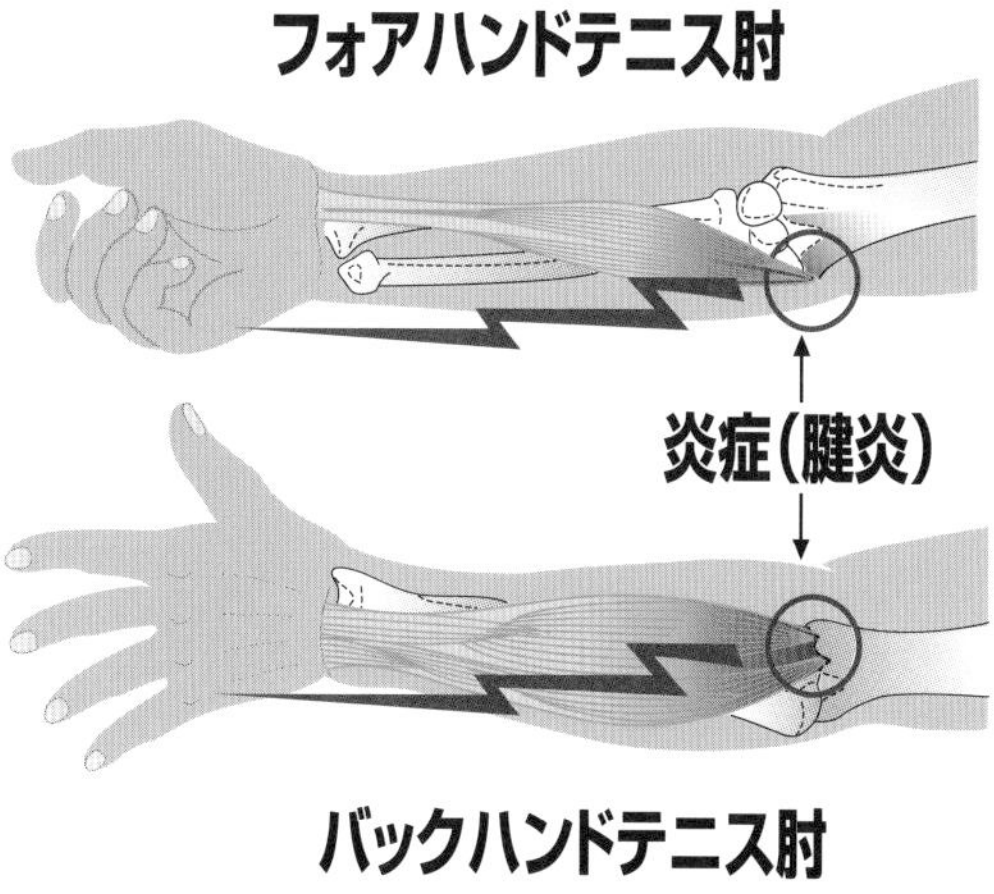

テニス肘のバックハンド・フォアハンド

テニスにおけるバックハンドとフォアハンドでのスイングで、それぞれ負荷がかかる箇所が異なる。フォアハンドは肘の小指側、バックハンドは肘の親指側に負荷がかかるので、痛んだ箇所で原因を判別可能だ。なお、バックハンドの動き・症状は野球肘の内側型と同じ。

肘の障害を予防するストレッチの一例

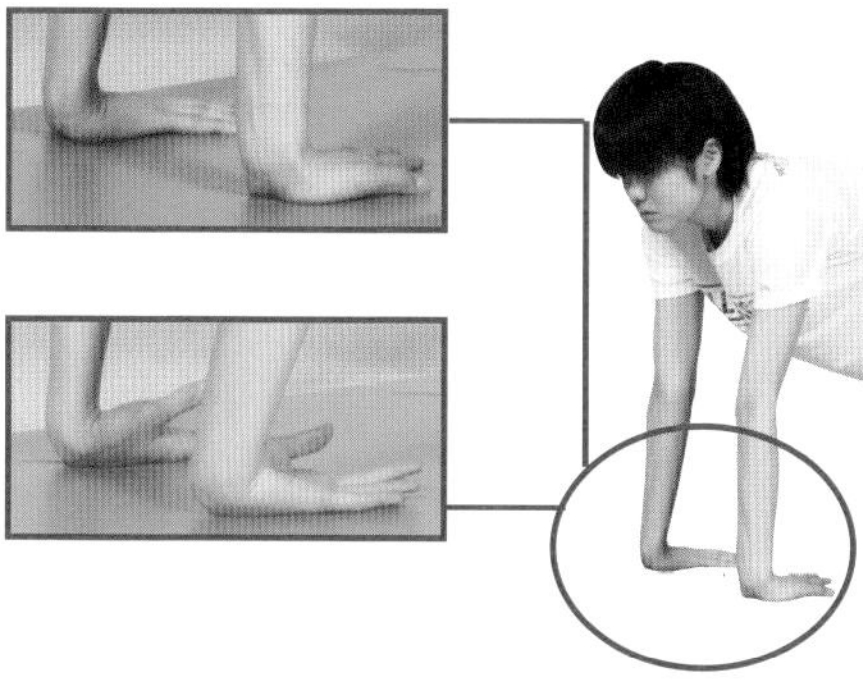

ストレッチ1　手首・肘の障害予防

手のひらを床に着けるとテニス肘（フォアハンド）の予防になり、手の甲を床に着けるとテニス肘（バックハンド）の予防になる。

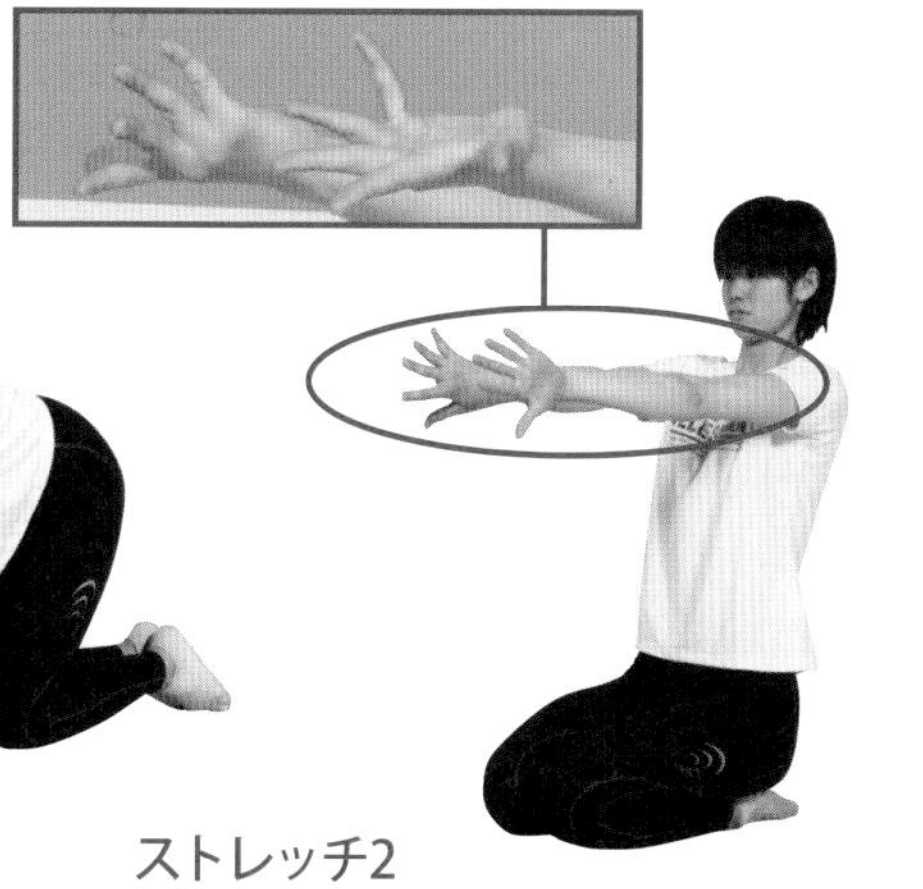

ストレッチ2 肘の障害予防

両腕を前に出して肘から先を内旋または外旋させる。外旋させるとテニス肘（フォアハンド）の、内旋させるとテニス肘（バックハンド）の予防になる。パートナーに回してもらえばさらに効果大。

82 頭部と頸部の外傷・障害

死に至る危険もあるので要注意

皮膚、頭蓋骨、脳に傷を負う「頭部外傷」は、交通事故によるものが最も多いですが、スポーツでは転倒、飛来物や選手同士の衝突などで発生する可能性があります。

頭部外傷の種類

「皮下血腫（いわゆるたんこぶ）」「頭部裂創」は皮膚の外傷です。皮膚が裂けずにその中が出血する皮膚血腫の多くは、自然に治ります。頭部裂創はかなり出血しますが、脳に損傷がなければ、大きな危険はありません。

ただし、「頭蓋骨骨折」は、脳への悪影響が懸念される重症です。ひびが入る線状骨折は経過観察がほとんどですが、骨がめり込んだ陥没骨折は手術が必要です。そして最も危ないのが、脳に損傷が及ぶこと。硬膜外血腫、急性硬膜下血腫、慢性硬膜血腫、外傷性くも膜下出血などの「頭蓋内出血」や、脳が崩れた状態になる「脳挫傷」があたります。重い後遺障害が残る可能性が高く、最悪の場合は死に至ります。

「脳震盪《のうしんとう》」は、脳のゆがみで一時的に記憶を失ったり、身体がフラフラしたりします。すぐに回復すると思われがちですが、頭痛、めまい、耳鳴りが何日も続くことがあるので要注意です。

頸部の外傷

頸部のケガは以下に大別できます。

頸椎脱臼骨折に伴う四肢麻痺

下向きの状態で頭部に強い力が加わると、頸椎が過度に伸展します。脊髄を痛め、四肢麻痺などの重大な症状につながります。数分後に麻痺が回復をする症例もあります（一過性四肢麻痺）。

骨折を伴わない神経根損傷

脊髄から伸びる神経根が損傷すると、麻痺が生じ、回復に数カ月かかることもあります。短時間で回復するものは、「バーナー症候群」と呼ばれます。

腕神経叢麻痺

腕に麻痺が起こる症例で、麻痺が治らない場合は手術が必要になります。

頸椎捻挫（神経損傷なし）

「むち打ち」と呼ばれる症例です。

パートナーストレッチ 88
入浴・シャワー 89
サウナ・高温冷温交代浴 90
スパ・タラソテラピー・水中運動 91
オイルトリートメント・アロマオイル 92
電気刺激治療器 93
身体組成と体脂肪率 94
血液検査 95

頭部の構造（断面図）

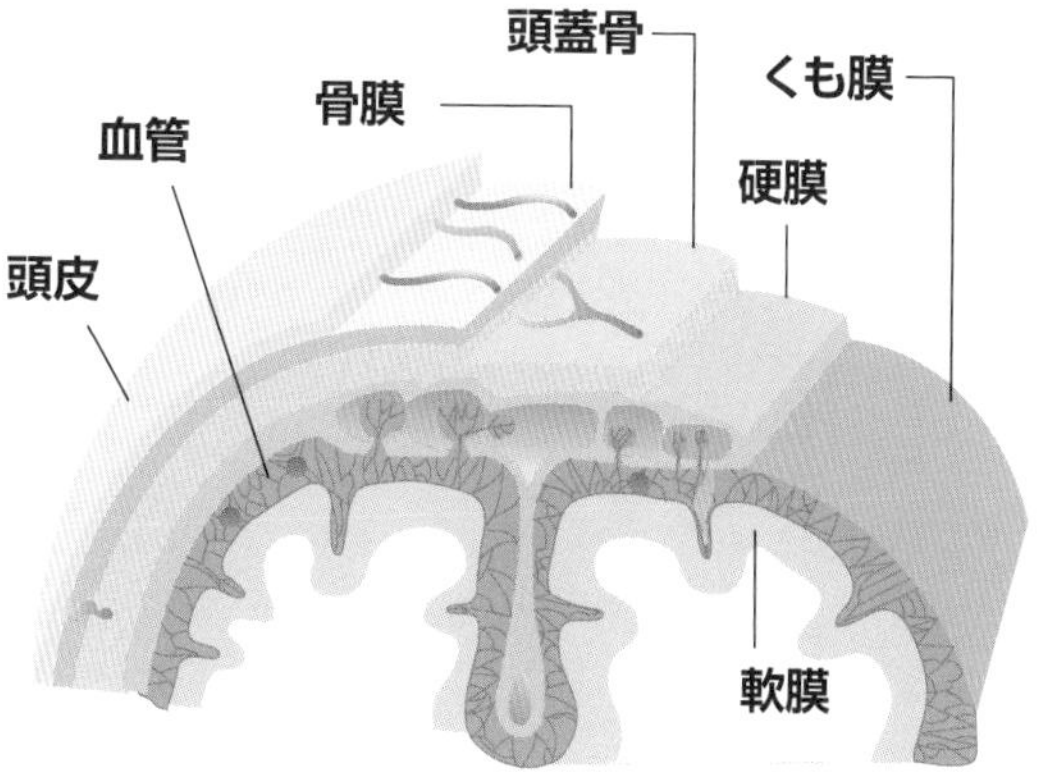

（頭部外傷10か条の提言（第二版），日本臨床スポーツ医学会 学術委員会 脳神経外科部より）

意識状態の確認と判断

確認方法

- □ 今の日時は？
- □ 今いる場所は？
- □ 今まで何をしていた？
- □ 右手はどっち？
- □ 100−7=？

判断基準

- □ 受け答えがはっきりしているか
- □ 頭痛・悪心・嘔吐などがないか
- □ 四肢の動きや感覚に異常はないか
- □ ものが二重に見えたり、耳鳴り、めまい、聴力低下などがないか

「確認方法」のような単純な質問にすべて答えられたら正常だが、答えられても同じことを何度も尋ねるような時は、意識障害ありと考える。「判断基準」は、意識がすぐに戻った場合にプレーを続行させるかどうか判断する際のチェックポイント。

重大な頸部外傷が起こってしまった時の対処法

①反応がなく意識消失がある（頭部外傷の疑い） → 救急車要請

②意識はあるが四肢麻痺がある（頸部外傷の疑い） → 救急車要請

③意識消失も四肢麻痺もない（脳震盪の疑い） → 自力で起きるように支持する

慌てずに、ケガをした選手に声をかけて症状を確認することが大切。四肢麻痺があり、頸部外傷が疑われる場合、無理に動かすことはせず、スパイン・ボード（写真）などで頭部を固定して搬送する。

スパイン・ボードの使用方法

損傷した頭部、頸部、脊柱を動かしてしまうと、さらに悪化させてしまう可能性がある。身体を動かさないように、特に扱いが慎重である頭部は1人が担当し、首から下の全身を複数人で持ち上げてボードに乗せ、ストラップでしっかりと固定して搬送する。

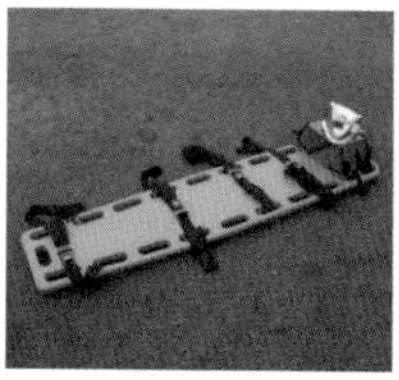

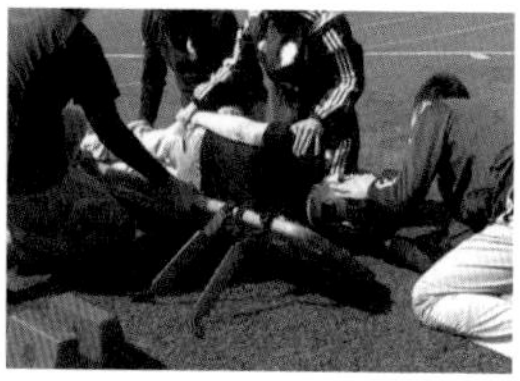

83

スポーツと感染症

接触による感染を防ぐため、環境整備が重要

感染症とは、病気を起こす小さな生物（病原体：細菌、ウイルス、真菌《しんきん》、寄生虫など）が身体に侵入して、症状が出る病気です。ただし、病原体が身体に侵入しても発症しない場合もあります。これは、病原体の感染力と身体の抵抗力とのバランスによって決まります。

体内への感染経路は、大きく分けて垂直感染と水平感染があります。垂直感染は母子感染ともいわれ、妊娠中や出産時の感染を指します。水平感染は、接触・飛沫染（マイクロ飛沫感染）・空気、媒介物の大きく4つに分けられます。

ウイルスや細菌対策としては、1年を通した手洗いやうがいなどの感染症予防が必要です。季節ごとに流行する感染症としては、ノロウイルス（ピークは12月～翌年1月）、インフルエンザ（ピークは12月～翌年3月）、手足口病（ピークは7月下旬）などが有名です。

飲酒を伴う懇親会は、短時間の食事に比べて感染リスクが高まります。季節性の感染症が心配な時期には、マスクを上手に活用すべきです。特に、寮やシェアハウスなどで共同生活をしている人は要注意で、近距離でのマスクなしの会話や、通学・通勤で利用するバスや電車内、エレベーターの中も気をつけましょう。

スポーツ現場における感染症には、白《はく》癬《せん》菌と呼ばれる真菌（カビ）、ヒゼンダニによる疥癬《かいせん》、ひっかき傷、刺し傷、虫刺され、傷口などの皮膚にできた小さな開口部から細菌が侵入して生じる皮膚細菌感染症などがあります。

代表的なのは足白癬（水虫）で、生じた部位によって呼び名が変わります。白癬は、皮膚糸状菌というカビによって生ずるものですが、感染頻度が高い疾患です。

感染の可能性がある場面は意外と多く、感染したこと自体に気づかない場合もあります。早期の発見と治療が重要で、日頃から清潔な環境を整備することや、手洗いや手指の消毒、入浴後の足指や足裏などの乾燥だけでなく、公共施設での供用スリッパなどの使用にも要注意です。

68 スポーツによって起こるケガ
69 筋肉痛
70 外傷の応急処置
71 創傷の応急処置
72 アイシングと冷湿布
73 救急時の救命処置
74 スポーツ障害とは
75 スポーツ障害の発生メカニズム
76 足部と下腿部の外傷・障害
77 膝関節の外傷・障害
78 大腿部と股関節の外傷・障害
79 腰部の外傷・障害
80 肩関節の外傷・障害
81 肘関節と手関節の外傷・障害
82 頭部と頚部の外傷・障害
83 スポーツと感染症
84 コンディショニング・疲労
85 テーピング
86 ストレッチ
87 ダイナミックストレッチ

パートナーストレッチ 88
入浴・シャワー 89
サウナ・高温冷温交代浴 90
スパ・タラソテラピー・水中運動 91
オイルトリートメント・アロマオイル 92
電気刺激治療器 93
身体組成と体脂肪率 94
血液検査 95

主なウイルスの流行時期

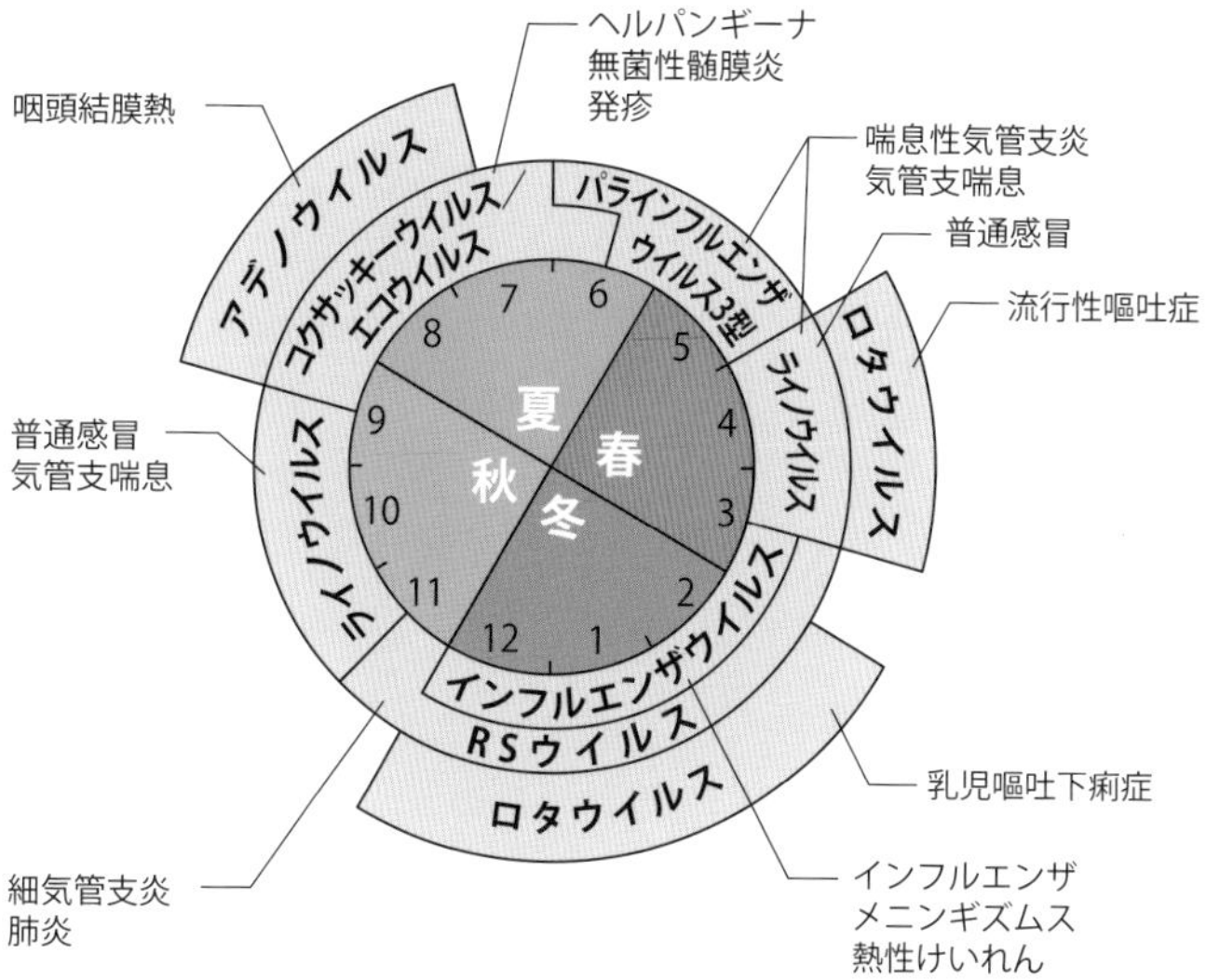

（武内可尚編：子どもによく見られる病気，医薬ジャーナル社より）

スポーツ現場での感染

汗で濡れたソックス、蒸れたシューズを長時間履いていると、菌が増殖する。

道着ですれた菌が畳の上にこぼれたり、足裏が畳ですれたりして菌が散らばる。

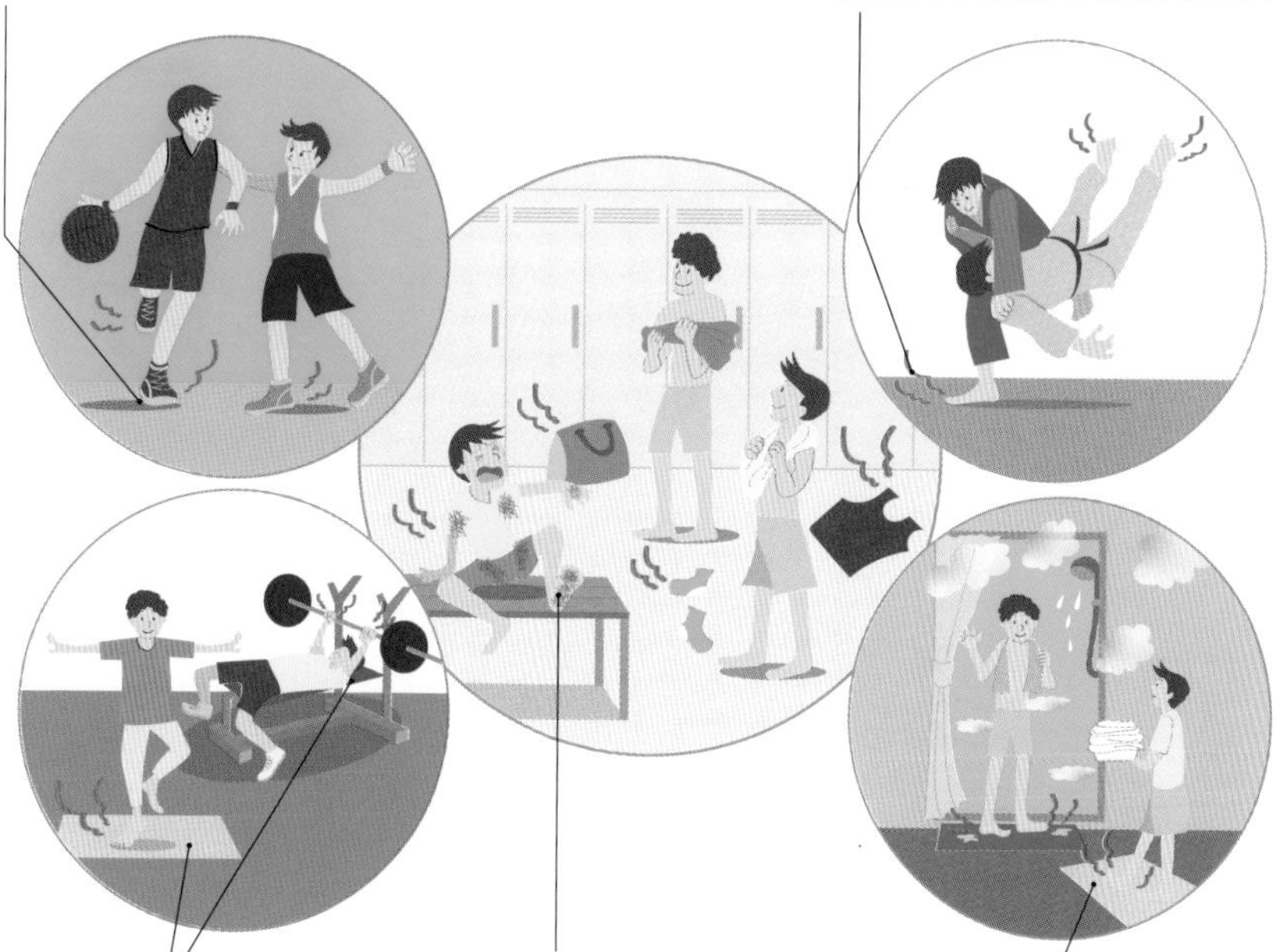

手のひらや足裏がストレッチマットですれたり、ウェイト器具に菌が付着していたりする。

それぞれが別の場所から共有のロッカールームなどに菌を持ち込み、自宅に持ち帰ることに。手の指、わき、胸の下側、脚の付け根、足の指裏などが、皮膚真菌症になりやすい。

共有のバスマットなどに菌が付着。はだしはもちろん、公共のスリッパでも菌が拡散。

84

身体の調子を整える
コンディショニング・疲労

「コンディショニング」とは、調子の良い状態を崩す原因になるものから、自身の身体を守るために、積極的に身体を鍛えたり、ケアを行なったりすることです。また、似た言葉で「リコンディショニング」があります。これは一度調子を崩した状態から、本来のパフォーマンスを取り戻す調整のことを指します。

コンディショニングは、コンディションを維持するための「予防」、リコンディショニングは、コンディションを取り戻すための「治療」といえます。コンディショニングには左図のように3つの段階があり、それを理解することで身体の調子を体系立てて整えましょう。

コンディションを崩す原因

コンディションを崩す原因には様々な要因がありますが、その中でも「疲労」「痛み」「病気」は特に大きな要素です。

疲労の解消には睡眠のほかに、ストレッチや有酸素運動での血行の促進、**アイシング**[#1]や**入浴**[#2]、**オイルトリートメント**[#3]などの方法があります。また、**サプリメント**[#4]や食事に気を配ることも大切です。最近では、低周波や微弱な電流を身体に流す**電気治療器**[#5]の利用や、漢方、鍼灸などの「補完代替医療」も注目されています。

痛みや病気に関しては、決して放置せず、医学的検査で状態をチェックするなど、積極的なケアが求められます。また病気の空気感染や飛沫感染の危険から身を守るため、最低でも食事前のうがいと手洗いは習慣づけるようにしましょう。

#1➡P.162
#2➡P.200
#3➡P.206
#4➡P.246
#5➡P.208

疲労を蓄積させない

疲労には左図のように様々なタイプがありますが、すべてに共通するのは、蓄積されると弊害が大きくなるということです。小さな疲労は小まめに解消していくことが重要になります。肉体疲労については、筋肉は疲労すると硬くなり、硬くなった筋肉は血行が遮られて代謝が悪くなるので、さらに疲労が蓄積しやすくなるという悪循環に陥ります。早めにこのサイクルを断ち切り、疲労を蓄積させないことが最善の対処法になります。

68 スポーツによって起こるケガ
69 筋肉痛
70 外傷の応急処置
71 創傷の応急処置
72 アイシングと冷湿布
73 救急時の救命処置
74 スポーツ障害とは
75 スポーツ障害の発生メカニズム
76 足部と下腿部の外傷・障害
77 膝関節の外傷・障害
78 大腿部と股関節の外傷・障害
79 腰部の外傷・障害
80 肩関節の外傷・障害
81 肘関節と手関節の外傷・障害
82 頭部と頚部の外傷・障害
83 スポーツと感染症
84 コンディショニング・疲労
85 テーピング
86 ストレッチ
87 ダイナミックストレッチ

パートナーストレッチ 88
入浴・シャワー 89
サウナ・高温冷温交代浴 90
スパ・タラソテラピー・水中運動 91
オイルトリートメント・アロマオイル 92
電気刺激治療器 93
身体組成と体脂肪率 94
血液検査 95

コンディショニングの目的

1stコンディショニング

→ケガ・痛み、病気、疲労の発生を未然に防ぐ行為

1：パフォーマンスの向上
生活環境改善　適切な食生活　運動・活動の励行
積極的なトレーニング
疲労解消　禁煙　ストレス解消　など

2：特異的予防
予防接種　事故防止　日常管理　環境整備　気象管理

▼

2ndコンディショニング

→内科的疾患やスポーツ傷害の原因となるような重症化すると競技参加が困難となるリスクを早期に発見・処置する行為

1：早期発見→メディカルチェック、体力測定
2：早期治療→医療の紹介

▼

3rdコンディショニング

→ケガや痛みなどから競技復帰するための行為

1：機能低下防止
2：ケガや痛みへの処置・治療（リコンディショニング）
3：リハビリテーション

疲労の種類

局所疲労（身体の一部分の疲労）↔ 全身疲労（身体の全体の疲労・体力の消耗）
肉体的疲労 ↔ 精神的疲労
中枢疲労（脳の疲労）↔ 末梢疲労（肉体の疲労）
一過性疲労 ↔ 蓄積疲労

85 テーピング

関節の可動域を制限し、ケガの予防や痛みを和らげる

テーピングの効果

腕や脚などを伸ばしたり、曲げたりすると痛みが生じる場合に、テーピングで関節の可動域を制限すれば、ケガの悪化や痛みを防げます。また、靭帯や腱の上に重ねることでその働きを補強することができ、パフォーマンスの低下を防げます。

キネシオテープの効果には、筋肉の働きを助け、疲労軽減をはかることが知られています。

テーピングは、患部をサポート・固定し、動きによって生じる痛みを和らげますが、腫れがある時や骨折の可能性が疑われる場合は、テーピングはかえってケガを悪化させるリスクがあります。病院で診察を受けることが先決です。

テーピングの効果をよりアップさせるためには、肌をかぶれされないためのアンダーラップや、幹部を衝撃から守る保護パッドなど、補助具も活用しましょう。

ケガをしないことが理想

スポーツ活動において理想的なのは「ケガをしないこと」。テーピングはその有効な予防手段の一つで、あらかじめケガを防ぎたい部位に施しておくことで予防ができます。傷めたくない部位、過去のケガによって傷めやすくなった部位などには、スポーツ活動を始める前にテーピングを施しておくことが最善策です。

ケガの悪化を防ぐために

テーピングには一時的に痛みをやわらげたり、腫れや内出血を最小限にとどめたりする働きはありますが、あくまでも応急処置です。「RICE処置」[#1]も併せて施し、必ず医師の診断を受けましょう。

一度ケガをすると、同じ部位を繰り返し傷める傾向がみられ、完治しても、再発が怖くて思いっきりプレーができない選手が多くいます。そういった不安を解消するために、プレー中だけでなく、リハビリや競技復帰までの期間にもテーピングを活用し、再発防止に努めること。その上で医師の指導を受けながら、リハビリに取り組みましょう。

#1➡P.158

68 スポーツによって起こるケガ
69 筋肉痛
70 外傷の応急処置
71 創傷の応急処置
72 アイシングと冷湿布
73 救急時の救命処置
74 スポーツ障害とは
75 スポーツ障害の発生メカニズム
76 足部と下腿部の外傷・障害
77 膝関節の外傷・障害
78 大腿部と股関節の外傷・障害
79 腰部の外傷・障害
80 肩関節の外傷・障害
81 肘関節と手関節の外傷・障害
82 頭部と頚部の外傷・障害
83 スポーツと感染症
84 コンディショニング・疲労
85 テーピング
86 ストレッチ
87 ダイナミックストレッチ

テーピングの目的

予防　応急処置　再発防止

テーピングの主な効果

関節の可動域を制限する

テーピングを関節に沿って貼るなどして、関節の可動域を制限することで、ケガの悪化や痛みを防ぐ。右の写真では、ホワイトテープを親指から手の甲側に沿って貼ることにより、親指が内側に折れ曲がるのを制限している。

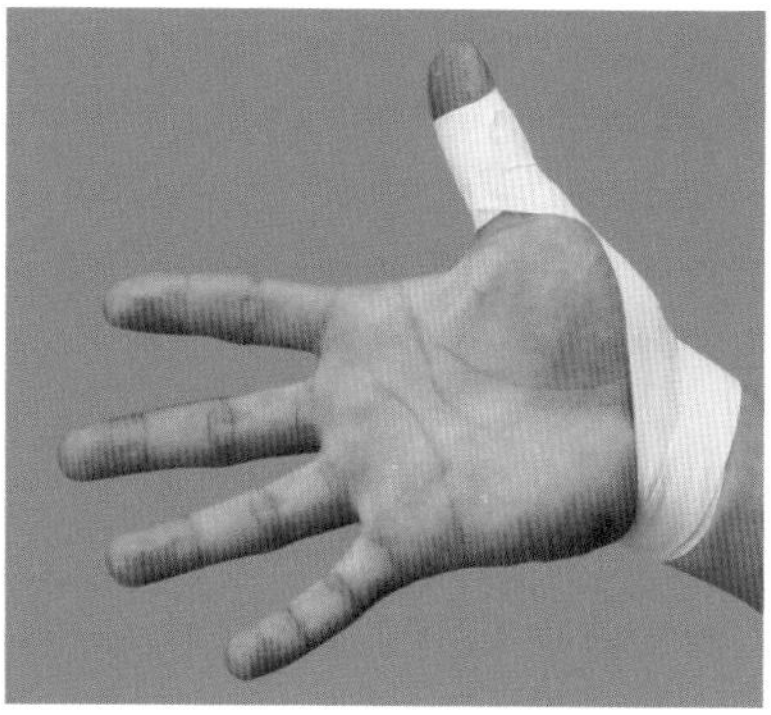

テーピングの準備

どう動かすと痛いかの確認

曲げると痛い方向に曲がらないようにすることがテーピングの役割。患部をゆっくり動かして痛みの出る方向や角度を見極めることが大切。

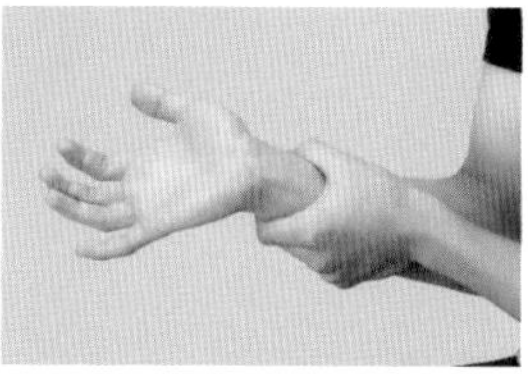

正しい姿勢を確認

関節の角度が違ったり、筋肉に力を入れないで巻いたりすると、テーピングの効果が得られない。ポイントとなる関節の角度や力を入れる部位をチェックする。

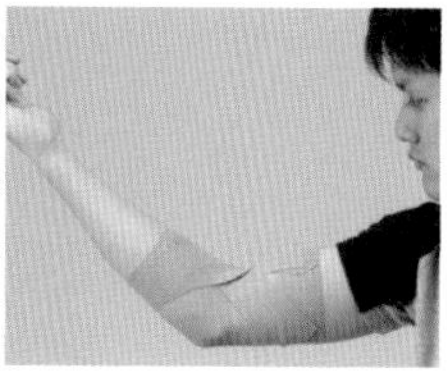

処置後の注意点

違和感がないか確認

- □ 血流を阻害していないか
- □ きつく締めすぎていないか
- □ かゆみや痛みを感じないか

効果を確認

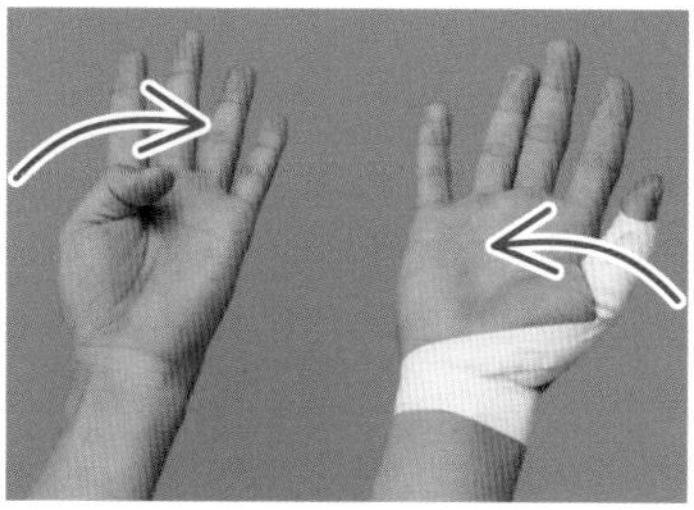

テーピングをした後に、違和感があったり、血の流れの滞りを感じたりしたらすぐに貼り直すこと。また、関節の可動域が制限されているかどうかも確認。この写真の場合、テーピングをしている右手は左手よりも曲げにくくなるはず。

(伊藤マモル：痛めない！ゆるまない！ひとりで巻くテーピング，　日本文芸社より)

足首のテーピングの巻き方（非伸縮ホワイトテープ38mmを使用）

フィギュアエイト

1

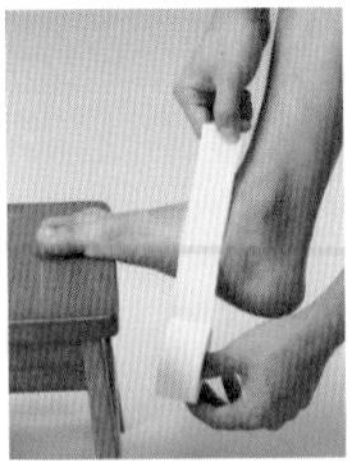

内反ねんざの場合、足首を外側に引き上げるように巻く。まずはテープを足裏と垂直に貼る。

2

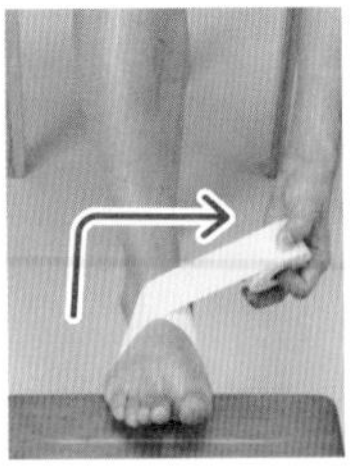

土踏まずの内側から足裏を通り、外くるぶしへと引き上げてから、足首の前でテープを交差させる。

「フィギュアエイト」は、8の字状にテープを交差させて巻き、最初の場所に戻ってくるのが特徴。足首のほか、手首、ひじ、ひざなどの関節にも使える。

「ヒールロック」は、かかとを固定する巻き方。左右対称に2本のテープを貼ることで、踵骨（かかとの骨）を左右両方に引っ張り、足首を安定させる。

3

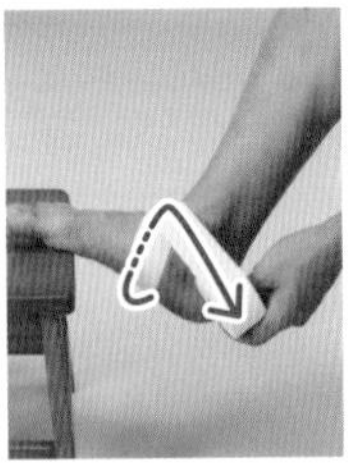

足首の前を通り、内くるぶしへと貼りつける。

4

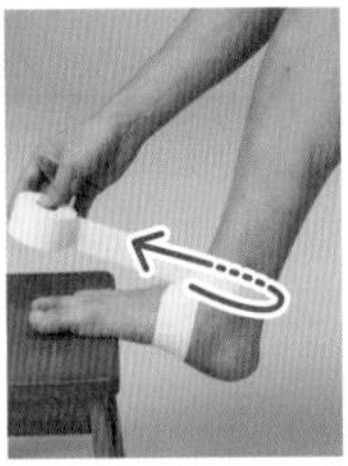

足首にテープを巻く。足裏と平行になるよう巻くのがポイント。

5

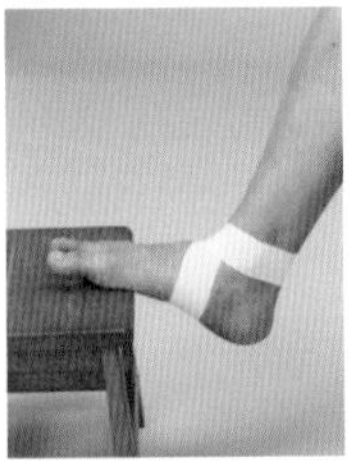

固定力を高める場合は、2周目を巻く。巻き終わりのテープの端は、足の甲で終わるように。

ヒールロック

1

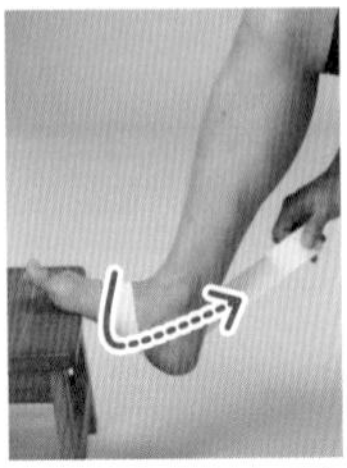

1本目は足の甲の中心を起点に、土踏まずの第一趾（おやゆび）側へ巻いていく。足裏とテープが45度に交わるようにする。

2

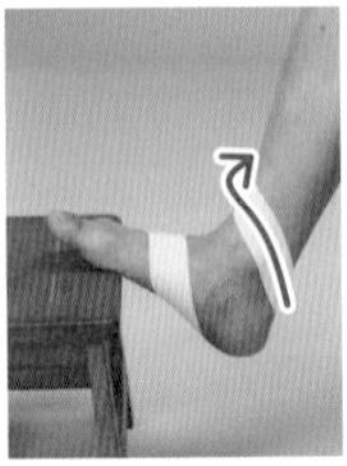

かかとの少し上に出てきたテープをアキレス腱から内くるぶしの上の順に巻き、足首の上側、中心よりも少し外側まできたらテープを切る。

3

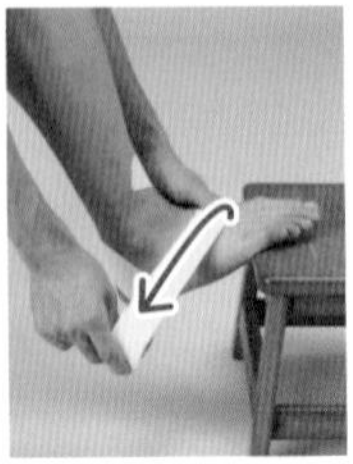

2本目も足の甲の中心部から貼るが、今度は土踏まずの第五趾（小ゆび）側へ巻いていく。テープを足裏へ45度の角度で貼る。

4

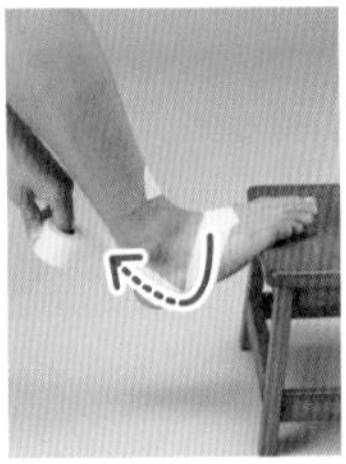

足の外側から足裏を経て反対側にテープを通す。そのまま足首に巻きつけていくと、内くるぶしの下あたりを通過する。

5

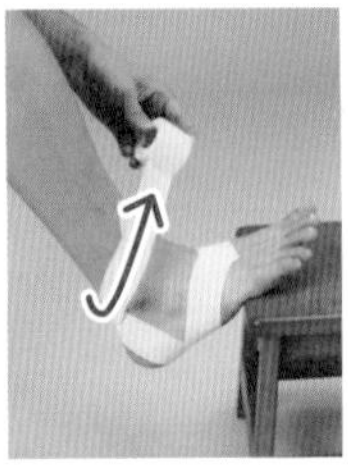

1～2のテープとアキレス腱で交差したら、外くるぶしの上に巻いていく。2の終点と同じ位置にくるので2のテープと交差させる。

6

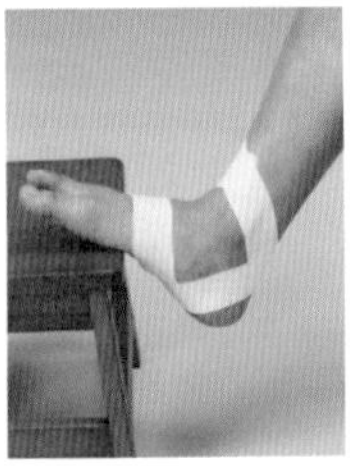

1～2と3～5で貼った2本のテープが、左右対称になっていればOK。

手首のテーピングの巻き方（ソフト伸縮テープ50mmを使用）

手首を手のひら側に曲げる動き（掌屈）を制限したい時（写真）は、手の甲から貼り始める（手の甲側に曲げる動きを制限したい時は手のひら側から）。さらに手首にもテープを巻きつけると、手首の動きも固定できる。

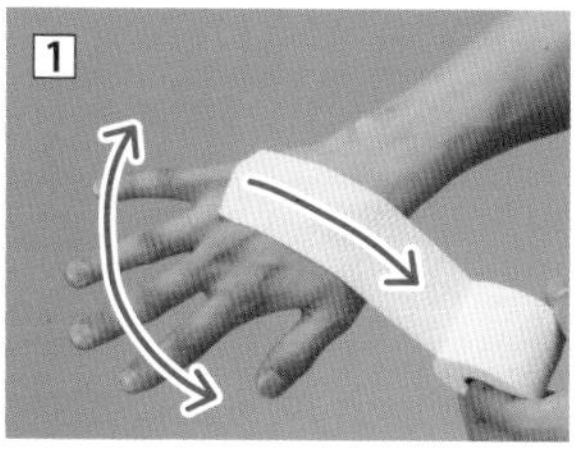

手の甲に斜めに貼り始め、親指の付け根へ。

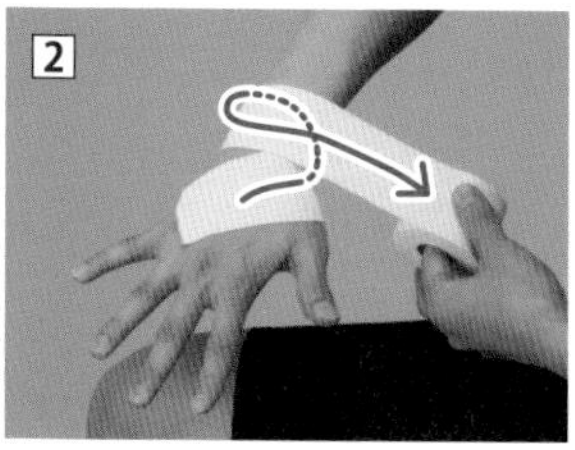

そのまま手首に1周巻きつける。

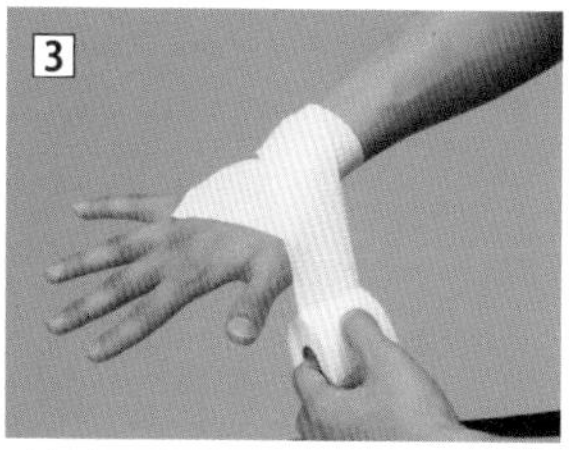

手首を回転させながら、手の甲でテープが交差するように巻く。

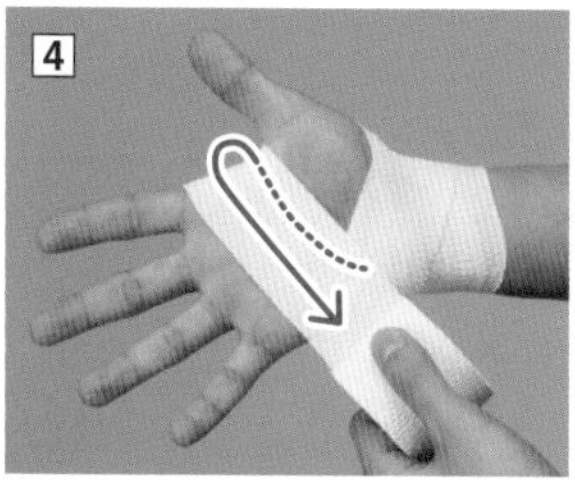

親指と人差指の間からテープを通し、手のひらを横切るように巻く。

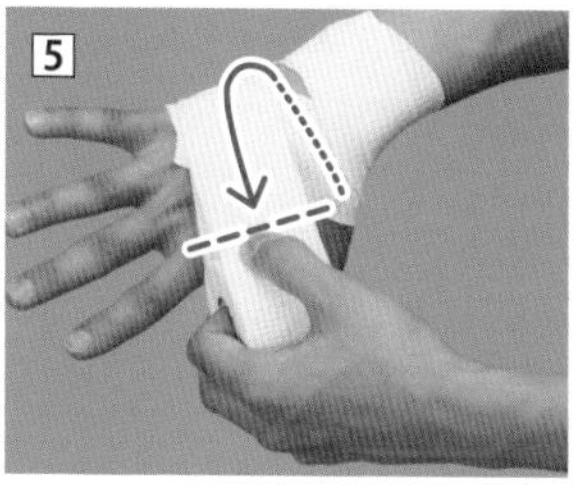

手のひらから手の甲に戻ったらテープをカットして完成。

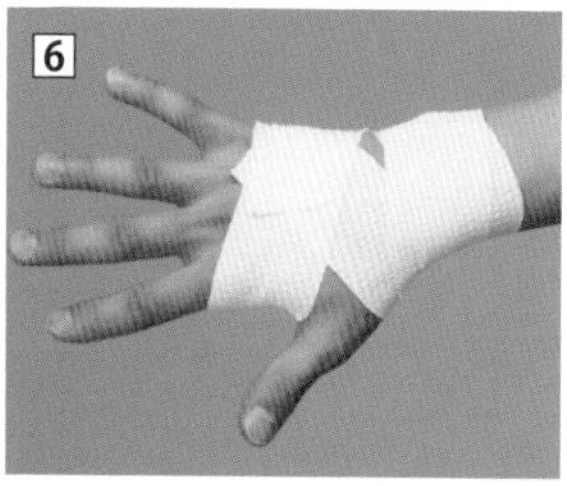

手首の掌屈が制限されているか確認。強く制限したければ、3～4を繰り返す。

指のテーピングの巻き方（非伸縮ホワイトテープ9mmを使用）

横に動かすと痛い時

1

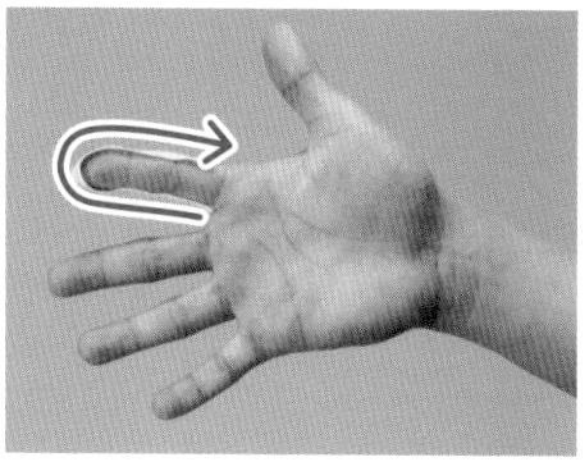

指の付け根の横から反対側へと、指の側面に沿ってホワイトテープを貼る。

突き指をした場合の基本の巻き方。曲げると痛い方向によってテープの貼り方が変わるため、テーピングをする前に痛みを感じ始めるところまで指を曲げて、痛み方を確認する。

前後に曲げると痛い時

1

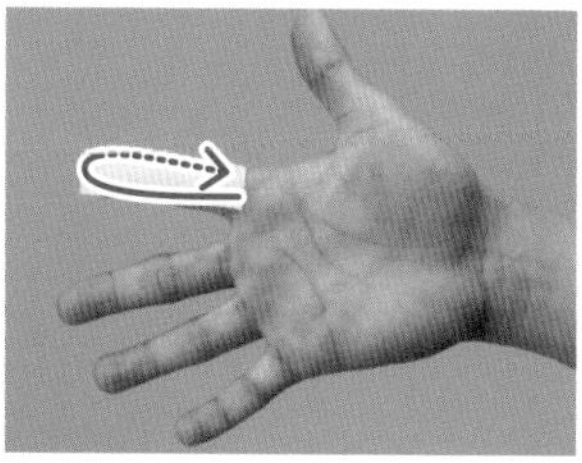

指の表裏を覆うようにホワイトテープを貼る。

2

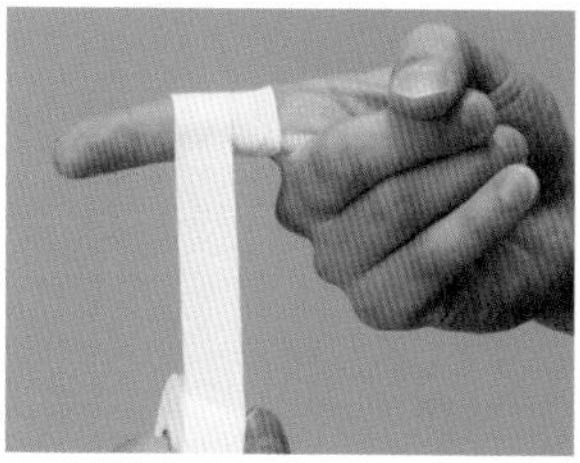

巻き方

指にホワイトテープを連続して巻いて完成。ここでは指の付け根から指先に向かって巻く方が巻きやすい。テープの重なりを多くすれば、強く固定できる。

86 ストレッチ

疲労解消やケガの予防に効果がある

ストレッチの効能

ストレッチの目的は、パフォーマンスの向上および**ケガ[#1]の予防や疲労回復の促進**です。そのために「筋肉と腱の伸張性を高め、関節可動域を広げる」わけです。その時、筋肉だけでなく腱や関節も意識に入れて行なう必要があります。筋・腱・関節の伸張性がより高まることで、身体の総合的な柔軟性が高まります。

#1➡P.110

ストレッチの種類

ストレッチには方法や目的によって様々な種類があります。

1. スタティックストレッチ

はずみをつけずに、ゆっくりと筋肉や腱を伸ばす、一般的な方法です。日常生活の健康管理が目的であれば、「スタティックストレッチ」を用いるのが主流です。

2. ダイナミックストレッチ

目的とする運動の中心となる動作を想定した動きで、腕や脚などを様々な方向へ伸ばすストレッチです。主にスポーツ前の**ウォームアップ**[#2]として用いられています。

#2➡P.064

3. バリスティックストレッチ

スタティックストレッチが主流になる前に行なわれていた、反動やはずみを利用するストレッチです。かえって筋肉が萎縮するという批判もありますが、スタティックストレッチの後で行なえば、効果があるという報告もあります。

4. その他のストレッチ

ストレッチにはその他にもたくさんの種類があり、例えば「**PNFストレッチ**[#3]」「**パートナーストレッチ**[#4]」などがあります。また、**アイシング**[#5]で筋肉を冷やしながら行なう「クライオストレッチ」というものもあります。

#5➡P.162
#3➡P.112
#4➡P.198

実施上の留意点

一般的なスタティックストレッチで重要なのは、伸ばす筋肉の始点を固定すること、伸ばす方向を意識すること、そして**強さと時間**[#6]です。その上で自分に合ったストレッチを行ないましょう。

#6➡P.110

68 スポーツによって起こるケガ
69 筋肉痛
70 外傷の応急処置
71 創傷の応急処置
72 アイシングと冷湿布
73 救急時の救命処置
74 スポーツ障害とは
75 スポーツ障害の発生メカニズム
76 足部と下腿部の外傷・障害
77 膝関節の外傷・障害
78 大腿部と股関節の外傷・障害
79 腰部の外傷・障害
80 肩関節の外傷・障害
81 肘関節と手関節の外傷・障害
82 頭部と頚部の外傷・障害
83 スポーツと感染症
84 コンディショニング・疲労
85 テーピング
86 ストレッチ
87 ダイナミックストレッチ

パートナーストレッチ 88
入浴・シャワー 89
サウナ・高温冷温交代浴 90
スパ・タラソテラピー・水中運動 91
オイルトリートメント・アロマオイル 92
電気刺激治療器 93
身体組成と体脂肪率 94
血液検査 95

ダイナミックストレッチの一例

立った状態から片脚を大きく踏み出し、そのまま地面を踏みつける。その勢いで全身を下に沈める。地面を踏んだ時の反動で、大腿部の筋肉が伸びる。

バリスティックストレッチの一例

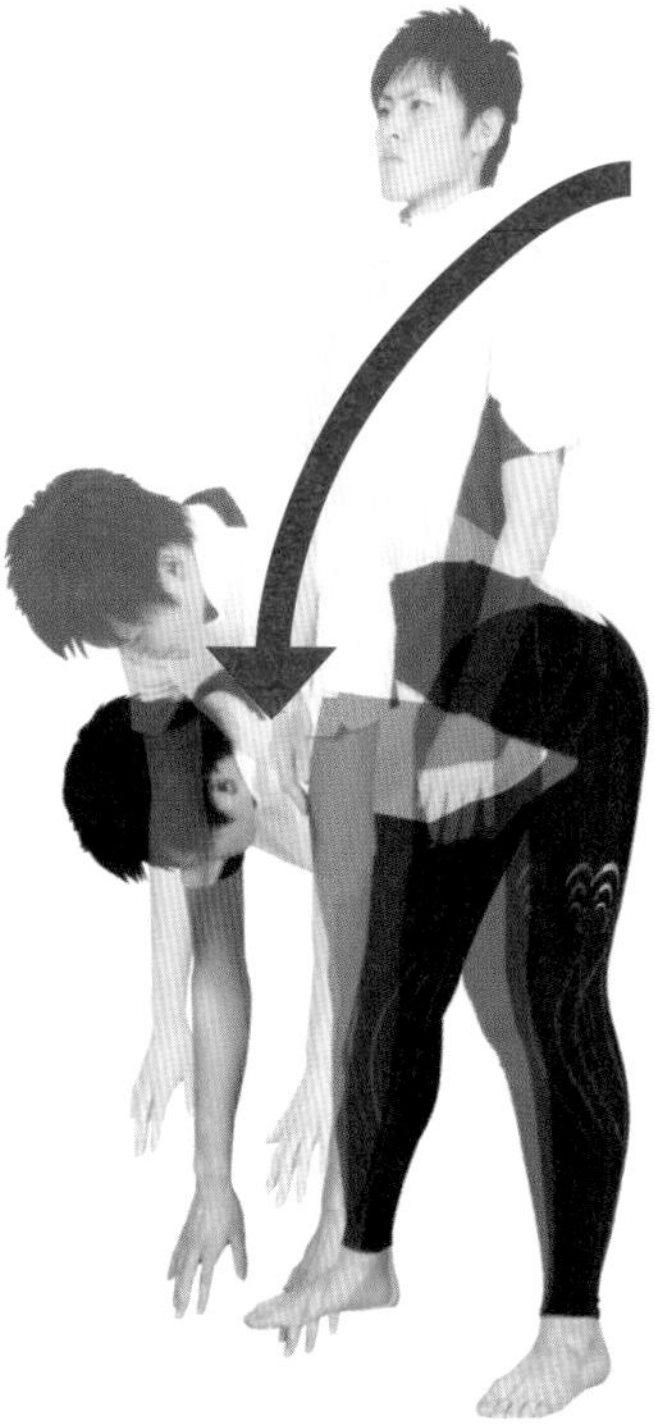

指先で床に触れるイメージで、上半身を前に倒す。上半身が倒れる勢いとその反動で、背筋と肩のストレッチになる。

スタティックストレッチのポイント

伸びているという実感が大切

ストレッチを行なう際は、正しい動きやポーズを参考にするだけでなく、筋肉がしっかり伸びているという感覚を確かめながら行なうことが大切。身体の柔軟性は人によって違うので、同じストレッチを行なっても筋肉が伸びる感覚が同じとは限らない。

身体が柔らかい人は無理をしない

もともと関節が柔らかい人は、ストレッチで筋肉が伸びる感覚を感じにくいことがある。しかし、だからといって無理に伸ばすとケガをする危険性がある。決して大きく伸ばすことはせず、伸ばす方向を変えるなどして一番伸びが感じられるポイントを探すといい。

87

筋肉の柔軟性や体温を高める
ダイナミックストレッチ

「ダイナミックストレッチ」は、ゆっくりと筋肉を伸ばす**「スタティックストレッチ」**[#1]とは異なり、大きな動きの中で筋肉を伸ばしていくストレッチです。このため、ダイナミックストレッチは「動的ストレッチ」、スタティックストレッチは「静的ストレッチ」とも呼ばれます。

ダイナミックストレッチは、ある筋肉を動かすとその拮抗筋（動きが相反する筋肉）が伸びるというメカニズム（**相反性支配**[#2]）を利用しています。例えば、ラジオ体操もダイナミックストレッチの1つです。ラジオ体操のように、関節を曲げ伸ばししたり、回旋させたり、飛んだりと複数方向への動きが合わさることに加え、反動をつけて行なうこともスタッティクストレッチと異なる点です。

#1➡P.194
#2➡P.136

ダイナミックストレッチの利点

筋肉の柔軟性を高めたり、心拍数や体温を上げたりする効果があり、パフォーマンスの向上やスポーツ外傷の予防が期待できるため、練習や試合前のウォームアップに最適です。ウォームアップのダイナミックストレッチの前には、関節可動域を広げるためにスタティックストレッチを行います。このスタティックストレッチは、疲労回復効果が期待できるので、クールダウンでも欠かさずに行ないましょう。

また、実際のスポーツや運動に模した動作を取り入れることができるため、その種目ならではの特異的な柔軟性を向上させることも可能です。複合的な動きを伴うため、複数の筋肉の協調性を高めることも期待できます。

ダイナミックストレッチの注意点

冬場など気温が低く、身体が冷えている時や運動習慣がほとんどない人が、ダイナミックストレッチを行なうと、ケガをする可能性があります。その場合は、スタティックストレッチや、軽いジョギングなどを行なってから取り組みましょう。

また、スタティックストレッチとの違いを左表にまとめたので、用途に合わせて使い分けましょう。

68 スポーツによって起こるケガ
69 筋肉痛
70 外傷の応急処置
71 創傷の応急処置
72 アイシングと冷湿布
73 救急時の救命処置
74 スポーツ障害とは
75 スポーツ障害の発生メカニズム
76 足部と下腿部の外傷・障害
77 膝関節の外傷・障害
78 大腿部と股関節の外傷・障害
79 腰部の外傷・障害
80 肩関節の外傷・障害
81 肘関節と手関節の外傷・障害
82 頭部と頚部の外傷・障害
83 スポーツと感染症
84 コンディショニング・疲労
85 テーピング
86 ストレッチ
87 ダイナミックストレッチ

パートナーストレッチ 88
入浴・シャワー 89
サウナ・高温冷温交代浴 90
スパ・タラソテラピー・水中運動 91
オイルトリートメント・アロマオイル 92
電気刺激治療器 93
身体組成と体脂肪率 94
血液検査 95

ダイナミックストレッチとスタティックストレッチの違い

ダイナミックストレッチ		スタティックストレッチ
●筋肉の連動性を向上させる ●筋温を上昇させる	主な目的	●関節の可動域を広げる ●筋肉の柔軟性を向上させる ●乳酸などの老廃物を排出する
●ケガが予防できる ●パフォーマンスが向上する	主な効果	●関節の動きを円滑にする ●心身がリラックスできる ●疲労が回復する

ハムストリングスのダイナミックストレッチ

歩きながら片脚を振り上げ、脚とは反対側の手でつま先を触る。リズミカルに動くことを意識しよう。左右交互に5回ずつ行なう。

股関節のダイナミックストレッチ

片脚を持ち上げ、膝を後方から前に回すようなイメージで動かす。股関節が動いていることを意識。上半身が傾かないように注意する。左右交互に5回ずつ行なう。

体側と大腿部のダイナミックストレッチ

片脚を大きく前に踏み出した後、身体をひねりながら沈ませ、反対の足の踵を触る。リラックスさせ、リズミカルに行なうことがポイント。左右交互に5回ずつ行なう。

88

他人にサポートしてもらうことで効果アップ
パートナーストレッチ

「パートナーストレッチ」は、リラックスした状態で筋や腱を伸ばすことができるので、1人で行なうセルフストレッチに比べて、的確かつ効率的に行なうことができて効果も大きい、「かゆいところに手が届くストレッチ」といえます。

はずみをつけない**スタティックストレッチ**[#1]が基本となります。この時、パートナーと強さや方向について、細かく意思疎通を図りながら行ないましょう。

#1➡P.194

パートナーストレッチの利点

1．1人では難しい方向・強さで伸ばすことができる

セルフストレッチの場合、柔軟性が優れている人は、1人では伸ばしきれず、ストレッチ効果が低い場合があります。

また、柔軟性が乏しい人は、正しいストレッチの姿勢が困難な場合があります。そうした場合に、1人では難しい方向、強さに身体を伸ばすことができます。

2．より脱力できる

セルフストレッチでは、姿勢を保持するために一部の筋肉が力んでしまうことがあります。

その点、パートナーストレッチでは、パートナーに身を委ねることで、自分はリラックスすることができます。全身が脱力することで、より高い疲労解消効果、リラクセーション効果を得ることができます。

3．正しいやり方の習得に

正しいストレッチのやり方を習得するには、まず筋肉が心地よく伸ばされる感覚を体験することが必要です。1人ではなかなか難しいその感覚を、上級者とペアを組むことで体験し、短時間で正しい方法を習得することができます。

4．コミュニケーション手段に

パートナーストレッチの場合、受ける側はどこがどのくらい伸びているかをパートナーに逐一報告してください。そのため、進める中で自然にコミュニケーションが生まれます。初対面の人との交流にも役立つという、隠れたメリットがあります。

68 スポーツによって起こるケガ
69 筋肉痛
70 外傷の応急処置
71 創傷の応急処置
72 アイシングと冷湿布
73 救急時の救命処置
74 スポーツ障害とは
75 スポーツ障害の発生メカニズム
76 足部と下腿部の外傷・障害
77 膝関節の外傷・障害
78 大腿部と股関節の外傷・障害
79 腰部の外傷・障害
80 肩関節の外傷・障害
81 肘関節と手関節の外傷・障害
82 頭部と頚部の外傷・障害
83 スポーツと感染症
84 コンディショニング・疲労
85 テーピング
86 ストレッチ
87 ダイナミックストレッチ

パートナーストレッチの一例

腰のパートナーストレッチ1

仰向けに寝た状態で全身をリラックスさせる。パートナーに片脚を上げてもらうことで、ハムストリングス（大腿部後面の筋肉群）を伸ばすことができる。この時、立てた脚を曲げると同時に膝のストレッチにもなる。

腰のパートナーストレッチ2

仰向けになって両手を左右に広げて、下半身を左右どちらかにひねる。この時、顔は下半身をひねった方向と逆を向く。この状態でパートナーに肩と膝を押してもらう。

肩のパートナーストレッチ

頭の後ろで手を組んだ状態で、パートナーに両腕を後ろに引いてもらう。引いてもらう側は座った方がリラックスしやすく、またパートナーも引きやすい。

89

身体を清潔にできて体調も整えられる

入浴・シャワー

入浴やシャワーは身体を清潔に保つことに加え、**コンディショニング**[#1]を整える効果もあるという、一石二鳥の方法です。まずは、温かいお湯に浸かる「温浴」の効果について整理してみましょう。

#1➡P.188

温浴の効果

1. 水圧によるマッサージ効果

水中では水面からの深さに応じて身体に圧力が加わります。一般家庭の浴槽に浸かった場合、腹が3～5㎝、ふくらはぎが1㎝ほど細くなります。この水圧によるマッサージ効果は筋肉のポンプ作用を促すため、血流が改善され、疲労物質も除去されます。また水中で静かに身体を動かすことで、マッサージ効果をより高めることができます。

2. 温熱効果

入浴やシャワーによる温熱効果は、お湯が42℃以上の高温浴か、38～42℃あたりの中温浴かによって異なります。これは、42℃を境に身体の反応が大きく変わるからです。高温浴では交感神経が刺激され、新陳代謝が活発化して疲労物質の排出が促進されます。逆に中温浴では副交感神経が刺激され、リラックス効果が得られます。

また、温水と冷水を交互に繰り返す**高温冷温交代浴**[#2]も、コンディショニングに有効です。

#2➡P.202

3. 浮力による筋肉弛緩

水中では水に浸かる深さにもよりますが、**浮力**[#3]によって身体の重さが大きく軽減されます。これによって重力から解放され、筋肉が緩むことによって、身体をリラックスさせることができます。

#3➡P.204

コンディショニングとしての入浴

入浴の効果は軽視されているのが現状です。特に暑い夏場は浴槽に浸からずに、シャワーで済ませてしまうことが多いのではないでしょうか。しかし、心身の疲労を小まめに取り除くためには、入浴を「コンディショニングの一環」としてとらえ、積極的に取り入れるようにしましょう。

68 スポーツによって起こるケガ
69 筋肉痛
70 外傷の応急処置
71 創傷の応急処置
72 アイシングと冷湿布
73 救急時の救命処置
74 スポーツ障害とは
75 スポーツ障害の発生メカニズム
76 足部と下腿部の外傷・障害
77 膝関節の外傷・障害
78 大腿部と股関節の外傷・障害
79 腰部の外傷・障害
80 肩関節の外傷・障害
81 肘関節と手関節の外傷・障害
82 頭部と頚部の外傷・障害
83 スポーツと感染症
84 コンディショニング・疲労
85 テーピング
86 ストレッチ
87 ダイナミックストレッチ

パートナーストレッチ 88
入浴・シャワー 89
サウナ・高温冷温交代浴 90
スパ・タラソテラピー・水中運動 91
オイルトリートメント・アロマオイル 92
電気刺激治療器 93
身体組成と体脂肪率 94
血液検査 95

水圧によるマッサージ効果

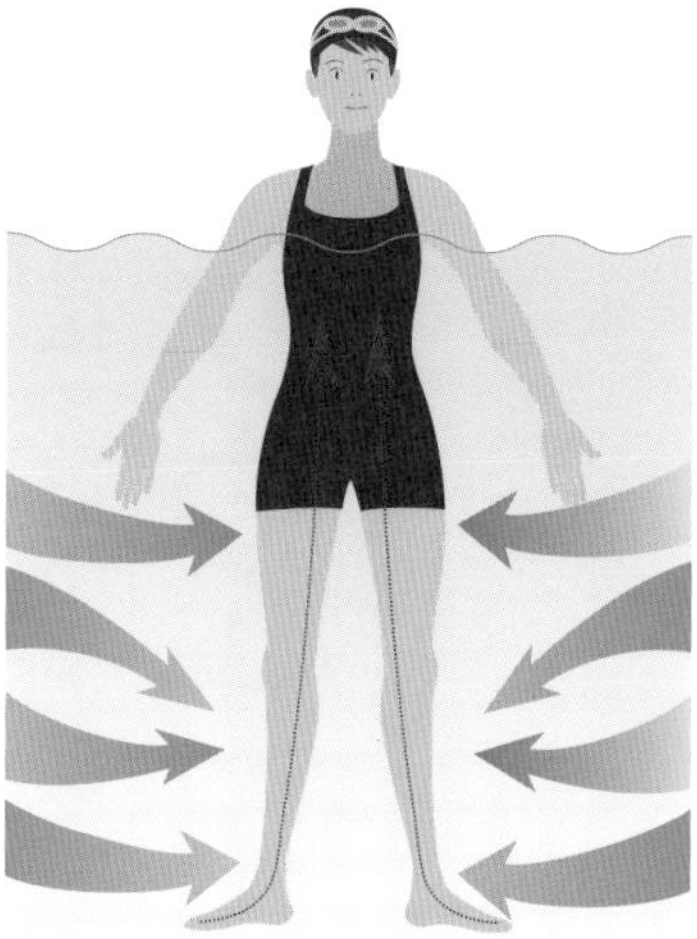

水圧による身体の締め付け効果で、四肢末端からの血流が促進される。水圧は深いほど強くなる。

水圧は血管と同時に筋肉にも働く。トレーニング後に入浴することで、筋肉内の疲労物質も効率よく除去できる。

浮力による筋肉弛緩

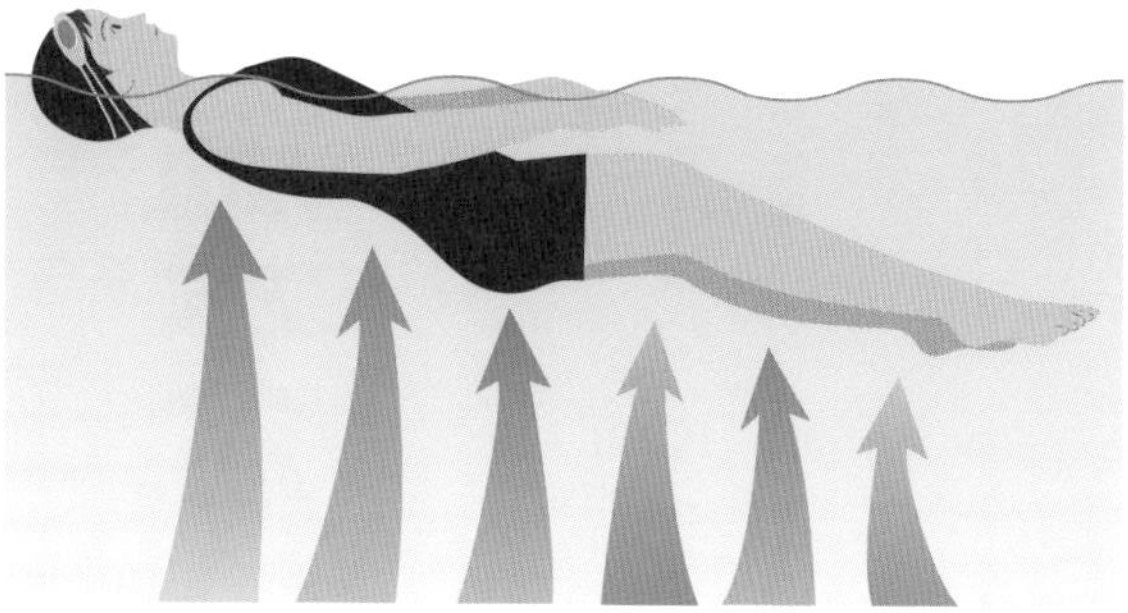

水中は浮力が働くのでそのぶん体重が軽くなり、全身の負担が軽減され、より深くリラックスすることができる。なお、脂肪が少ないと身体が浮きにくいので、体脂肪率が低い人は注意しよう。

お風呂を利用した手軽なコンディショニング法

入浴時に身体を洗う時、ゆっくりと念入りにマッサージも行なえば一石二鳥だ。また、入浴後に全身があたたまっている状態は、筋肉や腱が伸びやすくなっているため、ストレッチで伸びる度合いも大きくなる。そのため、入浴後のストレッチは普段より大きい効果が期待できる。

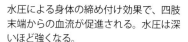

90 サウナ・高温冷温交代浴

身体を温める・冷やすことで得られる効果

サウナに痩せる効果はない

サウナは減量に効果的というイメージがあるかもしれません。それは、サウナに入ると体内の水分が汗となって外に出るので、そのぶんだけ体重が減少しているということです。つまり、体脂肪は減らないので、サウナそのものに肥満解消効果はありません。

また、人体には「ホメオスタシス」(外の変化に対して体内の状態を一定に保とうとする機能)が働いており、サウナに入っても水分を補給すれば元の体重に戻ってしまいます。

しかし、サウナで大量の汗をかくと一緒に体内の不純物も排出されるので、新陳代謝を促す効果は期待できます。

サウナの効果的な活用法としておすすめなのが、冷水を利用した「高温冷温交代浴」です。サウナで熱くなった身体を冷水で冷やし、またサウナで身体を熱くして、再び冷やすことを繰り返します。これによって血管が収縮・拡張し、血液循環が促進され、疲労物質が除去されるので、疲労解消効果があります。

活用したい「高温冷温交代浴」

高温冷温交代浴は温水と冷水でも効果があります。浴室に子ども用のプールやバケツを持ち込んで水をはってもかまいませんし、お風呂と冷水シャワーでもOKです。目安として、温水(3分)→冷水(1分)→温水(3分)のサイクルを1セットとして、2~3セット行ないましょう。最後が温水か冷水かで、その後の身体の反応が変わります。温水で終わると交感神経が、冷水で終わると副交感神経が活発化します。

高温冷温交代浴は、もとは低血圧や冷え性の治療法として行なわれていました。腰痛や肩こり、関節痛にも効果があるといわれ、減量効果があるという説も発表されています。

人体は湯温42℃を境に、**異なる生理反応**[#1]をみせます。疲労解消が目的なら、疲労の種類が肉体的なのか、精神的なのかによって、湯温を調整しましょう。

#1➡P.200

68 スポーツによって起こるケガ
69 筋肉痛
70 外傷の応急処置
71 創傷の応急処置
72 アイシングと冷湿布
73 救急時の救命処置
74 スポーツ障害とは
75 スポーツ障害の発生メカニズム
76 足部と下腿部の外傷・障害
77 膝関節の外傷・障害
78 大腿部と股関節の外傷・障害
79 腰部の外傷・障害
80 肩関節の外傷・障害
81 肘関節と手関節の外傷・障害
82 頭部と頚部の外傷・障害
83 スポーツと感染症
84 コンディショニング・疲労
85 テーピング
86 ストレッチ
87 ダイナミックストレッチ

高温冷温交代浴の流れ

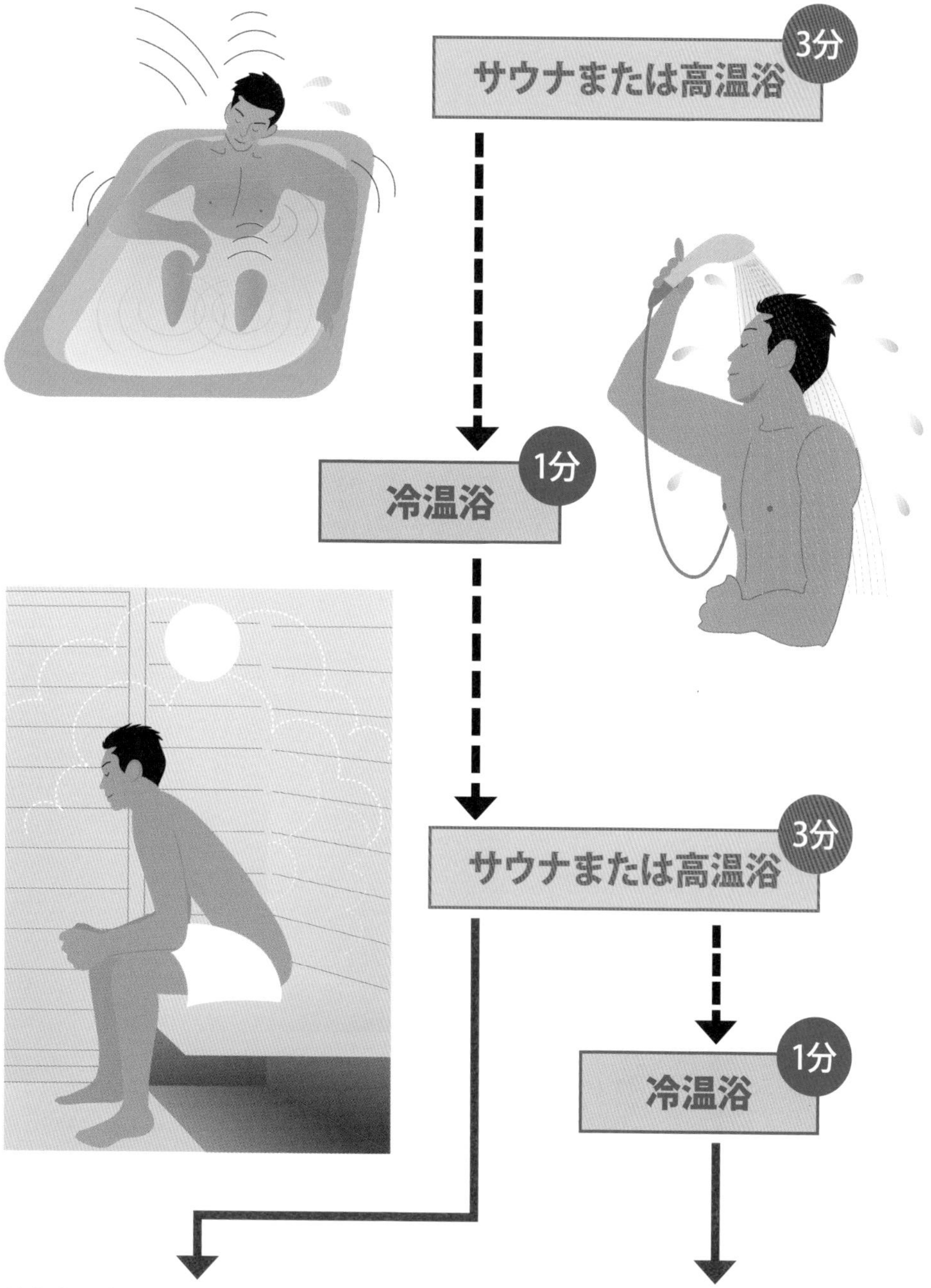

サウナ・高温浴で終わると……

温浴終了後30〜40分くらい経過すると、交感神経が活発に働き始める。意識が活性化するので、仕事や運動前など活動する前におすすめ。

冷温浴で終わると……

温浴終了後30〜40分くらい経過すると、副交感神経が活発に働き始める。リラックスできてスムーズに眠れるので、睡眠前におすすめ。

91

水を使ったコンディショニング法
スパ・タラソテラピー・水中運動

コンディショニングやリコンディショニング[#1]の方法として、水を利用したアク水中運動（アクアエクササイズ）は高い効果を期待することができます。

#1➡P.188

アクアエクササイズ

水圧によるマッサージ効果と浮力によって、疲労解消を促進する方法です。軽度の運動で疲労解消を図る「アクティブレスト」（積極的休息）として、海外のトップアスリートも取り入れています。

例えば代表的なメニューである**水中ウォーキング**[#1]は、専用のコースを設けている公営や民間のプールが増えています。水中ウォーキングは浮力を利用するので、下肢への負担が軽いのが特徴です。

#1➡P.104

そのため、体重が重い人が減量する場合におすすめです。なぜなら、陸上でウォーキングを行なうと足腰を痛める危険性がありますが、水中ウォーキングなら、浮力で負担を軽減させることができるからです。さらに、水温の影響で体脂肪がエネルギーに利用されやすく、より高い減量効果が期待できるというメリットもあります。

水中ストレッチ

アクティブレストを目的とする場合、ぜひ取り入れたいのが水中ストレッチです。疲労がたまりやすい下半身に水圧と浮力がかかることで、地上よりも高いストレッチ効果と疲労解消効果が得られます。

アクアリラクセーション

水に浮きながら脱力したり、ストレッチを行なったりすることでリラックスする方法です。通常の水でも効果がありますが、注目されているのは、海水を人間の体温に近づけて行なう「タラソテラピー」（海洋療法）です。

現状、タラソテラピーを導入しているのは一部のスパ施設に限られ、料金も比較的高めですが、効果が高いので機会があればぜひ活用してほしい方法です。ちなみに、フランスではタラソテラピーに医療保険が適用されており、治療法として定着しています。

パートナーストレッチ 88
入浴・シャワー 89
サウナ・高温冷温交代浴 90
スパ・タラソテラピー・水中運動 91
オイルトリートメント・アロマオイル 92
電気刺激治療器 93
身体組成と体脂肪率 94
血液検査 95

水中で水が身体に及ぼす影響

浮力の変化

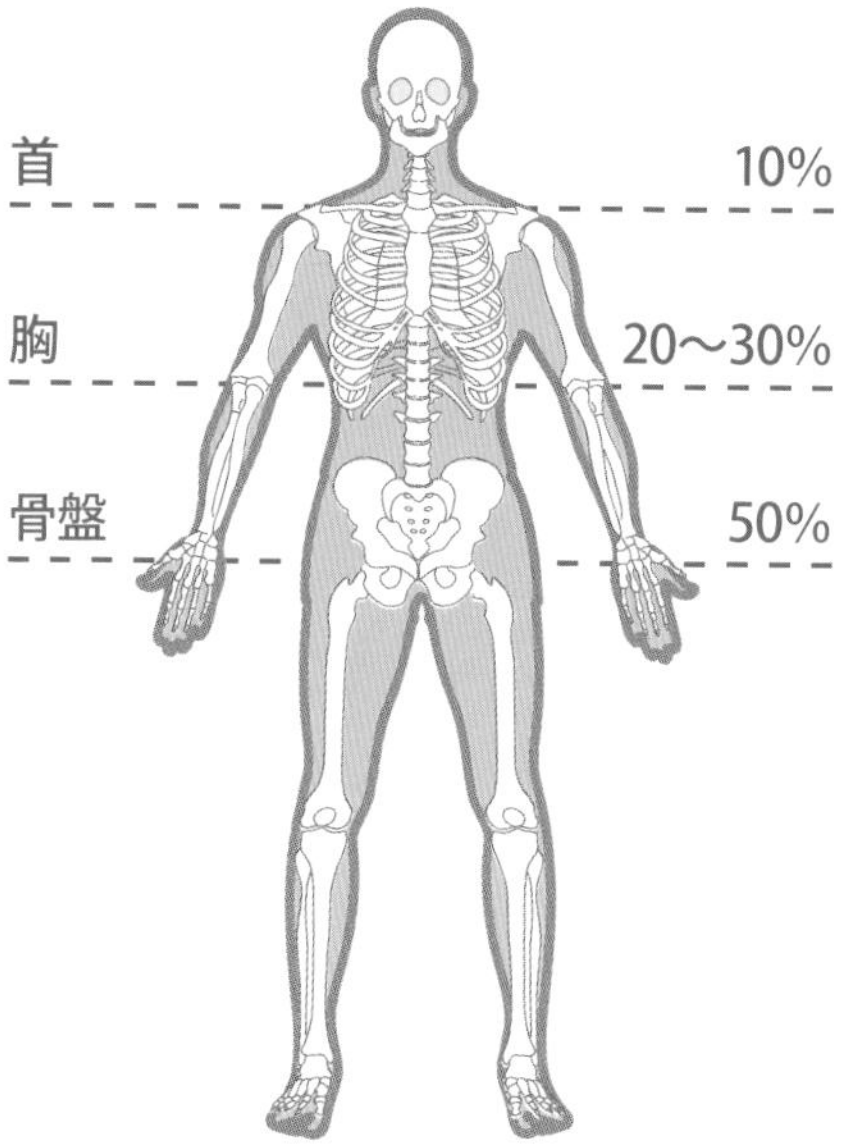

水に浸かった時に下肢が支える体重の割合を示した図。骨盤まで浸かると下肢が支える体重は半減し、首まで浸かると浮力によってわずか10%まで軽減される。これにより、骨や筋肉の負担が少なくなるので、水に浸かるだけで一定のリラックス効果や疲労解消が期待できる。

水圧と浮力の方向

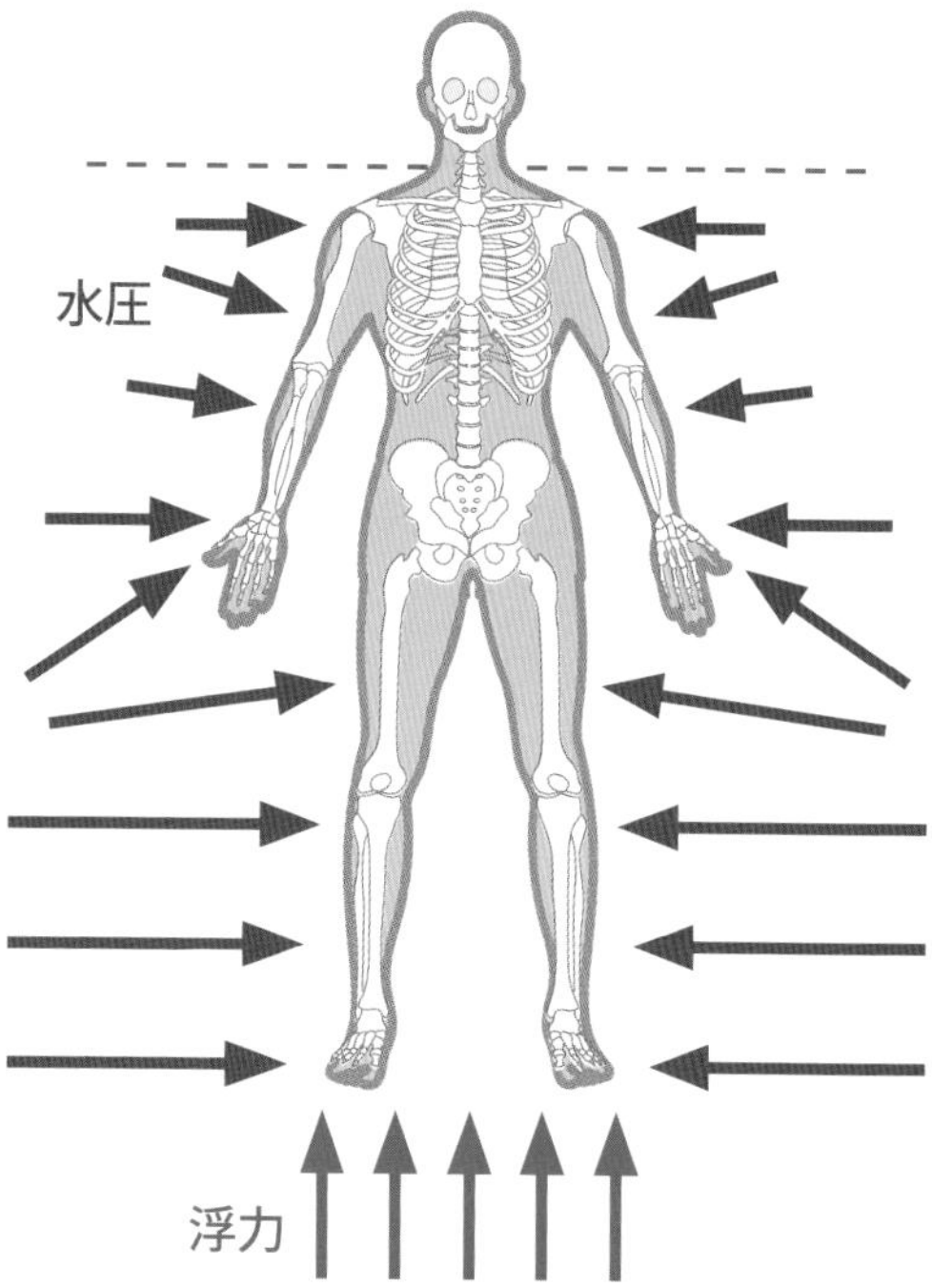

水中では水圧と浮力で全方向から身体に圧力がかかっている。また、水圧は深くなるほど大きくなるので、下肢ではより強い水圧がかかっている。このため、手足の末端からの血液循環効果が期待できる。

（向康徳：月刊スポーツメディスン2004年11月号，ブックハウス・エイチディより作図）

アクアエクサイズの目的

1　疲労解消

浮力で身体の負担を減らすことによる疲労解消と、水中でのウォーキングやストレッチなど軽い運動でのアクティブレスト（積極的休息）

2　リハビリテーション

可動域の回復や筋力トレーニング、アクアセラピーなど

3　コンディショニング

インターバルトレーニング、有酸素運動、筋力トレーニング、ストレッチなど

92 コンディショニングにも活用できる オイルトリートメント・アロマオイル

代表的な芳香療法であるアロマオイルは、アロマオイルトリートメントとして身体のケアにも使えます。これは、マッサージによる血流促進と鎮痛効果に加えて、香りをリラクセーションやコンディショニングに活用しようとするものです。近年では自転車レースやマラソンなどの持久力を必要とする競技に広く浸透し、サッカーなどの球技でも、ウォームアップなどに活用されているようです。

アロマオイルの効用

1．成分の浸透によるパフォーマンス向上

一般にアロマオイルと呼ばれるものは、成分によってその用途が分けられています。寒い時期に体温を維持するためのものや、暑さによる筋疲労を抑えるもの、故障した箇所をスムーズに動かす狙いのもの、運動後の疲労解消を目的にしたものなど、様々です。

2．香りの精神的作用

アロマオイルを使うことによって、心身のリフレッシュ効果が高まると考えられています。例えば、競技開始前に選手が好む香りのついたオイルでマッサージをすることで、緊張がほぐれ、集中力のアップが期待できます。また、試合後の入浴やマッサージに香りの効果をプラスすることで、さらなる疲労解消、リラックス効果が期待できます。

しかし、アロマのコンディショニング効果については、まだあまり認知されていないのが現状です。

個人の好みで香りを選択

香りの効果には有効性を示すデータが乏しく、科学的な根拠がないという指摘もあります。

また、個人の好みに左右される部分も大きいので、一般にリラックス作用があるとされる香りでも、人によっては逆効果な場合もあります。無理してなじまない香りを使うよりは、自分がリラックスできると感じる香りを使う方がいいでしょう。

68 スポーツによって起こるケガ
69 筋肉痛
70 外傷の応急処置
71 創傷の応急処置
72 アイシングと冷湿布
73 救急時の救命処置
74 スポーツ障害とは
75 スポーツ障害の発生メカニズム
76 足部と下腿部の外傷・障害
77 膝関節の外傷・障害
78 大腿部と股関節の外傷・障害
79 腰部の外傷・障害
80 肩関節の外傷・障害
81 肘関節と手関節の外傷・障害
82 頭部と頸部の外傷・障害
83 スポーツと感染症
84 コンディショニング・疲労
85 テーピング
86 ストレッチ
87 ダイナミックストレッチ

パートナーストレッチ 88
入浴・シャワー 89
サウナ・高温冷温交代浴 90
スパ・タラソテラピー・水中運動 91
オイルトリートメント・アロマオイル 92
電気刺激治療器 93
身体組成と体脂肪率 94
血液検査 95

代表的な芳香の種類と効用

名前	香りの特色	心への作用	身体への作用	使用上の注意
イランイラン	フローラルでエキゾチックな甘く重い香り	アドレナリンの流出を抑制して神経系をリラックスさせる。怒り・不安・ショック・パニックの感情を解きほぐす	ホルモン類のバランスを取って子宮の強壮や冷感症などの性的障害を好転させる。過呼吸と頻拍を治す	過度に用いると頭痛と吐き気を催す危険あり。皮膚炎の場合は使用しない
オレンジ	リフレッシュさせる香り	ネガティブな気持ちを明るくして緊張とストレスを払う	胃に対する強力な鎮静効果 下痢や便秘など腸の不調を改善 食欲を増進	長期使用や多用すると敏感な肌を刺激する
カモミール	リンゴのようなフルーティーな香り	リラクゼーションを促進し不安や緊張、怒りを和らげる	神経の状態と関連した筋肉痛や頭痛・神経痛などの鎮痛作用	通経作用があるので妊娠中は使わない
シダーウッド	サンダルウッド(※1)よりもドライな樹木系の香り	鎮静・緩和の両作用があり神経の緊張や不安を鎮める	内分泌系と神経系のバランスを整え、ホメオスタシス（生体恒常性）を整える	高濃度で用いると肌を刺激する。また妊娠中の使用も避ける
シナモン	スパイシーで甘く鋭いジャコウを思わせる香り	抑うつ的な状態を回復させる	消毒作用と呼吸器系の強壮効果 涙や唾液、粘液の分泌を刺激して体液の流れを促進する	大量に用いるとけいれんを起こす危険性がある
ジャスミン	軽く陶酔感を覚える甘美な花の香り	神経を鎮静させて情緒を加温、重い抑うつ症に効果がある	ホルモンバランスを整えて分娩時の痛みや産後の抑うつを緩和する。気管支のけいれんを取り去る効果も	妊娠中は出産間近まで使わない。催眠効果もあるので使用量は控えめに
ペパーミント	強くしみ通るような強いメントールの香り	怒りの感情や精神的な疲労などを冷却する	呼吸器の不調全般や鼻づまりの改善。下痢や嘔吐など消化器系にも有効	強い刺激をもつ香油なので直接塗るより拡散器を使う
ベルガモット	デリケートでリフレッシュさせる香り	不安や抑うつ、神経の緊張を解く。交感神経系の活動を鎮める	泌尿管系に対する殺菌消毒剤 消化不良・食欲喪失の緩和	皮膚の光感作性を増大させるので使用後は強い日光を避ける
ユーカリ	クリアで鋭いしみ通るような香り	情緒を冷却する 頭脳を明晰にして精神集中を助ける	リウマチに効果があるほか、レモン油とジュニパー油に混ぜると筋肉痛全般に役立つ	作用が強力なので用量に注意。高血圧症や癲癇の人は使用を避ける
ライム	苦みと甘みのある鋭い香り	感情の鈍麻や不安に陥った心を活気づけ、リフレッシュさせる	風邪などに伴う発熱症状をさまし咳を鎮めるほか、消化液の分泌を促進して食欲を刺激する	皮膚につけたあとは強い日光に当たらない
ラベンダー	フローラルでくっきりとした香り	中枢神経系のバランスを取り怒りや躁うつなどを和らげる	心臓を鎮静させて血圧を下げる 不眠症を効果的に治す	低血圧症の人は使用後に眠くなることがある
レモン	フレッシュで鋭い香り	興奮状態をリフレッシュさせて頭の働きを明晰にする	血液の流動性を高めて血圧を下げる 鼻血など外出血を止める	敏感肌を刺激することがある
レモングラス	甘いレモンの強い香り	精神を高揚させるので精神的に疲労困憊している時に有効	乳酸を除去して循環を刺激するため筋肉痛を和らげる 長時間立った脚の疲労をとる	作用が激しく敏感な肌を刺激するので、用量は少なく
ローズウッド	ウッディーでフローラル、軽くスパイシーな甘い香り	中枢神経系を安定させて身体全体のバランスを整える	免疫系の機能の不調を助ける 喉の殺菌消毒剤として有効	

（ワンダ・セラー著、高山林太郎訳：アロマテラピーのための84の精油，フレグランスジャーナル社より作表）

※1　お香に使われる白壇のこと

※詳しくは〈アロマテラピーのための84の精油〉を参照

スポーツ専用の「スポーツオイル」

スポーツオイルとはスポーツ用途に特化したオイルのことで、欧州のスポーツシーンではプロ選手にも愛用者が多い。身体に塗ることで体温を上げてウォームアップを促進したり、筋肉をのけいれんを予防したり、疲労を解消するなどの効果があるといわれている。

93 筋疲労の回復に効果を発揮する 電気刺激治療器

人間の細胞は電気を帯びています。感覚器官から入った刺激や情報は、電気的な情報に変換され、脳から全身に張り巡らされた神経によって、全身の組織に伝えられます。このように、人体は電気的な性質をもっているため、神経を流れる電流によく似た電流を人為的に体内に送ることで、身体の働きの改善が期待できます。それが「電気刺激治療法」です。

電気刺激治療法の例

「ＴＥＮＳ（経皮的末梢神経電気刺激）」は知覚神経に刺激を与えるもので、一般的に低周波治療といわれる場合はこれを指します。「ＥＭＳ（筋電気刺激療法、または神経筋電気刺激療法）」は筋肉や運動神経に電気刺激を与え、「ＭＣＲ（マイクロカレント療法）」は人間の身体にもともと流れている生体電流に似た電流を流す治療法です。高い電圧の電気刺激を短い時間流す「ＨＶ（高電圧電気刺激治療法）」、２つの異なる電流を流すことで起こる干渉低周波刺激を利用した「ＩＦ（干渉電流刺激療法）」、電流を３次元にクロスさせる「３Ｄ（立体動態波刺激療法）」などもあります。

電気刺激治療法の効果

身体に電気を流すことで、筋肉は収縮と弛緩を繰り返します。この際、筋ポンプ作用が働き、血流の流れが良くなります。これにより、酸素や栄養が身体のすみずみに行き渡り、老廃物も排出されやすくなるのです。例えば「ＴＥＮＳ」は、筋肉の張りや凝りを和らげ痛みを軽減する効果などが認められており、筋疲労の改善に有効と考えられています。

低周波治療器は、家庭用としても販売されています。これまでスポーツ選手の疲労回復には、ストレッチやアイシングなどが用いられるのが一般的でしたが、それらでは解消できない筋疲労のために、低周波治療器の活用を考えてみてもよいでしょう。

ただし、長時間使用すると筋肉がかえって硬くなったという報告もあるため、過度な信頼には注意が必要です。

68 スポーツによって起こるケガ
69 筋肉痛
70 外傷の応急処置
71 創傷の応急処置
72 アイシングと冷湿布
73 救急時の救命処置
74 スポーツ障害とは
75 スポーツ障害の発生メカニズム
76 足部と下腿部の外傷・障害
77 膝関節の外傷・障害
78 大腿部と股関節の外傷・障害
79 腰部の外傷・障害
80 肩関節の外傷・障害
81 肘関節と手関節の外傷・障害
82 頭部と頚部の外傷・障害
83 スポーツと感染症
84 コンディショニング・疲労
85 テーピング
86 ストレッチ
87 ダイナミックストレッチ

電気刺激治療法の例

電気刺激治療法には、様々なものがあり、それぞれ特徴がある。痛みの緩和などの治療のほか、トレーニングに用いられるものも。状況に合わせて使い分ける必要がある。写真は各治療法に用いられる治療器の一例。

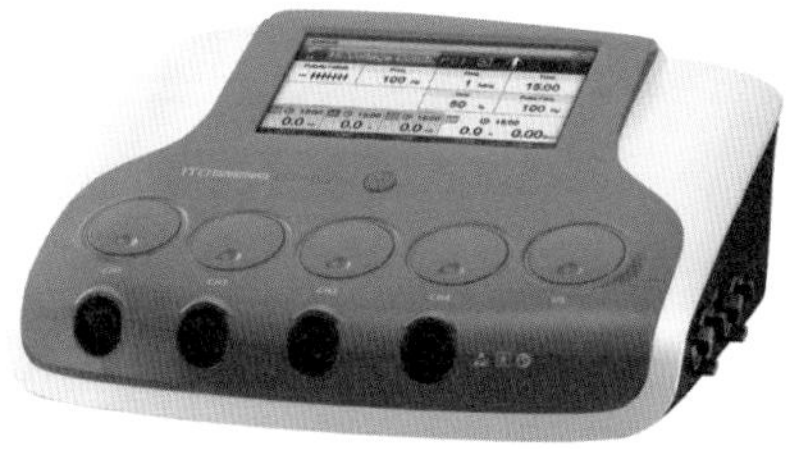

ESTIMUS【IF／EMS／HV／TENS／MCR】

ES-5000【3D／EMS／HV／MCR】

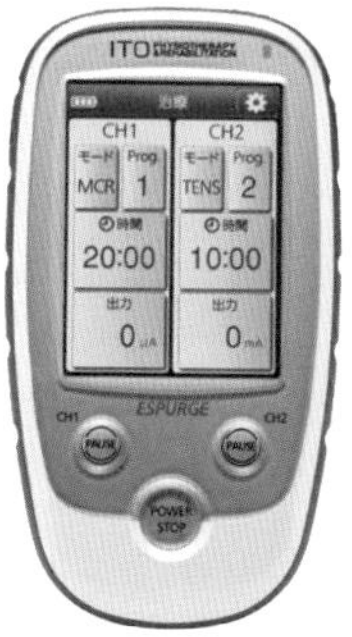

ESPURGE【TENS／EMS／MCR】

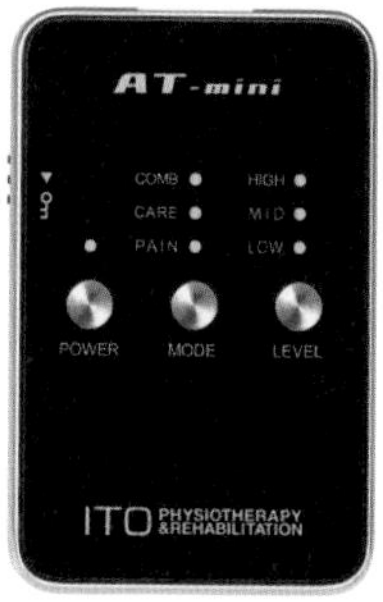

AT-mini【MCR】

※【】内は治療器のタイプを表す。

●TENS（経皮的末梢神経電気刺激）

最も一般的な電流刺激治療器。主に知覚神経に対して刺激を与えるもので、痛みのほか、筋肉の張りや肩のコリを和らげる効果が期待できる。

●EMS（筋電気刺激療法、または神経筋電気刺激療法）

運動障害をもった人のリハビリのために使用されるほか、電流を流して筋肉を鍛えるものとしてトレーニングでも幅広く活用されている。

●MCR（マイクロカレント療法）

極めて弱い電流で神経や筋を興奮させないことから、運動後の筋肉痛の緩和に有効。このため、スポーツの現場でも積極的に使われている。

●HV（高電圧電気刺激治療法）

低周波では届きにくい奥深い筋肉の痛みやコリを治療するのに適している。高い電圧の刺激を極めて短時間流すため、深部の治療が可能だ。

●IF（干渉電流刺激療法）

主に疼痛緩和などに用いられる。皮膚抵抗の低い中周波電流のため、低周波に比べて刺激が少なく、深い部位まで作用させることもできる。

●3D（立体動態波刺激療法）

立体的に患部を治療できるため、深層から表層まで広い範囲のポイントをカバーできる。鎮痛や筋障害に対して、大きな効果を発揮する。

写真提供：伊藤超短波（株）

94

身体組成と体脂肪率

コンディションやパフォーマンスを左右する

身体がどのような組織によって構成されているかを「身体組成」、その割合を「身体組成率」と呼びます。身体組成は脂肪を基準にして、「脂肪」とそれ以外の「除脂肪体重」（ＬＢＭ）でとらえることができます。

重要な除脂肪体重

除脂肪体重は体重から脂肪を取り除いた重さで、骨、筋肉、脳、内臓、神経、水分で構成されます。トレーニングは除脂肪体重の大半を占める筋肉を増やすことが目的で、減量は除脂肪体重を減らさないで脂肪体重を減らすことが目的です。除脂肪体重そのものを計測することは難しいですが、左図の式を使えば体重と体脂肪率から割り出すことができます。なお、体脂肪率は測定器を使って計測します。測定器は家電量販店などで購入することができます。筋力トレーニングやダイエットは、除脂肪体重の変化に注目しながら行ないましょう。

肥満が及ぼす悪影響

標準的な体脂肪率は男性が18%、女性が23%とされており、男性は20%、女性は30%を超えると軽度の肥満と判定されます。また、**BMI**[#1]も肥満度を知る指針としておすすめです。

肥満は**生活習慣病**[#2]を引き起こす原因になるほか、スポーツにおいても、パフォーマンスを鈍らせ、ケガの危険性を増大させます。

#2→P.216 #1→P.218

脂肪が少なすぎても危険

体脂肪は少ないほどいいというわけではありません。体脂肪が少なすぎると、体温調節機能や免疫機能が低下し、女性は不妊の原因になることもあります。また、疲労骨折をしやすくなるのでケガを招きやすい状態ともいえます。体脂肪は内臓のクッションとしての役割もあるので、スポーツを行なう上でも、競技の特性に応じた体脂肪が必要となる場面も少なくありません。

このように健康管理だけでなく、スポーツ競技力向上の観点からも、適切な体脂肪を維持、調整することは重要です。

68 スポーツによって起こるケガ
69 筋肉痛
70 外傷の応急処置
71 創傷の応急処置
72 アイシングと冷湿布
73 救急時の救命処置
74 スポーツ障害とは
75 スポーツ障害の発生メカニズム
76 足部と下腿部の外傷・障害
77 膝関節の外傷・障害
78 大腿部と股関節の外傷・障害
79 腰部の外傷・障害
80 肩関節の外傷・障害
81 肘関節と手関節の外傷・障害
82 頭部と頚部の外傷・障害
83 スポーツと感染症
84 コンディショニング・疲労
85 テーピング
86 ストレッチ
87 ダイナミックストレッチ

パートナーストレッチ 88
入浴・シャワー 89
サウナ・高温冷温交代浴 90
スパ・タラソテラピー・水中運動 91
オイルトリートメント・アロマオイル 92
電気刺激治療器 93
身体組成と体脂肪率 94
血液検査 95

除脂肪体重（LBM）の算出式

体重－{体重×(体脂肪率÷100)}

例：体重80kg、体脂肪率18%の人の場合
→ 80－{80×(18÷100)}＝**65.6**　除脂肪体重は**65.6kg**

筋肉量の算出式

除脂肪体重÷2

例：上記と同様
→ 65.6÷2＝**32.8**　筋肉量は**32.8kg**

五輪日本代表選手の体脂肪率測定結果

競技種目名		男性 身長(cm)	男性 体重(kg)	男性 体脂肪率(%)	男性 除脂肪体重(kg)	女性 身長(cm)	女性 体重(kg)	女性 体脂肪率(%)	女性 除脂肪体重(kg)
陸上競技	短距離・ハードル	176.6	70.1	11.4	62.1	171.9	67.0	17.0	55.6
	長距離・競歩	177.2	62.8	11.6	55.5	158.9	45.1	13.7	38.9
水泳	競泳	177.2	69.0	15.3	58.5	167.2	59.4	19.3	47.9
	飛込	168.0	64.0	12.1	56.3				
	シンクロ					164.5	56.7	18.6	46.1
体操	体操競技	166.5	65.3	10.5	58.4	145.7	36.9	12.9	32.1
	新体操					166.7	51.9	16.2	43.3
重量挙げ	56～62kg	153.7	61.0	13.3	52.9				
	69kg	165.5	74.1	14.7	63.2				
	105kg～	167.0	110.8	25.4	82.6				
野球		176.7	77.7	16.2	64.9				
ソフトボール						165.1	66.1	22.9	50.7
サッカー		178.1	72.6	13.0	63.2				
テニス		175.9	75.6	13.0	65.7	163.3	57.5	20.4	45.7
バレーボール		190.6	83.8	13.9	72.2	172.9	65.3	18.7	53.0
卓球		168.7	67.1	15.2	56.8	159.1	55.5	19.3	44.8
ボクシング		166.4	60.8	14.4	52.0				
柔道	60～66kg	167.9	65.8	10.6	58.7				
	73～81kg	175.1	82.0	14.0	70.4				
	90kg～	183.6	112.6	21.7	87.3				
	48～52kg					151.9	54.6	17.5	45.1
	57～63kg					160.8	66.8	19.5	53.7
	70kg～					163.4	83.2	27.8	59.3
フェンシング		172.3	65.3	11.9	57.6	159.9	53.4	18.9	43.3

（日本オリンピック委員会：第27回オリンピック競技大会日本代表選手体力測定報告書より作表）

95 血液検査

体調を把握し不調を早期に発見

アスリートの場合、血液検査の指標は一般の基準値とは異なります。なぜなら、目的が異なるからです。一般の人は健康の保持や増進、突然死の原因となるような障害の有無をチェックするのが基本ですが、アスリートの場合は潜在的な異常を発見することや、トレーニングが身体に及ぼす影響やコンディションの指標を把握することなど、検査目的は多岐にわたります。

トレーニングの影響

検査前に行なったトレーニングは、血液検査の結果に大きく影響します。検査結果を正しく診断してもらうために、直前に行なったトレーニングの内容や減量中であるかどうかなど、自身の状態は伝えておくとよいでしょう。

また、コンディションの把握という観点では、トレーニングの**期分け**[#1]を意識することが必要です。試合の前・中・後では、練習量、栄養摂取量など、環境や体調が異なります。

#1➡P.080

各期に定期的に検査を受けることで、その時々の検査結果が、個人の変動範囲を超えていないかをチェックすることができ、自身のコンディションを把握する指標となるはずです。

結果の見方

左表に主な検査項目の見方を紹介していますが、検査結果はあくまで「点」にすぎません。CPKやLDHなどの血清酵素などは、直前の運動強度によって大きく変動します。定期的な検査によって、その点と点を線としてつないでいくことが必要です。

また、例えばヘモグロビン、鉄、フェリチンが減っていると貧血が起こる疑いがあります。そのまま放置し、スポーツ貧血になると、パフォーマンスは大きく低下します。この場合、栄養不足を改善するために、栄養補給の方法を見直す必要があるでしょう。

このように、検査項目から体調不良の可能性を早期に見つけ、対策を立てることも血液検査の大きな意味です。

68 スポーツによって起こるケガ
69 筋肉痛
70 外傷の応急処置
71 創傷の応急処置
72 アイシングと冷湿布
73 救急時の救命処置
74 スポーツ障害とは
75 スポーツ障害の発生メカニズム
76 足部と下腿部の外傷・障害
77 膝関節の外傷・障害
78 大腿部と股関節の外傷・障害
79 腰部の外傷・障害
80 肩関節の外傷・障害
81 肘関節と手関節の外傷・障害
82 頭部と頚部の外傷・障害
83 スポーツと感染症
84 コンディショニング・疲労
85 テーピング
86 ストレッチ
87 ダイナミックストレッチ

パートナーストレッチ 88
入浴・シャワー 89
サウナ・高温冷温交代浴 90
スパ・タラソテラピー・水中運動 91
オイルトリートメント・アロマオイル 92
電気刺激治療器 93
身体組成と体脂肪率 94
血液検査 95

主な血液検査の数値の見方

項目	注意が必要な値	概要
ヘモグロビン（Hb）	男性 13.0mg/dl未満 女性 12.0mg/dl未満	赤血球中にあるヘモグロビンは全身に酸素を運ぶ役割を担う。これが減少するとスポーツ貧血の疑いがある。
フェリチン（貯蔵鉄）	男性 40 ng/ml未満 女性 30 ng/ml未満	内部に鉄を貯められる"貯蔵鉄"。ヘモグロビンは正常だがこの値が低い場合、スポーツ貧血の前触れと考えられる。
鉄（Fe）	60 ug/dl未満	体内に鉄が不足すると、鉄欠乏性貧血が起こる。この値が正常でもフェリチンが低い場合があるので注意。
CPK（CK）	200 IU/l以上 ※運動翌日	筋細胞が壊れると、血清酵素であるCKの値は上がる。正常値を超えていたら、クールダウンや休養が不十分な可能性がある。
LDH	230 IU/l以上	赤血球が破壊される「溶血」を起こすと数値が上がりやすい。溶血はスポーツ貧血にもつながるので、注意が必要だ。
TP（総蛋白）	7.0 g/dl未満	栄養状態を表す指標。一般人では、6.5g/dl未満は注意だが、アスリートでは求められる数値は高い（理想は7.2g/dl以上）。
UN（尿素窒素）	60 mg/dl未満	腎機能の指標。数値が低いと、タンパク質の過剰摂取、糖質不足による筋肉分解、脱水などが疑われる。
エストラジオール（E2 女性ホルモン）	20 pg/ml未満	値が低いと、エネルギー不足や骨密度が低下している可能性がある。月経のある女性は注意が必要な項目。
テストステロン（男性ホルモン）	0.2 ng/ml未満 0.5 ng/ml以上	女性の関連項目。値が高いと多嚢胞性卵巣症候群（PCOS）、低いとエネルギー不足の可能性がある。

COLUMN

着るだけでパフォーマンスアップ 最新テクノロジーによって作られた「着圧ウェア」

スポーツのパフォーマンスを向上させる方法の1つとして、道具やウエアは今や大きな要因となっています。スポーツメーカーは、アスリートにとってより良い製品を開発するために、日々研究を重ねています。

こういった最新技術によって開発されたスポーツ製品に、ゴールドウイン社が製作したハイパフォーマンスウエア「C3fit（写真）」があります。

「C3fit」が開発した着圧ウエアは、身体に圧力をかけて適度に締め付ける構造になっており、その圧力が常に筋肉を最適なポジションにキープするため、運動時の余分な筋振動による無駄なエネルギー発散を抑える効果があります。

特に厚生労働省が定めた「医療機器」の基準をクリアしている設計であるロングタイツは、足首から太ももにかけて徐々に着圧が弱まるように作られているため、静脈環流を促進し、血液やリンパの流れをスムーズにする機能を備えています。これにより、酸素や水分を身体のすみずみまで行き渡らせるだけでなく、不要な物質や水分が蓄積しにくくなるので、運動時だけでなくリカバリー時の着用も非常に有効です。

この「C3fit」のような最先端のウエアや道具を、一般のスポーツ愛好家も使用できる時代になってきました。よりよいスポーツライフを送るために、有効に活用してはいかがでしょうか。

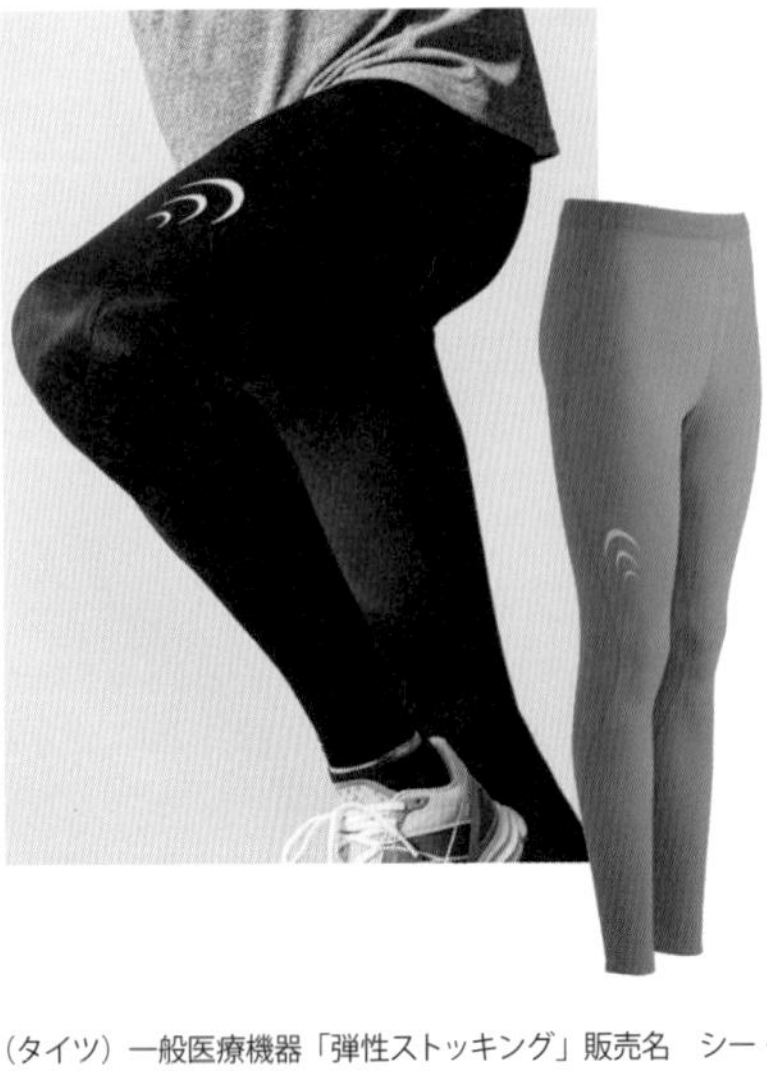

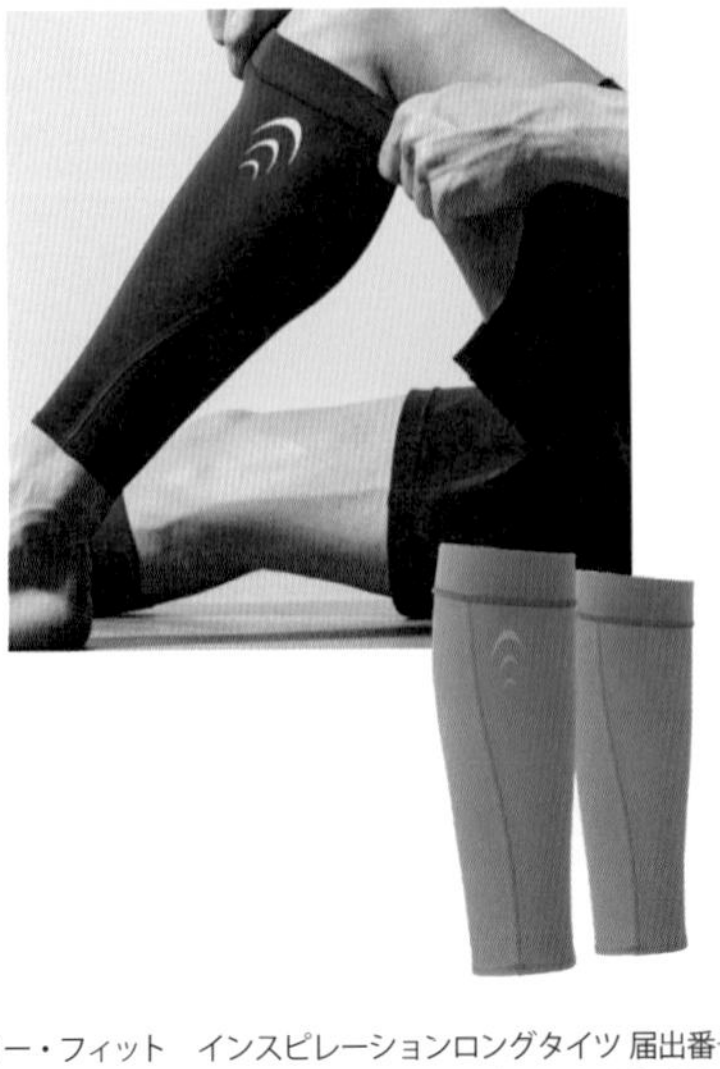

（タイツ）一般医療機器「弾性ストッキング」販売名　シー・スリー・フィット　インスピレーションロングタイツ 届出番号：16B3X10003001011
（ゲイター）一般医療機器「弾性ストッキング」販売名　シー・スリー・フィット　インスピレーションゲイター 届出番号：16B3X10003001012

第5章

トレーニングと栄養・食事の仕組みを学ぶ

96

メタボリックシンドロームと生活習慣病

生活習慣と健康

メタボリックシンドロームとは

肥満[#1]のタイプには脂肪が内臓周辺に多い「内臓脂肪型肥満」と、皮膚の下の皮下組織につく「皮下脂肪型肥満」があります。内臓脂肪型肥満は、高血圧、動脈硬化性疾患（脂質代謝異常症）、糖尿病などの生活習慣病を引き起こす大きな原因であることがわかってきました。こうした内臓脂肪の蓄積によって生活習慣病を発症しやすい状態を、「メタボリックシンドローム」と呼びます。

日本におけるメタボリックシンドロームの診断基準は内臓脂肪面積１００cm²以上で、その目安として男性では腹囲85cm、女性では90cm以上という数値が定められています。

#1➡P.210

生活習慣病との関連性

生活習慣病とは、食事、運動、**喫煙**[#2]、**飲酒**など日頃の生活習慣が発症や進行に関係する病気のことです。代表的なものとして、先述の「高血圧」「動脈硬化性疾患」「糖尿病」があります。

生活習慣病の治療では、個別の疾患に対して薬が処方される場合が多くあります。しかし、その根本の原因となっている内臓脂肪を減らすことによって、複数の疾病の予防や改善を目指すことが可能です。

生活習慣病は、発症してもほとんど自覚症状がなく、どんどん悪化していきます。左ページで示した腹囲の計測を、身近な目安として活用しましょう。腹囲がメタボリックシンドロームの基準に達していなくても、内臓脂肪の蓄積に伴い疾患のリスクは高くなっていきます。服のウエストが徐々にきつくなるような場合は、注意が必要です。

#2➡P.232

食事からの予防

予防のためには、日々の食事に気を遣って体重をコントロールすることが大切です。また、それぞれの疾患のリスクを高める偏った食事をしないように注意が必要です。左ページの食事のポイントを見て、リスクが高い食事にならないように気をつけましょう。

腹囲の測定方法

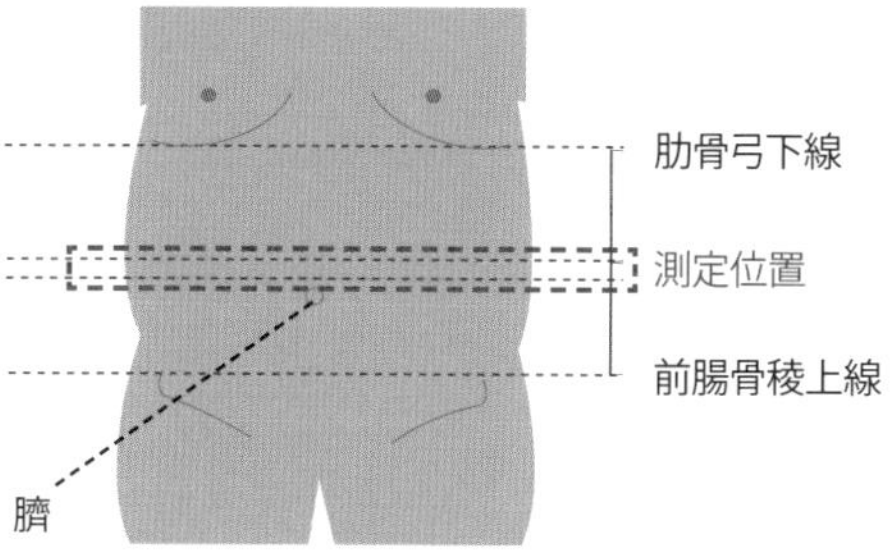

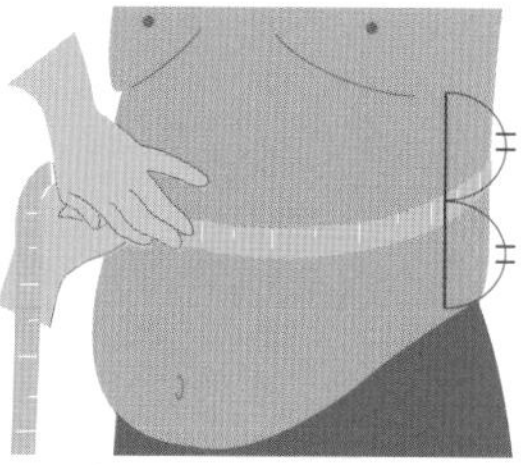

脂肪が多く臍が下に下がり気味の場合は、肋骨の最下部（肋骨弓下線）と、前腸骨稜上線のちょうど中間点を測定する。

測定のポイント

- 両脚を揃えて立ち、両腕を身体の脇に力を抜いて垂らす
- 腹部はリラックスさせ、呼吸も軽く

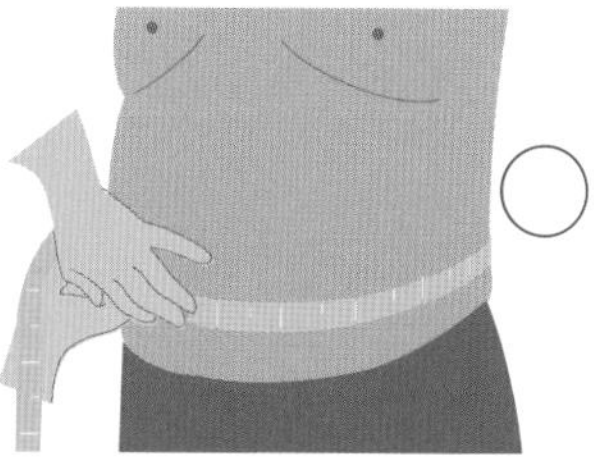

メジャーは伸縮性のないものを使い、腹部に食い込まないように巻き付ける。その際、メジャーが斜めにならないように注意。

生活習慣病を予防する食事のポイント

副菜

高血圧…カリウムの多い野菜を十分にとる。

脂質代謝異常症…野菜・キノコ・海藻類を十分にとる。

糖尿病…食物繊維の多い野菜・キノコ・海藻類を加え、食品の種類を多くする。

主菜

高血圧…味の濃い料理ばかりが多くならないように気をつける。

脂質代謝異常症…脂肪の多い肉を控え、揚げ物や炒め物は回数を減らす。

糖尿病…脂肪の多い肉や魚、揚げ物・炒め物を控え、ゆっくり噛んで食べる。

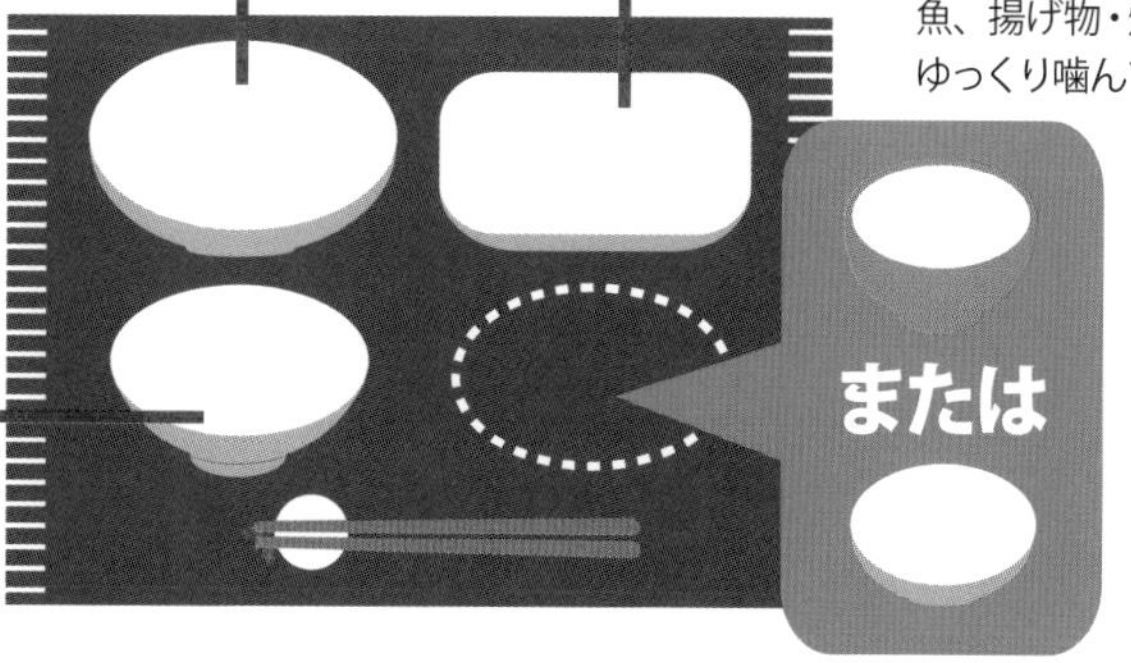

主食

高血圧…塩分ゼロのご飯をメインに。

脂質代謝異常症…ご飯を控えめにし、腹八分目を心がける。

糖尿病…ご飯を控えめにし、腹八分目を心がける。

※主食・主菜・副菜についてはP.220を参照

もう1品（汁物、漬物、デザートなど）

高血圧…みそ汁は具を多くし、お代わりはしない。漬物や干物は控える。

脂質代謝異常症…アルコールや甘い飲み物、菓子類を控える。

糖尿病…アルコールや甘い飲み物、お菓子類は控え、3食を規則正しく食べる。

（高血圧、脂質代謝異常症、糖尿病の治療ガイドラインより作成）

97

適切な体重をキープする

健康づくりのための体重コントロール

望ましい体重とは

成人の肥満度を知る簡易な方法として、「BMI」があります。左図での計算で数値を求めて、18・5未満ならば低体重、18・5～24・9は普通体重、25・0以上を肥満と判定します。BMIで理想とされる数値は22で、この近辺の人は病気になる割合が低く、この数値から離れるにつれて危険度が高まります。肥満にまでならなくても、徐々に体重が増加している状態ならば注意が必要です。

肥満とは体脂肪がつきすぎた状態を指します。BMIは体脂肪を考慮していませんが、一般成人の肥満度を計る指標として、国際的にも広く活用されています。筋肉は体脂肪より重いので、筋肉質の人はBMIが高くなりがちです。

肥満の原因はエネルギーの収支

肥満の原因は、**エネルギー**[#1]摂取量が消費量を上回っていることです。まずは1日に100kcalのエネルギー摂取量を減らせるように、左の図から、毎日続けられそうな摂取量を減らす方法を考えてみましょう。

#1➡P.234

エネルギー消費量を増やす

左の図では、100kcalを余分に消費するために必要な、それぞれの活動の時間を示しました。

体重が異なる人の場合は、それぞれの活動のエネルギー消費量を「メッツ」から計算することができます。メッツとは、運動時の活動量が安静時の何倍に相当するかを表す指標です。

体重70キログラムの人が1時間速歩きをする場合、(4－1)×70×1×1・05で、およそ220キロエネルギーを安静にしている時より多く消費する計算になります。このように、運動の具体的な消費エネルギーを知るのに役立ちます。

体脂肪は1kgで約7000kcalあるとされています。1カ月で1kgの体脂肪を減らすには、エネルギー摂取量の減少、消費量の増加を組み合わせて、今までより200kcal程度マイナスにする必要があります。

96 メタボリックシンドロームと生活習慣病
97 健康づくりのための体重コントロール
98 五大栄養素をバランスよくとる
99 食欲のコントロール
100 健康づくりとサプリメント
101 機能性表示食品
102 加工食品と食品表示
103 元気を支える食事
104 喫煙と飲酒
105 競技力向上と食事
106 トレーニングと減量
107 トレーニングと増量
108 グリコーゲン補給と回復のための食事
109 熱中症と水分補給
110 スポーツドリンク
111 トレーニングのためのサプリメント
112 プロテインとアミノ酸
113 相対的エネルギー不足

BMI・標準体重の計算方法

	体重		身長		身長		BMI
BMI	□ kg	÷	□ m	÷	□ m	=	□
	身長		身長				標準体重
標準体重	□ m	×	□ m	×	22	=	□ kg

（糖尿病治療ガイド，日本糖尿病学会より）

1日に100kcal減らすには…？

ご飯なら
64g
減らす

ビールなら
256g
減らす
（約250ml。500ml缶の1/2または350ml缶の2/3程度）

缶コーヒーなら
263g
減らす
（小ぶりのもので1本190gのため、1.5本程度）

チョコレートなら
18g
減らす
（板チョコだと約1/3枚）

マヨネーズなら
15g
減らす
（おさじ1杯程度）

100kcalを余分に消費するための運動（体重60kgの場合）

運動の種類	強度（メッツ）	体重 60kgの人が安静時より 100kcal余分に消費するための時間（分）
歩く（普通の速度）	3.0	50
軽い体操	3.5	40
全身を使うテレビゲーム	3.8	36
ラジオ体操第一	4.0	33
速歩き	4.3	30
テニス（ダブルス）	4.5	29
ゆっくり平泳ぎ	5.3	23
軽いジョギング	6.0	20

メッツから余分に消費するエネルギーを求める計算式
（メッツ－1）×体重（kg）×時間

（健康づくりのための身体活動基準2013，厚生労働省より）

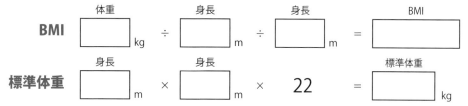

98

生命維持に欠かせない

五大栄養素をバランスよくとる

人間が食べ物から摂取する栄養素は、大きく5つに分けることができます。これらは、エネルギー源になる「炭水化物」「脂質」「たんぱく質」と、微量で身体の機能を調節する「ビタミン」「ミネラル」です。

1．炭水化物

炭水化物は糖質と食物繊維に分けられます。糖質は身体に入ると**エネルギー源**[#1]として利用され、筋肉や肝臓に貯蔵されます。食物繊維は排泄物の量を増やすことで、便秘・がん・生活習慣病などの予防に役立っています。

#1➡P.126

2．脂質

中性脂肪は体内にエネルギー源として貯えられています。脂質は保温や抵抗力を高めるとともに、その一部はコレステロールとして生体膜の成分となります。

3．たんぱく質

たんぱく質は筋肉や腱、毛髪などの材料になるほか、エネルギー源としても使われます。

4．ビタミン

ビタミンは微量で生命活動の維持に貢献します。不足すると、「欠乏症」と呼ばれる様々な身体の不調を引き起こします。多くの種類がありますが、いずれも体内ではほとんど生成されないため、食品から摂取する必要があります。

5．ミネラル

ミネラルはカルシウムや鉄分など、身体を構成する元素の総称です。骨や血液中のヘモグロビンといった組織の材料になったり、筋肉の収縮や精神状態の調整をするなど、様々な身体機能の調節に必要です。

主食・主菜・副菜と乳製品・果物

日頃の食事から身体に必要な栄養素をバランスよく摂取するための方法として、朝・昼・晩3回の食事の献立を「主食・主菜・副菜」の3つで構成する考え方があります。さらに、乳製品と果物を加えることで、様々な必要な栄養素をとりやすくなります。

96 メタボリックシンドロームと生活習慣病
97 健康づくりのための体重コントロール
98 五大栄養素をバランスよくとる
99 食欲のコントロール
100 健康づくりとサプリメント
101 機能性表示食品
102 加工食品と食品表示
103 元気を支える食事
104 喫煙と飲酒
105 競技力向上と食事
106 トレーニングと減量
107 トレーニングと増量
108 グリコーゲン補給と回復のための食事
109 熱中症と水分補給
110 スポーツドリンク
111 トレーニングのためのサプリメント
112 プロテインとアミノ酸
113 相対的エネルギー不足

食事バランスガイド（厚生労働省・農林水産省決定）

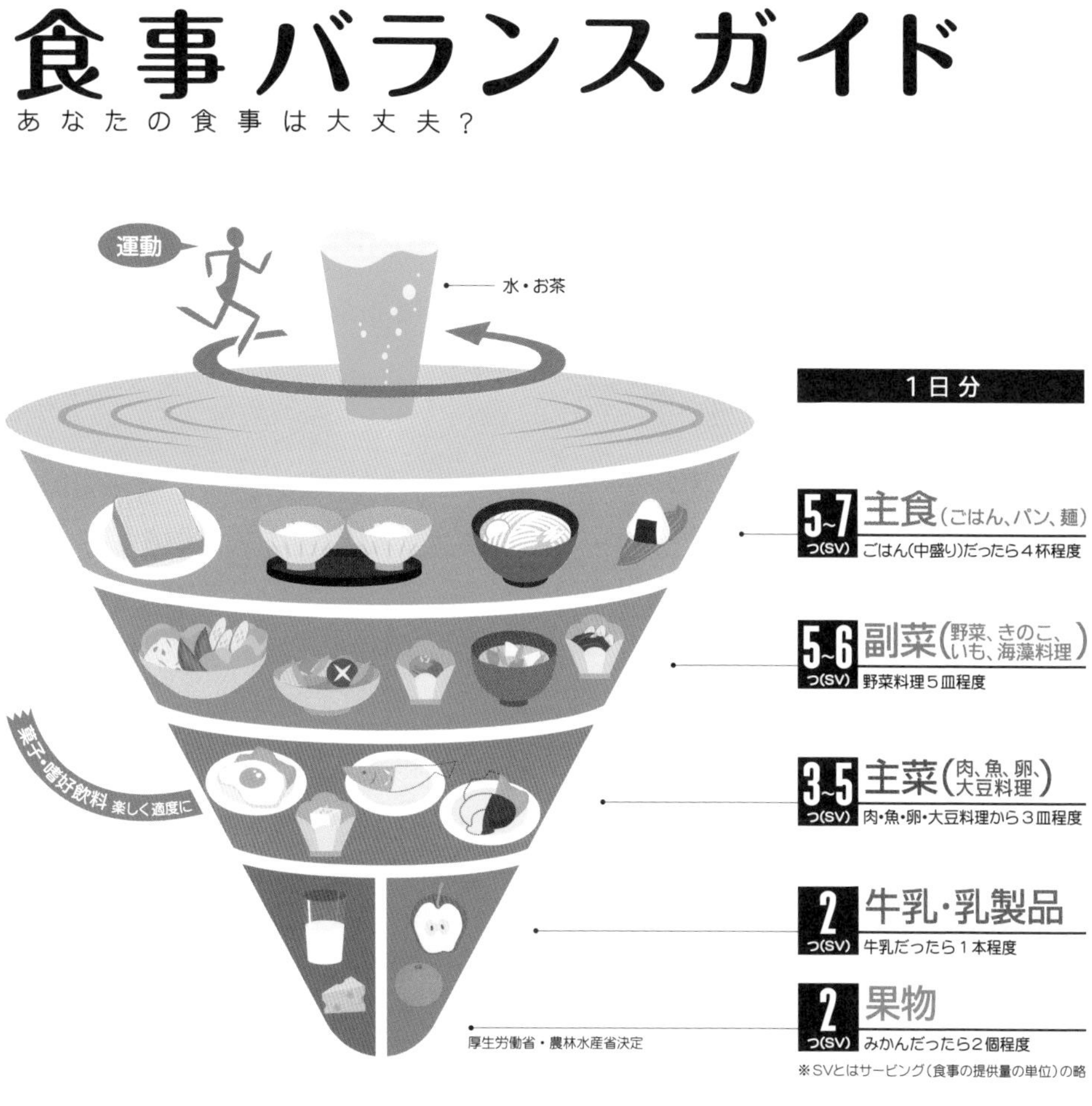

「食事バランスガイド」は、1日に何を、どれだけ食べたらよいかを考える際の参考として、望ましい食事の組み合わせとおおよその量を示したもの。健康で豊かな食生活の実現を目的に策定された「食生活指針」を具体的な行動に結びつけるものとして、厚生労働省と農林水産省によって決定された。

99 食欲のコントロール

食べたいと思う気持ちに対処する

肥満は健康を害する大きな原因ですが、食べすぎがちな人が食事の量を減らすことは大変です。満腹感を感じやすくする食事法や、体内で脂肪に変わりにくい食事法は、肥満の予防や改善の助けになります。

1. 最初にエネルギー密度の低い食品をとる

スープやサラダなど、分量に対してエネルギーの低い食品を、「エネルギー密度が低い食品」といいます。食事の最初に、エネルギー密度の低い料理を食べる習慣をつけると、その後の料理の量を減らしやすくなります。

2. 低GI食品をとる

体内で使われなかったエネルギーは、インスリンの働きによって脂肪として蓄積されます。インスリンの上昇がゆるやかな食品が「低GI（グリセミックインデックス）食品」です。低GI食品をとる場合も、食事のバランスは維持し、似た食品の中でなるべくGI値の低いものに置き換えることがポイントです。

3. 食物繊維を増やす

食物繊維を豊富に含む食品はよく噛む必要があり、ゆっくりと食事をとることにつながります。胃の中に長くとどまるため、空腹感も感じにくくなります。

4. 一皿を小さくする

人は食べ物のサイズが大きいと、空腹感や満腹感、食材のエネルギー密度に関係なくたくさん食べてしまう傾向があることが、研究で明らかになっています。食事の際は、小さな皿に盛りつけたり、一切れを小さめにしたりするなどの方法をとって、食べる分量を増やさないように心がけましょう。

5. ゆっくり食べる

いくつかの研究結果をまとめた研究によると、早食いの人は、そうでない人に比べて、BMIが高く、肥満の人が多いことが示されています。食事を始めてから、満腹感を感じるまでには時間がかかるので、早食いでは食べる量が多くなりがちです。よく噛むことも大切です。

96 メタボリックシンドロームと生活習慣病
97 健康づくりのための体重コントロール
98 五大栄養素をバランスよくとる
99 食欲のコントロール
100 健康づくりとサプリメント
101 機能性表示食品
102 加工食品と食品表示
103 元気を支える食事
104 喫煙と飲酒
105 競技力向上と食事
106 トレーニングと減量
107 トレーニングと増量
108 グリコーゲン補給と回復のための食事
109 熱中症と水分補給
110 スポーツドリンク
111 トレーニングのためのサプリメント
112 プロテインとアミノ酸
113 相対的エネルギー不足

GI値が低い食品とは？

GI値が低いものを下、高いものを上においたピラミッド。果物、野菜などはインスリンの分泌がゆるやかな低GI食品だ。

早食いの人は肥満になる確率が高い？

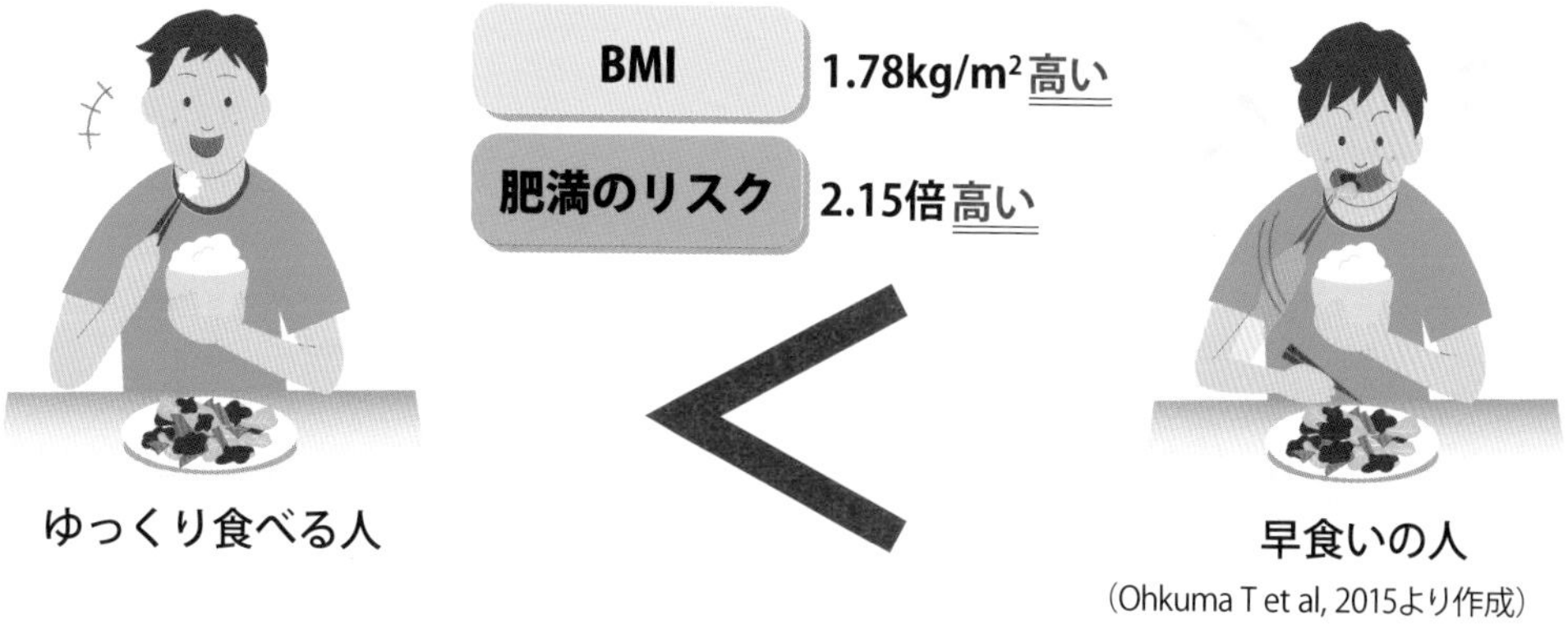

（Ohkuma T et al, 2015より作成）

100

健康づくりとサプリメント

サプリメントや健康食品の知識

「健康食品」や「サプリメント」という言葉はよく使われますが、制度も名称の定義もありません。国内で販売されている食品の中で、肉や野菜のような一般食品以外で、国が制度化しているものが「保健機能食品」です。保健機能食品には「特定保健用食品」（トクホ）と「栄養機能食品」、「**機能性表示食品**」[#1]の3つがあります。

特定保健用食品は、健康の維持増進に役立つことが、科学的根拠に基づいて認められたものです。食品ごとに、その効果が審査され、消費者庁により許可されています。許可された成分について、決められた機能の表示がされています。

#1➡P.226

栄養機能食品は、1日に必要な**ミネラルやビタミン**[#2]などの栄養成分が不足しがちな時に、その補給のために利用できる食品です。すでにその働きが確認された栄養成分を、1日あたりの摂取目安量が基準の範囲内にあること、栄養機能表示と注意喚起をする表示がされていることが決められています。

保健機能食品もその他の健康食品も、使用する時には、成分の含有量、効果やリスクに関する記載、利用の仕方についての表示をよく読んでから利用しましょう。また、体調に異変を感じたら、すぐに使用をやめ、医師に相談してください。治療中の場合は医師に相談をしてから使用しましょう。

#2➡P.220

あくまで食事が基本

栄養の摂取は食事から行なうことが基本です。まずは食事を整えることに重点をおきましょう。

その上で、食事だけでは必要な成分を摂取することが難しい場合に、保健機能食品や健康食品を活用してください。しかし、どの成分も多くとるほど健康によいというわけではありません。宣伝や広告、体験談は販売するための情報であることを理解し、冷静に使用の必要性を判断してください。

96 メタボリックシンドロームと生活習慣病
97 健康づくりのための体重コントロール
98 五大栄養素をバランスよくとる
99 食欲のコントロール
100 健康づくりとサプリメント
101 機能性表示食品
102 加工食品と食品表示
103 元気を支える食事
104 喫煙と飲酒
105 競技力向上と食事
106 トレーニングと減量
107 トレーニングと増量
108 グリコーゲン補給と回復のための食事
109 熱中症と水分補給
110 スポーツドリンク
111 トレーニングのためのサプリメント
112 プロテインとアミノ酸
113 相対的エネルギー不足

日本の食品の制度構成

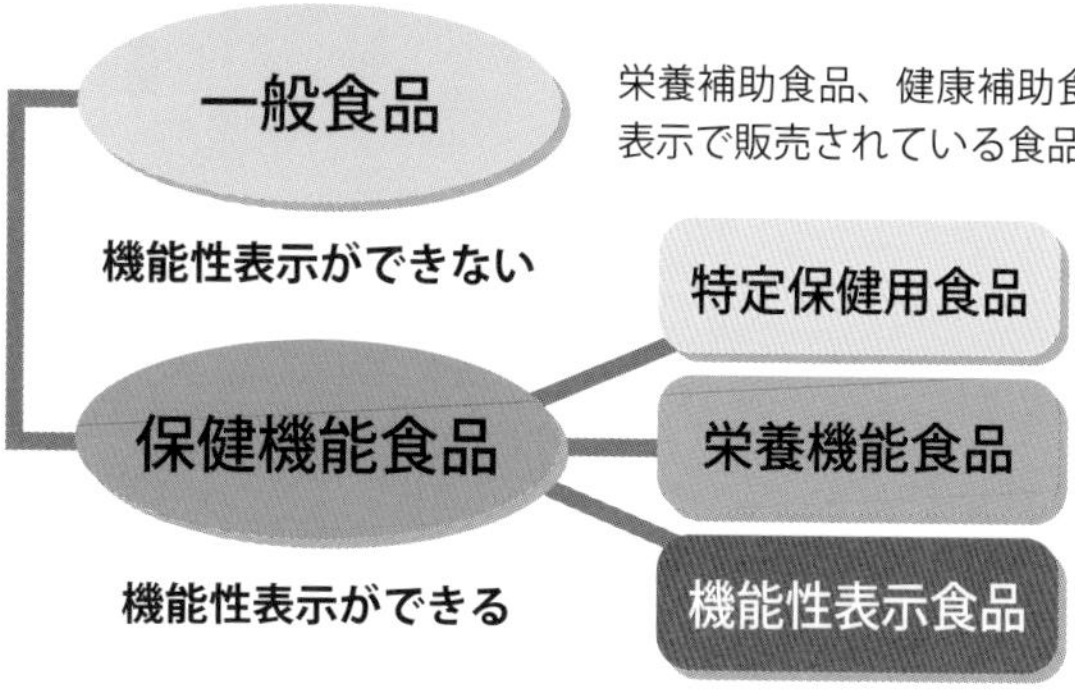

栄養補助食品、健康補助食品、栄養調整食品といった表示で販売されている食品も一般食品。

特定保健用食品を選ぶ時のチェックポイント

表示の確認

食生活は、主食、主菜、副菜を基本に、食事のバランスを

名称：
原材料名：
内容量：○g
賞味期限：
摂取、調理または保存の方法：
製造者：

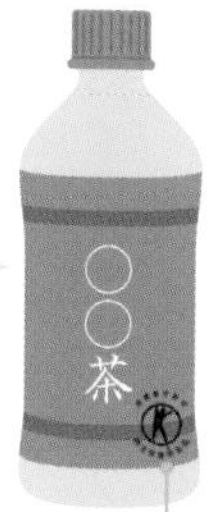

〈許可表示〉
○○茶には△△が含まれているため、便通を改善します。お腹の調子を整えたい方やお通じの気になる方に適しています。
〈1日当たりの摂取目安量〉

1日あたり○本を目安にお召し上がりください。

〈摂取する上での注意事項〉

一度に多量に摂取すると、お腹がゆるくなることがあります。1日の摂取目安量を守ってください。

〈成分分析表〉（1本あたり）

エネルギー○kcal,…


バランスの良い食生活が基本。

病気でない人を対象としている食品で、医薬品ではない。

マークがある

栄養機能食品を選ぶ時のチェックポイント

表示の確認

商品名：○○○　栄養機能食品（ビタミン○）
（栄養機能表示）ビタミン○は‥作用をもつ栄養素です。
食生活は、主食、主菜、副菜を基本に、食事のバランスを

名称：○○含有食品
原材料名：
内容量：○g（1粒○g×○粒）
販売者：
栄養成分表示：1粒あたり
〈1日当たりの摂取目安量〉 1日当たり○粒を目安にお召し上がりください。
〈摂取の方法及び摂取するうえでの注意事項〉 本品は多量の摂取により…
〈1日当たりの摂取目安量に含まれる機能の表示を行う栄養成分の量の栄養素等表示基準値に占める割合〉 ビタミン○、○%
〈調理又は保存の方法〉
本品は、特定保健用食品と異なり、消費者庁長官により個別審査を受けたものではありません。

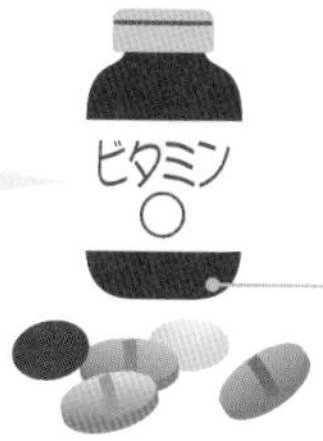

栄養機能表示をする栄養成分の名前が、明記され、決められた機能が表示されている。

栄養機能食品の規格基準が定められている栄養成分以外の成分の機能の表示や特定の効果についての表示をしていない。
例：
ダイエットできます
△の成分が疲れ目に聞きます

101

機能性表示食品

特別な働きをもつ食品

機能性表示食品とは

製造・販売しているメーカーの責任において、科学的根拠に基づいた食品の機能を表示している食品です。これらの食品は、販売前に安全性やその働きについて消費者庁長官に届け出がされています。特定保健用食品とは違って、消費者庁長官が個別に許可を与えている食品ではありません。

表示内容

機能性表示食品には、様々な表示がされています。機能性表示食品であることの表示や、その届出番号のほか、実際にどのような機能があるかが、届け出内容にしたがって「△△が含まれるので、○○の機能があります（あるいは○○の機能があると報告されています）」という形で記載されています。

機能性表示食品のパッケージには、多くの文章があり、読みにくいかもしれませんが、しっかりと目を通しておきましょう。これらには、1日の摂取量や摂取の方法の記載、医薬品ではないことの明記、健康な人を対象とした食品であること、食生活を整えることが基本であることが含まれています。

利用のポイント

まず、使用する前に、自分の食生活を見直しましょう。機能性表示食品は、食事のバランスが悪い状態を修正する食品ではなく、バランスの良い食事にさらに食品の機能を追加して、健康の維持増進や軽度の不調の改善などの効果を期待するものです。

他のサプリメントと同様に、多くとれば、より多くの効果が出るというものではありません。記載されている1日の摂取目安量、摂取の方法、摂取時の注意事項を守って摂取しましょう。

もし体調に異変を感じたら、すぐに使用を中止して、医師に相談しましょう。パッケージには、製造・販売者の連絡先も明記されています。不安な点、体調の異常などがある場合は、連絡をしてください。

機能性表示食品の表示内容

●パッケージ表

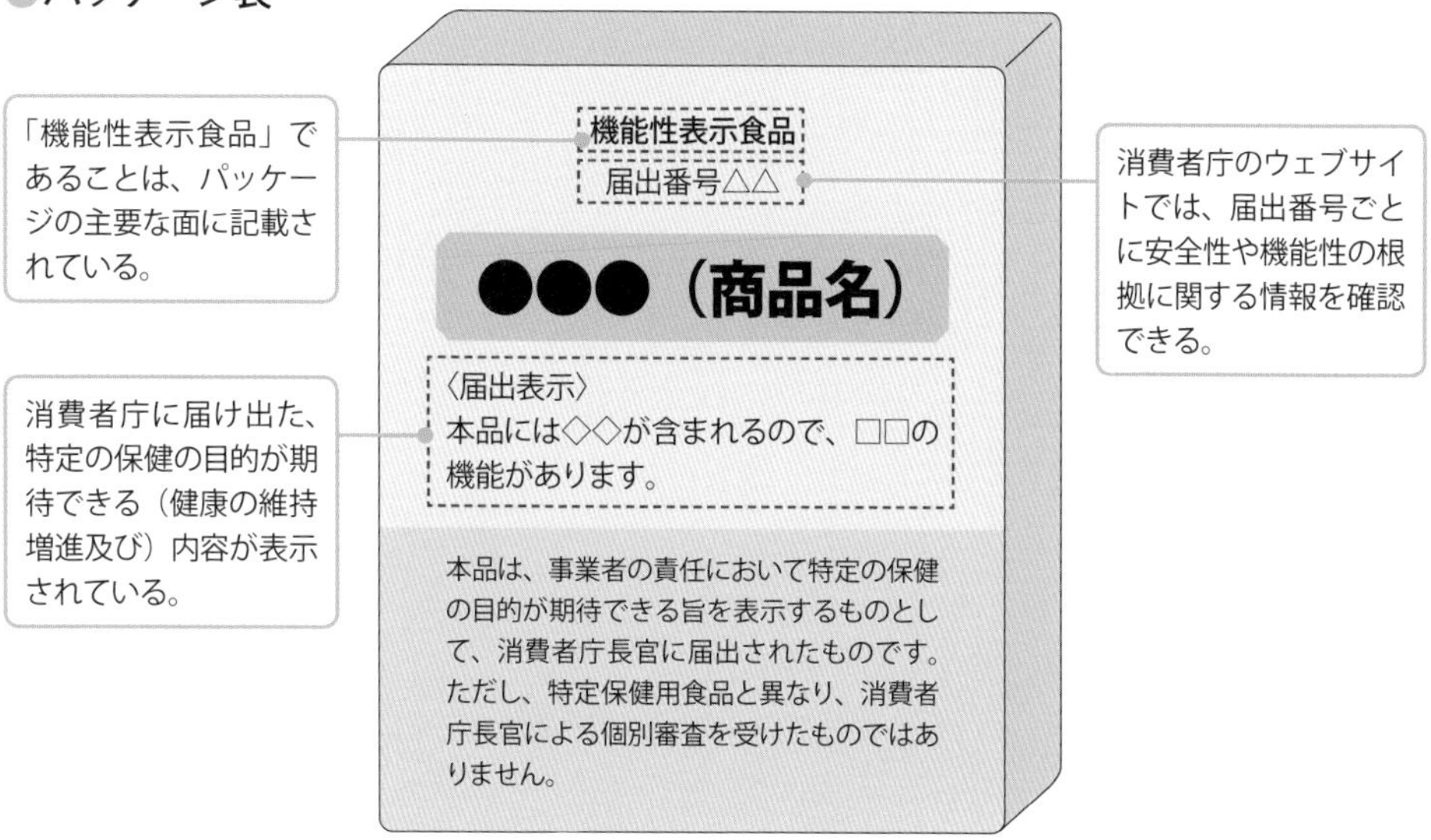
「機能性表示食品」であることは、パッケージの主要な面に記載されている。
機能性表示食品
届出番号△△
消費者庁のウェブサイトでは、届出番号ごとに安全性や機能性の根拠に関する情報を確認できる。
●●●（商品名）
消費者庁に届け出た、特定の保健の目的が期待できる（健康の維持増進及び）内容が表示されている。

〈届出表示〉

本品には◇◇が含まれるので、□□の機能があります。

本品は、事業者の責任において特定の保健の目的が期待できる旨を表示するものとして、消費者庁長官に届出されたものです。ただし、特定保健用食品と異なり、消費者庁長官による個別審査を受けたものではありません。

●パッケージ裏

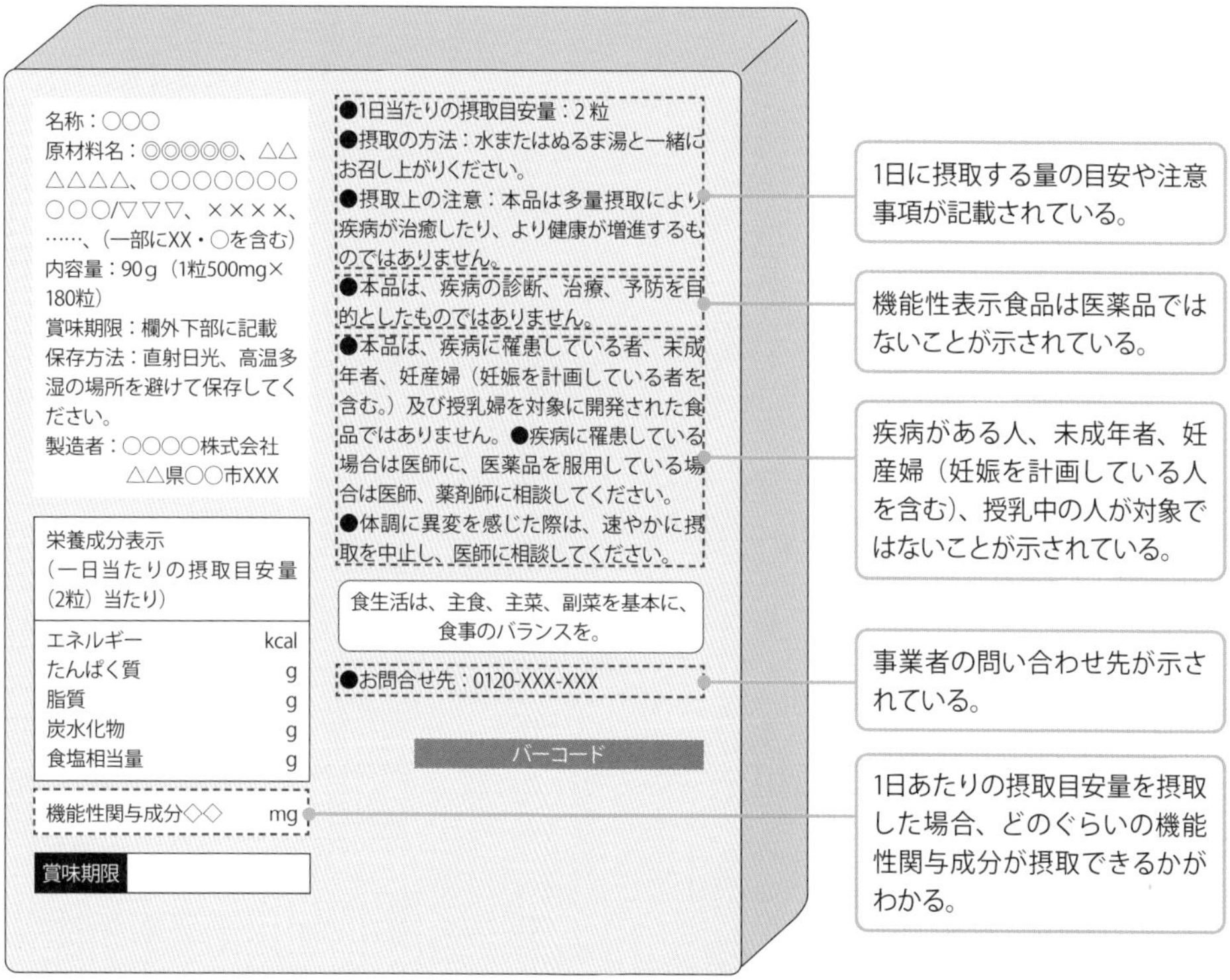
名称：○○○
原材料名：◎◎◎◎◎、△△△△△、○○○○○○○○○○/▽▽▽、××××、……、（一部にXX・○を含む）
内容量：90g（1粒500mg×180粒）
賞味期限：欄外下部に記載
保存方法：直射日光、高温多湿の場所を避けて保存してください。
製造者：○○○○株式会社
△△県○○市XXX
栄養成分表示
（一日当たりの摂取目安量（2粒）当たり）
エネルギー kcal
たんぱく質 g
脂質 g
炭水化物 g
食塩相当量 g
機能性関与成分◇◇ mg
賞味期限
●1日当たりの摂取目安量：2粒
●摂取の方法：水またはぬるま湯と一緒にお召し上がりください。
●摂取上の注意：本品は多量摂取により疾病が治癒したり、より健康が増進するものではありません。
●本品は、疾病の診断、治療、予防を目的としたものではありません。
●本品は、疾病に罹患している者、未成年者、妊産婦（妊娠を計画している者を含む。）及び授乳婦を対象に開発された食品ではありません。●疾病に罹患している場合は医師に、医薬品を服用している場合は医師、薬剤師に相談してください。
●体調に異変を感じた際は、速やかに摂取を中止し、医師に相談してください。
食生活は、主食、主菜、副菜を基本に、食事のバランスを。
●お問合せ先：0120-XXX-XXX
バーコード
1日に摂取する量の目安や注意事項が記載されている。

機能性表示食品は医薬品ではないことが示されている。

疾病がある人、未成年者、妊産婦（妊娠を計画している人を含む）、授乳中の人が対象ではないことが示されている。

事業者の問い合わせ先が示されている。

1日あたりの摂取目安量を摂取した場合、どのぐらいの機能性関与成分が摂取できるかがわかる。


（「機能性表示食品」って何？，消費者庁より作成）

102 加工食品と食品表示

表示はよく読んで活用を

加工食品には多くの種類があり、冷凍食品やお菓子だけでなく、うどんやマーガリン、味噌も加工食品に含まれます。これらは第一次加工食品、第二次加工食品というように分類されています。現在、家庭での加工食品の購入率は60％以上で、現代人は加工食品と上手に付き合っていく必要があるといえるでしょう。

加工食品を購入する際に注目したいのが食品表示です。購入した商品から摂取した栄養素を把握し、適切に活用するためにも、食品表示の読み方を知っておきましょう。

食品表示の見方

加工食品は名称、原材料名、添加物、内容量、賞味期限、保存方法、製造業者と所在地、輸入品ならば原産国名の記載が義務づけられています。また、特定のアレルギー体質をもつ人のために、アレルギー物質である卵、乳、小麦、落花生、えび、そば、かに、くるみを含んでいる場合は、必ず表示されています。それ以外の大豆、ごまなど20品目については、できるだけ表示することが勧められています。

食品の期限表示には、「消費期限」と「賞味期限」の2つがあります。消費期限は「これを過ぎたら衛生上の危害が生じる可能性がある」という安全性の期限を表し、パンや惣菜など比較的いたみやすい食品に記載されています。

一方、賞味期限は比較的長く保存される食品に記載され、「品質保持が可能な期限」を表します。この日付を超えても、すぐに食べられなくなるわけではありません。

栄養成分表示

エネルギー、たんぱく質、脂質、炭水化物があわせて表示されています。

これは、１００ｇ（１００ｍℓ）あたり、または1包装あたりの栄養成分量を表示することで、食事からのそれぞれの栄養素を適切にとるための参考にするものです。飽和脂肪酸や食物繊維、多く含んでいる成分なども表示されています。

96 メタボリックシンドロームと生活習慣病
97 健康づくりのための体重コントロール
98 五大栄養素をバランスよくとる
99 食欲のコントロール
100 健康づくりとサプリメント
101 機能性表示食品
102 加工食品と食品表示
103 元気を支える食事
104 喫煙と飲酒
105 競技力向上と食事
106 トレーニングと減量
107 トレーニングと増量
108 グリコーゲン補給と回復のための食事
109 熱中症と水分補給
110 スポーツドリンク
111 トレーニングのためのサプリメント
112 プロテインとアミノ酸
113 相対的エネルギー不足

加工食品の食品表示例（国内で製造されたもの）

名称	豆菓子
原材料	落花生、米粉、でん粉、植物油、しょうゆ（大豆・小麦を含む）、食塩、砂糖、香辛料
添加物	調味料（アミノ酸等）、着色料（カラメル、紅麹、カロチノイド）
内容量	100g
賞味期限	2016.6.20
保存方法	直射日光を避け、常温で保存してください。
製造者	○○○食品株式会社　+AK 東京都○○区XXXX－△△△

- 名称：商品の内容を表す一般的な名称。
- 原材料：使用した原材料の名前。
- 添加物：原材料名の欄に原材料と明確に区分して表示されることもある。
- 内容量：グラムやミリリットル、個数などの単位。
- 製造者：商品の表示に責任をもつ者の氏名または法人名と住所。業者名の横にある「+」を冠して表示されたアルファベットなどの記号は、消費者庁長官に届けられた製造者固有記号。

（知っておきたい食品の表示，消費者庁より作成）

賞味期限と消費期限のイメージ

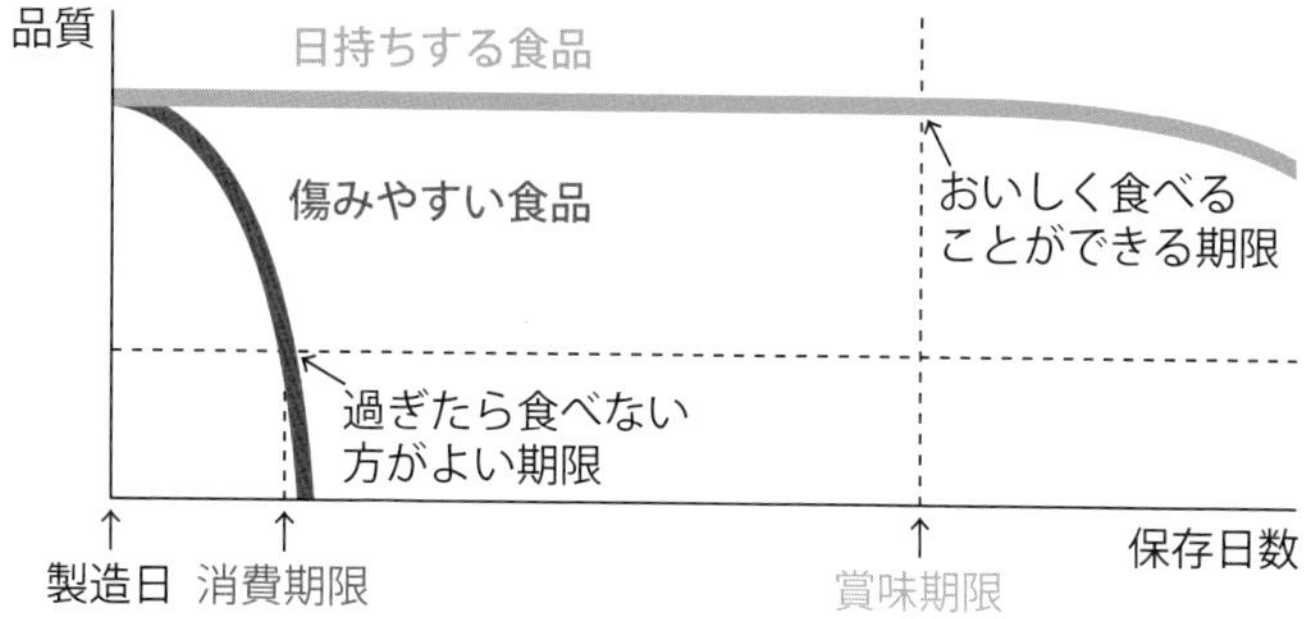

（知っておきたい食品の表示，消費者庁より作成）

栄養成分表示

【表示例（牛乳）】

栄　養　成　分　表　示
1本（200ml）当たり

エネルギー	139kcal
たんぱく質	6.8g
脂質	8.0g
炭水化物	10.0g
食塩相当量	0.2g
カルシウム	227mg

- エネルギー～食塩相当量：表示が義務付けられている栄養成分（5成分）。
- 食塩相当量：ナトリウム塩が添加されていない食品には、ナトリウムの量が表示されていることがある。
- カルシウム：表示が義務付けられている栄養成分以外が表示されていることもある。

（知っておきたい食品の表示，消費者庁より作成）

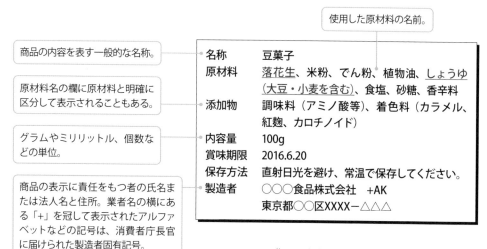

103 元気を支える食事

自立した生活を続けるために

誰でも、加齢とともに筋肉量や筋力が低下し、日常の様々な作業がつらくなります。いつまでも身の回りのことを自分で行ない、生活を楽しむためにも、筋肉量と筋力を維持することが重要です。

中年期には、生活習慣病の予防のために、食事については「食べすぎないように」という情報が多くあります。

しかし、年齢を重ねるとともに、食事量は自然と減少しがちです。そのため、食事量の減少→筋肉量や筋力の減少→活動量の減少→食欲の低下→食事量の減少という負のサイクルに入りやすくなります。何歳からという明確な区分はありませんが、それまで食べていた外食の1人前が「少し多い」と感じるようになったら、「しっかり食べる」という意識をもつことが大切です。

毎食にたんぱく質を

筋肉量の維持のためには、1日に食べるたんぱく質の合計量だけでなく、毎回の食事である程度のたんぱく質を摂取することが重要とされています。

一般的に日本人は、夕食ではしっかりたんぱく質をとっているものの、朝食や昼食では、たんぱく質の摂取量が少ない場合がみられます。朝食や昼食では、たんぱく質を含む、肉、魚、卵、豆製品(豆腐など)、乳製品を1品加えるようにしましょう。

その他の栄養素

骨を強くすることでよく知られているビタミンDは、筋肉量や筋力の維持にも大切とされています。

その他、高齢期の筋肉量や筋力の維持に大切な栄養素と考えられているものに、抗酸化物質と長鎖脂肪酸があります。これらは、野菜や魚類に多く含まれるものです。

食事の準備が面倒と感じ、行動範囲が限られるようになると、食べる食品の種類が減ってきがちです。様々な種類の食品を食べることで、これらの栄養素の不足を避けることができます。

96 メタボリックシンドロームと生活習慣病
97 健康づくりのための体重コントロール
98 五大栄養素をバランスよくとる
99 食欲のコントロール
100 健康づくりとサプリメント
101 機能性表示食品
102 加工食品と食品表示
103 元気を支える食事
104 喫煙と飲酒
105 競技力向上と食事
106 トレーニングと減量
107 トレーニングと増量
108 グリコーゲン補給と回復のための食事
109 熱中症と水分補給
110 スポーツドリンク
111 トレーニングのためのサプリメント
112 プロテインとアミノ酸
113 相対的エネルギー不足

たんぱく質を多く含む食品

牛乳
1杯
(180g)
5.9g

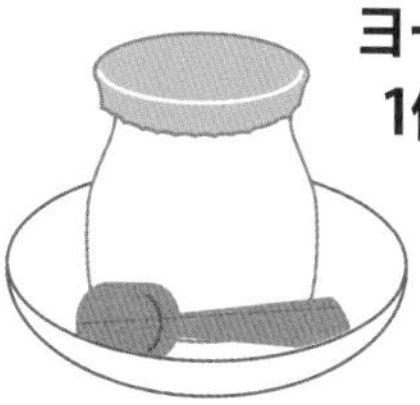

ヨーグルト
1個(50g)
2.2g

卵
1個
(50g)
6.1g

納豆
1パック
(50g)
8.3g

豆腐入り味噌汁
(味噌15g、豆腐50g)
4.5g

コーンクリームスープ
(インスタント1人前)
1.5g

(赤色で示したgは含まれているたんぱく質の量)

ビタミンDを多く含む食品

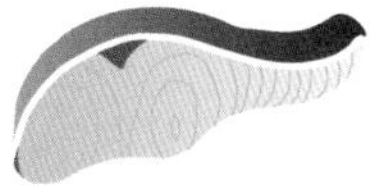

鮭
1切れ(80g)
25.6μg

しらす干し
大さじ2杯(10g)
6.1μg

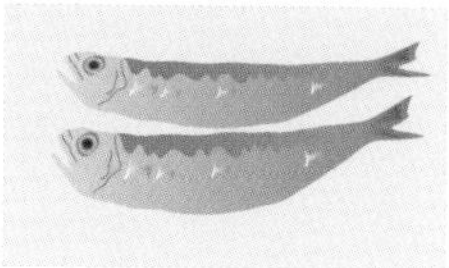

イワシ丸干し
1匹(80g)
6.4μg

干ししいたけ
1個(3g)
0.5μg

乾燥きくらげ
1枚(1g)
0.9μg

小魚(いかなご)の佃煮
1杯(10g)
2.3μg

卵
1個(50g)
1.9μg

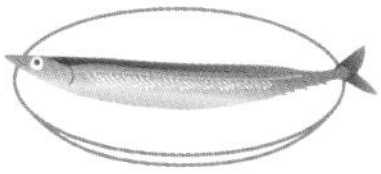

さんま
1匹(150g)
24.0μg

(μgは含まれているビタミンDの量)

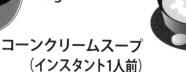

104 喫煙と飲酒

スポーツを行なうなら控えることが望ましい

喫煙の弊害

タバコの煙には一酸化炭素、タール、ニコチンなどの有害な物質が含まれています。喫煙は肺がんだけでなく、様々な部位のがんのリスクを高めます。また、受動喫煙も肺がんのリスクを高めます。さらに、冠動脈疾患や脳卒中などの循環器の病気、結核や慢性閉塞性肺疾患など呼吸器の病気の原因にもなります。

スポーツにおいても、喫煙は心肺機能、運動能力、集中力の低下など、様々な悪影響をもたらします。タバコは依存症になりやすく、やめたい、本数を減らしたいと思っても実行しにくい、あるいは禁煙や本数を減らした時に不快な症状が出る場合は、依存した状態であるといえます。

心理的にも依存しやすい

ニコチンは脳に作用し、ドーパミンという物質を出して快感を与えるため、依存しやすいものです。ニコチン依存症は病気であり、意志の力だけで禁煙するのは困難です。禁煙をするなら医療機関に相談しましょう。

依存症でなくても喫煙者は、喫煙によるドーパミンの快感を記憶しています。禁煙しても、快感を得たくなると再びタバコを吸い始めやすいものです。禁煙のためには、自分に合った**ストレス解消法**[#1]を見つけることが大切です。禁煙期間が長くなると、がんのリスクも少なくなります。

#1➡P.274

飲酒の効果と弊害

長期の多量の飲酒は消化、吸収、代謝などに影響を与えて栄養不良を招き、筋肉の損傷や疲労、筋力の低下を起こします。飲酒時にはエネルギーを過剰に摂取しやすいだけでなく、過度の飲酒が血圧や肥満に影響し、**メタボリックシンドローム**[#2]の原因になります。

ただし、適度の飲酒はストレス解消に効果的です。長寿の人でも、適度な飲酒習慣のある人は多くみられます。一般的に、日本酒なら1日2合程度が適量で、週に1～2日は飲まないことも必要です。

#2➡P.216

96 メタボリックシンドロームと生活習慣病
97 健康づくりのための体重コントロール
98 五大栄養素をバランスよくとる
99 食欲のコントロール
100 健康づくりとサプリメント
101 機能性表示食品
102 加工食品と食品表示
103 元気を支える食事
104 喫煙と飲酒
105 競技力向上と食事
106 トレーニングと減量
107 トレーニングと増量
108 グリコーゲン補給と回復のための食事
109 熱中症と水分補給
110 スポーツドリンク
111 トレーニングのためのサプリメント
112 プロテインとアミノ酸
113 相対的エネルギー不足

喫煙と飲酒のがんとの関連性

	全がん	肺がん	肝がん	胃がん	大腸がん			乳がん	食道がん	膵がん	前立腺がん	子宮頸がん	子宮内膜がん	卵巣がん	頭頸部がん	膀胱がん
						結腸がん	直腸がん									
喫煙	確実	確実	確実	確実	確実	確実	確実	可能性あり	確実	確実	データ不十分	確実	データ不十分	データ不十分	確実	確実
受動喫煙	データ不十分	確実		データ不十分				可能性あり		データ不十分		データ不十分	データ不十分	データ不十分		
飲酒	確実	データ不十分	確実	データ不十分 ※	確実	確実	確実	データ不十分 ※	確実	データ不十分	データ不十分	データ不十分	データ不十分	データ不十分		

◎…確実　⬢…可能性あり　●…データ不十分　※…男性ではほぼ確実

（日本人のためのがん予防法，国立がん研究センターより作成）

喫煙とアルコール摂取とメタボリックシンドロームの関係

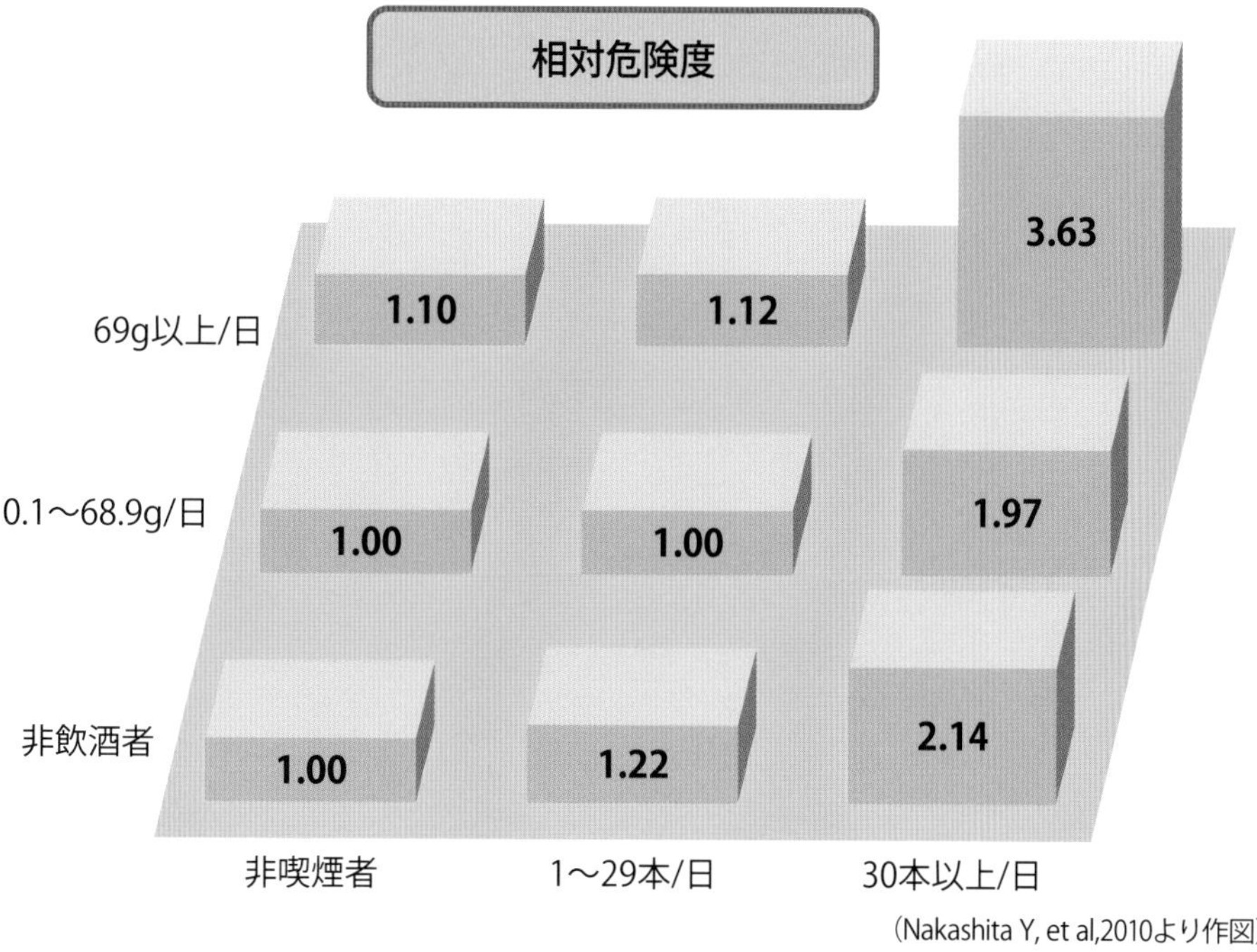

（Nakashita Y, et al,2010より作図）

喫煙とアルコール摂取は、それぞれメタボリックシンドロームの有病率に個別に影響する。しかし、特に多量の喫煙とアルコール摂取が重なると、メタボリックシンドロームの有病率は相乗的に大きくなる。

105 競技力向上と食事

レベルアップにつながる食事

スポーツにおける食事の役割

スポーツという観点からみれば、食事は以下の3つの目的でとらえることができます。

1．エネルギー源を得る

十分なエネルギー源がないと、トレーニングの質が低下したり、目標とする体作りができなくなったりします。

活動のエネルギー源となるのは、炭水化物と脂質です。練習後の食事で十分な炭水化物を摂取することで、翌日までに疲労を適正なレベルまで回復させることができます。

2．コンディションの維持

ビタミン、ミネラル、食物繊維などを十分にとることで、エネルギー代謝の円滑化をはじめ、腱や靭帯の強化、血液凝固といった身体機能の調整をすることができます。

3．筋肉と骨の強化

筋肉の材料はたんぱく質、骨はカルシウムですが、それに加えて十分なエネルギーとビタミン・ミネラル類も必要です。

食べ方の基本

まず、トレーニングの時間が、いつ、どのくらいの長さ、どのくらいの強度であるかを確認した上で、食事の時間をきちんと確保しましょう。

食事をしてからかなり時間がたってトレーニングがある場合は、すぐに使用できる糖質が身体の中から減っている場合があります。おにぎりやパンなどを少し食べて、エネルギーの補給をしてからトレーニングをしましょう。

1回の食事では、主食、主菜、副菜、果物、乳製品をそろえるようにしましょう。これらをそろえることで、必要な栄養素をとりやすくなります。

外食をする場合にも、左ページにある「食の組み合わせ」がすべてそろうようにメニューを選びましょう。

もし、1回の食事でとれない料理がある場合、食事以外の時間に、とれていない料理を補う工夫をしましょう。

96 メタボリックシンドロームと生活習慣病
97 健康づくりのための体重コントロール
98 五大栄養素をバランスよくとる
99 食欲のコントロール
100 健康づくりとサプリメント
101 機能性表示食品
102 加工食品と食品表示
103 元気を支える食事
104 喫煙と飲酒
105 競技力向上と食事
106 トレーニングと減量
107 トレーニングと増量
108 グリコーゲン補給と回復のための食事
109 熱中症と水分補給
110 スポーツドリンク
111 トレーニングのためのサプリメント
112 プロテインとアミノ酸
113 相対的エネルギー不足

スポーツ選手の1日の食事のポイント

朝 → 朝の練習 → 昼 → 夕方の練習 → 夜 → 就寝

軽食（朝の練習の前）
睡眠中は水分とエネルギーが不足するため、果実ジュース、牛乳、ドリンクヨーグルトなど、エネルギーのある水分の補給を行う。

朝食
朝食は比較的、軽い食事になりがち。たんぱく質を含む乳製品や納豆などを1品追加する。

昼食
定食を選んだり、単品のおかずを追加したりして、下記の食の組み合わせを満たすように工夫する。

軽食（夕方の練習の前）
昼食から練習までの時間が長くあく場合は、炭水化物からのエネルギーを補給する。練習前の水分補給も忘れずに。

夕食
身体づくりの時は、下記の食の組み合わせを意識。減量時には、特に夕食でエネルギーを抑える工夫を。

軽食（就寝前）
筋肉づくりには、寝る前のたんぱく質補給が有効とする研究もある。乳製品などの補給もおすすめ。

スポーツ選手のための食の組み合わせ

主菜
肉、魚、卵、大豆製品からたんぱく質を多くとりたい時は、2種類以上の主菜を。

野菜料理
緑の濃い野菜（ほうれん草、ニンジン、かぼちゃなど）をとると、ビタミン補給できる。

果物
ビタミンCと食物繊維の補給エネルギーを多くとりたい時はバナナが効果的。

主食
ご飯、パン、麺類でエネルギーの補給を。

汁物
野菜や豆腐・油揚げなどの組み合わせで具の多い汁物に。

牛乳
牛乳、ヨーグルト、チーズなどでカルシウムと良質のたんぱく質の補給を。

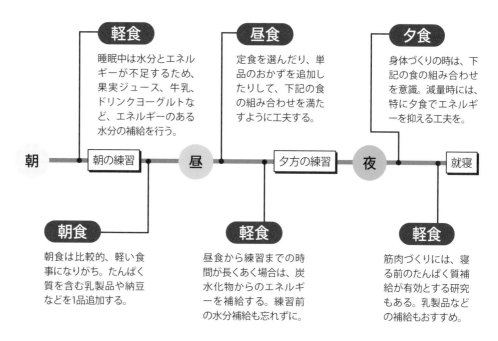

106 トレーニングと減量

理想の数値に体重をコントロール

アスリートの身体組成

一般にスポーツ選手は、体脂肪量が少ない方がパフォーマンスは向上するとされています。体重制競技や長距離走、体操などの芸術性競技では、体重が少ない方が有利に働きます。しかし、脂肪は体温の保持や内臓の保護機能など、生命活動において基本的かつ重要な役割をもっているため、**体脂肪率**[#1]が低すぎても問題が生じます。スポーツ選手であっても、最低でも男性で3〜4%、女性で9〜12%は必要です。

逆に脂肪を衝撃の吸収や重量として利用する相撲や、浮力として生かす水泳のような競技もあります。アスリートは体重だけでなく、体脂肪量や筋肉量を測定し、取り組む競技に適した身体に調整することが必要になります。

#1➡P.210

減量を目標とする際には、単に少なければ少ない方がよいとするのではなく、パフォーマンスやコンディショニングの観点から、まずは最も適切な体脂肪量の目標を立てましょう。

減量する際のポイント

減量の目的は、筋肉量を維持または増加しながら、体脂肪だけを減らすことです。まずは、身体にどのぐらい余分な脂肪があるのかを把握し、減量計画を立てます。日常のトレーニングで**有酸素運動**[#2]が少ない場合は、有酸素運動を増やすことも有効です。

#2➡P.130

エネルギーのバランスを負＝マイナスにすることで、身体の脂肪を減らすには、食事からのエネルギー摂取量を減らすことが重要です。左図を参考にして、食材となる肉や魚、調理法、調味料の組み合わせを考え、すべてが高エネルギーの組み合わせにならないように気をつけましょう。一部のエネルギーの低い食品に偏って食事をすると、全体として必要な栄養素をとることが難しくなります。

様々な食品をとるようにするとともに、減量が厳しい場合は、医師や栄養士などに相談をし、必要に応じてサプリメントをうまく活用しましょう。

素材・調理法・調味料の組み合わせ

エネルギー 高 → 低

素材（100gあたり）

超高エネルギー食品

ベーコン、豚ばら、豚ロース、豚ひき肉、牛ばら、牛サーロイン、牛ひき肉

高エネルギー食品

鶏ひき肉、鶏手羽、ハム、豚かた、牛かた、ウインナー

まぐろトロ、ぎんだら、さば、さんま、にしん、ぶり

中エネルギー食品

豚もも、豚ひれ、豚レバー、牛もも、牛レバー、鶏ささみ、鶏レバー

さけ、あじ、まぐろ、赤身、あゆ、いわし、かつお、かます、たい、かれい

さつまいも、やまいも、卵

低エネルギー食品

さより、たら、はぜ、あさり、あわび、いか、たこ

じゃがいも、さといも

豆腐、野菜類

きのこ、海草、こんにゃく

調理法（高 → 低）

- 天ぷら フライ（油）
- かきあげ 素あげ（油）
- 炒める 焼く（油）
- 煮る（砂糖、しょうゆ）
- 生 さしみ
- 焼く ゆでる 蒸す

調味料（高 → 低）

- バター マーガリン マヨネーズ
- ドレッシング（サウザン、中華、フレンチ）
- ソース ケチャップ
- ノンオイルドレッシング（しそ、ゆず） 塩 レモン ポン酢 しょうゆ
- そのまま食べる

高エネルギーの食材を使う場合は、蒸す、ゆでるなどの調理法、塩、しょうゆなどのエネルギーの低い調味料を選び、全体のエネルギーを抑えるのも1つの方法。

（公認アスレティックトレーナー専門科目テキスト　スポーツと栄養　2016，日本体育協会より）

107 競技に適した身体をつくる トレーニングと増量

競技に適した身体づくりにおいては、筋肉量を増やす必要がある場面も多くみられます。

十分なエネルギー量の摂取が必要

筋肉量を増やす場合には、レジスタンストレーニングを実施しながら、食事を整える必要があります。レジスタンストレーニングの動作の1つひとつの継続時間は短いですが、通常より高強度あるいは多くの量のトレーニングをすることになるので、それに見合うエネルギーの摂取量が必要です。

食事を消化、吸収し、身体の筋肉をつくっていく過程においてもエネルギーを使います。通常は摂取したエネルギー量の約10%を消化、吸収のためのエネルギーとして見込みますが、たんぱく質は消化、吸収に他の栄養素より多くのエネルギーを要するので、これらに必要なエネルギーも増量時には多めになると考えられます。

少食で食事の量をなかなか増やせない場合は、左ページのような工夫も試してみましょう。

筋肉への刺激に合った食べ方

レジスタンストレーニングの効果を最大にするような食事の仕方については、研究成果が一致しているとはいえません。それでも、レジスタンストレーニングをする前、後の両方において、ある程度のたんぱく質が体内にあることが重要とする研究が多くみられます。食事からの時間があいているタイミングでのトレーニング、あるいは前の食事がとても軽い場合などは、たんぱく質と糖質を含む補食をとってから、トレーニングをしましょう。また、トレーニング後にも速やかにたんぱく質と糖質を含む補食をとりましょう。

なお、睡眠前にたんぱく質を摂取することが、筋肉量の増加に有効とする研究が複数みられています。牛乳の成分は睡眠のためにも良いとされていますので、寝る前に乳製品を摂取することはおすすめできます。

96 メタボリックシンドロームと生活習慣病
97 健康づくりのための体重コントロール
98 五大栄養素をバランスよくとる
99 食欲のコントロール
100 健康づくりとサプリメント
101 機能性表示食品
102 加工食品と食品表示
103 元気を支える食事
104 喫煙と飲酒
105 競技力向上と食事
106 トレーニングと減量
107 トレーニングと増量
108 グリコーゲン補給と回復のための食事
109 熱中症と水分補給
110 スポーツドリンク
111 トレーニングのためのサプリメント
112 プロテインとアミノ酸
113 相対的エネルギー不足

10分間のトレーニングで余分に使うエネルギー量(体重70kgの場合)

トレーニング	エネルギー量
あまりきつくないサーキットトレーニング	39kcal (4.3メッツ)
きつい サーキットトレーニング	82kcal (8.0メッツ)
きつい 筋力トレーニング	58kcal (6.0メッツ)
ゆっくりなスクワット	47kcal (5.0メッツ)
8～15回繰り返す強度での複合的な筋力トレーニング	29kcal (3.5メッツ)
なわとび	132kcal (12.3メッツ)

食べるエネルギー量を多くする工夫

●油を使った料理を食べる

油は、糖質やたんぱく質より1gあたりのエネルギー量が多いので、量を増やさなくても、エネルギーを多くとることができる。

●回数を分けて食べる

1度に多く食べることができない場合は、食事と食事の間に、エネルギー補給を目的とした軽食をとるようにする。

●油を含む調味料を使う

油を含むドレッシング、マヨネーズの使用や、オリーブ油、ごま油を最後に追加して風味付けをすることで、エネルギー量が増加。

●ゴマやナッツを振りかける

ゴマやナッツはエネルギーが高く、ミネラルも豊富。サラダ、お浸し、炒め物などに振りかけることで、手軽にエネルギー補給できる。

●味付けの違う料理を組み合わせる

少食の人でも、味が変わることで、食事の量をとりやすくなる。和食、洋食、中華などをうまく組み合わせるとよい。

●卓上で調味料を使って味に変化をつける

同じ料理でも途中で、しょうゆ、ソース、マスタード、ケチャップなどを追加して、味を変えることで、量をとりやすくなる。

108 グリコーゲン補給と回復のための食事

運動のエネルギー源をいかに効率よく補給するか

長時間続く持久的な競技では、試合当日に向けての食事面からの準備として、身体の中に十分なエネルギー源を蓄えておくことが必要です。

グリコーゲン[#1]は運動時のエネルギー源となるもので、主に筋肉と肝臓に蓄えられます。筋肉中のグリコーゲンがなくなると筋肉が動かなくなり、肝臓のグリコーゲンがなくなると、脳や筋肉へのエネルギー補給ができなくなります。試合前の時期には、体重あたり1日8〜12gの多めの糖質をとることがすすめられています。体重が50kgであれば、1日あたり400〜600gですが、これは日本の食生活であれば、毎食たっぷりめのご飯を食べれば満たせる量です。

#1➡P.126

すぐに回復したい場合

試合が連続する場合は、使ったグリコーゲンをすぐに回復する必要があります。そのためには、1時間に体重あたり1・2g程度の炭水化物をとることが、すすめられています。カフェインやたんぱく質を一緒にとると、グリコーゲンが早く回復できるという研究もでています。

試合の間の時間が短い時には、市販のエネルギー補給用の**スポーツドリンク**[#2]やゼリーが便利です。試合の間の時間に少し余裕があれば、左ページを参考にして、糖質とたんぱく質を含む補食をとることもすすめられます。

#2➡P.244

日頃のトレーニングでも糖質を

グリコーゲンは毎日のトレーニングでも使うので、トレーニングを十分に行なうためにも毎食きちんと糖質をとりましょう。

トレーニング後に軽い補食やエネルギー補給用の食品でいったん糖質を補給しておき、次の食事でしっかりと糖質やビタミン類をとることで、次のトレーニングに向けて、グリコーゲンを回復することができます。

糖質とたんぱく質を含む食品

牛乳

ヨーグルト

カステラ

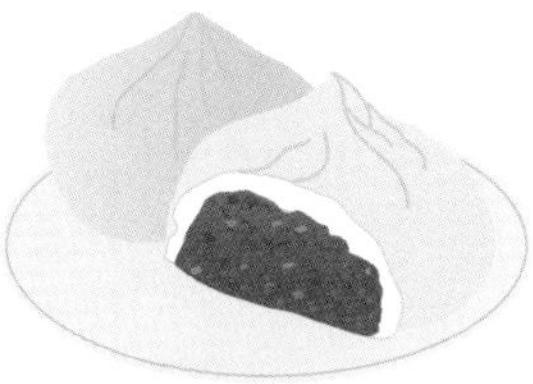
肉まん

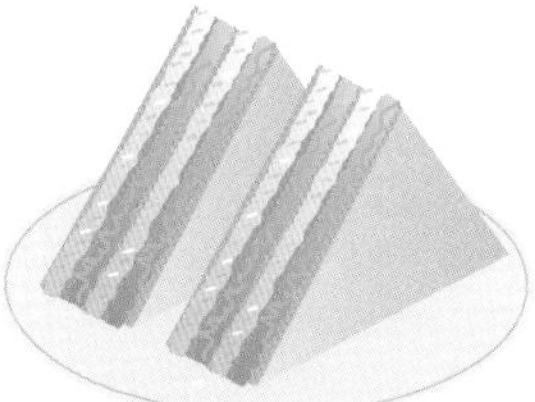
サンドイッチ

おにぎり

グリコーゲンを補給するには、糖質とともにたんぱく質やカフェインをとることが効果的。
上記のような食品にコーヒー、お茶、ココアなどを組み合わせるのがおすすめ。

体内の糖質貯蔵量（70〜75kgの場合）

運動時には、まず血液中や筋肉中の糖質が利用され、それらが減ると肝臓のグリコーゲンから補充される。どの糖質も、身体に蓄えられる量は限られている。

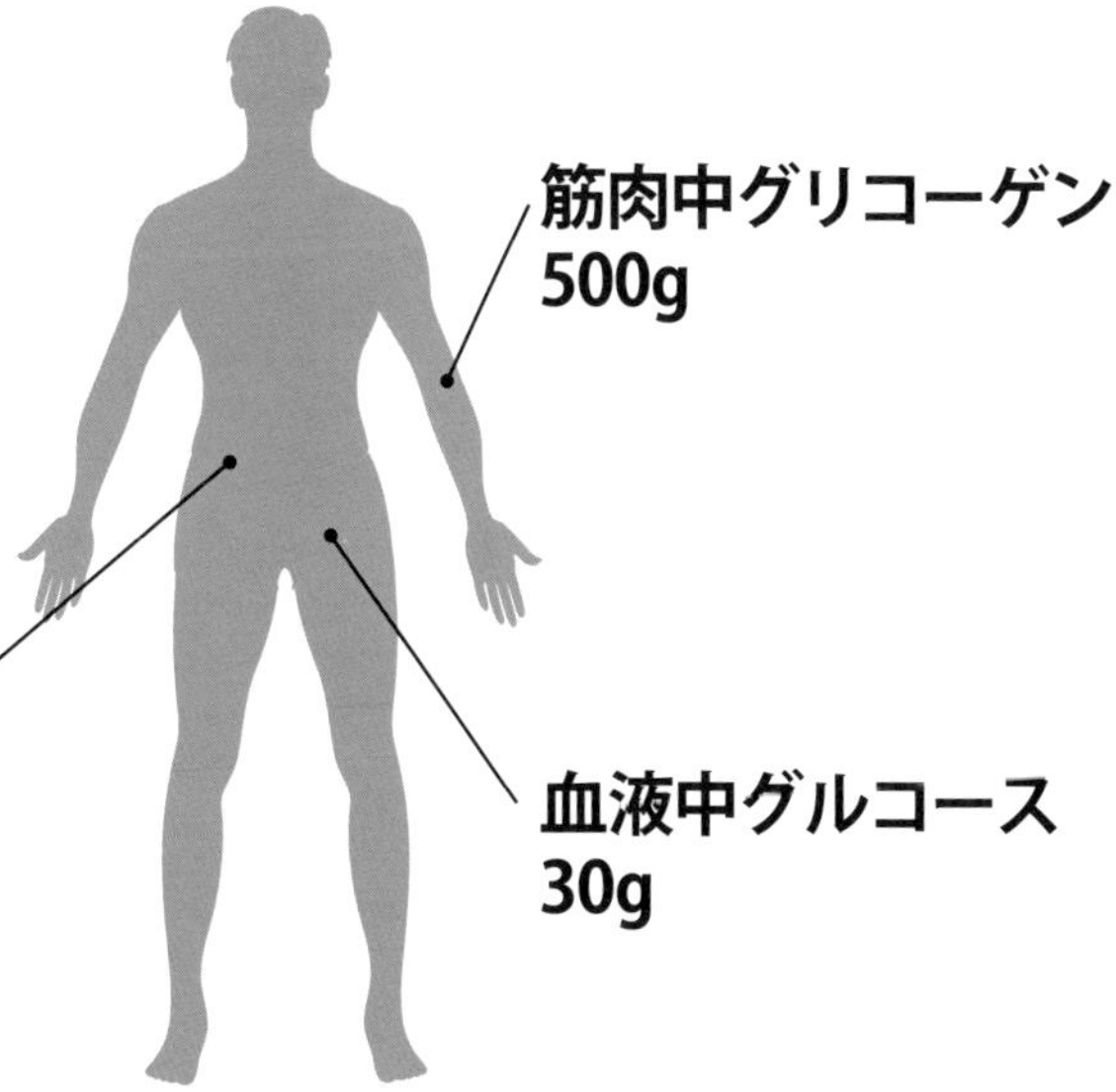

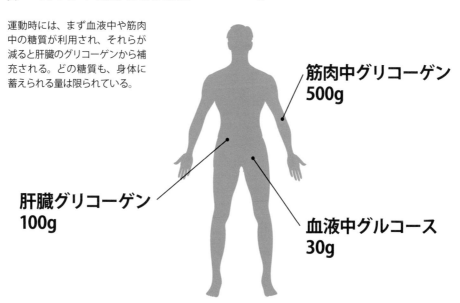

109 熱中症と水分補給

夏場のスポーツでは常に注意

「熱中症」は高温・多湿の環境で引き起こされる様々な障害の総称です。暑さに身体が慣れていない夏のはじめに頻発するほか、風通しが悪い室内でも起こります。熱中症の予防には、以下のようなことに注意が大切です。

1. 暑い時に無理に運動しない

暑い日や湿度の高い日は、熱中症の危険性は高くなります。気候に応じて、運動の強度を下げる、休息を多くするほか、水分補給を心がけましょう。

2. 急に暑くなった日は要注意

春でも急に暑くなった日は、身体が暑さに慣れていないために、熱中症の危険性が高くなります。暑さに慣れるまでの数日は、強度の低い運動にするか、運動の時間を短くしましょう。

3. 水分補給はこまめに

汗から塩分も失われるので、運動時には、0・1〜0・2%の塩分を含む飲み物や**スポーツドリンク**[#1]を活用しましょう。運動前後の体重の変化は、運動時の発汗による水分の損失量を示しています。運動前後に体重を測定し、体重減少が2%を超えないようにしましょう。尿の色も、脱水の程度の目安になります。

4. 服装にも注意を払う

皮膚からの熱の出入りがよいように、吸湿性や通気性のよい服を着ましょう。屋外では、帽子をかぶり、直射日光を避けましょう。

5. 体調管理も重要

体調が悪い時には、体温調節の能力も低下します。疲労、睡眠不足、発熱、かぜ、下痢など体調の悪い時には、運動を中止しましょう。

効率よく体温低下

運動前や運動中に自由に水分補給ができる環境を整えましょう。近年は、氷と飲料水が混ざったシャーベット状の飲料物であるアイスラリーが、体温の低下に有効であるとされています。内部から冷やす水分補給やアイスラリーと、外部から冷やすアイスパック、頭部や手掌の冷却などをうまく組み合わせましょう。

#1→P.244

96 メタボリックシンドロームと生活習慣病
97 健康づくりのための体重コントロール
98 五大栄養素をバランスよくとる
99 食欲のコントロール
100 健康づくりとサプリメント
101 機能性表示食品
102 加工食品と食品表示
103 元気を支える食事
104 喫煙と飲酒
105 競技力向上と食事
106 トレーニングと減量
107 トレーニングと増量
108 グリコーゲン補給と回復のための食事
109 熱中症と水分補給
110 スポーツドリンク
111 トレーニングのためのサプリメント
112 プロテインとアミノ酸
113 相対的エネルギー不足

熱中症予防の5か条

1. 暑いとき、無理な運動は事故のもと
2. 急な暑さに要注意
3. 失われる水と塩分を取り戻そう
4. 薄着スタイルでさわやかに
5. 体調不良は事故のもと

（スポーツ活動中の熱中症予防ガイドブック（2023年版），日本体育協会より）

脱水度合いの測定方法

体重測定で汗の量を知る

$$\text{1時間あたりの発汗量} = \frac{\text{（運動前の体重）－（運動後の体重）＋（飲水量）}}{\text{運動時間（時間）}}$$

尿の色で脱水度合いを知る

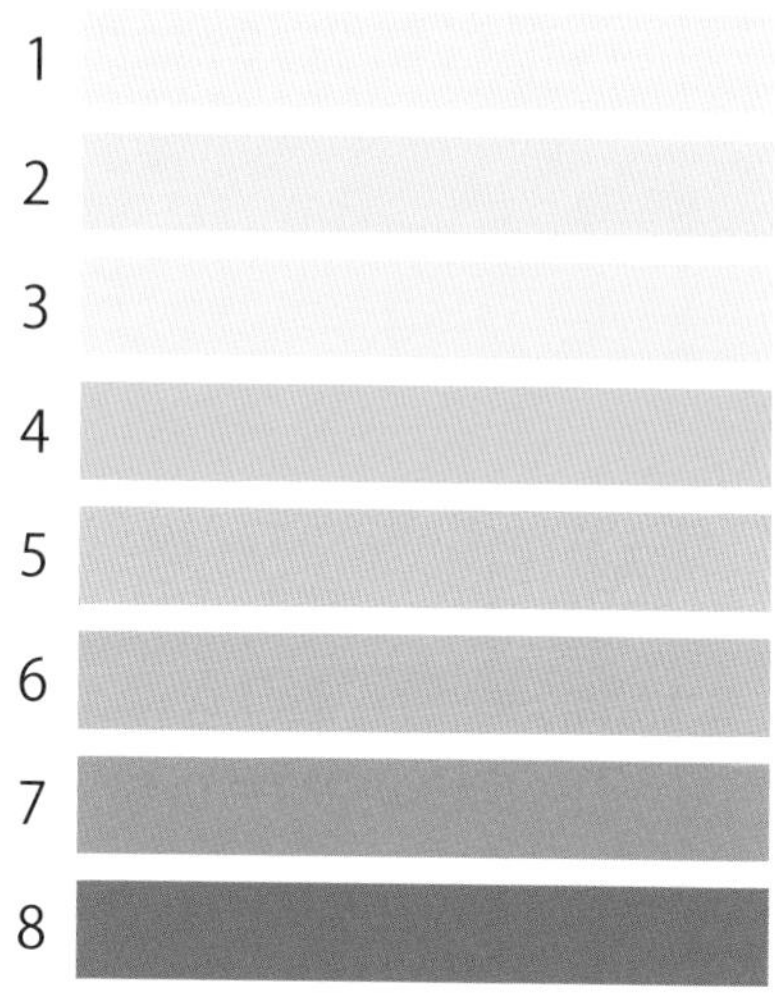

（Armstrong LE et. al, 1994）

尿の色は運動時の脱水の程度を測る目安になる。左図は、その指標となるカラーチャート。色が濃くなるほど、脱水の程度がひどいことを表す。白い容器に尿をとり、その色をチェックし、1～3であれば十分に水分をとれているが、4～8になると脱水症状を起こしている可能性が高いため、すみやかに水分を補給する必要がある。

110 スポーツドリンク

水分補給の決定版

水分補給の重要性

人間は水分が失われるのに比例して運動機能が低下します。体重の2％の脱水で約10％、5％の脱水で約30％も身体機能が低下します。

体重の2％をこえる脱水をしないよう、運動前・中・後に適切な**水分補給**[#1]をすることが大切です。一方で、不適切な飲料の選択や過度の水分摂取も弊害があります。スポーツドリンクは運動時の水分補給を前提につくられていますが、成分は様々ですので、目的に合ったものを選びましょう。

#1➡P.242

スポーツドリンクの選び方

1. 浸透圧

液体は濃度が薄い方から濃い方へ移動しやすい性質をもっています（浸透）。その圧力を「浸透圧」といいます。

人間の体液の浸透圧は0・9％食塩水、あるいは5％ブドウ糖液とほぼ同じ約280mOsm（ミリオスモル）です。安静時の体液とほぼ同じ濃度をもつスポーツドリンクを「アイソトニック」、濃度が低いものを「ハイポトニック」と呼びます。

アイソトニックの飲料は、運動前や運動時の水分補給、疲労予防に適しています。ハイポトニックの飲料は、いろいろな機能を付加したものが多いので、目的に合わせて選びましょう。

2. 糖質

長時間の持久的運動をする時には、糖質からエネルギー源を補給する必要があります。長時間の運動時には、糖分をある程度含むもので、エネルギー補給も考えましょう。

3. 塩分（ナトリウム）

長時間の運動を行なう際は、塩分の摂取も欠かせません。水だけを摂取すると体液中の塩分濃度が薄まり、水分不足であっても十分な水分が摂取できなくなり、パフォーマンスが低下します。

経口補水液

経口補水液はスポーツドリンクと混同されやすい飲料です。清涼飲料水タイプと病者用の特別用途食品があるので、表示をよく確認しましょう。

主な市販のスポーツドリンクの分類（液体タイプ）

アイソトニック系　　**ハイポトニック系**

ポカリスエット	アクエリアス	グリーンダ・カ・ラ	LOVES SPORTS	ヴァームスマートフィットウォーター	アサヒ スーパーH$_2$O
（大塚製薬）	（日本コカ・コーラ）	（サントリー）	（キリン）	（明治）	（アサヒ飲料）

自家製スポーツドリンクの作り方

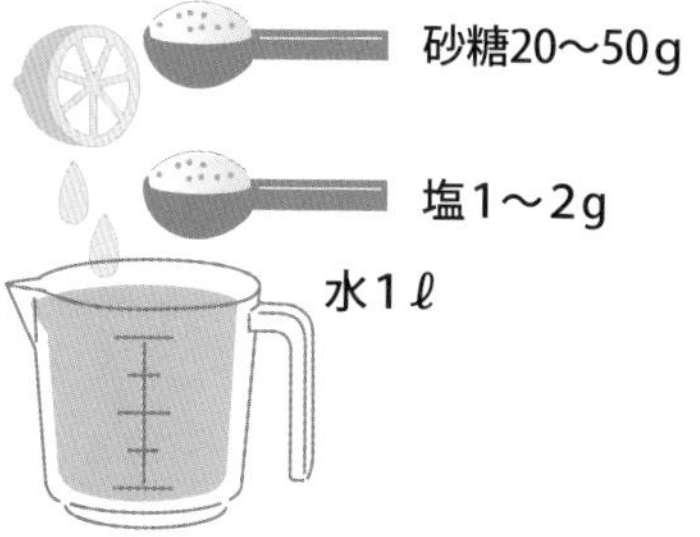

水1ℓに対して、砂糖を20〜50g、塩を1〜2g入れる。レモン汁も加えると風味づけになる上、クエン酸も補給できる。また、糖度が約10%の果汁100%オレンジジュースに2倍の量を水を足して糖度を5%にして、1〜2%の塩分を加えたものもおすすめ。

主な市販の経口補水液

特別用途食品（病者用）

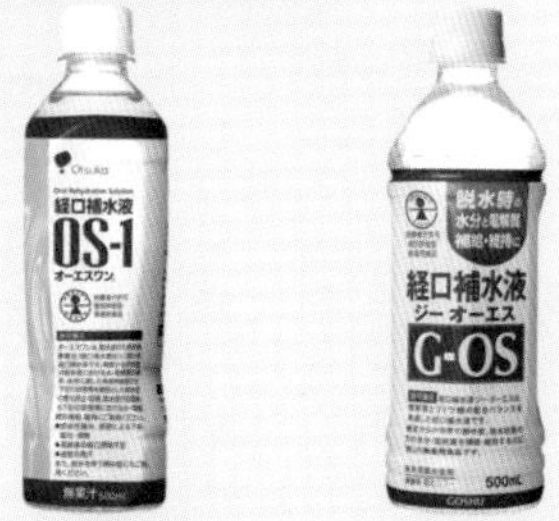

オーエスワン（大塚製薬工場）　ジー オーエス（五洲薬品）

軽度から中等度の脱水症における水・電解質の補給・維持に適した飲料

アクアソリタ（味の素）　明治アクアサポート（明治）

水分不足が進みがちな時に、水分の吸収をより早めるように配慮した飲料

111 トレーニングのためのサプリメント

スポーツのために摂取する

サプリメントやスポーツ用の食品には様々な種類がありますが、どれも、たくさん摂取すればよいわけではありません。1つの栄養素をサプリメントで大量に体内に取り込むと、かえって吸収率が低くなったり、他の栄養素の働きを邪魔したりする場合もあります。

サプリメントが必要な時

サプリメントは「補う」ために使用するものです。以下を参考に、サプリメントが必要かどうかを検討してみましょう。

1．食事だけでは足りない時

練習量が多く、食事では十分な栄養素が摂取できない場合。

2．食事が偏っている

偏食であったり、アレルギーなどで食べられる食材が限定されたりして、栄養が偏る場合。

3．食事量が少ない（減量など）

減量で食事量を減らし、十分な栄養素が補給できない場合。

4．食事の環境が悪い

不便な場所での合宿や海外など、使用できる食材が限られる場合。

サプリメント使用時の注意点

1．柔軟に使用量を変える

サプリメントは手軽さから過剰摂取に陥りがちです。多く摂取してもそのぶん効果が大きくなることはないので、上限値を守って摂取しましょう。下限はその日の食事や運動量によって、柔軟に変化させることが大切です。

2．数回に分けて飲む

一度に多くの量を飲むよりも、毎食後3回に分けた方が吸収率が上がります。

3．ドーピングに気をつける

通常、サプリメントで摂取するたんぱく質やアミノ酸、ビタミンなどはドーピングの対象ではありません。

しかし、一部には成分がすべては明示されておらず、禁止薬物が入っていたケースも報告されています。不安な場合は、スポーツを専門とする薬剤師に相談しましょう。

96 メタボリックシンドロームと生活習慣病
97 健康づくりのための体重コントロール
98 五大栄養素をバランスよくとる
99 食欲のコントロール
100 健康づくりとサプリメント
101 機能性表示食品
102 加工食品と食品表示
103 元気を支える食事
104 喫煙と飲酒
105 競技力向上と食事
106 トレーニングと減量
107 トレーニングと増量
108 グリコーゲン補給と回復のための食事
109 熱中症と水分補給
110 スポーツドリンク
111 トレーニングのためのサプリメント
112 プロテインとアミノ酸
113 相対的エネルギー不足

スポーツフードとサプリメントの種類

スポーツフード

●ドリンク

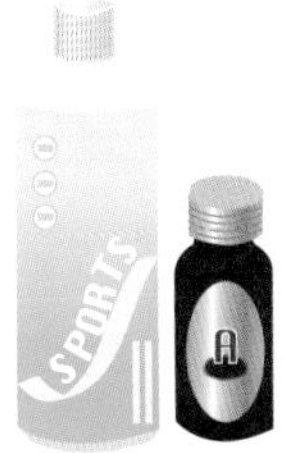

液体または粉末のスポーツドリンク、エナジードリンクなど。

●ブロックバー

ビタミン、ミネラル、たんぱく質などの栄養素を含む。クッキー状、ウエハース状などの形状がある。

●エネルギーゼリー・ジェル

エネルギーやビタミン、ミネラル、たんぱく質などの補給を目的としたジェルタイプのもの。

サプリメント

●ビタミン・ミネラル

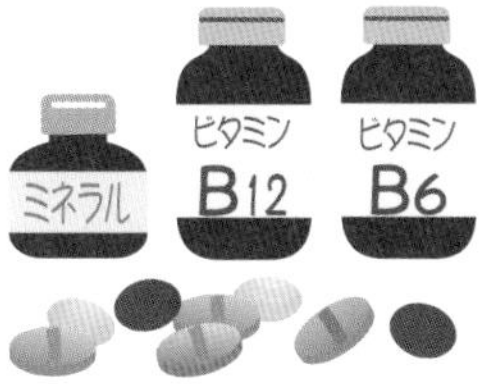

ビタミンやミネラルを単独または複数含む錠剤、カプセル、顆粒などのもの。

●プロテインパウダー

主としてたんぱく質、炭水化物を含み、ビタミンやミネラルを組み合わせたものが多い。粉末。

●アミノ酸

特定のアミノ酸の補給を目的としたもの。粉末、錠剤、顆粒、ゼリー飲料などがある。

●燃焼系サプリメント

脂肪合成や食欲の抑制、脂質代謝促進などを目的とした、錠剤、粉末、液体のもの。

●関節系サプリメント

関節の回復をうたった粉末や錠剤のもの。

サプリメントを選ぶ場合のチェック項目

- □ 信頼できるメーカーのものか
- □ 内容成分が明記されているか
- □ ドーピング使用禁止物質が含まれていないか
- □ 使用上の注意が明記されているか
- □ 期待する効果に合った成分か
- □ 使用量の説明があるか
- □ 複数のサプリメントを使う場合、組み合わせに問題がないか

112 プロテインとアミノ酸

アスリートにとってポピュラーなサプリメント

筋肉量の維持や増加を考える時、最もポピュラーなサプリメントが「プロテイン」です。ただし、筋肉増強剤ではないので、その特性を知った上で、身体づくりに活用しましょう。

プロテインの種類

プロテインには原料によって左図のような4種類に分けられます。吸収スピードや栄養素だけでなく、価格や味も選ぶ際の大きなポイントです。

摂取すべきたんぱく質の量

食事を含めて体重1kgあたり1・4〜2gが適切とされています。高強度[#1]のレジスタンストレーニング時には、3g程度とることがすすめられる場合もあります。近年は、1回の食事で、ある程度の量のたんぱく質をとることが、筋肉の新生に必要であるとされています。1食で体重あたり0・3gを目標にして、朝食など簡単になりがちな食事の前後にトレーニングがある場合は、補食でのたんぱく質補給も検討しましょう。

#1➡P.070

プロテインだけでは効かない

摂取エネルギー量が不足した状態では、たんぱく質の利用が悪くなります。たんぱく質が体内で有効に利用されるためには、ビタミンB6が必要です。また、炭水化物を一緒に摂取することでインスリンが分泌され、筋肉の合成に有利になります。市販のプロテインの中には、たんぱく質以外にも様々な栄養素を組み合わせて、筋肉づくりの効果が高まるように工夫されているものがあります。食事の状況に合わせて適切に摂取しましょう。

アミノ酸

たんぱく質を構成している成分が「アミノ酸」です。たんぱく質は体内でアミノ酸に分解されるため、最初からアミノ酸として摂取すれば吸収が早くなります。しかし、胃にほかの食べ物があると、一緒に消化されるので注意が必要です。

筋肉増強ではロイシンや分岐鎖アミノ酸が注目されることが多いですが、9種類ある必須アミノ酸がバランスよくとれていることが大切です。

96 メタボリックシンドロームと生活習慣病
97 健康づくりのための体重コントロール
98 五大栄養素をバランスよくとる
99 食欲のコントロール
100 健康づくりとサプリメント
101 機能性表示食品
102 加工食品と食品表示
103 元気を支える食事
104 喫煙と飲酒
105 競技力向上と食事
106 トレーニングと減量
107 トレーニングと増量
108 グリコーゲン補給と回復のための食事
109 熱中症と水分補給
110 スポーツドリンク
111 トレーニングのためのサプリメント
112 プロテインとアミノ酸
113 相対的エネルギー不足

プロテインの種類

1.ホエイプロテイン（乳清たんぱく質）

→消化・吸収が早く、一度に多量にとると使いきれないことがあるので、少しずつ反復しての摂取が効果的。筋たんぱく質の合成を高める分枝鎖アミノ酸、グルタミン酸を多く含む

2.カゼインプロテイン

→消化と吸収が遅いので、長時間にわたって効果が持続する

3.大豆（ソイ）プロテイン

→必須アミノ酸であるメチオニン・シスチンが少ないが、アミノ酸として添加していることが多い。吸収は比較的早いが、アレルギーのある人は注意が必要

4.卵（エッグ）プロテイン

→卵白のたんぱく質からつくられるもので、アミノ酸のバランスはいい。アレルギーのある人は注意が必要

プロテイン摂取のタイミング

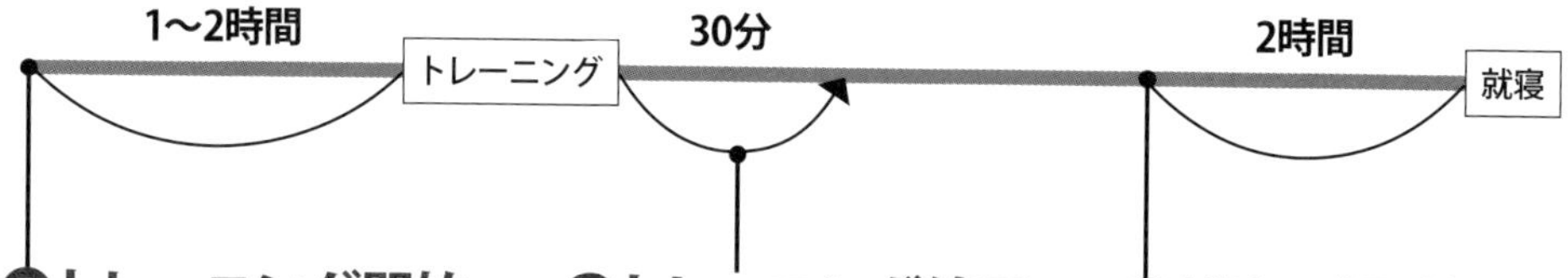

❶トレーニング開始1〜2時間前

期待される効果

- ●トレーニング時のエネルギー確保
- ●筋線維の修復

一般的にプロテインは吸収に時間がかかるので、逆算してトレーニング時に吸収されるようにする

❷トレーニング終了後30分以内（ゴールデンタイム）

期待される効果

- ●疲労の解消
- ●筋線維の修復

トレーニング直後は血流量が多く、筋肉へのアミノ酸供給量が多い。また成長ホルモン（P.138）が活発に分泌され、筋肉合成を刺激する

❸就寝2時間前

期待される効果

- ●筋線維の修復

就寝後30分〜3時間の間に成長ホルモンが活発に分泌される。ただし、エネルギーのとりすぎには注意

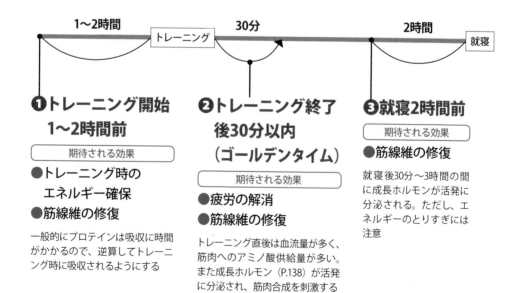

113

エネルギーが身体に行き渡らない
相対的エネルギー不足

女子の長距離選手や新体操選手など体格を小さく保つことが有利な競技の選手が、極端に食事の量を制限することで、貧血、骨粗鬆症、摂食障害を引き起こすことがあり、以前はそれらを「女子選手の三主徴」と呼んでいました。

しかし、これらの症状が女子選手だけでなく、男子選手にもみられるようになってきました。また、食事から摂取しているエネルギーの量が、トレーニングなどで使用しているエネルギーの量に比べて不足していることが、3つの症状の原因として考えられることから、このような状態を「相対的エネルギー不足」と呼ぶようになりました。

健康状態への影響

相対的エネルギー不足で最もよくみられる健康への影響は、先に述べた貧血と骨粗鬆症です。ただ、それだけでなく成長障害、胃腸障害、代謝異常、内分泌の異常など様々な症状を引き起こします。

パフォーマンスへの影響

体力への影響では、筋力や持久力の低下を引き起こすだけでなく、トレーニング効果が減少する、判断ミスを起こす、ケガのリスクが増すなどトレーニングの質にも影響します。また、うつ傾向になりやすいなど気分にも影響します。

エネルギー不足状態の確認

エネルギー摂取量もエネルギー消費量も正確に評価することは難しいので、相対的エネルギー不足状態を詳しく評価することは困難です。ただし、左ページに示したような状態がみられた時には、注意が必要です。

特に、体重のコントロールをしている時に、過度にエネルギー摂取量を減少させると、基礎代謝が低下するため、さらに体重が落ちにくくなり、食べる量を減らすという悪循環に陥ることがあります。エネルギー不足が疑われる時や減量がうまくいかない場合には、栄養士などの専門家に相談しましょう。

96 メタボリックシンドロームと生活習慣病
97 健康づくりのための体重コントロール
98 五大栄養素をバランスよくとる
99 食欲のコントロール
100 健康づくりとサプリメント
101 機能性表示食品
102 加工食品と食品表示
103 元気を支える食事
104 喫煙と飲酒
105 競技力向上と食事
106 トレーニングと減量
107 トレーニングと増量
108 グリコーゲン補給と回復のための食事
109 熱中症と水分補給
110 スポーツドリンク
111 トレーニングのためのサプリメント
112 プロテインとアミノ酸
113 相対的エネルギー不足

相対的エネルギー不足の悪影響

健康への影響

- 無月経・月経異常
- 骨粗鬆症
- 貧血
- 免疫低下
- 成長障害 など

パフォーマンスへの影響

- 持久力の低下
- 筋力の低下
- グリコーゲン貯蔵量の減少
- トレーニング効果の減少
- 判断力の低下 など

相対的エネルギー不足の疑いがあるのはこんな時

- ☐ 食事をリラックスした気持ちで食べられない
- ☐ 食事の回数や量が少ない
- ☐ 最近、体重の変動が大きい
- ☐ 体重を減らしたいのに減らない
- ☐ 生理不順である、生理がない
- ☐ トレーニング内容が最近大きく変わった
- ☐ 疲労骨折を繰り返している
- ☐ 疲れが抜けない

COLUMN

満腹感を感じるのはお腹？ 頭？「甘いものは別腹」の正体

食事をたらふく食べて満腹になったはずなのに、食後のデザートは「これは別腹だから」とペロリとたいらげてしまう……。そんな経験がある人も多いでしょう。当然、人間の胃は１つですから、別腹にあたる器官は存在しません。

それでは、なぜ食事でお腹がいっぱいになっても、デザートなどは食べられるのでしょうか？

おいしい、まずい、食べたい、食べたくないといった判断は、脳が行なっています。そして、「お腹がいっぱいになった」という満腹感も、胃ではなく脳が感じています。

脳の視床下部には、血液中の糖や脂肪の濃度、身体のエネルギーの充足の状態などを感じたホルモンなどの分泌や神経の信号が届きます。それらの信号から、「もっと食べたい」「もう十分」ということを感じます。

しかしそれだけだと、十分な量の食事を終え、「お腹がいっぱいである」と感じた後には、デザートも食べられないはずです。

そこでポイントとなるのが、「感覚特異性満腹」です。これは、同じ味のものを食べ続けると、満腹になっていなくても、その味に飽きて満腹感を感じる状態を指します。この状態になっても、食事には甘いものが出ることは少ないので、甘い味には満腹感を感じておらず、食後のデザートは食べることができるというわけです。また、甘いものを食べた記憶、心地よい思い出、実際にデザートを見て得る視覚、デザートの香りから得る嗅覚も、「デザートを食べたい」という欲求を後押しします。

お腹いっぱい食べて、「もう入らない！」と感じても、実際には胃にまだ余裕があり、飽きていない甘い味ならおいしく食べられること、これが「別腹」の正体です。「甘いものは別腹」は、単なる「甘いもの好き」ではないのです。

しかし、いくらおいしいとはいえ食べすぎは禁物です。甘いものの誘惑に耐えるのは難しいかもしれませんが、こうしたメカニズムを知っておくと、少しは歯止めがかけられるかもしれません。

第6章

トレーニングとメンタルの仕組みを学ぶ

114

身体を動かすことは心にも作用する
スポーツがもたらす心理的効果

心の健康維持

スポーツを行なう目的は、競技、レクリエーション、健康維持など様々です。そして、運動することや習慣化した運動の実施は、期間、強度、実施する人数など、運動の仕方にもよりますが、一般的にストレスに対する適応性を高め、精神的健康を保つ効果があります。

現代社会における精神的健康の阻害が大きな問題になってきた昨今、メンタルヘルスへの運動の応用が注目されています。その背景には、運動によって得られる心理的効果が認められてきたことにあります。例えば、うつ患者にランニングを行なわせたところ、心理療法と同じような感情状態の改善が報告されています。このことから運動は、神経症や抑うつなどの軽い精神的疾患の治療法としても期待されているのです。

身体を動かすことは、手足や体幹の筋肉を弛緩・緊張させるといいかえることができます。筋肉の弛緩は**交感神経**[#1]の興奮を和らげ、緊張をほぐします。リラクセーション効果が得られるので、不安、イライラなどが軽減し、感情が安定することにつながります。スポーツによる「気分転換」で、日々のストレスを忘れることができるでしょう。

#1➡P.202

日常場面でプラスになる働き

運動が与える影響は、心の安定を図ることに加え、「できなかったプレーが練習によってできるようになった」「試合で勝った」というような体験を通すことで、自信や向上心を高めることにつながります。「やればできる」「努力すれば報われる」というような前向きな姿勢や、目標を定めて挑戦することは、日常生活にも役立ちます。

ただし、過度な運動は**スポーツ外傷**[#2]や**スポーツ障害**[#2]をもたらすため、十分注意して行なうことが大切です。

また、スポーツにおいて不可欠な状況把握や、次に起こるプレーを予測する力を、技術の習得や競争の場面を繰り返すことによって高めることもできます。

#2➡P.154

114 スポーツがもたらす心理的効果
115 知的アスリート
116 動機づけの分類
117 動機づけを高める方法
118 行動を獲得・維持する方法
119 集中力
120 防衛的悲観主義のススメ
121 チームワーク
122 傾聴の姿勢
123 緊張とリラックス
124 ストレス対処
125 イメージトレーニング
126 広い視野で見る

運動による心理的効果

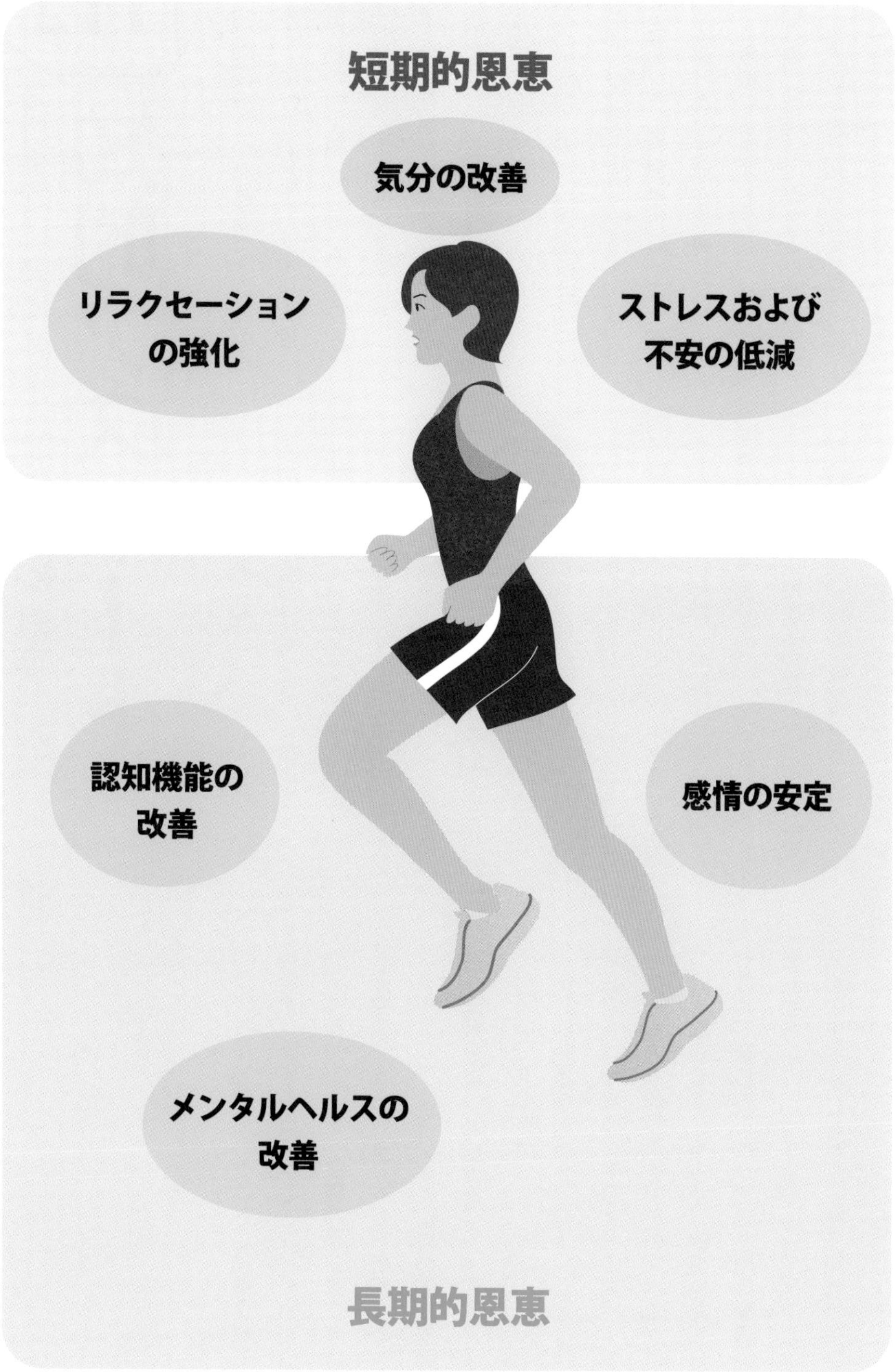
短期的恩恵
気分の改善
リラクセーションの強化
ストレスおよび不安の低減
認知機能の改善
感情の安定
メンタルヘルスの改善
長期的恩恵

115 知的アスリート

科学的に裏付けされた知識をもつ

スポーツの語源といわれるラテン語の「deportare」には、「本来の仕事から離れて、心を他の面に運ぶ」という意味があります。つまり、本来的な意味においてスポーツは、仕事から解放された自由な時間に行われる自発的な活動＝「遊び」なわけです。

しかし、現実のスポーツ活動には「つらい」と感じる場面が少なくありません。もちろん、その目的や内容、また個人によって差はありますが、特に競技シーンでは、勝敗を意識するほど、競技者の心理的な負担は大きくなるといえるでしょう。そうした観点から考えると、スポーツは「遊び」という側面だけで語ることはできません。

スポーツにおける「メンタル」

時にはつらいこともあるスポーツでは、メンタル面のケアも重要になります。過去のスポーツにおけるメンタルのとらえ方は、「根性論」が中心でした。精神力は、技術や体力トレーニングの中で自然に養われ、根性さえあれば技術面や肉体的な不利を克服できると考えられていました。しかし、スポーツ活動で起こる問題は、精神力や根性だけで解決することはできません。

メンタルに関する現在のスポーツ心理学の考え方は、以前と比べてかなりスマートになっており、競技者が科学的に裏付けされた知識をもつことが推奨されています。適切で規則正しいフィジカルコンディショニング[#1]、栄養バランス[#2]を考慮した食事、さらにはこれから解説するメンタルトレーニングなどについて、多面的に理解している競技者は、「知的アスリート」と呼ばれます。

正しい知識をもつことが大切なのは、競技者だけでなく、遊びとしてスポーツを楽しむ人も同じです。そのスポーツについて熟知している方が、戦術的な部分も含めて楽しむことができるのは間違いありません。パフォーマンスの向上や、スポーツを楽しむために、「知的アスリート」になることを目指しましょう。

#1➡P.188
#2➡P.220

114 スポーツがもたらす心理的効果
115 知的アスリート
116 動機づけの分類
117 動機づけを高める方法
118 行動を獲得・維持する方法
119 集中力
120 防衛的悲観主義のススメ
121 チームワーク
122 傾聴の姿勢
123 緊張とリラックス
124 ストレス対処
125 イメージトレーニング
126 広い視野で見る

知的アスリートに求められる知識

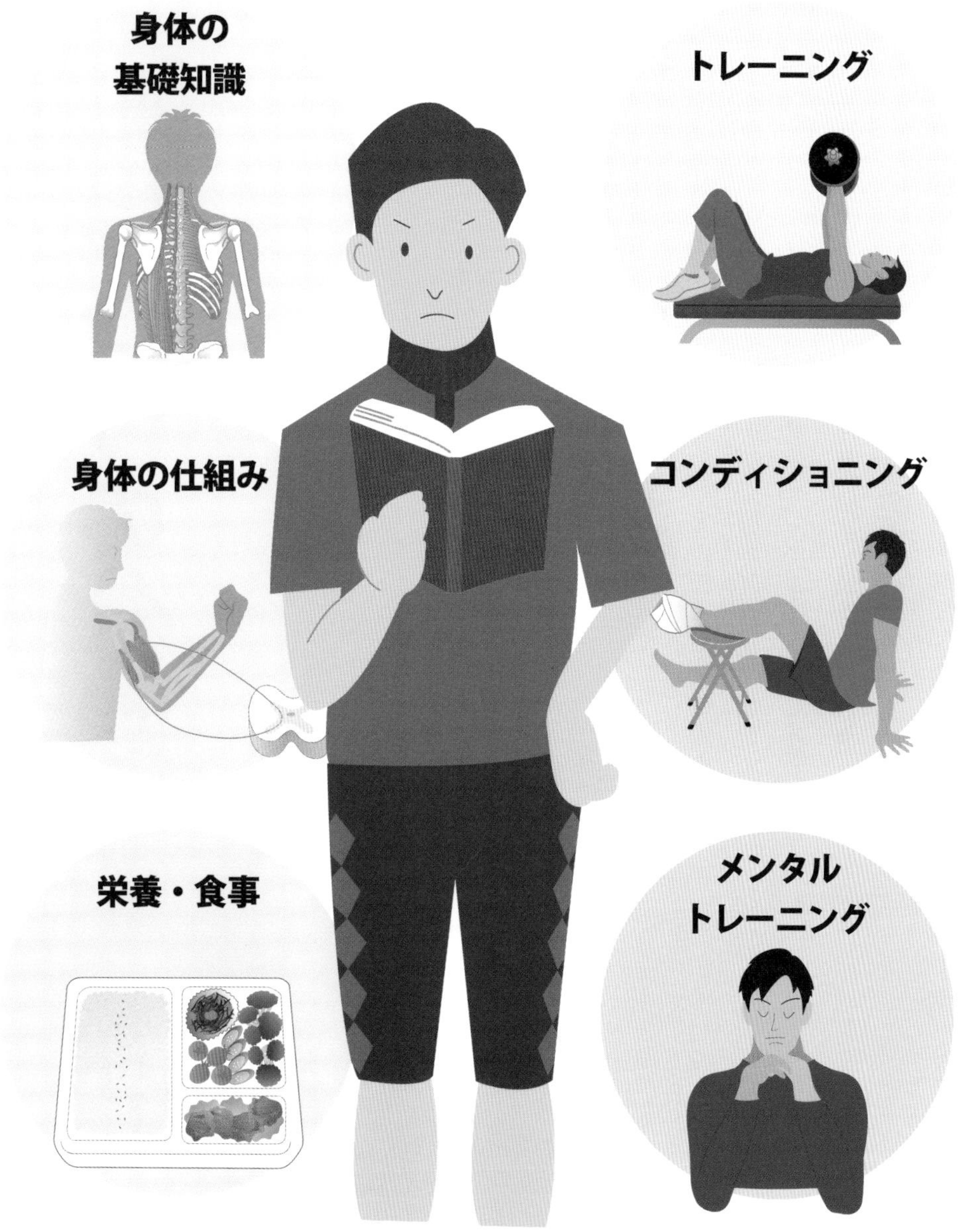

スポーツを楽しみ、よりパフォーマンスを向上させるために必要な知識は様々ある。大切なのは、情報を待つのではなく、知るために自ら行動すること。Webや本などで調べたり、コーチや仲間に聞いたりと、積極的に知識を得ようとするのが、真の知的アスリートだ。

116

「やる気」には種類がある
動機づけの分類

114 スポーツがもたらす心理的効果
115 知的アスリート
116 動機づけの分類
117 動機づけを高める方法
118 行動を獲得・維持する方法
119 集中力
120 防衛的悲観主義のススメ
121 チームワーク
122 傾聴の姿勢
123 緊張とリラックス
124 ストレス対処
125 イメージトレーニング
126 広い視野で見る

最大のスポーツ適性は「動機づけ」

スポーツにおいて優れた成績をあげるために厳しい練習をしたり、健康増進を目的としたりする場合は、可能な限り長く続けることが必要となります。

それに必要な「やる気」を起こす過程を「動機づけ（モチベーション）」といいます。「もっとうまくなりたい」「もっと強くなりたい」という意欲をもち、運動を継続するためには、非常に強い動機づけが必要になるのです。

外発的動機づけと内発的動機づけ

動機づけは、何かの目的を得るために行動をする場合と、行動自体が目的となる場合で、大きく2つに分けられます。トロフィーや賞品、また賞賛や社会的地位など、外部から報酬を得るためにスポーツをすることを、「外発的動機づけ」といいます。この場合、スポーツ活動がスポーツ以外の目的を達成するための手段になっています。外発的動機づけによって行動が生じている場合、目的の内容やレベルによってスポーツの実施は強く影響を受けます。例えば、コーチに叱られないように練習している選手は、コーチがいなければ積極的に練習しようとは思わないでしょう。また、減量のために運動を始めた人は、**目標体重**[#1]に達するなど当初の目標を達成すれば安心してしまい、運動をやらなくなってしまう可能性が高いかもしれません。

#1➡P.218

一方、「運動することが楽しい！」「試合のワクワク感を味わいたい」というように、運動やスポーツそれ自体の魅力や面白さに動機づけられている状態を「内発的動機づけ」といいます。

外発的動機づけと内発的動機づけは、どちらもスポーツを行なうきっかけやパフォーマンスの向上には欠かせない重要な要因です。そして、スポーツ自体の楽しさ、技能の上達や記録の向上に伴う満足感などが報酬となる内発的動機づけは、外発的動機づけと比べて、運動やスポーツに対する動機づけとして望ましいと考えられます。

スポーツに関わる動機づけの種類

内発的動機づけの例

身体を動かすことが楽しい

できなかったことができるようになる

パフォーマンスが上達する

外発的動機づけの例

他人にほめられたい

試合に勝って栄誉を得たい

仲間と一緒に楽しくプレーしたい

スポーツ活動そのものが目的になっている内発的動機づけの方がスポーツを続ける上で望ましい

「1万時間、10年ルール」の教え

一流のスポーツ選手になるためには、生まれつきの素質よりも、質の高い練習を継続することが重要だといわれる。優れた成績をあげるためには、長期にわたって厳しい練習に取り組み続ける必要があるからだ。「1万時間、10年ルール」といって、上達するためには10年以上継続して1万時間を超えた計画的な練習が必須という教えがある。これは競技スポーツに限った話ではない。健康促進のために運動する場合でも、可能な限り長く続けることが前提。様々な障害を乗り越えて苦しい練習を継続するためには、非常に強い動機づけが必要になる。

117 動機づけを高める方法

モチベーションの維持

達成動機

自ら障害を克服し、より高い水準で難しい目標を成し遂げようと努力する欲求を「達成動機」といいます。スポーツでの成功は、達成動機の強さに起因するといってもいいでしょう。

達成可能な目標の設定

達成動機の強さは、「成功欲求」と「失敗回避」の2つの要因のバランスによって決まります。成功したいという欲求が、失敗を恐れる気持ちよりもずっと大きければ、達成動機は高くなります。逆に、失敗を極端に恐れれば、成功の可能性を低く見積もって、達成動機は低くなります。一般的には目標を設定する際、やればできそうだと感じられる成功の確率が50％程度になるように定めます。

特に、自信のない人や無力感をもってしまった場合、いくら練習をしても上達しない、記録が伸びないといった失敗体験を積み重ねることによって、達成動機は徐々に低くなります。最終的には、自分の努力や行動では結果を変えることができないと思ってしまいがちです。重要なのは成功体験の積み重ねであり、適切な[#1]**目標を設定**し、それに挑戦していくことを考えましょう。

#1➡P.072

原因帰属

人間は、自らの行動の結果や出来事について、正確な結論を出せるかどうかに関わらず、何らかの理由をつける傾向があります。例えば、試合で負けた時、「実力が足りなかった」「環境が合わなかった」「運が悪かった」などがあります。

このようにスポーツ活動を振り返った時、負けた要因を相手の強さや運といった、個人ではコントロールできない外的な要因と、実力や努力不足といった個人の内的な要因から説明します。

成功した時は「自分の実力と努力のおかげ」、失敗した時は「努力不足のため」と内的な要因を、原因として考えられれば、次の行動に対して動機づけを高め、維持できるでしょう。

114 スポーツがもたらす心理的効果
115 知的アスリート
116 動機づけの分類
117 動機づけを高める方法
118 行動を獲得・維持する方法
119 集中力
120 防衛的悲観主義のススメ
121 チームワーク
122 傾聴の姿勢
123 緊張とリラックス
124 ストレス対処
125 イメージトレーニング
126 広い視野で見る

計画的な目標の設定

長期的目標の例
オリンピックに出場する
プロアスリートになる

中期的目標の例
試合で優勝する
高等技術を会得する

短期的目標の例
背筋力を180kgまで上げる
フォームを完成させる

目先の短期的目標、シーズン単位の中期的目標、人生設計レベルの長期的目標を、それぞれ具体的に定めることで、具体的な課題が見えてくる。どの程度前向きに取り組めるかは、「達成動機」の強さが重要となる。

達成動機は成功欲求と失敗回避のバランスで決まる

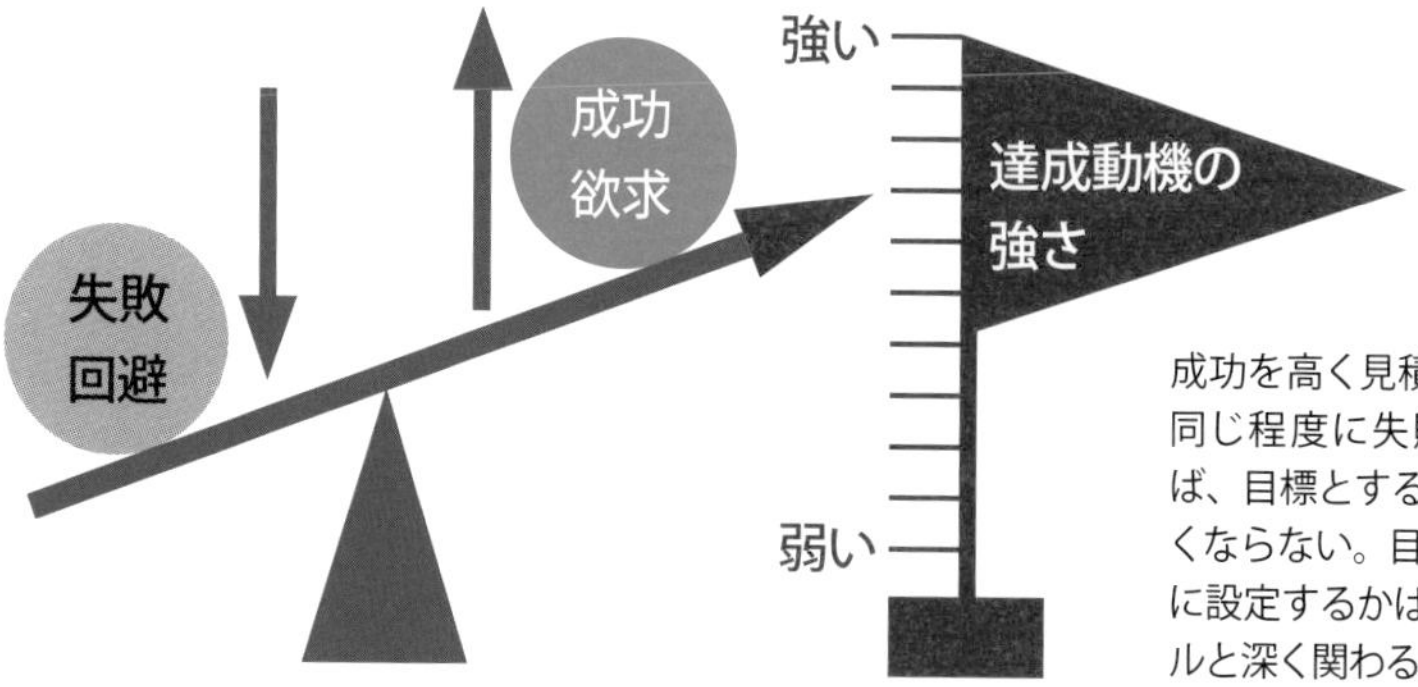

成功を高く見積もっても、それと同じ程度に失敗を恐れてしまえば、目標とする水準はそれほど高くならない。目標水準をどの程度に設定するかは、達成動機のレベルと深く関わる。

行動の結果の要因のとらえ方

外的な要因
審判がミスジャッジをした
道具が使いにくかった
相手が強すぎた

内的な要因
実力があったから勝てた
努力が報われた
練習が足りなかった

結果を内的な要因に帰属させることが望ましい

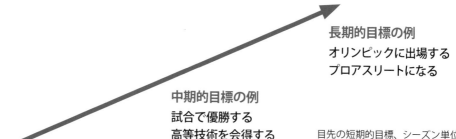

118 行動を獲得・維持する方法

行動形成の仕組みを知れば指導にも役立つ

オペラント条件づけ

「オペラント条件づけ」とは、行動に結果が伴うことによって、その行動の頻度が変化することを指します。「指導者に叱られないように練習する」「うまくなるために練習を繰り返す」「上達すると、もっとスポーツが楽しくなる」という行動は、すべて心理学でいうオペラント条件づけの例に当てはまります。

スポーツは練習を積み重ねることで上達することから、アスリートは繰り返し練習を行ないます。練習するという行動は、上達するという報酬によって、形成・維持されているのです。これはオペラント条件づけの「正の強化」という方法です。さらに、ある行動によって嫌な状況を回避することができる場合も、行動の頻度は増えます（負の強化）。例えば、叱られることは誰にとっても嫌な状況ですが、「ごめんなさい」と謝罪の言葉を伝えることによって、その状況を変えることができます。

また、ある行動に対して罰を与えることで、その行動は減少していきます。人間の行動の多くは、オペラント条件づけの原理を当てはめることができるので、練習やスポーツ指導の場面でも応用することができます。

内発的動機づけと外的報酬の関係

スポーツ活動そのものを目的とした内[#1]発的動機づけは、外的報酬との関係に気を付ける必要があります。外的報酬は提示の仕方によって、動機づけ自体に大きな影響を与えます。行動が内発的動機づけによって生じている場合、外的報酬を与えることによって、スポーツ活動を楽しむという目的が、スポーツをすることで外的報酬を得るという手段にすり替わってしまう危険性があります。

内発的動機づけを高めるためには、ほめるなど言語的報酬が有効と考えられています。ほめ言葉だけで十分に内発的動機づけは高まりますので、良かれと思ってご褒美などの外的報酬を用意することは避けましょう。

#1→P.258

114 スポーツがもたらす心理的効果
115 知的アスリート
116 動機づけの分類
117 動機づけを高める方法
118 行動を獲得・維持する方法
119 集中力
120 防衛的悲観主義のススメ
121 チームワーク
122 傾聴の姿勢
123 緊張とリラックス
124 ストレス対処
125 イメージトレーニング
126 広い視野で見る

オペラント条件づけの原理

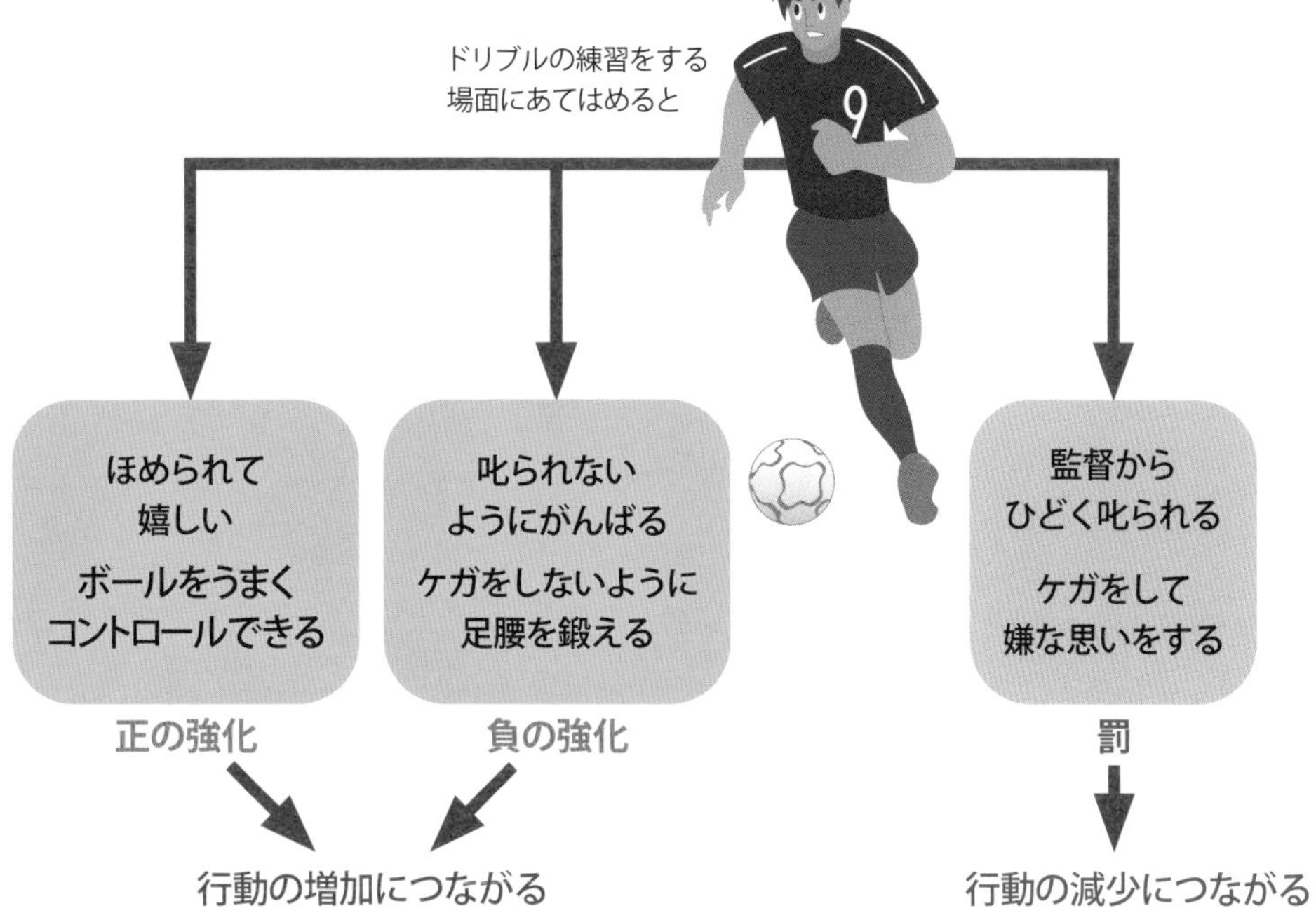

同じ『ドリブルの練習をする』という運動でも、「ボールを操作することが楽しい（内発的動機づけ）」「監督にほめられたくてがんばる（正の強化）」「怒られるのが嫌だから、とりあえず蹴る（負の強化）」では、それぞれ運動の意味が異なってくる。指導の際には、その行動に対する目標・動機づけを理解する点が重要となる。

ほめる度合いと叱る度合いのバランス

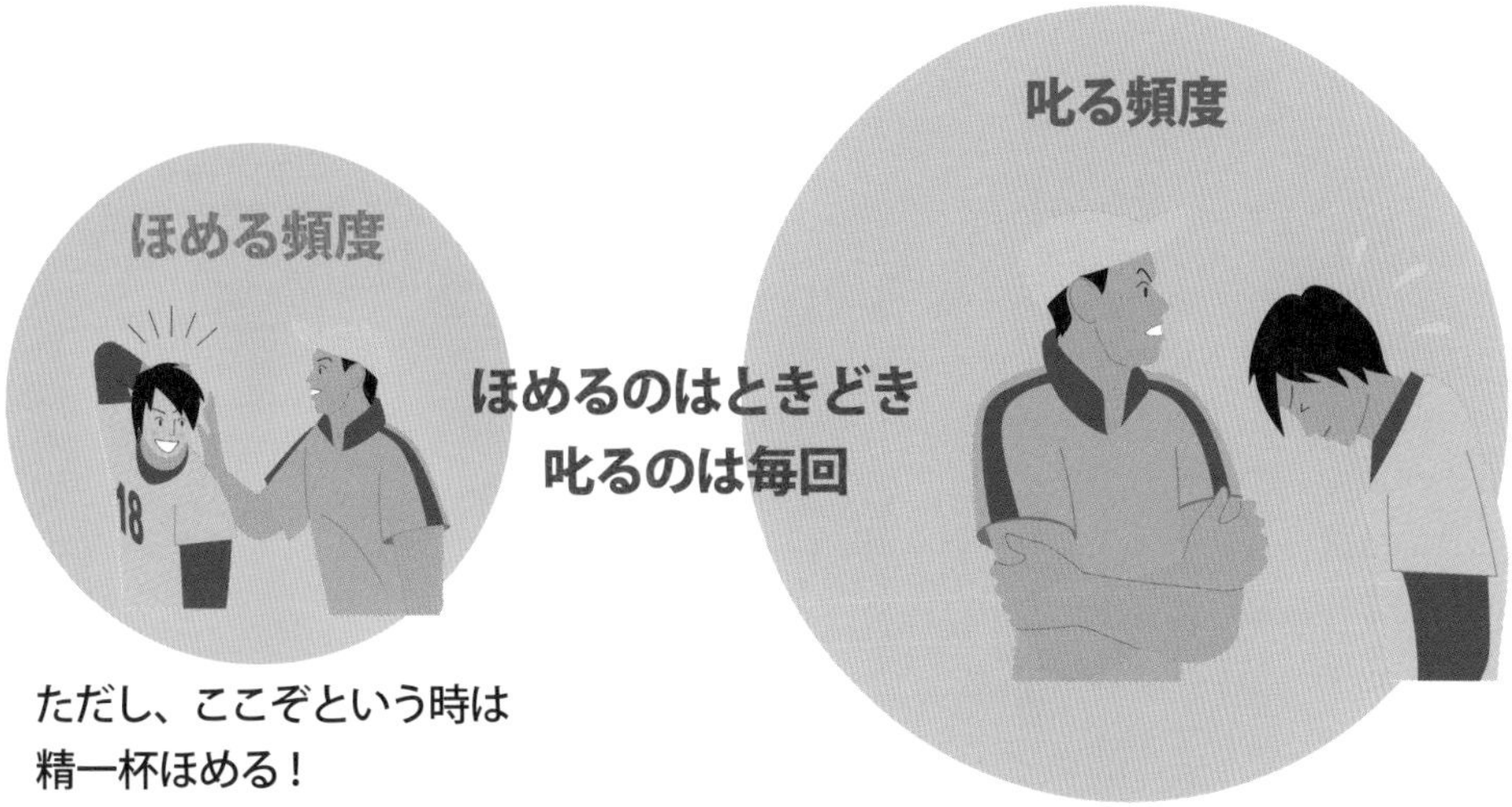

最初のうちは行動が望ましいことを教えるために、毎回ほめる。しかし、ある程度できるようになったらほめる頻度を減らす。そして、ほめるべきタイミングでは大きくほめることによって、望ましい行動を維持できる。一方、間違った行動に対してはしっかり理解させるために逐一叱る。頻度や度合いを変えることはせず、その都度叱ることが重要だ。

114 スポーツがもたらす心理的効果
115 知的アスリート
116 動機づけの分類
117 動機づけを高める方法
118 行動を獲得・維持する方法
119 集中力
120 防衛的悲観主義のススメ
121 チームワーク
122 傾聴の姿勢
123 緊張とリラックス
124 ストレス対処
125 イメージトレーニング
126 広い視野で見る

119 集中力

集中力を乱す原因と対処法

集中力＝注意力

状況に応じて、プレーに必要なことに対して注意を向けることができなければ、パフォーマンスは乱れてしまうかもしれません。

しかし、人間が一度に処理できる情報量、すなわち競技中の注意力には限界があります。その上で、意識しなくても身体が反応できるように習熟した技術を習得することが求められます。

集中力を妨げる要因

選手を取り巻く環境の中には、選手の集中力を欠いてパフォーマンスに影響を及ぼす要因がたくさんあります。自分がこのような状態に陥っている場合、そのことにできるだけ早く気づき、対処するためのトレーニングを実践しましょう。

集中力のトレーニング

1．1カ所に注意を集中させる

ボールなどの標的を用意して、それをできるだけ早く視索する訓練を行ないます。複数ある対象物から1つを見つけてもよいでしょう。視線を1点に集めることで集中力（注意力）を高めます。

2．様々なシナリオで練習する

観客の歓声、大音量の音楽、ラフプレー、ジャッジミスなど、スポーツ場面によく見られるような注意をそらす刺激を与え、選手の注意力に負荷をかけた練習を行ないます。また、雨や寒さなどの天候、予期せぬ状況も想定するといいでしょう。2つまたは3つの課題を同時に行なうことも有効です。

3．ルーティン化する

スポーツにおける「ルーティン」とは、特定の行動を行なう前に実施する、あらかじめ計画された系統的な思考や行動です。その目的は、トレーニングを積み重ねて、無意識に最良のパフォーマンスを行なえるような状態にすることです。どのような方法でもかまわないので、自分に合った注意力を高める、行動パターンへの切り替えスイッチを作りましょう。集中力を高める「きっかけ」になる前向きな言葉を併用するのも有効です。

集中力を妨げる要因

周囲のものに注意が向く
観客の視線、相手の声、気温、雨や風といった自然などに気をとられる。

結果に気持ちが向く
「シュートを外せば負ける」「ゴールを決めれば勝つ」というように、まだ起こっていないことを考えて気持ちが委縮してしまう。

過去の出来事が頭に残る
以前のミスを忘れることができず、恐怖心から身体の動きが鈍ってしまう。

考えすぎる
ミスの原因やフォームの違和感を気にしすぎて、普段なら無意識でできているプレーができなくなる。

集中力のトレーニング

12	74	38	61	39
36	65	28	97	22
57	19	30	14	73
95	84	25	53	81

1カ所に意識を集中させる「グリッドエクササイズ」
ランダムに数字を並べたボードを用意し、選手は指導者が指示した数字を探す。

様々なシナリオで練習する
気温や風向き、雨天時などの天候、得点差や観客の有無といった試合状況を、いくつものパターンで想定しながらトレーニングを行なう。

ルーティン化する
例えばイチロー選手は、バッターボックスに入ると、バットを1回転させて垂直に立て、右肩を触る。このように、「パターンの切り替えスイッチ」となるような行動を行なう。

120

トラブルに対する心の準備
防衛的悲観主義のススメ

プラス思考は悪影響？

「プラス思考」または「ポジティブ・シンキング」は、物事を前向きに（時には楽観的に）とらえようとする考え方です。試合で勝って他者から賞賛の声を浴びている自分、減量してスリムな体型を手に入れた自分、健康な毎日で思いどおりの人生を歩んでいる自分など、夢や成功をイメージすることは自己啓発法としてよく知られています。

しかし、プラス思考はほとんど効果がないだけでなく、むしろ、やり方によっては悪影響を及ぼしかねないという調査結果が出ています。

例えば、ダイエットプログラムに参加した女性たちを1年間かけて追跡した調査では、「誘惑に負けてしまうかも」と否定的に考えていた人の方が、「甘いものを自制できる」と自信をもっていた人よりも、平均して約12kgの減量に成功したことが報告されています。また、別の調査では、大学4年生に卒業後の進路をイメージしてもらい、その2年後を追跡したところ、成功をイメージしていた学生ほど、採用試験に応募した件数や実際に採用された数が少なく、給与も低いことがわかりました。

最善のイメージ法

なぜ、成功するイメージをもつことが、悪い結果につながるのでしょうか。

前向きなことばかりイメージしていると、起こり得るトラブルや挫折に対して、十分に心の準備ができないということが理由として考えられます。

「緊張して、失敗するかもしれない。だから、少しでも緊張を緩和するように、〇〇をする」というように、失敗に対する心構えや対処法までイメージして考える人のことを「防衛的悲観主義」と呼びます。防衛的悲観主義の考え方をもつ人は、想定される障壁や問題を考え、それに対する自己防衛策を用意することにより、失敗しないようになる（結果的に成功に近づく）ので、最善のイメージ法といえるかもしれません。

スポーツにおける防衛的悲観主義の例

Case①観客が多い大会に出る

「緊張してしまって、
本来の力が出せないかも…」

対策

- 人に見られるような環境で事前に練習しておく
- ルーティン化で集中力を高める

Case②マラソン大会に出る

「周りの選手に惑わされ
オーバーペースになるかも…」

対策

- スタミナ切れを起こして失速をしないように、ペース配分について十分にシミュレーションする

Case③夏場の大会に出る

「熱中症になってしまい、
プレーできなくなるかも…」

対策

- 暑い時間に練習して身体を慣らす
- 水分補給の正しい知識を学ぶ

その他のCase

「道具が壊れたらどうしよう…」

対策

- 事前に道具をチェックしておく

「ケガをしたらどうしよう…」

対策

- 正しいコンディショニングの知識を学ぶ

スポーツでは、試合当日の天候や試合をする場所のコンディションなど、自分ではどうすることもできない不測の事態が起こりうる。大事なのは、ただ悲観的になるのではなく、きちんと対策をとっておくこと。具体的な対策があることで、最悪の事態が訪れても対処することができる。

114 スポーツがもたらす心理的効果
115 知的アスリート
116 動機づけの分類
117 動機づけを高める方法
118 行動を獲得・維持する方法
119 集中力
120 防衛的悲観主義のススメ
121 チームワーク
122 傾聴の姿勢
123 緊張とリラックス
124 ストレス対処
125 イメージトレーニング
126 広い視野で見る

121 チームワーク

チームを1つにまとめる

チームの意識を高める条件

チームの目標を達成するためにメンバーが1つにまとまって、積極的に関わっている状態は、まさにチームワークの理想です。個々のメンバーの動機づけが高まれば、団結力や士気が高まります。チームの意識を高めるためには、以下の3つの条件が考えられます。

1. チームの目標設定

適切な目標を掲げます。左図のSMARTのような目標を作って、個々のメンバーの目標と両立させます。

2. 個々のメンバーの役割の明確化

同じ役割を複数で担当すると、手を抜く人が出てきやすいので、メンバー1人に必ず1つ以上の役割が与えられているのが理想です。目標を達成するために、それぞれのメンバーが連携しながら役割を遂行します。

3. 相互援助関係の強化

メンバー同士で支え合うことによって、互いの存在を尊重し、心理的な絆を深めていきます。

コミュニケーションスキル

優れたチームは、高いコミュニケーションスキルをもっています。指導者と選手の間や、選手同士で深い信頼関係を築くことができなければ、試合などのパフォーマンスに影響が出てしまうかもしれません。

コミュニケーションには言葉による「言語的コミュニケーション」と、アイコンタクトやボディサインなど言葉以外でメッセージを伝達する「非言語的コミュニケーション」があります。非言語的コミュニケーションは意識的にコントロールすることが難しいため、本心が伝わりやすいことに気づいておく必要があります。

望ましいコミュニケーションは、送り手と受け手の間で情報がきちんと正しく伝達されていることです。そのためには、チーム内の対人関係に注意を払い、問題があった時にそれを見過ごさず、改善に努める（見方を変える）ことが重要です。

チーム目標設定「SMART」の指針

S	具体的であること	Specific
	各メンバーが達成すべき目標を具体的にイメージできるよう示す	
M	測定できること	Measurable
	目標達成率を客観的・数量的に把握できるようにする	
A	責任が明確であること	Accountable
	対戦相手や審判の判断に関わらず、自分たちの努力次第で達成可能な目標を示す	
R	現実的であること	Realistic
	実際に達成可能な目標を設定する	
T	達成期限があること	Time-bound
	いつまでに、何を、どうやって達成するのかを明確に示す	

コミュニケーションスキルのトレーニング

表情ストレッチ

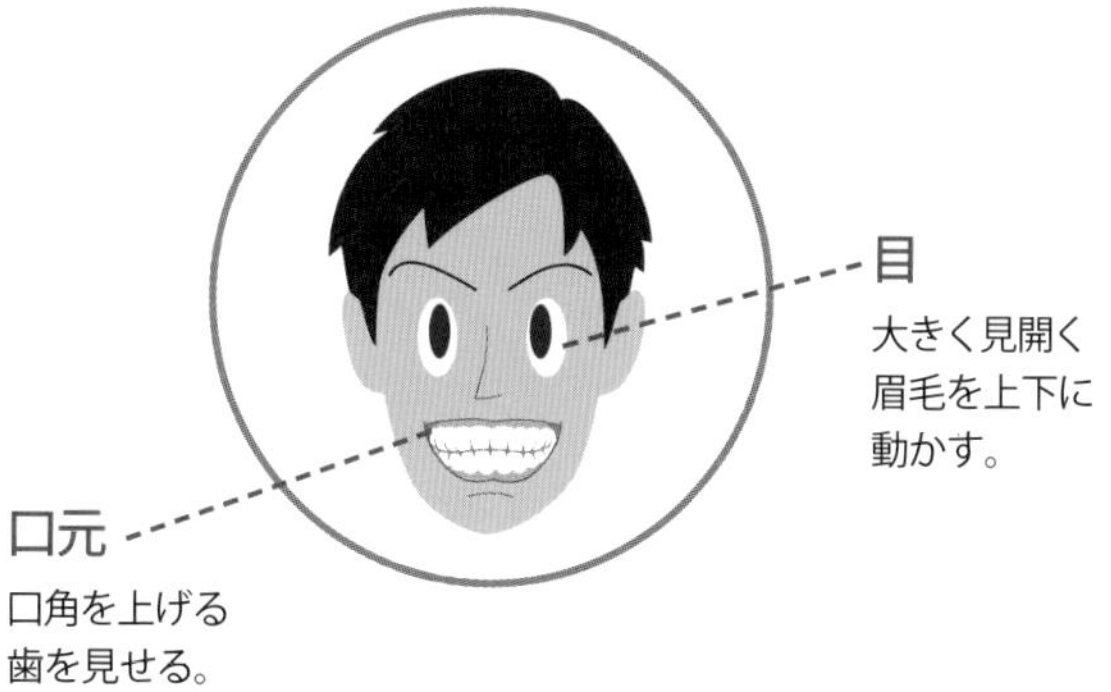

鏡の前で表情ストレッチのトレーニングを繰り返す。

笑顔はコミュニケーションの基本

122 傾聴の姿勢

聴く力で問題解決の糸口を探す

「傾聴」は、コーチングやカウンセリングにおけるコミュニケーション技能の1つです。これは、ただ相手の話を〝聞く〟のではなく、相手が話したいことや伝えたいことを、積極的かつ共感的な態度で真摯に〝聴く〟行為を指します。「聴」という文字には「心」が含まれているように、傾聴の目的は相手の気持ちを理解することです。

傾聴の力は、スポーツ活動で生じた問題を解決することにも役立ちます。主なポイントは3つです。

1．積極的に聴くこと

とにかく一生懸命に相手の話を聞くことが大切です。真摯に応対する姿勢は必ず話し手に伝わります。

2．共感的に聴くこと

相手の立場や気持ちになって聞きます。すべての内容に同意する必要はありません。その人の立場を理解しようとする姿勢を示すことが大切です。

3．オープンな心で聴くこと

偏見や予測をもたず、素直な気持ちで聞きましょう。

傾聴の注意点

相手の話を聞く時は、反対の意見を考えたり、結論を予測したり、次の質問を頭の中で準備してしまったりせずに、最後まで聞かなければいけません。

話を聞き終わった上で、よくわからなかった点を相手に質問してみましょう。質問をすることで話の理解は深まりますし、相手に関心を寄せ、注目しているという共感的な姿勢を示すこともできます。悩み苦しんでいる人にとって、じっくりと話を聞いてもらえ、自分を理解してもらえることは、問題解決の具体的な解決策を提示する以上に、とても大きな助けになるはずです。

スポーツをしていると、技術的にも精神的にも悩みを抱えることが少なくありません。選手同士、スタッフ同士、選手とコーチなど、どんな関係性でも〝傾聴〟の姿勢が、問題を解決する糸口になってくれるでしょう。

114 スポーツがもたらす心理的効果
115 知的アスリート
116 動機づけの分類
117 動機づけを高める方法
118 行動を獲得・維持する方法
119 集中力
120 防衛的悲観主義のススメ
121 チームワーク
122 傾聴の姿勢
123 緊張とリラックス
124 ストレス対処
125 イメージトレーニング
126 広い視野で見る

スポーツシーンにおける傾聴の例

チームメイトの振る舞いに悩む仲間の話を聞いた後、どのような言葉を投げかけるかで、傾聴レベルを測ることができる。①〜③はすべて相手に同意の姿勢を示すものだが、③ではさらに相手がどうしたいかについても投げかけることで、「単に愚痴を聞いてほしいだけ」なのか、「一緒に解決策を考えるべき」なのか、判断をすることができる。

傾聴レベル①
オウム返しをする

傾聴レベル②
自分の言葉で言い直す

傾聴レベル③
相手の気持ちまで確認

傾聴の際の注意点

●注意を払わない
気が散ったり、他のことを考えたりしていると、相手の話を聞くことはできない。

●うわべだけで聞かない
一生懸命聞いているふりをしながら、実はほかのことを考えている。うわべだけの姿勢は信頼を損ねる。

●“聴く”ではなく“聞く”になっている
言葉のニュアンスなど些細なことを気にした“聞く”の姿勢では、本当に相手が言いたいことを見失ってしまう。

●心の中で予習をしない
相手が話している最中に次の質問を考えたりしない。

●話をさえぎらない
相手の話に途中で割り込んでしまうと、相手が話したいことの意味を完全に理解できない。

●想像の世界で聞かない
相手がこう言ってほしいと期待してしまうことで、思い込みや、混乱が生じることがある。

●わかったつもりにならない
話の途中で、相手の考えをすべて理解したと結論づけない。

●賛成できない点だけを聞く
相手を責めたいという気持ちが働くと、相手に同意できない点を探すために余計なことまで尋ねてしまう。

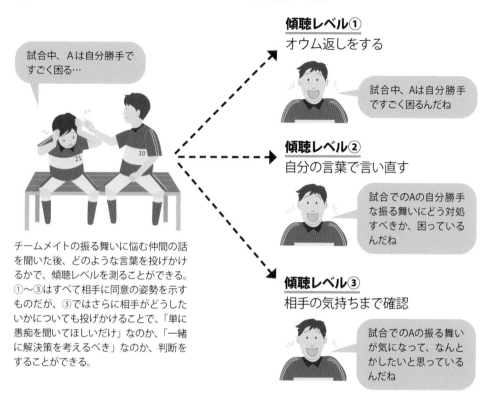

123

最適な精神状態でプレイする
緊張とリラックス

ピークパフォーマンス

極端な緊張は、普段の実力の発揮を妨げます。また逆にまったく緊張しない場合でも、優れたパフォーマンスを発揮できないことが知られています。

左上図は、緊張のレベルと実力の発揮度の関係を示しています。緊張レベルは高すぎても低すぎても実力の発揮度は低く、適度な緊張レベルの状態で、最も優れた実力が発揮される（ピークパフォーマンス）ことがわかります。

最適なレベルには個人差がありますので、過去に体験した「最もよいパフォーマンスと感じた状態」を思い出し、再現できるとよいでしょう。

リラクセーションの技術

1．腹式呼吸法

息を長く吐きながら全身の力を抜きます。息を吐く時は腹をへこませて、吸う時は腹を膨らませます。吸うことよりも吐くことを意識しましょう。

2．漸進的筋弛緩法

身体各部に力を入れる（緊張）、その状態を保持する、次いで力を抜く（弛緩）という一連のサイクルを繰り返しながら、最終的に全身をリラックスさせます。5秒から7秒ほど緊張させ、続いて30秒から40秒ほどリラックスします。

3．自律訓練法

集中や自己暗示で全身の緊張をほぐす方法です。目を閉じて楽な姿勢をとりながら、左図の訓練メニューを30秒から60秒かけて、心の中で唱えていきます。

サイキングアップの技術

あまり緊張していない状態で、「よい緊張感」を得るために行なうのが、「サイキングアップ」です。早い呼吸を繰り返したり、心拍数を上げるために、駆け足やジャンプをしたりします。

また「気合いだ！」「よし！　いくぞ！」というように気持ちを奮い立たせるような積極的な言葉を発します。大声を出すことや、アップ・テンポな音楽を聴くこともよいでしょう。

緊張レベルと最良パフォーマンスの関係

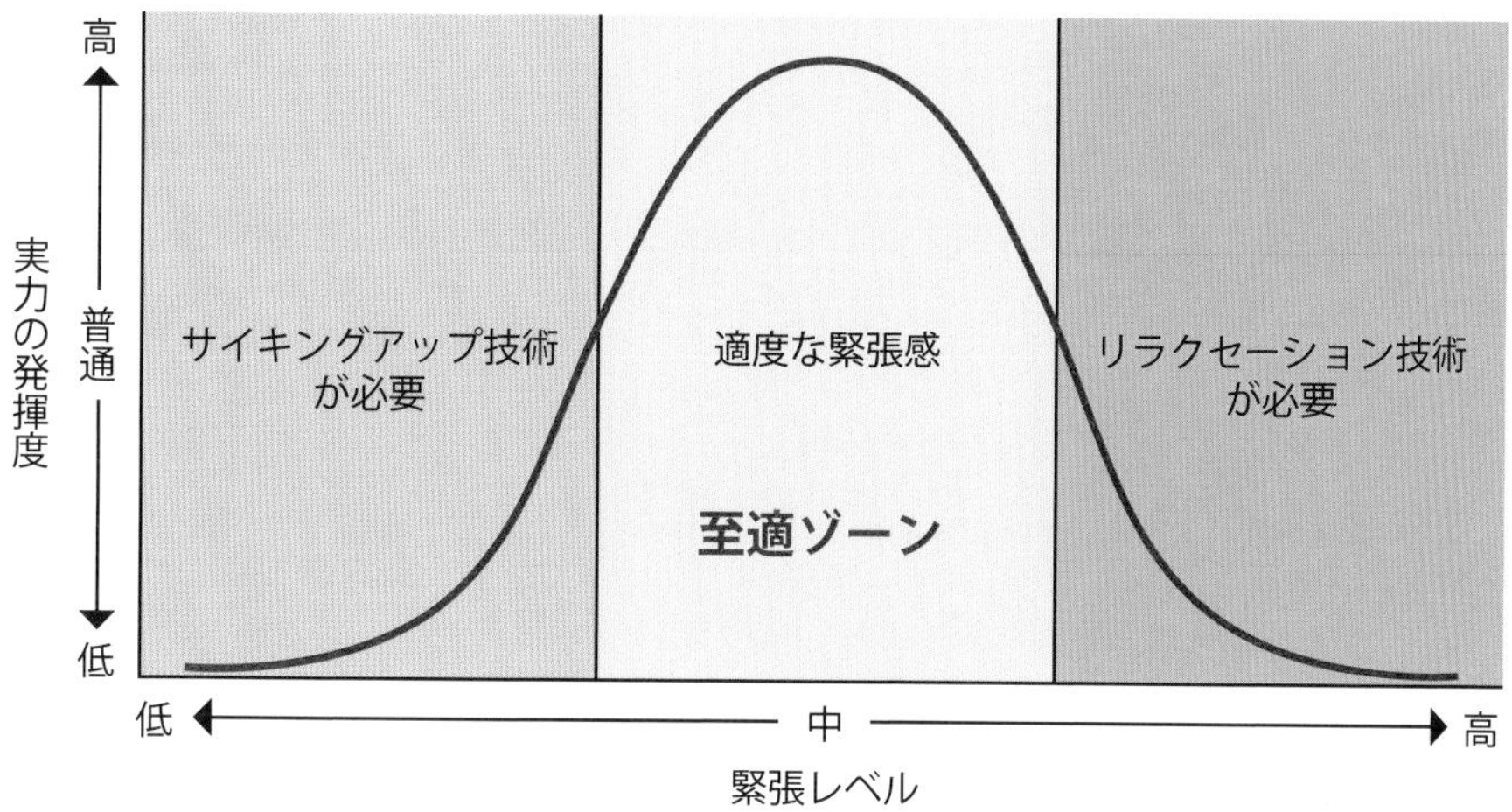

緊張の強さとパフォーマンスの関係をグラフで表すと、上記のように逆U字を描く。スポーツにおいて、緊張は弱すぎても強すぎても、最良のパフォーマンスは望めない。

リラクセーション技法

腹式呼吸法

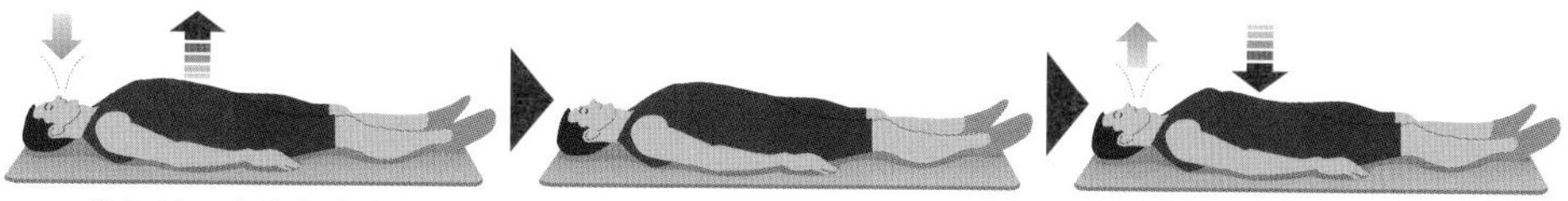

4秒かけて鼻から息を吸う。普通の呼吸と同じ感覚でOKだが、腹が膨らむことを確認する。

4秒間息を止める。

8秒かけて口から息を吐き出し、腹がへこむことを確認する。これを数回繰り返す。

漸進的筋弛緩法

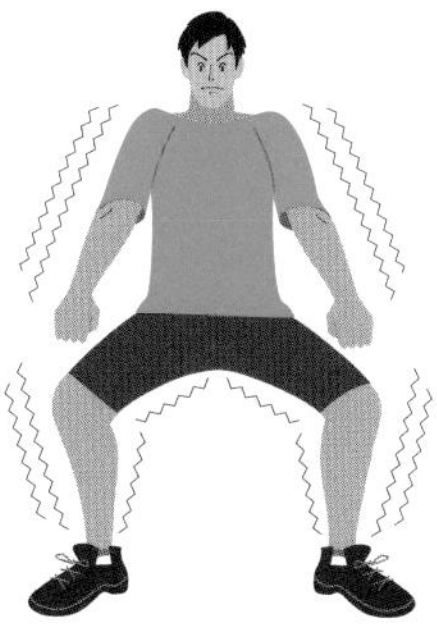

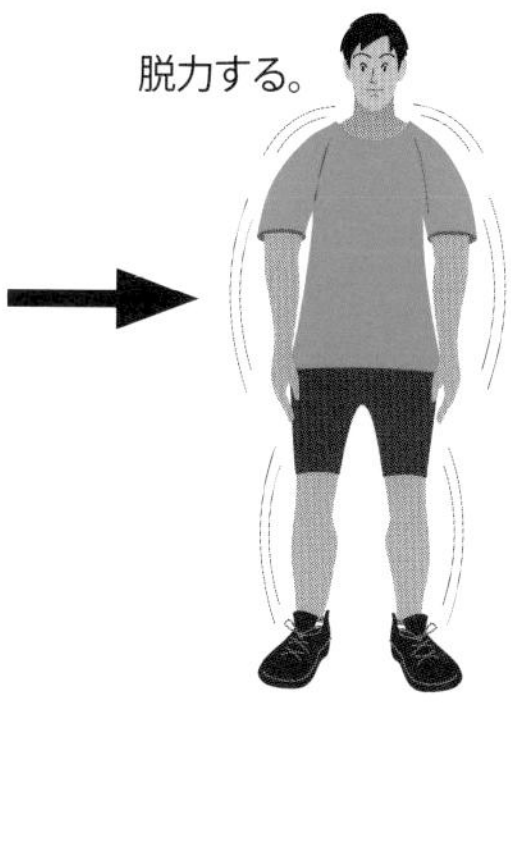

顔、手、脚、胴体など身体の各部に力を入れる。

自律訓練法

訓練メニュー

安静練習：気持ちが落ち着いている
重感練習：右（左）腕が重たい
温感練習：右（左）腕が温かい
心臓練習：心臓が静かに規則正しく脈打っている
呼吸練習：楽に呼吸している
腹部温感練習：胃の辺りが温かい
額涼感練習：額が涼しい

メニューは上から順に進める。例えば「腕が重たい」というメニューでは、自分の腕が石や鉄のようになることをイメージしながら、「腕が重たい」と心の中で唱えていく。

124 ストレス対処

ストレスを克服するためにはその仕組みを知る

ストレスの仕組みを知る

スポーツを実施する上で、ストレス要因（ストレッサー）となり得るものはたくさんあります。疲労などの生理的なもの、練習環境や試合の結果といった物理的なものから、チーム内の人間関係、監督の厳しい指導などの心理的なものまで、その要因は多岐に渡ります。その中でも心理的要因は、多くのストレスを感じるかもしれません。

心理的なストレスについては、その要因が直接にストレス反応を引き起こすのではなく、むしろ個人の要因に対する評価（認知的評価）が関わります。つまり、個人がどのように受けとめるかによって、ストレッサーになるかどうかが決まるといえます。例えば、監督から厳しい叱責を受けた場合、それを自分にとってプラスになる前向きな言葉と受けとめられれば、それほど苦にはなりません。一方、否定的に受け取れば、声を聞くだけでもストレスになるでしょう。

ストレスコーピング

私たちはストレスを感じた時、少しでもストレスが軽くなるように様々なことを試みます。このように、ストレスに対抗する努力を「ストレス対処（ストレスコーピング）」といいます。

ストレスコーピングには、「問題焦点型対処」と「情動焦点型対処」の2種類があります。問題焦点型対処はストレッサーそのものを除去することを目的として、ストレッサーに関する情報や対応の仕方に関する情報を収集し、具体的な対処方法を考える方法です。

一方、情動焦点型対処は、ストレスによって生じた感情反応を和らげることを重視します。情動焦点型対処は、ストレッサーへの直接的な働きかけをしないため、一次的なストレス低減には有効ですが、根本的な問題の解決につながるわけではありません。再びストレッサーにさらされると、同じようにストレスを感じることになります。そのため、問題焦点型対処の方が有効的な対処法といえます。

114 スポーツがもたらす心理的効果
115 知的アスリート
116 動機づけの分類
117 動機づけを高める方法
118 行動を獲得・維持する方法
119 集中力
120 防衛的悲観主義のススメ
121 チームワーク
122 傾聴の姿勢
123 緊張とリラックス
124 ストレス対処
125 イメージトレーニング
126 広い視野で見る

ストレスを感じるまでの過程とその対処

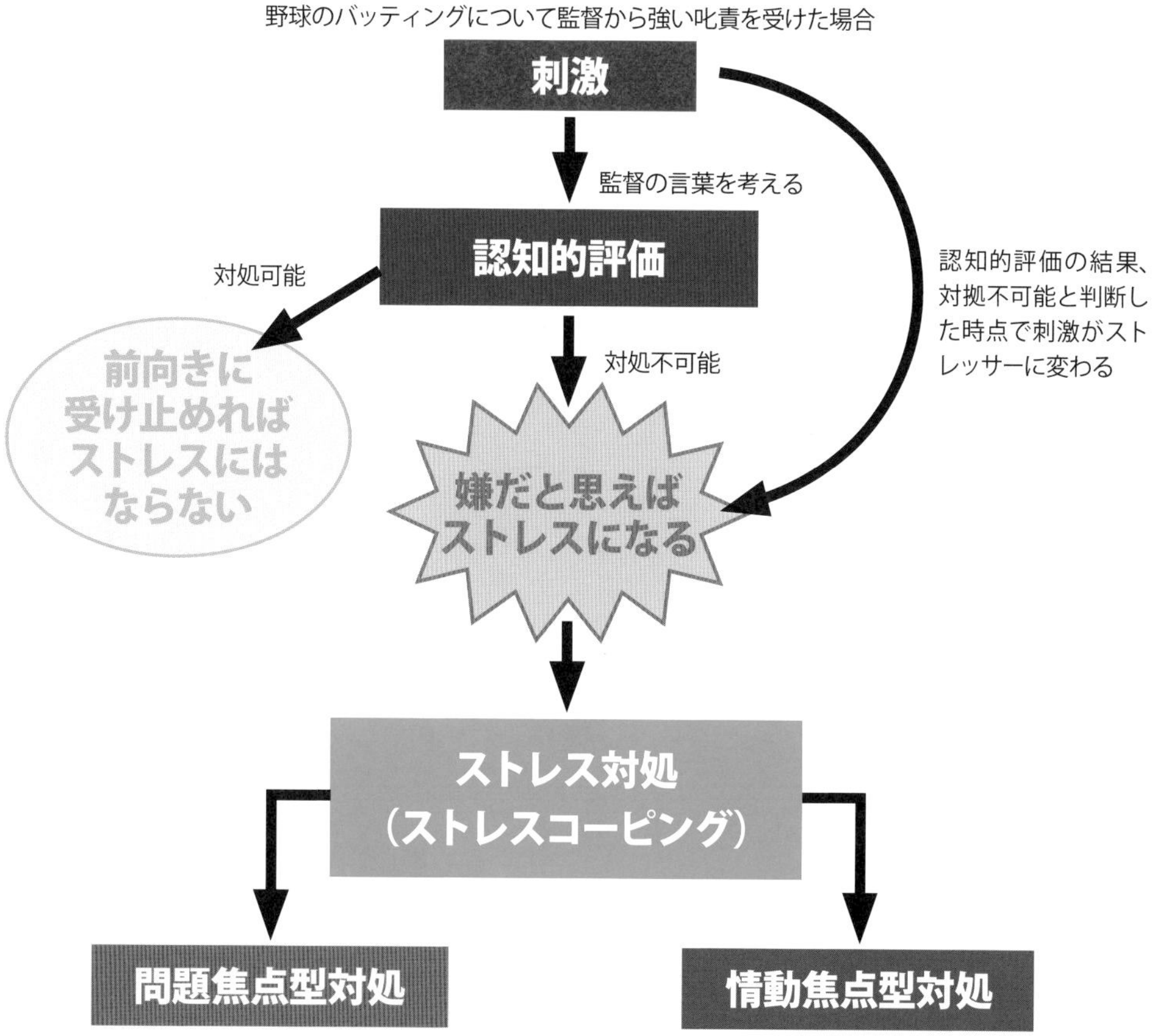
野球のバッティングについて監督から強い叱責を受けた場合
刺激
監督の言葉を考える
認知的評価
対処可能
前向きに受け止めればストレスにはならない
対処不可能
嫌だと思えばストレスになる
認知的評価の結果、対拠不可能と判断した時点で刺激がストレッサーに変わる
ストレス対処（ストレスコーピング）
問題焦点型対処
情動焦点型対処

check
25

ストレッサーそのものの解決を目指して、情報の収集や再検討などの行動を起こすタイプ。「本を読んだり、友人や知人に聞いて情報を集める」「解決のために計画を立てて実行する」「専門的な援助・指導を受けられる人を捜す」などの行動がこれにあたる。ストレス状況をコントロールできる場合に役立つ方法。

ストレッサーから生じる情緒の混乱を解消・沈静化しようと行動を起こすタイプ。「自分の気持ちを友人や他人に話し、理解と共感を得る」「ほかの行動をとることで、できるだけその問題を忘れるようにする」などがこれにあたる。ストレス状況をコントロールできない場合に役立つ方法。

ストレスの種類によって有効な方法を選択し、適切な対処を選択することが大切

125 イメージトレーニング

最良のプレーを想像してみる

「イメージトレーニング」とは、頭の中で何かを思い浮かべる操作をすることです。時間や場所、状況にとらわれず、どこでもできるトレーニングなので、最も手軽に実践できる**リラクセーション**[#1]法ともいえます。リラックスした状態を心の中でイメージすることで、緊張を解きほぐし、穏やかな心の状態でプレーをすることができます。

イメージできないことは、実行することができません。「こんなプレーがしたい」といった成功するイメージを思い描くことは、その実現のために有効なトレーニングになります。

#1➡P.272

イメージトレーニング技法

イメージトレーニングは、「見ること」「知ること」から入ります。熟練者を参考にして、自分のプレーをイメージすることで、新しい技術を身につけるのに役立てます。また、自分がプレーしている場面を、もう1人の自分が見ているようにイメージするのも有効です。例えば、陸上競技や水泳で、自分が走ったり、泳いだりする姿を、もう1人の自分がスタンドから見ているような場面です。

さらに、次の試合について、様々な場面や、予測できない事態が起こった場合を想定してみることも大切です。「勝っている場面」「試合時間が残りわずかで逆転を狙わなければならない場面」など、想定される状況をイメージすることで、技術や体力を試合で発揮できるように準備します。

ベストプレーのイメージ

過去の体験の中から、最もすばらしいプレーや動きをした場面をイメージします。最も調子がよかった時、優勝した時、あるいは逆転勝ちをした時などの試合を思い出します。

そして、その時の周囲の状況、観衆などの場面、さらにその時、どういうプレーをしたか、フォーメーション、フォーム、攻撃パターン、気持ちなどを詳しくイメージして繰り返します。

イメージトレーニング技法

静かな部屋でイスに座るなどしてくつろいだ状態になり、リラックスできる状態で行なう。

イメージトレーニングは技術練習や作戦能力だけでなく、目標の確認、不安の解消、集中力の向上、対人関係の改善などにも役立つ

126

物事をグローバルにとらえる

広い視野で見る

好きになると欠点まで好ましく見える「恋は盲目」「あばたもえくぼ」といった言葉があるように、モノの見方は常に一定とは限りません。例えば、楽しい気分の時と落ち込んでいる時では、同じ対象物を見ても感じ方が違います。どのような心の状態で物事を見るかによって、その見え方に違いがあることは心理学の通説になっています。

左ページで1つの実験例を紹介しています。この実験でわかるのは、図形を全体的に見るか（グローバル）、細部を見るか（ローカル）の違いです。

さらに、別の実験ではこのような図形の判断において、快感情が視野を広げることが明らかになっています。快感情をもたらす映像と、ハラハラドキドキさせる映像を参加者に見せてからそれぞれ図形を判断してもらったところ、リラックスした快の状態の方が、細部にこだわらないグローバルなモノの見方をする人が多かったのです。

一般的に、物事の一部分に気をとられたり、細部にこだわったりしすぎると、全体を見失ってうまくいかないことがありますが、スポーツシーンにおいても同じことがいえます。

例えば、サッカーの試合において、狭い視野だとパスコースが1つしか見えず、相手に読まれやすくなるでしょう。一方、フィールド全体を俯瞰で見渡せるような広い視野があれば、様々なパスコースを考えることができ、よりチャンスを生み出せるはずです。

また、剣道の目付け（相手のどこをどのように見るか）について調べた研究では、熟達者ほど相手の剣先だけではなく、相手全体を見る「遠山の目付け」ができていることがわかっています。

このように広い視野をもつことは、スポーツのパフォーマンス向上に役立ちます。日常生活から物事を一面だけではなく、いろいろな方向からとらえられるような視点を持つことを心がけるとよいでしょう。

114 スポーツがもたらす心理的効果
115 知的アスリート
116 動機づけの分類
117 動機づけを高める方法
118 行動を獲得・維持する方法
119 集中力
120 防衛的悲観主義のススメ
121 チームワーク
122 傾聴の姿勢
123 緊張とリラックス
124 ストレス対処
125 イメージトレーニング
126 広い視野で見る

モノのとらえ方の実験

実験方法

①見本図形を見る。

②下にある２つの図形のうち、どちらが見本に似ているか、
パッと見た印象で答える。

（Fredrickson & Branigan,2005より作成）

 を選んだ人は

「グローバルな見方」

見本図形が形作っている〝大きな三角形〟に着目。図形を広い視野でとらえるグローバルな見方ができたといえる。

 を選んだ人は

「ローカルな見方」

〝四角形〟という見本図形の構成要素に着目したことから、図形の細部で判断するローカルな見方だといえる。

視野の広さはスポーツで有利に働く

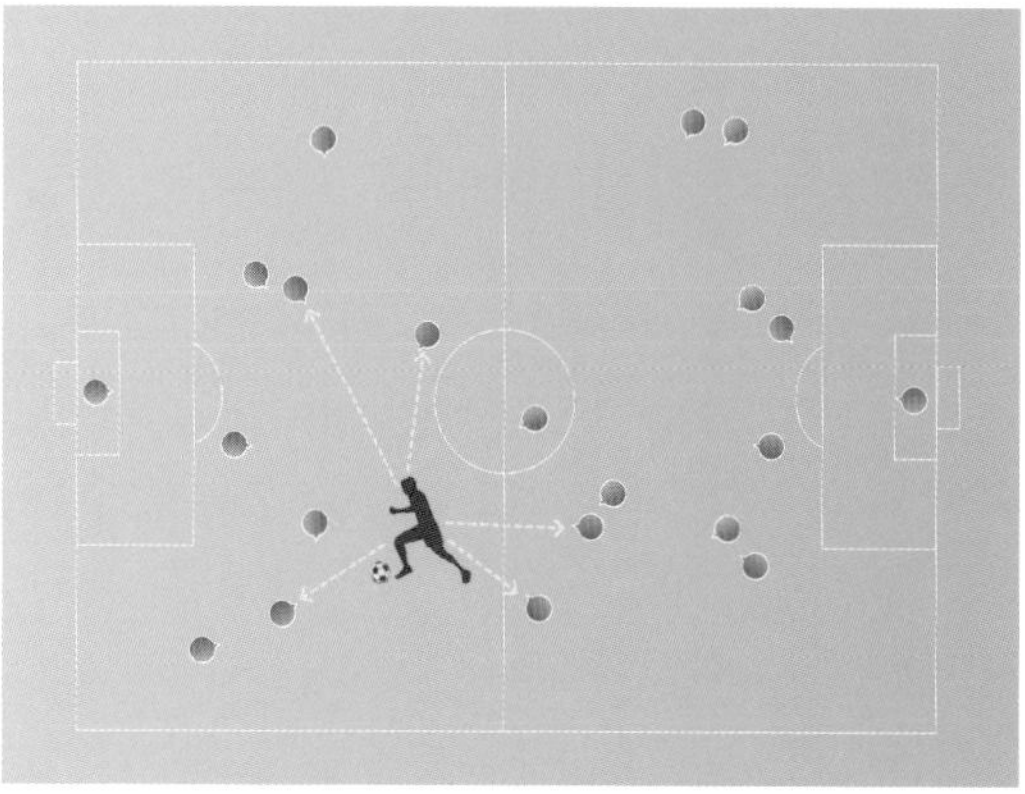

視野の広さは、スポーツ競技で有利に働くことが多い。例えばサッカーでボールを保持した時、目の前の相手や味方だけでなく、イラストのように上から見渡すイメージで広い視野をもつことができれば、パスコースがいくつも見つかるだろう。

COLUMN

筋肉の潜在能力を開放するカギ？ 大声を出すとパフォーマンスがアップする秘密

火事のように命の危険にさらされる極限状態に置かれると、人間は普段は考えられない、すさまじいパワーを発揮できるといわれています。「火事場の馬鹿力」などと呼ばれる不思議な現象ですが、そのメカニズムについて、わかってきていることがあります。

そもそも、人間の筋肉は普段、「全力」を出してはいません。何かを持ち上げようとした時、何かを投げようとした時など、自分では最大限の筋力を発揮しているつもりでも、すべての筋肉が活動しているわけではないのです。

それは、脳が無意識のうちに筋肉にブレーキをかけているからです。なぜなら、限界を超えたパワーを使ってしまうと筋肉の力で骨が折れたり、筋肉そのものが断裂したりする可能性があるからです。つまり、脳は自分の身体が傷つかないように「安全装置」の役目を果たしているのです。

しかし、自分の命に危険が及ぶような場合では、そうはいっていられません。極限状態では過度な刺激や興奮により、脳のリミッター機能が外れると考えられます。そのため、普段は〝眠っている〟筋肉もフル活動となり、いつも以上の力を出すことができるというわけです。

では、スポーツでこれを考えてみましょう。最大限のパフォーマンスを発揮するには、脳によるブレーキが邪魔になります。これを抑えるために、有効なのが「大声を出す」ことです。

大声を出すと、声を出さない時よりも筋力が上がるという実験結果があるように、普段は出さない大きな声を出すことで、筋肉に対する脳のブレーキが弱まるのは、ほぼ間違いありません。

ハンマー投げ、砲丸投げなどの投てき競技で、選手が異常とも思えるほど、大きな声を出しているのを見たことがあるかと思いますが、これは科学的に理にかなった行動だったのです。

普段眠っている筋力がどのぐらいあるのかなど、まだ明らかになっていないこともありますが、人間の秘められた能力は、私たちが考えているものよりもすごいのかもしれません。

スポーツトレーニング理論

検索用語集

「この言葉について知りたい」「あの言葉はどのページにある？」といった時に役立つ、検索用の索引用語集。スポーツやコンディショニングに関連する様々なキーワードが、本書のどのページに登場するかがすぐわかる！

あ

【—こうぞう】アーチ構造 P026
アイシング P162
【—しゅうしゅく】アイソメトリック収縮 P018
【—けんえん】アキレス腱炎 P172
アクチンフィラメント P018
アネロビック P132
【—さん】アミノ酸 P248
【いっかいはくしゅつりょう】1回拍出量 P046
イメージ P276
インスリン P222
インナーマッスル P022
ウイルス P186
ウォームアップ P064
【うんどうきしょうがい】運動器障害 P170
【うんどうしんけい】運動神経 P134
【うんどうたんい】運動単位 P134
【うんどう—げんそく】運動の原則 P062
【うんどう—げんり】運動の原理 P062
エアロビック P132
【えいようきのうしょくひん】栄養機能食品 P224
【—しゅうしゅく】エキセントリック収縮 P018
【えすじじょう—】S字状カーブ P028
エッグプロテイン P248
【えんしょう】炎症 P170
【えんしょうせい—】炎症性サイトカイン P170
オーバートレーニング P060
【—しびょう】オスグッドシュラッテル氏病 P174
【—じょうけん—】オペラント条件づけ P262

か

【がいしょう】外傷 P154
【がいせん】外旋 P022
【かいせんきんけんばん】回旋筋腱板 P034
【がいてききぞく】外的帰属 P260
【がいてん】外転 P022
【かいとうけい（にゅうさんけい）】解糖系（乳酸系） P132
【がいはつてきどうきづ—】外発的動機付け P258
【がいはん】外反 P026
【がいはんぼし】外反母趾 P172
【かお—】香り P206
カゼインプロテイン P248
【かふか】過負荷 P062
【—ほう】カルボーネン法 P100
【かんせつかどういき】関節可動域 P048

【かんせつほう】関節包 ↓P016
【かんせんしょう】感染症 ↓P186
【きそたいしゃ】基礎代謝 ↓P128
【きのうせいひょうじしょくひん】機能性表示食品 ↓P226
【きんげんせんい】筋原線維 ↓P018
【きんじきゅうりょく】筋持久力 ↓P042
【きんしゅうしゅく】筋収縮 ↓P044
【きんせんいそせい】筋線維組成 ↓P042
【きんにくつう】筋肉痛 ↓P156
【きんにく―きしぶ】筋肉の起始部 ↓P010
【きんにく―ていしぶ】筋肉の停止部 ↓P010
【きんにく―さよう】筋肉のポンプ作用 ↓P200
【きんにくりつ】筋肉率 ↓P012

【きんにくりょう】筋肉量 ↓P012
【きんひだい】筋肥大 ↓P072
【きんひろう】筋疲労 ↓P060
【きんぼうすい】筋紡錘 ↓P018
【きんりょく】筋力 ↓P042
クールダウン ↓P064
【くっきょく】屈曲 ↓P030
【くっきょくはんしゃ】屈曲反射 ↓P028
グリッドエクササイズ ↓P264
グルコース ↓P126
グレリン ↓P140
クロストレーニング ↓P080
【けいちょう】傾聴 ↓P270
【けつえき】血液 ↓P036
【げっけい】月経 ↓P150

【けっちゅうにゅうさん】血中乳酸 ↓P056
【けっとう】血糖 ↓P142
【げんいんきぞく】原因帰属 ↓P260
【けん―だんれつ】腱の断裂 ↓P154
【げんりょう】減量 ↓P236
コーディネーション ↓P122
【こうかんしんけい】交感神経 ↓P202
【こうざんびょう】高山病 ↓P144
【こうち―】高地トレーニング ↓P144
【こうどうたいりょく】行動体力 ↓P040
【こうねんき】更年期 ↓P150
【こうれいしゃ】高齢者 ↓P148
【こっかくきん】骨格筋 ↓P018

【こったんせん】骨端線 ↓P016
コミュニケーション ↓P268
【―けんきかん】ゴルジ腱器官 ↓P018
【―しゅうしゅく】コンセントリック収縮 ↓P018

さ

サイキングアップ ↓P272
サイクリング ↓P106
【さいだいさんそせっしゅりょう】最大酸素摂取量 ↓P046
【さいだいしんぱくすう】最大心拍数 ↓P056
【さんそしゃく】酸素借 ↓P132
【さんそふさい】酸素負債 ↓P132
【しけつ】止血 ↓P160

【しじきのう】支持機能 P048
【しつじゅんりょうほう】湿潤療法 P160
【しっぱいかいひ】失敗回避 P260
ジャンパーズニー P174
【じゅうなんせい】柔軟性 P048
【じゅうりょうひ】重量比 P012
【しゅかんてきうんどうきょうど】主観的運動強度 P070
【しゅさい】主菜 P234
【しゅしょく】主食 P234
【しょうがい】障害 P168
【じょうどうしょうてんがたたいしょ】情動焦点型対処 P274
【しょうひきげん】消費期限 P228

【しょうみきげん】賞味期限 P228
【しょくざい】食材 P236
【じょしぼうたいじゅう】除脂肪体重 P210
【じょせい―】女性ホルモン P138
【じりつくんれんほう】自律訓練法 P272
【しんきん】心筋 P018
【じんこうこきゅう】人工呼吸 P164
シンスプリント P172
【しんぞう―】心臓マッサージ P164
【じんたい】靭帯 P016
【しんちょうはんしゃ】伸張反射 P018
【しんでんず】心電図 P046
【しんぱいきのう】心肺機能 P046

【しんぱいそせい】心肺蘇生 P164
【しんぱくすう】心拍数 P056
【すいあつ】水圧 P200
【ずいいうんどう】随意運動 P020
【すいたいがいろけい】錐体外路系 P134
【すいたいろけい】錐体路系 P134
【すいちゅう―】水中ストレッチ P204
【―はついくはったつきょくせん】スキャモンの発育発達曲線 P146
スタティックストレッチ P194
スタビライゼーショントレーニング P114
ストレスコーピング P274
ストレッチ P194

【―しょうがい】スポーツ障害 P168
【―しんぞう】スポーツ心臓 P046
スロートレーニング P076
【せいこうよっきゅう】成功欲求 P260
【せいちょう―】成長ホルモン P138
【せいりてきわんきょく】生理的弯曲 P028
【せきずいしんけい】脊髄神経 P028
【ぜんしんてききんしかんほう】漸進的筋弛緩法 P272
ソイプロテイン P248
【そうたいてき―ぶそく】相対的エネルギー不足 P250
【そうはんせいしんけいしはい】相反性神経支配 P136
【そうふかりょう】総負荷量 P072

【そくていきんまくえん】足底筋膜炎 P172
【そくてい・ひょうか】測定・評価 P052
【そっきん】速筋 P018

た

【たいじゅうしじしすう】体重支持指数 P052
ダイナミックストレッチ P194
【だっきゅう】脱臼 P154
【だっすい】脱水 P242
【たっせいどうき】達成動機 P260
【たんきてきおんけい】短期的恩恵 P254
【だんせい―】男性ホルモン P138
チアノーゼ P142
【ちきん】遅筋 P018
【ちゅういりょく】注意力 P264
【ちょうかいふく】超回復 P078
【ちょうきてきおんけい】長期的恩恵 P254
【ちょうりほう】調理法 P236
【ついかんばん―】椎間板ヘルニア P178
【つ―ゆび】突き指 P182
テーピング P190
【―げんり】てこの原理 P014
【てつけつぼうせいひんけつ】鉄欠乏性貧血 P142
【てつぶん】鉄分 P142
【―ひじ】テニス肘 P182
ドーパミン P232
ドーピング P246
【とくていほけんようしょくひん】特定保健用食品 P224

な

【ないぞうしぼう】内臓脂肪 P216
【ないぞうしぼうがたひまん】内臓脂肪型肥満 P216
【ないてききぞく】内的帰属 P260
【ないてん】内転 P022
【ないはつてきどうきづ―】内発的動機付け P258
【ないはん】内反 P026
【にくばなれ】肉離れ P154
【―いぞんしょう】ニコチン依存症 P232
【にんしん】妊娠 P150
【にんちてきひょうか】認知的評価 P274
【ねんざ】捻挫 P154

は

ハーバードステップテスト P108
ハムストリングス P024
バランスディスク P114
バランストレーニング P114
バランスボール P092
バリスティックストレッチ P194
パワー P044
【はんげつばん】半月板 P174
【はんしゃうんどう】反射運動 P134
【ひかしぼうがたひまん】皮下脂肪型肥満 P216
【ひげんごてき―】非言語的コミュニケーション P268

【ひまん】肥満 →P210
【ひまんど】肥満度 →P210
【ひょうじゅんたいじゅう】標準体重 →P218
ピリオダイゼーション →P080
【ふくこうかんしんけい】副交感神経 →P202
【ふくさい】副菜 →P234
【ふくしきこきゅう】腹式呼吸 →P272
プライオメトリクス →P118
フリーウエイト →P066
フルコントラクション →P082
フルストレッチ →P082
【ふりょく】浮力 →P204
【へいかつきん】平滑筋 →P018

【へんぺいそく】扁平足 →P026
【ぼうえいたいりょく】防衛体力 →P040
【ぼうえいてきひかんしゅぎ】防衛的悲観主義 →P266
ホエイプロテイン →P248
【ほけんきのうしょくひん】保健機能食品 →P224
【―しすう】ボルグ指数 →P100

ま

ミオシンフィラメント →P018
メタボリックシンドローム →P216
メッツ →P218
メディカルチェック →P050
メンタルヘルス →P254
【もくひょう】目標 →P260

モチベーション →P258
【もんだいしょうてんがたたいしょ】問題焦点型対処 →P274

や

【やきゅうひじ】野球肘 →P182
【―き】やる気 →P258
【ゆうさんそうんどう】有酸素運動 →P130
【ようけつ】溶血 →P142
【ようついぶんりしょう】腰椎分離症 →P178
【ようつう】腰痛 →P178

ら

リラクセーション →P272
【―か】ルーティン化 →P264
レプチン →P140

【―すいみん】レム睡眠 →P138
ローテーターカフ →P034

A～Z

AED →P164
ATP →P126
BMI →P218
CPK →P142
【―ち】GI値 →P222
LBM →P210
LDH →P212
PNFストレッチ →P112
RICE →P158
RM →P070
ROM →P048
SAQトレーニング →P116
SMART →P268

あとがき

自分の健康を自分で守るために

世界保健機関（WHO）では、セルフメディケーションを「自分自身の健康に責任をもち、軽度な身体の不調は自分で手当てすること」と定義しています。これは、自分の健康に責任をもち、それを管理して、健康に過ごすことによって、過剰なまでに医療機関を受診してしまうことによる手間と費用を省くことができると、一般的に解釈されています。

「自分の健康は自分で守ることを意識し、積極的に健康管理に関わること」を実現するためには、健康管理に必要なトレーニングや運動を取り入れ、病気知らずの身体に変えていくことや、不足している栄養を補いバランスのとれた食事をしたり、精神的なストレスをため込まないなどの質実的なセルフメディケーションに取り組んだりすることが望ましいといえます。そのためにも、本書を利用して、トレーニングや運動に関する正しい知識を身につけることが大切です。

ITメディアの発達により、世の中には健康づくりやトレーニングに関する様々な情報が飛び交っています。トレーニングや運動の効果を一朝一夕で得られることを期待する人は多いでしょうが、それは運動の原理・原則からして不可能ですし、俗にいう「貯筋」もできません。「何事も基本が大切」などといい出すと、何をいまさら、という声が聞こえてきそうですが、それは普遍的な事実です。

例えば海外から最新のトレーニング法や理論が伝わってくると、それに飛びつきたくなる気持ちもわかります。ですが、スポーツや楽器などの技術体系の習得を必要とする、およそすべての分野では、

※P.002の「コンディショニング理解度チェック」の正解は
Q1：いいえ　Q2：はい　Q3：はい　Q4：いいえ　Q5：いいえ　Q6：はい
Q7：いいえ　Q8：いいえ　Q9：いいえ　Q10：はい

おそらく基礎となる原理や原則に基づく基本的な知識や方法は変わってないのだと思います。トレーニングや健康管理方法においても、結局のところ、重い物を持ち上げるウエイトトレーニングや筋肉を伸ばすストレッチングといった基本は、古代ギリシャの時代から行なわれています。近年、それらの学術的な裏付けが明らかになればなるほど、昔の人々が経験的に積み上げたトレーニング方法の素晴らしさに驚嘆します。

本書でも、そうした時間が過ぎても変わらない理論や知識を掲載しているので、いつまでも末永く本棚に置いていただけると信じています。そして、本書で得た知識を、ただの知識では終わらせずに、自在に使いこなせるようになるために実践に応用し、「よくわかっていること」を「できること」に変えていってください。

自分のやっているトレーニングに不安がある人、もっと健康になりたい人、コンディショニングを学びたい人、健康づくりのヒントがほしい人、指導者不在でトレーニングを独学でやっている人、サークルやクラブで指導を行なっている人、家族の体力づくりや介護予防に役立てたい人などにとって、本書は専門書を読む前の手引き書となり、様々な分野で自分や周囲にいる人たちの健康に役立つツールとなることでしょう。

本書の出版にあたりご協力いただいた皆様に厚く感謝の意を表すとともに、多くの読者にとって、本書が人生に役立つ一冊となることを願っています。

伊藤マモル

監修者紹介

伊藤マモル（いとう・まもる）
法政大学教授、医学博士。専門はスポーツ医学、コンディショニング科学。1987年順天堂大学体育学部卒業、1989年同大学大学院体育学研究科修了。2013～2015年センメツヴェイス大学研究員、ハンガリー剣道ナショナルチーム・トレーニングコーチ（2014～2016年）、日本フェンシング協会コンディショニング科学部会長（2016～2018年）など、トップアスリートの指導育成に貢献。著書に『若さを伸ばすストレッチング」（平凡社新書)、『DVD付・基本のストレッチ』（主婦の友社)、『ひとりで巻けるテーピング』（日本文芸社）などがある。

監修協力

髙田和子（東京農業大学 応用生物科学部 教授）（5章）
草山太一（帝京大学 文学部 心理学科 教授）（6章）

STAFF

編集　株式会社ケイ・ライターズクラブ
（大河内博雄・島田喜樹・華山日菜乃）
執筆・編集協力　吉藤宗弘・髙田和子・草山太一
装丁　上筋英彌（アップライン株式会社）
写真　天野憲仁（日本文芸社）
イラスト　横井安子・YOSHINQ
デザイン・DTP　株式会社明昌堂
協力　株式会社ゴールドウイン

最新版《さいしんばん》
基礎《きそ》から学《まな》ぶスポーツトレーニング理論《りろん》

2023年1月1日　第1刷発行
2024年3月10日　第2刷発行

監修者　伊藤マモル
発行者　吉田芳史
印刷所　図書印刷株式会社
製本所　図書印刷株式会社
発行所　株式会社日本文芸社
〒100-0003　東京都千代田区一ツ橋1-1-1　パレスサイドビル8F
電話 03-5224-6460（代表）
URL https://www.nihonbungeisha.co.jp/
（編集担当：三浦）

Printed in Japan 112221215-112240304Ⓝ02（210107）
ISBN 978-4-537-22056-8